近世日本の「礼楽」と「修辞」

荻生徂徠以後の「接人」の制度構想

高山大毅――［著］

東京大学出版会

本書は，第５回東京大学南原繁記念出版賞を受けて刊行された．
This volume is the fifth recipient of the University of Tokyo
Nambara Shigeru Publication Prize.

Rite and Rhetoric after Sorai:
An Intellectual History of Tokugawa Japan
Daiki TAKAYAMA
University of Tokyo Press, 2016
ISBN 978-4-13-036258-0

目次

代助の考によると、誠実だらうが、熱心だらうが、自分が出来合の奴を胸に蓄はへてゐるんぢやなくつて、石と鉄と触れて火花の出る様に、相手次第で摩擦の具合がうまく行けば、当事者二人の間に起るべき現象である。自分の有する性質と云ふよりは寧ろ精神の交換作用である。だから相手が悪くつては起り様がない。

「御父さんは論語だの、王陽明だのといふ、金の延金を呑んで入らつしやるから、左様いふ事を仰しやるんでせう」

「金の延金とは」

代助はしばらく黙つてゐたが、漸やく、

「延金の儘出て来るんです」と云つた。

夏目漱石『それから』

凡　例

一　参考文献からの引用に際して原則として旧字体を新字体に改めた。翻刻・影印の入手が容易な文献に関しては、濁点・半濁点・句読点などを補ったが、閲覧の難しい資料に関しては、句読点以外、原文の表記にしたがった。

一　本文では原則として敬称を省略した。人名の呼称に関してはおおむね慣用によった。

一　年号の後に西暦を附したが、改元・暦法上のずれを考慮したものになっておらず、飽くまで目安である。

一　原文と訓み下し文が併載されている文献に関しては原文の頁数を、影印に関しては巻数と丁数を注に記した。

一　荻生徂徠の著作の引用についてはそれぞれ次の書物による。引用箇所の注には書名と頁数・丁数のみを記す。

・『辨道』（享保二年頃成立）・『辨名』（享保二年頃成立）・『学則』（『徂徠集』巻十七所収、元文五年）・『太平策』（享保十五年）…吉川幸次郎・丸山眞男・西田太一郎・辻達也（校注）『荻生徂徠』、日本思想大系第三十六巻、岩波書店、一九七三年

・『徂來先生答問書』（享保十二年刊）・『経子史要覧』（文化元年刊）…島田虔次（編）『荻生徂徠全集』第一巻、みすず書房、一九七三年

・『論語徵』（元文五年刊）…小川環樹（編）『荻生徂徠全集』第三巻、みすず書房、一九七七年、小川環樹（編）『荻生徂徠全集』第四巻、みすず書房、一九七八年

・『蘐園随筆』（正徳四年刊）・『蘐園十筆』（享保元年刊）…西田太一郎（編）『荻生徂徠集』第十七巻、みすず書房、一九七六年
・『大学解』（宝暦三年刊）・『中庸解』（宝暦三年刊）・『孟子識』（享保五年頃成立）…今中寛司・奈良本辰也（編）『荻生徂徠全集』第二巻、河出書房新社、一九七八年
・『鈐録』（享保十二年頃成立／安政二年刊）、『鈐録外書』（享保十二年頃成立）…今中寛司・奈良本辰也（編）『荻生徂徠全集』第六巻、河出書房新社、一九七三年
・『政談』（享保十一年頃成立）…平石直昭（校注）『政談――服部本』、東洋文庫、平凡社、二〇一一年
・『徂徠集』（元文五年刊）・『徂徠集拾遺』（成立年不明）…平石直昭（編集・解説）『徂徠集　徂徠集拾遺』、近世儒家文集集成第三巻、ぺりかん社、一九八五年

一　所蔵を明記していない書籍は架蔵本を用いた。

序章

本書は、近世日本の「礼楽」と「修辞」に関して、荻生徂徠以後の思想潮流に焦点を絞って考察する。主要な対象は、徂徠及び徂徠学の影響を受けた学者たちの「礼楽」論と「修辞」論であり、あわせて「礼楽」の具体的な制作や「修辞」の実践についても取り上げる。「「礼楽」論と「修辞」論」ではなく、「「礼楽」と「修辞」」と題したのは、このためである。

限定された範囲の事例しか扱わない本書は、近世日本の「礼楽」と「修辞」の全体像を明らかにするものでは到底ない。しかし、同時代の中国や朝鮮の思想とは共通項の少ない学問の流れを扱うことで、近世日本における「礼楽」と「修辞」の特質を理解する上での有効な立脚点を示し得ると考えている。

おおむね、「礼楽」は政治、「修辞」は文学の領域に対応している。このようにいうと「政治と文学」といった大時代的な趣のある論題が想起されるかもしれない。本書も、かかる問題関心と全く無縁であるとはいえない。しかし、この二つの組み合わせは、直接的には荻生徂徠の次のような言述に基づいている。

辞者、言之文者也。言欲文。故曰「尚辞」、曰「脩辞」、曰「文以足言」、言何以欲文。君子之言也。古之君子、礼楽得諸身。故脩辞者、学君子之言也。[1]

辞は、言の文なる者なり。言は文ならんと欲す。故に「辞を尚《たふと》ぶ」と曰《い》ひ、「辞を脩む」と曰ひ、「文 以て言を足らす」と曰ふ。言 何を以て文ならんと欲す。君子の言なればなり。古の君子、礼楽これを身に得たり。故に辞を脩むるは、君子の言を学ぶなり。

古代の統治者（「君子」）は、行動においては「礼楽」にしたがい、言語においては「辞」を「脩」め、文彩ある表現を用いる。統治者はそうでなければならない。同様の説は弟子の服部南郭の文章にも見える。[2]徂徠学では「礼楽」と「修辞」とは密接な関係にある。

本書では、この二つを「接人」の制度構想という視角から検討する。「接人」は「人に接《まじわ》る」と訓じられる。[3]徂徠は「接人」を対等な者の間の「交際」の意味に限定して用いる場合がある一方で[4]、広く人づきあい全般を指して用いることもある。本書では後者の用例に準拠する。近世日本の思想――とりわけ伊藤仁斎の学問――における人間関係の重視は、既に多くの論考の指摘する所である。まずは、先行研究を概観しながら仁斎と徂徠を比較することで、「接人」の制度構想という本書の視角がいかなるものなのかを明らかにしたい。仁斎にならい、高遠に馳せず、卑近な問題を糸口としよう。

一　率直と婉曲

財物の譲与を頼む際に、どのような態度で、そして、どのような言葉を用いるべきか。熟慮に足る問題であろう。

一方、このような申し出を受ける側も、相手との関係の継続を望むのであれば、返答の仕方に意を用いるであろう。断る時だけでなく、快諾する時にさえ、そうかもしれない。自分が相手の申し出をすんなりと受け入れたとしても、相手側の負い目は二人の関係にわだかまりを残すのではないか。貸し借りがもたらす関係の変化に神経質にならざるを得ない場合もあろう。

これらは、一見、平凡でつまらぬ悩みと思われるかもしれない。しかし、ここには、人間関係に対する思惟が露頭のように示されるのではなかろうか。このような問いにそもそも無頓着な者がいたとしても、そのことはむしろ、その人物の思考の特色を示していよう。『論語』には、財物の譲与を願う話がいくつか見える。これらの話に対する仁齋と徂徠の解釈は好対照をなしている。

1　仁齋の率直

孔子の愛弟子の顔淵が卒した際、顔氏は経済的な余裕がなかった。顔淵の父であり、また孔子の弟子でもある顔路は、師に車を譲ってもらい、それを売ることで、息子のために丁重な葬儀ができないかと考えた。『論語』先進の中の一章である。

> 顔淵死。顔路請子之車以為之椁。子曰、「才不才亦各言其子也。鯉也死、有棺而無椁。吾不徒行以為之椁。以吾従大夫之後不可徒行也[5]」。
>
> 顔淵 死す。顔路 子の車を請ひて以て之が椁を為《つく》らんとす。子 曰く、「才も不才も亦た各々其の子を言ふなり。鯉や死して、棺有りて椁無し。吾 徒行して以て之が椁を為らず。吾 大夫の後《しりへ》に従ふを以て徒行す可からざれば

なり」と。

「椁」とは二重の構造になった棺の外側を指す。結局、孔子は顔路の願いを断った。大夫の末席に連なっている限り、車を手放し、徒歩で移動することはできない。以前、子の鯉《り》を喪った時にも椁を得るために車を売ることはなかった――というのがその理由である。

この章について、朱熹『論語集注』やその欽定注釈書である『論語大全』は、専ら孔子の判断の妥当性に的を絞って議論を立てている。もっとも、孔子の拒絶の中正は、顔路の請願の失当を示しているはずである。『集注』所引の胡寅の説は『礼記』王制の「命服命車不粥於市（命服命車は市に粥《う》らず）」という記述を踏まえ、孔子の車は下賜された車であり、それを顔路に与え、市で売ることはできなかったと論じる。(6) ならば、その規定を知らなかった顔路は無知ということになるのではないか。しかし、『集注』と『大全』は、この問題に立ち入らなかった。

これに対し、伊藤仁斎『論語古義』は、顔路の側にも視線を向ける。

顔路請車。想非請其必不可請者。而夫子之於顔路、奚惜一車。蓋喪可以称家之有無。而朝廷威等、不可少損。此夫子之所以不許其請也。顔路之請、夫子之不許、一毫無所顧慮。蓋師弟子間、其誠心質行如此。後世之所不見也。(7)

顔路 車を請ふ。想ふに其の必ず請ふ可からざる者を請ふに非ず。而して夫子の顔路に於ける、奚《なん》ぞ一車を惜しまん。蓋し喪は以て家の有無に称《かな》ふ可し。而して朝廷の威等、少しも損す可からず。此れ夫子の其の請ふを許さざる所以なり。顔路の請ひ、夫子の許さざるは、一毫も顧慮する所無し。蓋し師弟子の間、其の誠心質行 此の如し。後世の見ざる所なり。

仁斎は、顔路の請願は失当ではなかったと推測する。その上で、「顧慮」するところなく、援助を頼み、また断る師弟の関係に、後世にはない「誠心質行」を見る。孔子の判断の妥当性とその根拠に対する関心に加え、師弟の関係のあり方に称賛すべきものを認めるのである。

ここで仁斎の説く「師弟子間」の「誠心質行」を、彼の他の議論を参照しながら考えてみたい。まず、「誠」に関して仁斎は、「誠、実也。無一毫虚仮、無一毫偽飾、正是誠（誠は、実なり。一毫の虚仮無く、一毫の偽飾無く、正に是れ誠なり）」[8]と解釈する。「偽」の峻拒は仁斎の繰り返し説くところであった。

たとえば、『論語』雍也の「孟之反不伐」章に対する解釈は、その典型である。

魯の大夫である孟之反は自国の軍勢が敗走した際、軍の最後尾にいた。門に入る時、孟子反は馬にむちうちながらいった。「不敢後也。馬不進也（敢て後《おく》るるに非ざるなり。馬進まざればなり）」と。

朱熹はこれを、進んで殿軍をつとめたのにもかかわらず、功績を誇らないために発した謙譲の言であると解する。[9]一方、仁斎は、孟之反の馬は実際に疲れて進まなくなったのであり、彼は、自発的に殿軍をつとめたのだと人々に思われないために、自ら真実を明らかにしたと見る。

若使之反自為殿而又自揜其功、是偽焉耳。非直道也。聖人必不取焉。[10]

若し之反をして自ら殿を為して又た自ら其の功を揜《おほ》はしむるときは、是れ偽りのみ。直道に非ざるなり。聖人必ず取らじ。

朱熹の解釈のように謙譲のために事実と異なったことを語ることも、仁斎は「偽」であると斥けるのである。

また、彼は次のような楊簡（慈湖）の逸話を称揚している[11]。

ある時、楊簡は書状を持たせた使者を、わざわざ人を遣わして呼び戻した。使者から書状を受け取ると、楊簡は机の上にそれを置いて拝礼を行い、また再び使者に渡した。拝礼を行わなければ、書状の「楊簡再拝」という文言が「偽」になることを恐れたのである。

いうまでもなく、「〜再拝」というのは書簡の常套句である。仁斎はこの話について「学者有若此忠信而後可以言学（学者 此の若き忠信有りて後に以て学を言ふ可し）[12]」と評する。「忠信」の「信」について仁斎は、「凡与人説有便曰有、無便曰無、多以為多、寡以為寡、不一分増減、方是信（凡そ人と説くに有れば便《すなは》ち有りと曰ひ、無ければ便ち無しと曰ひ、多きを以て多きと為《し》、寡きを以て寡きと為、一分も増減せず、方《まさ》に是れ信[13]）」と説明する。それは決して誇張ではないのである。

顔路の話に戻れば、「後世」の人々は、援助を求める側もそれを断る側も、気まずさを糊塗するために孔門の師弟のように率直にはなれないのであろう。別の理由を持ち出して頼むことが「偽」であることはいうまでもないが、申し出るべき援助を遠慮して口にしないことも、包み隠すところがあり、率直さを損う。また、はっきりと断らず、曖昧な返事をすることは、一種の「偽」であろう。仁斎の学問に対する朱子学者の次のような揶揄は、やはり一面的な理解の域を出ない。

彼仁齋ガ云ル孝弟忠信ハ皆只殊勝ニ世間向ノ最愛《いとし》ガリ結構ヅクニテ、嫗嚊《うばかか》ノ挨拶云様ニ柔和愛敬ヲホケ〳〵トスルコトヲシアフ迄也。其故只咎メズ逆ハズ、ドチラヘシテモ厚キ様ニ頼シキ様ニスルナリノ上デ、取ツ置ツ云ヨリ外ノコトナシ[14]。

確かに、仁齋学は、朱子学の「是非善悪ノ詮議」[15]を批判し、「慈愛」と「寛宥」とを説く。[16]しかし、「偽」の排斥と率直さの追求においては、「ホケホケ」という言葉では到底括れない厳しさを有している。仁齋学にしたがえば、相手の申し出を断るべき時には、きっぱりと断らなくてはならない。

仁齋の説く「忠信」や「誠」について、「誠実」との関係から着目したのは相良亨である。相良は、「日本人の倫理思想」は「誠実」に代表される主観的心情の純粋性の追求に特化し、それが客観的な道徳規範の認識を阻害したと考える。この図式の中で、仁齋の「忠信」や「誠」の強調は、他者に対する心情的な純粋さの追求と位置づけられ、否定的に評価される。[17]ただし、後年になると相良は、伝統を越え出る可能性を仁齋学に認めるようになる。

相良の仁齋再評価の背後にあるのは、仁齋学と和辻倫理学の「照応」への関心である。[18]子安宣邦の初期の仁齋研究は、稿本資料を用い、より実証的にこの「照応」を探求した。子安はいう。「仁斎こそ和辻にはるかに先立って、儒教的伝統を問いなおし、人間認識の新たな地平をひらいた思想家です。しかも仁斎のとらえる人間存在は基本的に和辻のとらえるそれに重なり合うものです[19]」。このような視点から、子安は仁齋学の「忠信」を、「人倫的諸関係のより確かな現実性をもたらすものとして、それを中から充実させるように働く、他者志向的な心[20]」と解釈する。

この和辻倫理学を経由した仁齋学への接近は、単なる見立て以上の意義を有していよう。丸山眞男の『日本政治思想史研究』（第一論文）は、仁齋学における「天道」と「人道」の切断に力点を置く。[21]これは、自然法則と道徳規範を連続的に捉える朱子学的思惟の解体過程に仁齋を位置づけるからである。また、石田一良の研究も、「仁斎学は天中心主義の宋学に反対し、人間を人間から理解しようとした絶対的人間学[22]」であると説き、仁齋学における「天道」と「人道」の断絶を重視する。このような仁齋学における「天道」と「人道」の関係に注目する視点に立つと、「人」と「人」との間に関する仁齋の議論は死角に入りやすい。人と人との「間柄」の中に人間を把握する和辻の倫理学と照らし合わせることで、仁齋学が宋学とは異なり、他者との関係を重視した思想体系になっていることが明瞭になったのである。

宋学においては、万人は本来、道徳的に十全な存在であり、欲望を斥け、その本性をいかに顕現させるかが、議論の根幹をなしていた[23]。ゆえに、他者との関係の問題も、心の修養の問題に還元して語られる傾向がある。仁齋学の重要な特徴は、このような宋学の思考の磁場から離脱し、他者との関係を軸に学問を体系化したことにある。

その相違は「忠信」の解釈にも見える。子安の論を踏まえつつ、より明確に朱子学と仁齋学の「忠信」解釈を比較すれば次のようになる。

朱子学における「忠信」の確定的な解釈は、程頤の説の「尽己之謂忠、以実之謂信（己を尽くすを之忠と謂ひ、実を以てするを之信と謂ふ）[24]」である。

「忠」について朱熹は、「凡出於己者、必自竭尽而不使其有苟簡不尽之意（凡そ己に出づる者、必ず自ら竭尽して其れをして苟簡尽くさざること有らしめざるの意）[25]」と解説する。つまり、「忠」は自己の知見や能力を惜しみなく発揮することを指し、相手の存在は必須ではない。『論語』学而の「為人而謀而不忠乎（人の為に謀りて忠ならざるか）」について、朱熹は「曾子便知人於為己謀、定是忠、便不必説（曾子は、人は自分のために謀る際には忠であるに違いないので、必ずしも説かなかったのだ）[26]」と述べたという。他者に対する「忠」のほかに、自己の事柄に対する「忠」も存在するのである。

また、「信」も、「循物無違（物に循ひて違《たが》ふこと無し）[27]」と説明されるように、事実との合致を第一義としている。よって、人間関係を必ずしも前提としない。

朱熹は、「忠信者、真実而無虚偽也。無些欠闕、無些間断、樸実頭做去、無停住也（忠信とは、真実で虚偽のないことである。少しも欠落や間断がなく、真面目に行い、止まることがない）[28]」と語る。「間断」なく「真実」であることは、他者の有無を問わない[29]。朱子学の解釈にしたがえば、やむなき事情で独居状態を強いられた人間――たとえば無人島に一人漂着した遭難者――に対しても「忠信」であるか否かを問うことができる。

一方、仁斎は、程子の「忠信」解釈を引用しながらも、「皆就接人上言（皆 人に接はる上に就いて言ふ――傍点引用者）[30]」と附言する。「忠信」の両者を飽くまで「接人」――他者との交わり――の中で捉えるのである。よって、「夫做人之事、如做己之事、謀人之事、如謀己之事、無一毫不尽、方《まさ》是忠（夫れ人の事を做すに、己の事を做すが如く、人の事を謀《はか》るに、己の事を謀るが如く、一毫も尽くさざる無きは、方に是れ忠）[31]」といったように、「忠」は専ら、他者に対して親身であるという意味になる。また「信」の解釈は、事実と一致したことを語る点では、朱子学と共通しているものの、「凡与人説（凡そ人と説くに）[32]」といったように、それが他者との関係の場で実践されることを仁斎は強調する。

和辻倫理学への見立ては、このような仁斎学の特質を論者に気づかせた点で、有益であった。相良が問題としていた「誠実」との関係でいえば、仁斎学の「偽」に対する強い拒絶は、「至誠 天に通ず」といった、心情の純粋さから高邁な（高慢な?）矜持を引き出す型の「誠実」とは異質である。それは、日常卑近の人間関係に貼りついた律義さなのである。

もっとも、最初期の――そして傑出した――仁斎研究者といえる伊藤東涯は、父の学問における「道徳」を「人に付合ふしかた[33]」と既に解説していた。東涯の説を引用し、尾藤正英は、「仁斎の説こうとした「道」は、要するに他者との関係の中で生きる「人」の生活を律する規範[34]」であると論ずる。また、仁斎と東涯を一括して論じた渡辺浩は、仁斎学の「道」を、「現に遍在する父子君臣夫婦兄弟朋友等の人間関係の適切な在り方の謂[35]」とする。そして、彼らの「仁」をめぐる議論も、「具体的な人間関係における相手への態度が、その主題[36]」となっていたと説く。

大谷雅夫は別の角度から、彼の学問の「他者中心性」を明らかにしている[37]。大谷が着目するのは、仁斎の「恕」概念の解釈である。仁斎は「恕」を他者の心情を「忖度」するという意味に解し、「思いやり」と近似した意味とする。

これは朱子学の「恕」解釈と大きく隔たっている。朱熹は、「恕」を「推心（心を推す）」、すなわち、自己の欲することを他者にも行わせ、自己の欲しないことは他者にも行わせないという意味であるとする。もっとも「恕」だけでは、悪人が自己の邪な心を他人に当てはめる事態が発生してしまう。そこで、「忠恕」といったように、「恕」とあわせて説かれる「忠」が重要な意味を持つ。朱熹は、「忠」によって自己の心が正しくなった上で、「恕」を行うべしと主張する。

大谷の研究の特筆すべき点は、この解釈の異同の基盤にある二つの学問の自他認識の差異を明示したことである。大谷の議論をまとめれば次のようになる。

自分の好むことを他者にも行わせようとする朱熹の「恕」解釈は、押しつけがましく、また傲慢に見えるかもしれない。しかし、朱熹は、人間は根源的に同一であり、修養を積み、この同一な地点（「本然之性（本然の性）」）へと立ち返れば、倫理的に正しい行動ができると考える。よって、根源的に同一な地点に遡った上で行いたいと思ったことは、他人に強いても構わない。それは押しつけではない。なぜなら、彼も本来は行いたいと考えるはずの正しい行動だからである。

これに対し、仁斎は、自他の「好悪」の隔絶に目を向ける。「夫人知己之所好悪甚明、而於人之好悪泛然不知察焉、故人与我毎隔阻胡越（夫れ人 己の好悪する所を知ること甚だ明らかにして、人の好悪に於いては泛然として察することを知らず、故に人と我とは毎《つね》に隔阻胡越す）[38]」と仁斎はいう。他者の「好悪」に関して人は無関心で、自己と他者との間には断絶がある。ゆえに、自己と異なる相手の「好悪」を忖度し、人の心を己の心とし、共感する必要があるのである。

仁斎の説く「偽」の峻拒も、大谷が明らかにした自他の距離の意識に即して理解しなくてはならない。つまり、自他の同質性を自明視し、ありのまま伝えれば相手に分かると仁斎は考えているのではない。自己と他者とは断絶しているがゆえに、些細な「偽」も人間関係に深刻な破綻を引き起こす。それを防ぐために、人は率直でなければならないのである。

以上、紹介した研究のほとんどは三十年以上前に発表されたものである。これらが共通して指摘する仁斎学の特徴——人間関係の重視——は、現在においても特に異論は唱えられていない（今日、論点となっているのは、この特徴がいかにして形成されたかである）。率直に頼み／断る関係に着目する仁斎の経書解釈は、その背後に、このような彼の議論が控えているのである。

2 徂徠の婉曲

では、荻生徂徠は『論語』中の財物の譲与を依頼した話をどのように解釈しているのだろうか。

徂徠の『論語徴』は、仁斎の解釈について見た『論語』先進の章に注を附していない。しかし、『論語』雍也「子華使於齊」章において興味深い議論を展開している。まずは経文を引こう。

子華使於齊。冉子為其母請粟。子曰、「与之釜」。請益。曰、「与之庾」。冉子与之粟五秉。子曰、「赤之適齊也、乗肥馬衣軽裘。吾聞之也、君子周急不継富[39]」。

子華 齊に使ひす。冉子 其の母の為に粟を請ふ。子 曰く、「之に釜を与へよ」と。益《ま》さんことを請ふ。曰く、「之に庾を与へよ」と。冉子 之に粟五秉を与ふ。子 曰く、「赤の齊に適《ゆ》くや、肥馬に乗り軽裘を衣《き》る。吾 之を聞く、君子は急に周して富めるを継がずと」と。

孔子の門人の子華（公西赤）が使者として齊に赴くことになった。冉有《ぜんゆう》はその母のために、孔子に粟の譲与を願った。

孔子が少ない粟しか与えないので、冉有は自ら子華に粟を与えた。そこで孔子は、冉有が富裕な子華にとって必要のない粟を与えたことを責めた――という内容である。この章が奇妙なのは、孔子が子華の願いに対し、少ない量ではあれ、粟を与えよと答えたことである。なぜ、即座にその非を指摘しなかったのだろうか。

ちなみに、仁斎の『論語古義』にはこの問題への言及がない。『集注』には「聖人寛容不欲直拒人（聖人は寛容にして直ちには人を拒むことを欲せず）」[40]といったように、孔子のこの一見迂遠とも思える対応についての説明があり、仁斎は問題の存在には気づいていたはずである。おそらく、彼は率直を貴ぶ自己の学問体系とこの章との不一致を認識した上で、あえて論及を避けたのであろう。

一方、徂徠はこの問題を正面から取り上げる[41]。徂徠は三つの理由を挙げる。

第一に、「学之道、使人自喩（学の道、人をして自ら喩《さと》らしむ）」。「自得」重視の徂徠の教育論からの説明である。孔子は、弟子の過ちを直接指摘せず、間接的に示すことで、弟子が自ら過ちを理解するのを待ったというわけである。

第二に、「学之道、主其大者、小者不必拘（学の道、其の大なる者を主とし、小なる者は必ずしも拘せず）」。学問には、優先順位があり、小さな過ちには拘泥しない。

第三に、「君子不欲傷人之意（君子は人の意を傷《そこな》ふことを欲せず）」。つまり相手の感情を害することを遠慮したのである。

これらの理由は、いずれも仁斎の言葉を借りれば「顧慮」である。しかも、徂徠は「顧慮」によって表現の率直さが損なわれることを問題視しない。仁斎学の見地からいえば、教育的な配慮であれ、相手の感情への気遣いであれ、このような持って回った返答は避けるべきであろう。しかも、徂徠によれば、冉有は、子華の出費を補うために、彼の母親を、いわば方便として持ち出したに過ぎない。つまり、請願の言葉の方も事実に基づいていない。さらにいえば「偽」なのである。しかし、徂徠はこの冉有の語に、道徳的な瑕疵があるとは説かない。

要するに、仁斎が率直に頼み／断る関係を是とするのに対し、徂徠は婉曲に頼み／断る関係を高く評価する。仁斎の考えの基礎にある彼の「忠信」や「誠」の思想については、既に見たような充実した研究の蓄積がある。その一方で、本心や事実と乖離した表現に対する徂徠の肯定については、これまで検討されてこなかった。

この点についてのさらなる解明の手がかりになるのは、仁斎と徂徠との間に同様の対立が見られる『論語』郷党の「康子饋薬」章の解釈である。経文には次のようにある。

康子饋薬、拝而受之。曰、「丘未達、不敢嘗[42]」。

康子 薬を饋《おく》る。拝して之を受く。曰く、「丘（孔子の名――引用者注）未だ達せず、敢へて嘗《な》めず」と。

仁斎は、「其不嘗者、慎疾也。以実告者不匿其情也（其の嘗めざる者は、疾を慎むなり。実を以て告ぐる者は其の情を匿《かく》さざるなり）[43]」と注する。つまり、孔子は、「薬の効能や性質が分かりません。そのため口にしません」と率直に語ったと見るのである。

これに対し、徂徠は贈答の礼の歴史的変遷と結びつけて本章を解釈する[44]。徂徠によれば、古代には薬を贈る「礼」はなかった。薬の副作用を恐れたからである。しかし、孔子の時代になると「礼」は失われ、風俗は変化し、貴人が薬を贈るようになっていた。孔子は、季康子の行為が「非礼」であることを知っていたが、一方でそれを「非礼」として直接斥けるのは「不恭」であると考えた（「不恭」もまた「非礼」である）。そこで、「自分は（薬の贈物に関する礼に）通じておりません。そのため薬を口にしません」と告げた。このような対応は、「既不傷其心、亦不践非礼（既に其の心を傷はず、亦た非礼を践《ふ》まず）」というものであり、まさに「礼」にかなっている。つまり、孔子は、薬を贈ることが「非礼」であると熟知しており、無知に仮託してそれを辞退したのである。

上位者に対しては、本当は知識がある事柄でも、あえて無知であると謙譲するのが、古代の「礼」であったと徂徠はいう。[45] 孔子の「丘未達」という返答も、この「礼」と関係していよう。あえて無知を装う返答は確立した型であり、孔子は薬の贈与の場面にもそれを応用したのである。

これと似た、事実と乖離した「礼」の表現には、「虚病」がある。[46] 不満な事柄があったり、上司と不和であったり、あるいは恥辱を受けた際には、病と称して出仕しないのが「古礼」である。これは、臣下の「意地」を尊重するために、いわば公認された嘘である。

これらの例に示されているように、徂徠は、事実や本心と一致しない定型表現の価値を積極的に認める。この種の表現は、挨拶表現を念頭に置くと分かりやすいであろう。現代の日本語話者が、「つまらないものですが～」といって渡す贈答物は、少なくとも話者にとっては、通常、ただの「つまらない」ものではない。これと同様の本心と言葉のずれが、古代中国の統治者層の言辞にはしばしば見られると徂徠は考えるのである。このような表現が広く「礼」として用いられていたとすれば、冉有と孔子の問答のような婉曲に頼み／断る関係は、格別奇異ではない。

徂徠は、古代の統治者層の言語は、型への準拠が著しかったと考える。特定の場面での言葉遣いが定まっているだけでなく、多くの発言は、「古言」の引用であり、古代の統治者たちは、諺や格言をつぎはぎして会話していた。また、「古言」をそのまま引用していない場合も、「古言」や「詩書」（『詩経』・『書経』として伝わる）に依拠した表現を用いた。これが徂徠学でいう「修辞」である。このような古代の統治者層の言語においては、事実や本心と表現とのずれは頻繁であり、そのずれに言外の意を隠すこともよく行われた（第五章参照）。

この徂徠の議論は、古代中国語は日本語に近い「ほのめかし」と「察し」の言語であった――といったように、言語そのものの性質や構造を問題としているのではない。重要なのは、このような言語表現の作法が「礼」として人為的に「制作」され、統治者層を中心にそれが浸透していたことである（よって、どの程度、民がこのような表現を用いていたかは不明である）。偉大な王朝創始者（「聖人」）たちの手によって、物事をありのままに語る交わりには終止符が打たれ、統治者たちは表現の型を通じて交際するようになった。これらの型は、種々の効果を有しており、「直言」一辺倒の交際より有益であると「聖人」が判断したのである。つまり、婉曲な表現を貴ぶ徂徠の説の背後には、「物ノナリユキヲ能知テ、カクスレバ先ニテカクナルト云所ヲ合点シテ、ワザノ仕カケヲ以テ直ス[47]」といった徂徠の「礼楽制度」論が存在している。

3　「接人」の制度構想

以上のように、財物の譲与に関する問答への仁斎と徂徠の解釈は対照的である。だが、人間の根源的同一性を否定し、他者との関係を重視する点では、二人の思想は軌を一にしている。徂徠は、「先王之道、治天下之道也。故学之必在接人之間焉（先王の道は、天下を治むるの道なり。故に之を学ぶは必ず人に接はるの間に在り[48]）」といい、また「仁之為道、亦在与人交之間（仁の道為るや、亦た人と交はるの間に在り[49]）」ともいう。統治は「接人」——人との交わり——と連続的に捉えられているのである。

以下、仁斎の「接人上」と徂徠の「接人之間」の語に依拠し、これまで「他者との関係」と呼んできたものを、「接人」の領域と呼ぶことにする。「他者」の語は、現象学などの「他者論」を連想させる。しかし、仁斎と徂徠は、他者との断絶の意識はあっても、他者の〈他者性〉とは何か——といった問題に思索をめぐらすことはない。よって、「他者論」的な関心との差異を際立たせるために、本書では、こなれない「「接人」の領域」という言葉をあえて用いることにする。

「接人」の領域を重視するといっても、譲与の交渉の例にその一端が示されているように、仁斎と徂徠とでは観点が大きく異なる。仁齋の主たる関心は、人が正しくつきあうためには、どうあるべきかにあった。これに対して徂徠は、人々をいかなる制度のもとに交際させ、統合し、天下の安寧（「安天下」）を実現するかという問題に意を注いでいた。そもそも、徂徠学においては、「接人」の領域における言葉遣いや振る舞いだけでなく、基本的な人間関係の型そのものが、「聖人」の「制作」によって成ったとされる。

五倫之内に、父子之愛は天性に候。兄に悌を行ふといふは、幼少より父母のひた物に教るゆへにこそ存候へ、教なき者は曾而兄を敬する事は不存候。夫婦之倫は、伏羲之立玉つる道なり。洪荒之世は只畜類之如くにこそ候へ。まして君臣朋友之道に至りては、聖人之立玉へるによりてこそ人是を存候へ。(50)

徂徠の問題設定においては、「道」の代表である「礼楽」と「修辞」とはともに、天下の安寧のために「接人」の領域に設けられた装置である。よって、「礼楽」を軸とする徂徠の統治論も、古代の「修辞」を範とする彼の文学論も、このような視点から一望のもとに捉えられるべきである。本書は、この視点に立つ。

だが、これまでの多くの研究は、むしろ徂徠学において、文学が倫理・政治から「解放」されることに注目してきた。その淵源に丸山眞男の『日本政治思想史研究』（第一論文）の著名な議論がある。しかし、該書のように、「芸術のための芸術」を至上とする文学観を自明視する必要はあるまい。丸山は、注意深く――ただし、「第二義的」にという留保つきではあるものの――文学が「政治的＝社会的効用」を持つと徂徠が考えていたことを指摘している。(51)「芸術のための芸術」が文学史の進んだ段階でないとすれば、もう一度、徂徠の「効用」説明の論理をつぶさに検討する意義はあろう。これは、近世日本文学研究が、丸山の議論と類似の図式を描く中村幸彦の文学史解釈に今なお規定されていることからいっても、必要な作業である。

もっとも、「礼楽」と「修辞」に関していえば、日野龍夫の一連の論考のように[52]、両者の密接な関係を取り上げた研究もあった。日野は、「社会生活における形式が徂徠の政治思想の眼目たる先王の制度であるとすれば、私的な場面における心の形式として、徂徠は意識無意識のうちに文学を採用していた」[53]という。しかし、徂徠学において、統治者たちの洗練された対話――たとえば『春秋左氏伝』の外交の場面に見られるような――に淵源するとされる詩文を、「私的な場面」に帰属させるのは妥当であろうか。

また、日野の議論は、「形式」を過度に静態的に捉えているように思われる。日野は、文学とは「自我の表現」であり、徂徠学派の「形式」尊重は「自我」の闊達な表現を妨げたと見る。しかし、徂徠は、「形式」を人の行動をいたずらに縛る桎梏とは捉えていない。型は、単なる制約ではなく、行動の可能性を切り拓く。たとえば、「虚病」の型が臣下の矜持を守るように。よって、徂徠学派の文学に関しても、その型が何を可能にすると徂徠らが考え、実際にそれが何を可能にしたかを検討すべきであろう。

実は、日野は、型が何を可能にしたか――について重要な研究を残している。徂徠学派の詩文と文人交遊の関係についての論考である[54]。日野は徂徠学派が広めた詩文の定型表現が、地域・学派を越えた文人社会の紐帯となったことを論じている。しかし、「雅語」が生み出す「虚構」の世界で生き、交流することは、「自我」の表現が抑圧されていた時代の「同情的に理解され」るべき慰藉であると日野は評価していた[55]。

徂徠学と「虚構」（フィクション）の関係については、平石直昭の研究も取り上げている。平石は、「礼楽制度」に代表される徂徠学の「道」について、「それは、無限に多様な生活の現実（リアリティー）にたいし、それを秩序づけるべく人間（聖人）が作り出した行動の準拠枠という意味で、戦後の丸山氏が使われた言葉でいえばフィクションに当るものとして存在している」[56]という。

ここで参照されている戦後の丸山眞男の議論は、渾沌とした「生の現実」を一定の目的意識にしたがって秩序づけ、再構成する「フィクション」として「政治制度」や「理論」を捉える[57]。その眼目は、「現実」・「実感」への没入とも、教条主義的な「理論」・「制度」信奉とも異なる「近代精神」のあり方を示すことにあった。中世の自然法秩序から、近代の「フィクション」的な世界観へという思想史理解の当否は、ここでは問わない。丸山が「虚構」の積極的な価値を説いていることに注目したい。後で論じるように、徂徠は「聖人」の「制作」に学び、意識的に文学の型を定めた。徂徠が構築した「虚構」の交遊空間を、日野のように否定的に捉える必然性はないだろう。

もっとも、丸山は、自他の交流を媒介する「フィクション」や「形式」の機能について多くを論じない。「社交」を支えるのは型ではなく、「われわれ相互の会話を出来るだけ普遍性があって、しかも豊饒なものにするための心構え」である[58]。右の引用の直前部分で「生活のなかから「詩」を作り出して行くための精神の主体的な働きかけ」が語られていることからも明らかなように、これは、日本社会の病弊を克服し得る強い「主体性」の形成という問題意識と結びついている。そのため、交際における不必要な摩擦の回避に関する思考が、「作為」の論理と接続するといった回路は、丸山の視野の外に置かれることになったのであろう。また、後年の丸山の思想においても、「他者をその他在において理解する」という「他者感覚」尊重の観点から、言語活動の型の設立で衝突を避けるという発想は、「他者感覚」の鈍化を招くものとして積極的に評価されなかったのではなかろうか[59]。

一九六九年（昭和四十四年）、丸山は大学の構内で全共闘系の学生にとらわれ、大教室において、百数十人の学生を前に「東大紛争」に対する姿勢を糾弾された。丸山は「強制的につれてこられた状況では発言しない」という態度を貫き、学生はそれを「形式的原則に固執して、われわれの追及への実質的な回答を回避している」と非難した。丸山はこれに「人生は形式です」と応じた[60]。この時、「形式」として丸山の念頭にまずあったのは、議論の場を設ける際の手続きの「形式」であった。さらに、この「集会」には、暴力的な言葉の噴出を抑える「形式」も存在しなかった。この事件は、「接人」の領域における「形式」の意義を考える上で含蓄に富んでいる。

話を徂徠研究に戻せば、「主体の確立」に力点を置く平石の徂徠論[61]は、秩序形成の「主体」（＝「聖人」）のあり方を詳細に検討する一方で、徂徠の「礼楽制度」論に見られる、統治者に対しても強靱な「主体」を期待せず、機構によってそれを補強する発想を取り上げない。第一章で分析するように、徂徠の考える「聖人の道」は、統治能力の涵養のために「接人」の領域において個人に負荷を加える一方で、摩擦の低減の装置も用意している。かかる周到な制度設計こそが、徂徠学の説く「聖人」の「大道術」の真骨頂であろう。

本書が取り上げるのは、徂徠学に代表される、言語表現の型から統治機構に至る様々な手法によって、「接人」の領域に操作的に介入することを考えた一群の思想である。彼らの目から見れば、仁斎のように誠実や思いやりを教え諭すのは下策であり、古代の統治者が用いた介入の技術を棄てて顧みないのは、野蛮への退行であった。

二　「東アジア儒学史」との関係

本書が、〈日本的なるもの〉を探求する型の思想史研究と立場を異にするのは、これまでの行論で明らかであろう。仁斎学と徂徠学とは、儒学の「日本化」として一括りにされることがあるが、本書の関心は、むしろその差異に着目し、徂徠学及びそれに連なる流れの議論の射程を明らかにすることにある。

近年、「一国史観」的な日本儒学史の叙述に疑問を呈し、「東アジア儒学史」といった広い視野の中で、江戸思想を検討する試みが盛んになっている。筆者も、このような研究の動向には基本的には賛同している。そもそも、江戸期の儒学思想を研究するのに、中国大陸や朝鮮半島の思想を無視するのは、研究対象の性質上不可能である。

しかし、本書は、江戸時代中後期の学者――中には今日ほとんど無名の人物も含まれる――に焦点を合わせる。「一国」の中の「一潮流」思想史。「東アジア儒学史」の広大さからすれば、いかにも狭小に見えるかもしれない。

このような手法を取ったのには理由がある。「東アジア儒学史」と銘打つ研究には、特定の地域に対する既存の思想史の枠組の中に、他の地域の儒学を包摂する類のものが、少なからず見られる。

確かに、経典と書記言語（古典中国語）を共有する東アジアの「儒学者」たちは、まるで同じ競技会の参加者のように見える。だが、彼らは往々にして同じ駒や札《カード》を使っているだけで、実は別の競技を行っているのではなかろうか。一見、同じ競技に見えるものでも、役の種類や得点配分、アガリの条件が異なっているかもしれない。そこで、「東アジア儒学史」をより立体的に理解するためにも、本書では、近世日本に特徴的な競技規則の中で、意識的／無意識的に案出された戦略や技術の体系に注目することにした。

徂徠学を例に、この競技規則の問題を考えてみたい。

徂徠学は、反宋学の旗幟を掲げているという点で、清朝考証学やその先駆に位置づけられる毛奇齢ら清初の学者と近似している。徂徠の弟子である山井崑崙の『七経孟子考文』が、海彼の学者に刺戟を与えたことは、その証左のように見える[62]。また、劉宝楠『論語正義』に、徂徠の説が引用されていることも、そのような見方を裏づけてくれそうである。

しかし、徂徠の考拠には無理が多い。たとえば、『論語徴』が論拠に引用する語句には出典不明のものが少なからずある[63]。「二辨論語徴はそらにて書れし文なれば、時々覚違ひあるなり[64]」という話が伝わっており、おそらく徂徠の記憶間違いが原因である。充分な修訂を行う前に、徂徠が歿したという事情があったとはいえ、そもそも論証の手続きに厳密性を欠くことは否定しがたい。清朝考証学と異なり、文字・音韻の学への関心が稀薄なだけでなく、注釈手法が多分に直観的なのである（弟子の太宰春臺になると、より着実にはなるが）。

また、徂徠の「礼楽」論も、清朝の礼学と比較した時、考拠の蕪雑さは覆うべくもない。毛奇齢や萬斯大の礼制研究は、「考証的礼学の解釈史に光をあてるための絶好の足場としての可能性を蔵して」おり、「解釈史に見通しをつけるうえで、彼らの着眼の鋭さと整理の手際の良さが参考になる」と評される。[65] 一方、徂徠の「礼楽」論が今日の礼学史研究に裨益することは稀である。[66] 伝統的な礼学の論点を踏まえず、独自の議論を展開しているからである。江戸期においても、考拠の水準が上がるにしたがい、徂徠の説を牽強附会と一蹴する大田錦城のような学者が現れる。これには相応の理由があったのである。

朝鮮朝のいわゆる「実学者」と比べても、同様のことがいえるであろう。李瀷や丁若鏞は、「四端七情」論といった朱熹の学問体系から浮上した論点に対し、西学書に触発されながら、その解明を試みている。彼らは朱子学に異を唱える場合も、従来の議論の蓄積を踏まえ、自己の見解を示す傾向が強いように思われる。[67] 一方、徂徠は、宋学の議論には根本的な欠陥があったとして、突き放した態度を取る。実際、徂徠学派の中でも、「（徂徠は――引用者注）朱氏家ノ書ヲ深ク味ハレタルニハアラザルト覚ユ」[68] という評判があった（先行研究をしっかり読まない徂徠先生！）。批判には対象の矮小化が付き物だとしても、徂徠はそれが極端なため、批判の有効性を疑う向きもあろう。

では、徂徠学は、拙速な宋学批判であり、未熟な考証学なのだろうか。そうではあるまい。清朝の考証学者や朝鮮の「実学者」と異なる競技規則の中で、徂徠は高い評価を得ていたのである。

徂徠ら江戸前半期の儒者がしたがっていた競技規則を細大漏らさず復元することは困難である。しかし、柱となる評価条件を示すことは可能である。この条件を満たすことで、その学問は人々を説得でき、また本人にとっても納得できるものとなる。[69]

第一の条件は、儒学の「道」（「聖人の道」）が、他の「諸道」に優越した、万人がしたがうべき「道」であることを明らかにすることである。

渡辺浩の論考に詳しいように、江戸時代、儒学の威信は低く、「真に儒学を自己の思想として引き受け、生きていこうとした人々は、通例、多少とも境界的存在だった」[70]。儒学の「道」は、「天道・神道・仏道・儒道・歌道・医道」[71]と列挙されるように諸道の一つに過ぎず、儒者は、儒学の立場からすると「小道」を業とする者に過ぎぬ「医者」や「兵法者」と同列の「芸者」と見られていた。京都の案内書である『京羽二重』（貞享二年刊）において、「儒者」・「儒書講説」は、「医師」・「俳諧師」・「目利」・「耳垢取」・「能大夫」などと並んで「諸師諸芸」の項に載っている[72]。仏教や老荘といった「異端」の教えとの思想的対決以前に、世間の見方では、儒学はしばしば諸芸道の一つに埋没していたのである。

よって、儒学の「道」は、「儒者」などの限られた人々にのみ関係し、自分たちとは無縁であると見る向きもあった。徳川光圀は、「医者陰陽師」と異なり、「儒者とは君臣共に儒を学候ものを申候」とわざわざ宣言し、それが後代、美談となっている[73]。江戸後期になっても、人々は往々にして「儒道」に対して冷淡な態度を取ったようである。

世間ニ、儒者トイフヲ武士ニ非ズ、医者ニ非ズ、僧徒ニ非ズ、別ニ一技一藝ノ者トシ、読書ハ唐土ノコトニテ今日ニハ関ラサルコトト心得ル人往々ニアリ。捧腹噴飯スベキノ甚シキナリ《中略》（「道」は「五倫」のことなので――引用者注）凡今日ニ在テ人倫ノ交アル者ハ皆儒道ニ志ス者ナラズヤ。然ル時ハ天子モ儒ニ志ス者ナリ。将軍モ儒ニ志ス者ナリ。諸侯モ儒ニ志ス者ナリ。士大夫モ儒ニ志ス者也。農夫商賈巫医百工モ儒ニ志スモノ也。誠ニシカラバ世間一切貴賤トナク皆儒道ニ志スモノナラズヤ。是レニ由テ観ル時ハ、凡ソ人ト生レタルモノハ、皆儒道ヲ学バズジテハ叶ハザルナリ[74]。

近世日本社会において、誰もが「儒道」を学ぶべきことは自明ではなかった。

身分ごとにそれぞれの「道」（武士には武士の道、町人には町人の道）、家ごとにそれぞれの「家業」がある。その上に、儒書の教えをわざわざ学ぶ必要はあるのか。また、「唐流孔子流」の外来思想は日本に妥当するのか[75]——このような疑念に、儒者たちは取り囲まれていた。そのため、熊澤蕃山は、儒学の信奉者が「俗」と乖離した「唐風の学者の一流」となる危惧を繰り返し語っている[76]。経書の教えをかたくなに守ると、「境界的存在」どころか「境界外」の「一派」と見られる可能性すらあったのである。

　このような状況において、「聖人の道」の顕揚は、儒学を真剣に奉ずる人々にとって喫緊の課題であった。それは、儒学の権威が確立していた同時代の中国や朝鮮には存在しなかった類の難問であった。

　第二の条件は、宋学の説く根源的同一性に対する違和感の解決である。

　宋学の多くの思想では、万人は根源的に同一であり、その同一の地点に回帰すれば、人は道徳的に完成するとされる。誰の心にもあらゆる「理」（「衆理」）は具わっており、不道徳な人物は「人欲」などによってそれが発揮できていないだけであると説明される。既に見たように、仁斎はこのような前提に立たないことで、独自の学問体系を構築した。

　仁斎に限らず、根源的同一性への違和感は、江戸時代——とりわけその前半期——の儒者に広く見られる。たとえば、山鹿素行は、朱子学の「本然之性」の説を批判し、「是性不具衆理也、只感通知識之喩理也、事物之理不究尽、而性自分明之乎（是れ性は衆理を具へざればなり、只だ感通知識の理に喩きなり。事物の理 究め尽くさずして、性 自ら之を分明にせんや）[77]」と説く。「性」は「衆理」を具えるという説を否定し、朱子学とは異なる意味づけを施した「事物之理」の考究を主張するのである。

　また、貝原益軒の『大疑録』は、「孟子言性善、非謂天下古今之人、其所稟性概乎悉相同（孟子 性善を言ふは、天下古今の人、其の性を稟くる所 概乎として悉くして相同じと謂ふに非ず）[78]」といったように、根源的同一性に疑義を呈する。

自己の内面に具わった善性の覚醒の代わりに、益軒が強調するのは、物を生み出す天地への報恩（「事天地（天地に事《つか》ふ）」）である。[79]

朱子学者時代の徂徠も同様である。彼は「本然之性」を成長の論理に回収して説明する。人間は道徳的に向上する能力を生まれながら持っている。それが「本然之性」であるという。[80] これは「本然之性」が生まれながらにして「衆理」を十全に具えていると見る朱熹の論と隔たっている。

このような根源的同一性への違和感の表明が、荒木見悟によって、「本来主義」を「深化」し、「超脱」した陽明学と異なり、単にそこから離脱したに過ぎないと否定的に評価された近世中期の「日本思想界」の特徴である。[81]

江戸期の儒者の根源的同一性に対する疑念には複数の要因があろう。その中でも、「職分」論的な思考は最も大きな要因であると考えられる。[82] 江戸期においては、それぞれの「家」には「職分」があり、「家業」（「家職」）に励むことが人として第一のつとめであるという発想は非常に強かった。このような思考を突き詰めた教訓書（河田正矩『家業道徳論』）は、「天地の間理は一にあらざるの辨」（！）と題する章の中で次のように説く。

> 百家職を分つ時は、其職業に因て其志す所異なり、仮令ば殺生は仏家に大に戒むといへども、漁人は能多く殺すを道とし、貞女は二夫に嫁せずといへども、遊女・夜発の輩は多くの夫に見て、金銀を求むるを道とす。[83]

また、「百家其職異なれば其理異な」るだけでなく、「万物其象異なれば、其理異なり、諸国風俗異なればその掟亦異な」るという。[84]「家業道徳」論の先には、「家業第一」を最大公約数とするだけの多元的な道徳観及び人間観が広がっていた。

ここまで極端ではなくても、このような「職分」論的な発想に共鳴する人々にとって、根源的同一性の探求は大仰で、かつ不必要に見えた。「家」の分業によって、持ちつ持たれつ、世間は成り立っているのであり（「家職国家」[85]）、万人共通の本性への回帰などしなくても、人はそれぞれの役割にしたがい、持ち前を発揮すれば良い。「家」ごと、役割ごとに要求される能力や徳目も変わってくる。『家業道徳論』は、職業ごとに重視すべき「徳」は異なるという（武士は「仁」や「義」、百姓は「信」、職人は「智」、商人は「礼」）[86]。他の教訓書でも、庶民には「仁義礼智」は分不相応なので、「信」につとめるべしといった説が見える[87]。江戸末期まで版を重ねた『商人生業鑑』には次のようにある。

惣じて人の生れ付にちがひあるものなり。此所をよく心得て、奉公人はそれ〳〵につかひ、子供にも性質を見立、相応の生業をさせてよし。一人に万事そなはりしひとは、いたつて稀なるべし[88]。

身分制下の分業体系ゆえに、人の「道」、そして人の資質や能力の多様性を肯定的に受け止める発想が近世日本社会には存在したのである。

儒者にとって厄介だったのは、当時の通念であった「職分」論的な発想を自己の学問に取り入れ、根源的同一性を否定して人々の多様性を肯定的に評価すると、儒学の「道」の顕揚が困難になることであった。人々の資質や能力が異なるのなら、あらゆる人が儒学の「道」にしたがう必要があるのか――という疑問にぶつかってしまう。

一方、根源的同一性の教説に依拠すれば、万人に共通する規範として儒学の「道」を説くのは容易である。人は誰もが本来同一なのだから、したがうべき「道」は一つであるといったように。しかし、このような論法は、「職分」論的な発想に馴染んでいる学者には、傲慢で押しつけがましく見えた。つまり、第一に挙げた条件――儒学の「道」が万人のしたがうべき「道」であることを明らかにする――と、この第二の条件はなかなか両立しない。

徂徠学は、明快な論理によって、二つの条件を同時に満たすことに成功した。徂徠は、「職分」論的な発想を取り込み、「聖人」の建てた「道」こそが、天下の安定を長期的に維持できる理想の分業体制を実現すると説くことで、この難題を解決したのである(89)。人々は根源的同一性などへ回帰せずとも、その分業体制の中で自己の役割を全うすれば十分であり（いわゆる「気質不変化」論）、「聖人」の建てた「道」が夏・殷・周に四百年以上の治世をもたらしたことから、「聖人の道」の諸「道」に対する優位は証明される。江戸前半期の儒学の競技規則の中で、多くの競技者・観覧者をあっと言わせた妙手、それが徂徠学といえよう。

　この妙手は、人間の根源的同一性に訴えず、制度や機構によって人々を統合し、共生させることを主張する。そのため、「接人」の領域への人為的介入に対する関心を喚起した。本書が検討するのは、このような思想の流れの中での「礼楽」と「修辞」の問題である(90)。それは、同時代の中国や朝鮮の儒学に馴染んだ者の目には、奇矯な思想の一群――陰謀めいた術策のような、あるいはたわいもない児戯のような――に見えるかもしれない。だが、これらの思想を説いた人々は自己の学問が「聖人の道」と合致していることを疑っていなかった。競技規則を異にこそすれ、それは、「儒学」の一潮流なのである。むしろ、省みられるべきは、かかる思想を非「儒学」的と断じる「儒学」観の平板さであろう。

（1）「与平子彬」第三書（『徂徠集』巻二十二、十三オ）。「修」と「脩」は本来別字であるが、区別なしに用いられることが多い。

（2）「送江文伯」（『南郭先生文集』二編、巻六、十七ウ、元文二年刊（日野龍夫（編集・解説）『南郭先生文集』、近世儒家文集集成第七巻、ぺりかん社、一九八五年））。

（3）『素書国字解』の訓読による。振り仮名を「まじわ」とするのも原文通りである。「近恕篤行、所以接人（近く恕して篤く行ふは、人に接る《マジワ》所以）」（荻生徂徠『素書国字解』巻上、二十三オ、明和六年刊）。

（4）『辨名』忠信3、一二二五頁。

(5)『論語』先進。

(6) 朱熹『論語集注』(同〔著〕徐徳明〔校点〕『四書章句集注』、上海古籍出版社・安徽教育出版社、二〇〇一年)、一四七頁。

(7) 伊藤仁齋『論語古義』先進、元禄十六年～宝永二年成立。引用は仁齋生前最終稿本であるいわゆる林本(天理大学附属天理図書館所蔵)に拠る。以下、仁齋自身の学問が問題になっている場合は林本、仁齋学受容が問題となっている場合は刊本を用いる。古い段階の稿本(第二本、同蔵)では「徼弦徐氏曰、「顔路請車為椁、而不以為嫌。聖人以理為権衡、而不以勉強副其意為厚。聖賢師弟間、其誠心質行類如此」と(徼弦徐氏 曰く、「顔路 車を請ひて椁を為《つく》らんとして、而して以て嫌ひと為《せ》ず。聖人 理を以て権衡と為《し》て、而して勉強して其の意に副ふを以て厚しと為ず。聖賢師弟の間、其の誠心質行類《おほむ》ね此の如し」と)」とある。第二本も最終稿本も「誠心質行」を説く点では同じだが、最終稿本では「理」に対する言及がなくなり、「顧慮」の有無が問題になっているのに注意したい。

(8) 伊藤仁齋『語孟字義』誠1、仁齋生前最終稿本、元禄十二年～宝永二年成立、天理大学附属天理図書館蔵。

(9) 前掲『論語集注』、一〇二頁。

(10) 前掲『論語古義』雍也。

(11) 前掲『論語古義』郷党。

(12) 同右。

(13) 前掲『語孟字義』忠信1。

(14) 浅見絅齋『箚録』、宝永三年序(西順蔵・阿部隆一・丸山眞男〔校注〕『山崎闇斎学派』、日本思想大系第三十一巻、岩波書店、一九八〇年)、三八六頁。

(15) 同右、三八七頁。

(16) 前掲『語孟字義』仁義礼智1、忠恕1。

(17) 相良亨「日本における道徳理論」(滝沢克己・小倉志祥〔編〕『岩波講座哲学』第十五巻、一九六八年)。

(18) 相良亨「私の仁斎理解」(吉川幸次郎・清水茂〔校注〕『伊藤仁斎　伊藤東涯』、日本思想大系第三十三巻、岩波書店、月報十七、一九七一年)。同「著者付記」(同『日本の儒教Ⅱ　相良亨著作集2』、ぺりかん社、一九九六年)。

(19) 子安宣邦「近世における人間の自覚と中国思想（1）――伊藤仁斎における儒教の位相」（三枝充悳・今井淳〔編著〕『東洋文化と日本』、ぺりかん社、一九七五年）、一六三頁。
(20) 子安宣邦「伊藤仁斎研究」（『大阪大学文学部紀要』第二十六巻、大阪大学文学部、一九八六年）、三三頁。
(21) 丸山眞男『日本政治思想史研究』、東京大学出版会、一九五二年、新装版、一九八三年、五四～五六頁。
(22) 石田一良『伊藤仁斎』、人物叢書、吉川弘文館、一九六〇年、新装第二版、一九九八年、一四〇頁。
(23) 宋学の「本来性」の概念及びそれについての研究史に関しては次の論考を参照。伊東貴之「中国近世思想史における同一性と差異性――「主体」「自由」「欲望」とその統御」（溝口雄三・伊東貴之・村田雄二郎〔著〕『中国という視座』、これからの世界史4、平凡社、一九九五年）。
(24) 前掲『論語集注』、五七頁、『孟子集注』（前掲『四書章句集注』）、二四〇頁。
(25) 朱熹「答嚴時亨」第一書（同『晦庵先生朱文公集』巻六十一〔朱傑人・嚴佐之・劉永翔（主編）『朱子全書』第二十三冊、上海古籍出版社・安徽教育出版社、二〇〇二年〕）、二九六一頁。この説は胡広（等撰）『性理大全』（巻三十七、忠信）に引用されている。
(26) 黎靖徳（編）・王星賢（校点）『朱子語類』巻二十一、理学叢書、中華書局、一九九四年、四八四頁。
(27) 前掲『朱子語類』巻二十一、四九二頁。
(28) 前掲『朱子語類』巻六、一一三頁。
(29) 朱子学における「間断なき」ことをめぐる議論については、三浦國男「総説 間断のない思想」（同『朱子と気と身体』、平凡社、一九九七年）参照。
(30) 前掲『語孟字義』忠信1。
(31) 同右。
(32) 同右。
(33) 伊藤東涯『学問関鍵』、元文二年刊（井上哲次郎・蟹江義丸〔共編〕『日本倫理彙編』第五巻、復刻版、臨川書店、一九七〇年）、一八四頁。

(34) 尾藤正英「伊藤仁斎における学問と実践」(『思想』第五二四号、岩波書店、一九六八年)、二八七頁。
(35) 渡辺浩「伊藤仁斎・東涯――宋学批判と「古義学」」(同『近世日本社会と宋学』、東京大学出版会、一九八五年)、二三二頁。
(36) 同右、二三四頁。
(37) 大谷雅夫「恕とおもいやりとの間――伊藤仁斎の学問、その一端」(『国語国文』第四十八巻第三号、京都大学文学部国語学国文学研究室、一九七九年)。
(38) 前掲『語孟字義』忠恕1。
(39) 『論語』雍也。
(40) 前掲『論語集注』、九八頁、程子の語。
(41) 以下、『論語徴』丙、二十六オ~二十六ウ。
(42) 『論語』郷党。
(43) 前掲『論語古義』郷党。
(44) 『論語徴』戊、四十二ウ~四十三ウ。
(45) 『論語徴』辛、一ウ、二十オ~二十ウ、二十六オ。
(46) 『政談』、二五三~二五四頁。
(47) 『太平策』、四七三頁。
(48) 『論語徴』甲、十八オ。
(49) 『論語徴』乙、四十五ウ。
(50) 『徂來先生答問書』巻下、二十四オ。
(51) 前掲『日本政治思想史研究』、一七二頁。
(52) 日野龍夫『江戸の儒学』(日野龍夫著作集第一巻、ぺりかん社、二〇〇五年)所収の論考。
(53) 日野龍夫「儒学から文学へ――徂徠学の位置」(前掲『江戸の儒学』)、一八二頁。

(54)　日野龍夫「文人の交遊――事実からの解放」（前掲『江戸の儒学』）。
(55)　日野龍夫「擬古主義とナルシシズム――服部南郭の創作意識」（前掲『江戸の儒学』）、二二五頁。
(56)　平石直昭「戦中・戦後徂徠論批判――初期丸山・吉川両学説の検討を中心に」（『社会科学研究』第三十九巻一号、東京大学社会科学研究所、一九八七年）、一〇〇～一〇一頁。
(57)　丸山眞男「肉体文学から肉体政治まで」（同『丸山眞男集』第四巻、岩波書店、一九九五年）、二一〇頁。
(58)　同右。
(59)　丸山の「他者感覚」の議論に関しては苅部直『丸山眞男――リベラリストの肖像』（岩波書店、二〇〇六年）参照。
(60)　丸山眞男『自己内対話――3冊のノートから』、みすず書房、一九九八年、一三二～一三三頁、一九六～一九七頁。この事件の詳細な経緯については、清水靖久「銀杏並木の向こうのジャングル」（『現代思想』第四十二巻第十一号、青土社、二〇一四年）参照。
(61)　前掲「戦中・戦後徂徠論批判」、平石直昭「徂徠学の再構成」（『思想』第七六六号、岩波書店、一九八八年）。
(62)　狩野直喜「山井鼎と七経孟子考文」（同『支那学文藪』、弘文堂書店、一九二八年）。
(63)　『論語徴』（甲、十四オ）の「道宋衛之間」は出典未詳であり、また同書（丁、四オ）の引く撃壌歌は同じ文言のものが他書に見られない。
(64)　著者不明『蘐園雑話』、成立年不明（『続日本随筆大成』第四巻、吉川弘文館、一九七九年）、六五頁。
(65)　新田元規「唐宋より清初に至る禘祫解釈史」（『中国哲学研究』第二十号、東京大学中国哲学研究会、二〇〇四年）、五頁。
(66)　その稀な例については、高山大毅「封建の世の『家礼』――朱舜水・安積澹泊・荻生徂徠の祖先祭祀論」（『季刊日本思想史』第八十一号、ぺりかん社、二〇一四年）において論じた。
(67)　裴宗鎬（著）・川原秀城（監訳）『朝鮮儒学史』、知泉書館、二〇〇七年。金光来「星湖心学における「聖賢之七情」の解釈とその意義」（『中国哲学研究』第二十六号、東京大学中国哲学研究会、二〇一二年）。
(68)　湯浅常山『文会雑記』、寛延二年～宝暦二年成立（日本随筆大成編輯部〔編〕『日本随筆大成』第一期第十四巻、吉川弘文館、一九七五年）、二四九頁。

(69) 以下、本節の個々の論点は既に先行研究で議論されていることの再説である。本書の特徴は、儒学を「家職国家」・「役の体系」（尾藤正英）に適合させる方向性と、近世社会に対して儒学の「道」を顕揚する方向性との葛藤に焦点を当てることにある。

(70) 渡辺浩「儒学史の異同の一解釈――「朱子学」以降の中国と日本」（同『東アジアの王権と思想』、東京大学出版会、一九九七年）、九七頁。以下、儒者の社会的地位に関しては渡辺の前掲論文及び「儒者・読書人・両班――儒学的「教養人」の存在形態」（同書）から多くを学んだ。

(71) 寒河正親『子孫鑑』、寛文十三年刊（中村幸彦〔校注〕『近世町人思想』、日本思想大系第五十九巻、岩波書店、一九七五年）、七三頁。

(72) 孤松子『京羽二重』、貞享二年刊（井出時秀〔編〕『増補　京都叢書』第六巻、増補京都叢書刊行会、一九三四年）、一九〇頁。本書では、「木下順庵」が「儒」の項に、「伊藤元助《ママ》」（仁齋）・「宇都宮由的」（遯庵）が「儒書講説」の項に載る。

(73) 三木之幹・宮田清貞・牧野和高『桃源遺事』、元禄十四年頃成立（国書刊行会〔編〕『続々群書類従』第三巻、国書刊行会、一九〇七年）、三六七頁。

(74) 塩谷宕陰『視志緒言』巻上、四オ～五オ、慶応二年刊、早稲田大学図書館蔵。岩田彦助『従好談』（享保十四年刊）にも、「われらは武士なり、儒者にはあらず、がくもんは、わが家職にあらず」、「いかさまがくもんは、したき事なれど、かくのごときいそがわしき職分ありて、そのひまを得ず」と語る人々の存在が記されている（川平敏文・村上義明「『従好談』――翻刻と解題（一）」〔『文献探究』第五十二号、文献探究の会、二〇一四年〕、七四頁）。

(75) 堀景山『不尽言』、寛保二年頃成立（植谷元・水田紀久・日野龍夫〔校注〕『仁齋日札　たはれ草　不尽言　無可有郷』、新日本古典文学大系第九十九巻、岩波書店、二〇〇〇年）、一七四～一七五頁。

(76) 熊澤蕃山『集義和書』、寛文十二年刊（後藤陽一・友枝龍太郎〔校注〕『熊沢蕃山』、日本思想大系第三十巻、岩波書店、一九七一年）、九五頁。七八、八三頁も同様の主張が見える。

(77) 山鹿素行『山鹿語類』、寛文六年序（田原嗣郎・守本順一郎〔校注〕『山鹿素行』、日本思想大系第三十二巻、岩波書店、一九七〇年）、三七六頁。

（78）貝原益軒『大疑録』初稿、正徳四年成立（井上忠〔編〕『貝原益軒資料集』下、近世儒家資料集成第六巻、ぺりかん社、一九八九年）、一四一頁。
（79）辻本雅史「「学術」の成立――益軒の道徳論と学問論」（横山俊夫〔編〕『貝原益軒――天地和楽の文明学』、平凡社、一九九五年）。
（80）『蘐園随筆』巻三、六ウ、十四オ、巻四、一オ～二オ。
（81）荒木見悟「朱子学の哲学的性格――日本儒学解明のための視点設定」（荒木見悟・井上忠〔校注〕『貝原益軒　室鳩巣』、日本思想大系第三十四巻、岩波書店、一九七〇年）。
（82）前掲「儒学史の異同の一解釈」、九九～一〇〇頁。
（83）河田正矩『家業道徳論』、元文五年刊（日本経済叢書刊行会〔編〕『通俗経済文庫』巻九、日本経済叢書刊行会、一九一七年）、二六八頁。
（84）同右、二七一、二七三頁。
（85）「家職国家」と道徳の問題に関しては、渡辺浩『日本政治思想史――十七～十九世紀』（東京大学出版会、二〇一〇年）の第四章「「家職国家」と「立身出世」」参照。
（86）前掲『家業道徳論』、二七二頁。
（87）茂庵老人『町人常の道』、安永八年刊（日本経済叢書刊行会〔編〕『通俗経済文庫』巻一、日本経済叢書刊行会、一九一六年）、八三～八四頁。
（88）岩垣光定『商人生業鑑』巻二、十六ウ、明和九年刊、国文学研究資料館蔵。
（89）尾藤正英「江戸時代の社会と政治思想の特質」（同『江戸時代とはなにか――日本史上の近世と近代』、岩波書店、二〇〇六年）、五三頁。
（90）江戸後期、学問所が次々と建てられ武士に儒学が浸透するにしたがい、ここでいう競技規則に変化が生じる。徂徠学の衰退の一つの原因であろう。

第一部　「礼楽」

儒学における「礼」とは、日常の作法から冠婚葬祭の儀式、そして統治機構に至る人間の行為の型全般をその内に含む。「楽」(音楽)は「礼」と対に語られることもあるが、儀式としての「礼」に付随して演奏されるため、「礼」の一部に包摂されることもある(本書ではこのような用法にしたがい、「礼」と「礼楽」とを特に区別しない)。「礼楽」ないし「礼」という概念は、このように茫漠としている。だが、この輪郭の不明確さゆえに、「礼楽」論は、国家規模の統治と個人規模の人間関係のあり方とを連続的に捉え、それらに制度機構を設ける思考の舞台となった。

第一部では、初めに荻生徂徠の「礼楽」論の特質を明らかにし、続く各章では水足博泉・田中江南・會澤正志齋の学問を取り上げる。彼らは、それぞれ徂徠の「礼楽」論に示唆を受けながら、天下に安寧をもたらす「接人」の制度を構想した。

博泉・江南・正志齋は相互に直接的な影響関係はない。いうなれば、徂徠の「礼楽」論を水源とする異なる三つの流れである。しかし、彼らは共通して、中国の「礼楽」に匹敵、あるいはそれを凌駕する「礼楽」が当代の日本に存在する可能性に思いをめぐらした。よって、第一部は、統治の領域における「接人」の制度構想の歴史であると同時に、日本の「礼楽」の(再)発見の歴史ともなっている。徂徠の所説に示唆を受け、日本の卓越性を、「人柄」や「風俗」ではなく、「礼楽」に求める議論は珍しくなかった。「百王一姓」であろうが、徳川氏の「泰平」の実現であろうが、その基盤には優れた「礼楽」が存在すると考える発想がたびたび現れたのである(1)。

第一章　聖人の「大道術」
――荻生徂徠の「礼楽制度」論

一　はじめに

徂徠学において「道」とは、古代の王朝創始者（「聖人」・「先王」）が作った制度や概念の総称である。[2] 徂徠は、「道」に含まれる統治機構の中でも「礼」をとりわけ重視した。「礼」に対する強い関心は徂徠学の大きな特質となっている。

しかし、人間の本性や宇宙の根源について抽象的な思索を行う朱子学者たちも、「礼」に無関心であったわけではない。朱子学の学問階梯の初等段階に位置する『小学』には、経書などから採られた日常の「礼」に関する文言が並んでいる。また、朱熹の手になる（とされる）『朱公家礼』（『文公家礼』）や『儀礼経伝通解』といった礼書は朱子学者の必読文献であった。一部の例外は存在しても、儒学者であるならば、経書に伝わる「礼」を学び、可能な限り実践するのは当然である。[3]

ここで考えたいのは、徂徠の「礼」解釈にはいかなる特徴があったのか——という問題である。意外にも、この問題はこれまで正面から論究されることがなかった。徂徠学における「道」の普遍性や「物」概念に関しては、様々な議論が闘わされてきた。しかし、徂徠の具体的な「礼」解釈を視野の外に置いていたため、これらの研究自体が、徂徠の嫌う所の「礼楽制度」を離れた空論に陥っていたのではなかろうか。

本章では、徂徠の「礼」解釈のあり方を検討した後、「接人」の領域に対する彼の議論を分析することにしたい。

二　「礼」の学習

後世の人々が、古代の理想時代の「礼」に接近する手がかりは、「三礼」（『周礼』・『儀礼』・『礼記』）などの経籍である。そのため「礼」解釈は必然的に文献解釈の形を取る。ただし、その際には、古代の「礼」習得のあり方が範型となる。では、徂徠は、古人の「礼」の学習と理解とをどのように見ていたのであろうか。『辨名』礼には、「礼」学習に関する徂徠の説が見える。長くなるが考察の土台となるので引用したい。徂徠は、礼楽による教化は言語による教誨に勝っていると考え、次のように説く。

夫人言則喩。不言則不喩。礼楽不言。何以勝於言語之教人也。化故也。習以熟之。雖未喩乎、其心志身体、既潜与之化。終不喩乎。且言而喩。人以為其義止是矣。不復思其餘也。是其害、在使人不思已。礼楽不言。不思不喩。其或雖思不喩也。亦末如之何矣、則旁学它礼。学之博、彼是之所切劘、自然有以喩焉。学之既博、故其所喩、莫有所遺已。且言之所喩、雖詳説之、亦唯一端耳。礼物也。衆義所苞塞焉。雖有巧言亦不能以尽其義者也。是其益在黙而識之矣。(4)

夫れ人は言へば則ち喩《さと》る。言はざれば則ち喩らず。礼楽 言はず。何を以て言語の人を教ふるに勝るや。化するが故なり。習ひて以て之に熟す。未だ喩らずと雖も、其の心志身体、既に潜《ひそ》かに之と化す。終に喩らざらんや。且つ言ひて喩す。人 其の義、是《ここ》に止まると以為《おも》ひ、復た其の餘を思はざるなり。是れ其の害、人をして思はざらしむるに在るのみ。礼楽 言はず。思はざれば喩らず。其れ或いは思ふと雖も喩らざるなり。亦た之を如何ともするなければ、則ち旁《ひろ》く它の礼を学ぶ。学ぶことの博き、彼是の切劘する所、自然に以て喩ること有り。学ぶことの既に博き、故に其の喩る所、遺す所有る莫きのみ。且つ言の喩す所、之を詳説すと雖も、亦た唯だ一端のみ。礼は物なり。衆義の苞塞する所なり。巧言有りと雖も亦た以て其の義を尽くすこと能はざる者なり。是れ其の益 黙して之を識るに在り。

ここでは学習に二つの段階があることが示されている。第一は、「礼」にひたすら習熟し、「化」する段階であり、第二は、「礼」の「義」を「喩」る段階である。後者は「不思不喩」とあるように思索が要求される。

1　習熟と「格物」

第一の段階において、学習者は「礼」を意識せずに淀みなく実践できるようになる。徂徠は、この状態を「化」や「化境」と呼び、「凡妙一藝者、皆有化境（凡そ一藝に妙なる者も、皆化境有り）[5]」と、芸道の達人の境地になぞらえて説明する。「化境」においては、「心志」と「身体」とがともに「礼」に染まっている。[6] 徂徠学における「礼」は、外面的な秩序で、内面に関わりがないといった説は明白な誤謬である。[7]「礼」は人々の内奥に深く浸透する。

『大学』の「格物」は、「先王教以礼楽、習之久、自然与之化、然後知之。謂之物格而知至（先王 教ふるに礼楽を以てし、習ふことの久しくして、自然に之と化し、然る後に之を知る。之を物格《きた》りて知至ると謂ふ[8]」とあるように、この「化」へ至る階梯に属する。

徂徠学の「物」概念は、これまで多くの議論を喚起してきた[9]。「格物」の「物」に関していえば、「物者、道之一節、聖人建而名焉。可執而有之、如有一物然（物は道の一節、聖人建てて名づく。執りて之を有《たも》つ可きこと、一物有るが如く然ればなり）[10]」とあるように、「聖人」が新たに設けた概念であることを見落としてはならない。「聖人」は、具体的な「もの」の意で日常的に用いられた「物」に、新たな意味を付加し、いわば術語化した。『辨名』冒頭にあるように、「聖人」は往々、「常人之所不能睹者（常人の睹《み》ること能はざる所の者）[11]」に「名」を与えたのである。法律用語の「善意」（「善意の第三者」）がそうであるように、一般の意味に引きつけて捉えると、大きな誤解に陥る。従来の研究はこの点を明確にしていなかったために、議論に混乱が生じている[12]。

事物の「物」とかけ離れた「格物」の「物」をいくつか挙げよう。徂徠の『大学』注釈である『大学解』は、『周礼』の「郷三物」を「格物」の「物」の例に挙げる[13]。「郷三物」とは、「六徳（知仁聖義忠和）」・「六行（孝友睦婣任恤）」。「六藝（礼楽射御書数）」の三つを指す。「知仁聖義忠和」といった「徳」の名称は、事物の「物」の埒外にあろう。他にも『論語』述而の「子以四教、文行忠信（子 四を以て教ふ。文行忠信）」について、徂徠は「忠」と「信」は「射五物（射の五物）」同様に、「物」であると説く[14]。「射五物」は「格物」の「物」の代表である[15]（「五物」が何を指すかは後述する）。「忠」・「信」は、いうまでもなく抽象的な「徳」の「名」である。

紛らわしいことに、徂徠は「名」や「義理」の対概念として、事物の意味で「物」を用いる場合もある[16]。もっとも区別はそう困難ではない。経書から引用され、解釈論の対象となる「物」は特殊な概念の「物」であり、解釈の詮議なしに用いられる「物」は事物の「物」である。ただし例外的に、『学則』第三条は、両者を連続的に論じている[17]。しかし、『学則』は徂徠の著作中でも成立が早かったと推測され[18]、また文彩を重視しているために行文に飛躍が見られる。よって、『学則』第三条の説を、「物」に対する徂徠の標準解釈と見做すことはできない。「格物」の「物」のような特殊な概念としての「物」は、「三物」・「五物」・「文行忠信」などと条目になっていることが多い。徂徠が「物者、教之条件（物は、教への条件）[19]」と説くのは、このためである（「条件」は条目・箇条の意）[20]。「聖人」は種々の「物」を設け、古人はそれらを手がかりに「道」を学び、また弟子に教授した。たとえば「射」においては、「和」（「志体」の調和）・「容」（容儀）・「主皮」（的に中る）・「和頌」（「雅頌」の音楽と調和する）・「興舞」（舞踊）の五箇条が身につけば良いといったように（「射五物」[21]）。徂徠によれば、今日失われてしまったが、「六藝」（礼楽射御書数）には全て、このような「物」が存在したという。[22] つまり、「物」とは、「六藝」などを学び、そして教える際の指標である。条目化した指標は教える側も、学ぶ側も「物」をつかむが如くしっかり把握できる。そこで、「聖人」は「物」と名づけた。そして、「格物」とは、「物」を「格《きた》す[23]」、つまり、これらの指標を身につけることを指す。徂徠学の「格物」に深遠な認識論を読み込むのは無理がある。

ちなみに、教えの条目化は、武芸の伝書にしばしば見られる（「九箇」、「身懸五箇[24]」など）。徂徠は宝蔵院流の槍術をはじめ武芸にも通じており[25]、条目化された伝を受ける機会もあったと推測される。また、彼は、明代の弓術書である『射学正宗』に訓点を附し、また『射書類聚国字解』を自ら著している。これらの書物では、射技の要点が五箇条に整理されている。「審法」（的の狙い方）・「彀法」（弓の引き方）・「匀法」（弓を引いた後の体の平衡の取り方）・「軽法」（矢の放ち方）・「注法」（狙いを一貫して注視するやり方）の「五法」である。[26]「五物」と「五法」とは内容的に全く異なっており、直接関係はない。しかし、技芸の要点を条目にまとめる発想は、徂徠にとって馴染み深いものであった。

話を「礼」の学習に戻せば、「六藝」の一つである「礼」にも学習と教授の指標（「物」）が設けられており、古代の統治者たちは、「礼」学習の第一段階において、それを習得（「格物」）し、意識せずとも実践できるようになっていた。「礼」は「美」しく、自然と真似したくなるものである。[27] 学習の苦痛は小さかったに違いない。

2 「礼」の「義」

「礼」学習の第二の段階では、習熟を基盤に思索をすることで、「礼之義（礼の義）」の理解を目指す。この「義」を、「意義」や「意味」と言い換える研究がある[28]。しかし、「礼」の「意味」や「意義」を認識するというのは一体どのような事態なのだろうか。判然としない。もし、「意味」や「意義」が「礼」の本質を指すのだとすれば、それは徂徠が攻撃した宋学的な「礼」理解と大差がなくなってしまう。朱子学では、具体的な儀礼・音楽の背後に「序和」や「中和」といった形而上の「本体」を措定する。徂徠は、このような発想を「老荘」の影響であるとして斥ける[29]。徂徠は「礼」の「義」を、「礼」の「所以制之意（制する所以の意）」と言い換える。

先王既以其千差万別者、制以為礼。学者猶伝其所以制之意。是所謂礼之義也[30]。

先王　既に其の千差万別なる者を以て、制して以て礼と為す。学者　猶ほ其の制する所以の意を伝ふ。是れ所謂礼の義なり。

経書には、この「礼」の「所以制之意」を語った記述があると徂徠は説く。『礼記』の「冠義」・「昏義」・「郷飲酒義」など「〜義」と題する諸篇がそれに当たる[31]。また、『論語』にも該当する章がある。孔子と弟子たちは「礼」の「義」をしばしば語ったのである。

たとえば、『論語』学而の「曾子曰、「慎終追遠、民徳帰厚矣」（曾子　曰く、「終りを慎み遠きを追ふは、民の徳　厚きに帰さんがためなり」と）」はそれに当たる。

曾子語所以制礼之意也。先王制喪祭之礼而慎終追遠、是其意為民之情帰厚故也。「民徳」如「君子之徳」「小人之徳」。「帰厚」如「帰仁」。先王之礼為安民而設故爾。(32)

曾子 礼を制する所以の意を語るなり。先王 喪祭の礼を制して終りを慎み遠きを追ふは、是れ其の意 民の情 厚きに帰さんが為の故なり。「民の徳」は「君子の徳」・「小人の徳」の如し。「厚きに帰す」は「仁に帰す」の如し。先王の礼 民を安んずる為にして設くる故に爾り。

先王が喪祭礼を制定したのは、民の情を仁政にしたがわせるためであった——徂徠は曾子の語をこのように解する。喪礼に関しては、『論語』子張の「子游曰、「喪致乎哀而止」（子游 曰く、「喪は哀を致して止む」と）」も「所以制之意」を語った章である。

孔安国曰、「毀不滅性」。古人之解経、簡而能尽。誠非後人所及哉。蓋子游説聖人制喪礼之意。止云者、聖人之心、至於其致哀而止、不必過求其它也。(33)

孔安国 曰く、「毀《やつ》るれども性を滅ぼさず」と。古人の経を解する、簡にして能く尽せり。誠に後人の及ぶ所に非ざるかな。蓋し子游 聖人の喪礼を制するの意を説く。止むと云ふ者は、聖人の心、其の哀を致すに至りて止め、必ずしも過ぎて其の它を求めざるなり。

つまり、哀情は尽くさせるが、健康を損なうことまでは求めないのが先王の「意」だというわけである。

さらに、『論語』学而「有子曰其為人孝弟」章もそうである。

宗廟之礼、所以教孝也。養老之礼、所以教弟也。孝弟化行、民俗和順、天下自然治。而後世不知其意、以為迂濶。故有子語其義也。言観於孝弟之人不好犯上作乱之事、可以見其效弗差焉。[34]

宗廟の礼、孝を教ふる所以なり。養老の礼、弟を教ふる所以なり。孝弟 化行して、民俗 和順し、天下 自然に して治まる。而して後世 其の意を知らず、以て迂濶と為す。故に有子 其の義を語るなり。孝弟の人は上を犯し 乱を作すを好まざるの事を観れば、以て其の效の差《たが》はざるを見る可きを言ふ。

「宗廟之礼」や「養老之礼」の「義」は、人々を「孝弟」にし、反乱を防ぎ、天下を安寧にすることにある。徂徠は有子の語をこのような「礼之義」を語ったものであると解釈する。

これらの例から、「礼」の「所以制之意」（「礼之義」）とは「礼」の設計意図を指すことが分かる。[35]「為～故也」という言い回しが用いられているように、それは「聖人」の「礼」制定の目的とも言い換えられる。

「礼」の中には「衆義」が満ち溢れていると徂徠はいう。[36]これは一つの「礼」には複数の意図がこめられていることを指している。既に見たように喪礼に関していえば、民情の馴致から、服喪者の健康の配慮まで、その背後には様々な設計意図がある。また、『大学解』は「養老礼」の設計意図を複数挙げる。「養老礼」では、君主が身分の低い老人を自ら応接することで、君主に対する親しみを民に抱かせる。さらに、堯や舜など太古の聖人と同じように「孝」を重んじることを示すことで、王朝交替による民心の動揺を鎮める——といったようにである。[37]儀礼一つをとっても、衣服や所作、実施期間、参加者の範囲に関して詳細な規定があり、その細部にまで聖人の思考は及んでいる。設計の緻密さに加え、「礼」は、当人が無自覚のうちに、その行動を導く。ゆえに、その設計意図の把握には困難がともなう。既に紹介した「養老礼」にもそれは表れているが、また別の例を紹介したい。

『論語』郷党に、「沽酒市脯不食（沽《う》れる酒・市《う》れる脯《ほじし》は食らはず）[38]」という「礼」が見える。朱熹『論語集注』は、他人から買った酒脯は「不清潔」で体調を崩す恐れがあるので、それを食べなかったと解釈する。一方、徂徠は次のように注する。

周礼、王后六宮、皆事蠶織。王食各有其官。至於士庶、則衣服出於宮。飲食出其厨。皆婦女之事也。此制壊而艶妻煽方処、休其蠶績、不績其麻、市也婆娑。然後衣服飲食有粥於市者。故先王禁之。君子之不食、恐犯先王之制也[39]。

周礼、王后の六宮、皆 蠶織を事とす。王の食は各々其の官有り。士庶に至れば、則ち衣服 宮より出で、飲食は其の厨より出づ。皆婦女の事なり。此の制 壊れて艶妻 煽《さか》んに方処して、其の蠶績を休《や》め、其の麻を績せず、市に婆娑たり。然る後衣服飲食 市に粥《う》る者有り。故に先王 之を禁ず。君子の食らはざるは、先王の制を犯すを恐るればなり。

徂徠は、古代、「衣服飲食」を調えるのは婦人の仕事と定まっており、この制度の崩壊と「衣服飲食」の購入とは連動していると見る。君主の后妃らが機織りに励まなくなると、統治に対する後宮の容喙が始まり、士庶人の婦女が麻を紡がなくなれば、彼女たちは気ままに外をふらつくようになる。逆に、食料品や衣服の売買を規制すれば、婦人は家事に励まざるを得なくなり、男女の役割分業は固定化する。これによって統治は安定すると徂徠は考える[40]。

徂徠は「道」——当然「礼」も含まれる——を「大道術」と呼び、「俗人の思ひかけぬ所より仕懸けを致し候て、覚えず知らず自然と直り候様に仕事に候[41]」という。右のような「礼」解釈から、徂徠の思い描く「大道術」の具体像が鮮明に浮かんでくるであろう。

種々の「礼」は、「先王所以制礼之意、在仁焉（先王の礼を制する所以の意は、仁に在り）[42]」といったように、最終的には「仁」（＝「安民」・「安天下」）という聖人の意図に帰着する。別の言い方をすれば、個々の「礼」はそれぞれの目的を有しているが、それらは「安民」という目的に最終的に収斂する。「安民」とは、「飢寒盗賊ノ患モナク、隣里ノ間モ頼モシク、其国ソノ世界ニハ住ヨク覚ヘテ、其家業ヲ楽ミテ、民ノ一生ヲクラスヤウニナスコト[43]」である。

徂徠は『論語』里仁の「吾道一以貫之（吾が道　一以て之を貫く）」を次のように解釈する。

蓋孔子之道、即先王之道也。先王之道、先王為安民立之。故其道有仁焉者、有智焉者、有義焉者、有勇焉者、有倹焉者、有恭焉者、有神焉者、有人焉者、有似自然焉者、有似偽焉者、有本焉者、有末焉者、有近焉者、有遠焉者、有礼焉、有楽焉、有兵焉、有刑焉。制度云為、不可以一尽焉。紛雑乎不可得而究焉。故命之曰「文」。又曰、「儒者之道、博而寡要」。然要其所統会、莫不帰於安民焉者。故孔門教人曰「依於仁[44]」。

蓋し孔子の道は、即ち先王の道なり。先王の道は、先王　民を安んずる為に之を立つ。故に其の道　仁なる者有り、智なる者有り、義なる者有り、勇なる者有り、倹なる者有り、恭なる者有り、神なる者有り、人なる者有り、自然に似たる者有り、偽に似たる者有り、本なる者有り、末なる者有り、近き者有り、遠き者有り、礼有り、楽有り、兵有り、刑有り。制度云為、一を以て尽くす可からず。紛雑乎として得て究む可からず。故に之を命じて

「文」と曰ふ。又曰く、「儒者の道は、博くして要寡《すくな》し」と。然れども其の統会する所を要すれば、民を安んずるに帰せざる者莫し。故に孔門 人を教ふるに「仁に依る」と曰ふ。

「聖人の道」は、「安民」という大目的のもとに、小目的を担う様々な制度が複雑に絡み合うことで構成されている。この中に「礼楽」も含まれ、個々の「礼楽」はそれぞれ異なる目的を有しているのである。

古代の「君子」たちは、「礼」に習熟した上で、「礼」の目的——礼の背後にある設計意図（「礼之義」）——の理解に努めた。時代の変化とともに礼楽の中にも目的に不適合なものが出てくる。君子はそれらに対して的確に対応しなくてはならない。たとえば、先王は倹約のために麻で冠を作った。財用への配慮は「安天下」のために不可欠だからである。しかし麻は時代が降るにしたがい高価になった。このような場合には、倹約という目的に相応しいように安価な純《きぬ》で冠を作るのが妥当である㊺。「君子」は「礼」の目的を踏まえて、その運用上の判断を下さなくてはならないのである㊻。

3　「仁」の忘却

徂徠によれば、古代の統治者は「礼」の中で生きており、彼らにとって、「礼」が最終的に「安民」の目的に収束することは、言挙げするまでもなく自明であった。

夫仁者先王所以制礼也。苟為礼而不知礼之所以制、則徳難成焉。然当三代之隆、士学而成、則挙而用之。一世之人、游泳於先王之仁、黙而識之。豈有不依焉者哉㊼。

夫れ仁なる者は先王の礼を制する所以なり。苟《いやし》くも礼を為して礼の制する所以を知らざれば、則ち徳 成り難し。然るに三代の隆んなるに当たるや、士 学びて成れば、則ち挙げて之を用ふ。一世の人、先王の仁に游泳して、黙して之を識る。豈に依らざる者有らんや。

しかし、春秋時代に至るとひずみが生ずる。統治者は「安民」の目的を忘れ、個人修養に「礼楽」を用いるようになった。いうなれば、敵の制圧・殺害を目的とした武術が、健康体操になってしまったようなものであろう。孔子が「長人安民之徳（人に長となり民を安んずる徳）」である「仁」を強調した背景には、このような歴史的背景があった。

及於春秋之時、大夫世官、賢者不用、先王之仁、遠而不可見、則士之学先王之道独善其身者、比比皆是。於是乎遂忘其仁、而徒以為藝、徳之所以難成也。故孔子教以依於仁、亦衰世之意也[48]。

春秋の時に及ぶや、大夫 官を世々にし、賢者 用ひられず、先王の仁、遠くして見る可からざれば、則ち士の先王の道を学びて独り其の身を善くする者は、比比として皆是れなり。是に於いてか遂に其の仁を忘れて、徒《た》だ以て藝と為す。徳の成り難き所以なり。故に孔子 教ふるに仁に依るを以てするは、亦た衰世の意なり。

そして、「仁」の忘却は、宋学の登場により一段と進んだ[49]。

徂徠の「礼」解釈は、この忘却の歴史を遡り、「仁」（「安民」・「安天下」）の実現という文脈の中に「礼」を位置づけ直し[50]、その精妙な設計意図の把握を試みるものである。「三礼」などの経書を読み、それに「習」い、「化」し[51]、「聖人」の意図を探る。しかし、「礼」のかなりの部分は失われている。時には「六経残缺、要不得不以理推之（六経 残缺し、要は理を以て之を推さざるを得ず[52]」といったように、事物の一定の法則性を考慮しながら、[53]「礼」の設計意図を「安民」から逆算して推測するほかない。徂徠の「礼」解釈が、しばしば文献の裏づけを欠くのはこのためである。

三　「礼楽」論の資源

徂徠の「礼楽」論は、天下の安寧を実現するからくりに、「礼」を見立てると分かりやすい。個々の儀礼はいわばからくりの部品で、「礼」の「義」とはそれら部品の設計意図である。部品自体やそれに関する情報もかなり失われている。残された資料を手がかりに、どうにか各部品がからくり全体の中で果たす機能を探る。それが徂徠学における「礼」研究である。

しかし、徂徠は、「礼楽」をからくりに見立てるような機械論的な発想を持っていない（徂徠は「シカケ」という語を用いるが、それは働きかけの意である[54]）。「安民」実現の諸機能の統一体として「礼」を捉える見方を、彼はどこから得たのであろうか。徂徠の「礼楽」論を結晶化させた最後の一手が天与の閃きによるものであるとしても、その基礎となった思想的資源のいくつかを明らかにすることは可能である。

1　「職分」論

徂徠の「礼楽」論の基盤の一つは、近世日本の「職分」をめぐる思考であろう。

序章でも述べたように、江戸期の道徳的通念においては、「家業」に励み、「職分」を果たすことが極めて重視された。「職分」は、身分や「家」ごとに異なっており、それらは分業体系を構成していると観念される[55]。「武士なくして世治べからず。農人なくして世界の食物あるべからず。商人なくして世界の自由、成べからず。此外所有《あらゆる》事業、出来て、世のためとなる」[56]といったようにである。徂徠も、「士農工商」は、「各其自《みづから》の役をのみいたし候へ共、相互《たがひ》に助けあひ」、「世界」は成り立っていると見る。[57] このような「世のため」の分業体系と、民の安寧を目的とした諸制度の機能分化とは類似している。両者を繋ぐ脈絡を考えてみたい。

「職分」は、個人に賦与された属性のように語られることもある一方で、[58] 個人がそこに埋め込められる役割という面が強調されることもある。実際、江戸期においては、「職分」――「家業」や「役儀」――を果たすために、主君の「押込め」や、他苗の養子を取ることは慣行化していた。[59]「職分」の体系は、見方によっては、責務を成し遂げるための役割の体系という相貌を示す。これは、近世日本社会の「イエ」が、時に「血縁」よりも家業繁栄を優先する経営体の側面を持つのと対応している。[60]

徂徠は、このような「職分」論に潜在していた思想的な可能性を展開したといえよう。徂徠は、君主だけでなく、それに仕える臣下も「天下国家」の「平治」――すなわち「安民」――を意識すべきであると論じる。その際に、彼は鷹狩の「職分」と子供の「教訓」の「役人」(叱る役とそれをとりなす役)を比喩に用いる。

たとへば鷹野に出候に、鷹を使ひ候人も有之候。犬を牽《ひき》申候人も御座候。犬を牽申候人は、犬を己が職分に致し候而、鷹には少も構《かま》ひ不申候へ共、鷹を助候為之《（ための）》犬と申候事を心付不申候へば、其職分違ひ申候。又子共を教訓いたし候に、せつかんいたし候人も有之候。とりさへ候人も有之候。せつかんの役人はおそろしき貌をいたし候へ共、心より悪み候にては無之、教訓の主意を失ひ申さぬ事に候。取さへ候人は、其子共の味方になり候様に見え候得共、実はせつかん致し候人を助け候役人にて候。其わざ別に候へども、互に心をよく会得いたし候故、仕手脇拍子揃ひ候て、狂言の仕組も出来申候事に候。[61]

ここで徂徠は、「職分」概念の役割としての面を前景化し、個別の役割の目的とその事業全体の「主意」となっている目的との関係に注目している。加えて、彼は「教訓」の例のように、役割を仮構的であると見る。つまり、「職分」の体系を目的遂行のための人為的な役割分担の体系と捉え直すのである。

徂徠は、このような役割分担の体系を制度にも投影したのであろう。「民ヲ安ズル為」のものとして、「士農工商」の分業と「礼楽文物」は並列して語られる。

礼楽文物モ、美観ヲコノミ、カザリノ為ニ設ルニ非ズ、民ヲ安ンズル道具ナリ。五倫ト云モ、士農工商ノ分レタルモ、天然ノ道ニハ非ズ、民ヲ安ズル為ニ、聖人ノ立ヲキ玉フ道ナリ。(62)

「安民」の目的のために「士農工商」が分業しているならば、「礼楽文物」の各部分も機能分化していても不思議はない。

「職分」概念は、「天はおほい地はのする、これ天地の職分なり(63)」といったように、しばしば類比的に拡張され、人間以外の存在にも当てはめられる。しかし、「職分」論から導き出した役割分担の発想を統治機構にまで敷衍するのは徂徠独特である。さらに、別の角度からの検討が必要であろう。

2　「風俗」論

「聖人ノ道ハ習ハシヲ第一トシ、聖人ノ治メハ風俗ヲ第一トス(64)」というように、「風俗」論は徂徠の学問体系の基軸である。徂徠は、制度や機構の設立によって、人々の習慣・「風俗」を変化させることを企図する。(65)朱子学者時代から既に徂徠は、「礼楽」と「風俗」を結びつけて議論しており、「礼楽」は「風俗」論の文脈に深く根ざしている。(66)

徂徠の「風俗」に対する関心を喚起したのは、南総からの帰還の経験である[67]。

延宝七年（一六七九）、徂徠の父、方庵は当時館林の大名であった徳川綱吉の譴責を受け、江戸払いに処せられた。当時、十四歳の徂徠は父にしたがい、上総国本納に寄寓する[68]。以後、一家は南総の各地に移り住み、元禄三年（一六九〇）、徂徠は江戸に戻る。その体験を振り返り、徂徠は次のようにいう。

> 十三年を歴て御城下に返りて見れば、御城下の風も抜群に替りたるを見て、書籍の道理をも考へ合せ、少しは物の心も付たる様なり。始より御城下に住つづけたらんには、自然と移る風俗なる故、うかうかとして何の心も付まじきと存候[69]。

江戸の「風俗」（「風」）の変化から受けた衝撃は、彼の学問の出発点となった。

もっとも、都鄙の「風俗」の差異の認識は、徂徠以前あるいは同時代の著述にもしばしば見られる。三都を始めとする都市の繁華と在方の質朴な生活との隔たりは、多くの人々が認識していた[70]。徂徠の特徴は、「風俗」が人為的に形成可能であると考えたことにある。このような議論は、たとえば「移風易俗、莫善於楽（風を移し俗を易ふるは、楽より善きは莫し）[71]」といったように「書籍」にも見える。江戸の「風俗」の変貌は、このような記述に徂徠が着目するきっかけとなったと考えられる。

江戸は極めて人工性の高い都市である[72]。交通の要衝として中世から一定の発展を遂げていたものの、徳川政権の成立とともに、全国の諸大名を動員した大土木工事が行われ、江戸は劇的に変化した。それは、神田山を削り、日比谷入江を埋め立てる町普請のように、自然地形の大幅な改造を含んでいた。事実と異なるにもかかわらず、家康の「御入国」以前、江戸が海浜の寒村であったと人々に広く信じられていたのは、このような都市改造の記憶が強烈だったからであろう。「御城下」の歴史は、統治機構の人為的創出の発想と親和的であった。

また、都市史研究の明らかにするところによれば、ちょうど徂徠が上総国にいた延宝末から元禄初めにかけての時期に、江戸の都市構造に変質が生じていた。

江戸城常盤橋に隣接する本町一丁目・二丁目は、町年寄など、公儀と関係の深い町人の屋敷があり、武士を主要な顧客とする呉服商が軒を連ねていた。この本町一丁目・二丁目の老舗呉服商が、新興の三井越後屋との競争に敗北するのは、徂徠が江戸を離れていた時期に当たる[73]。

町人の上層部から下層部に目を転じると、「日用」（日雇いの肉体労働者）と「振売」（零細小売商）の増加が問題化したのもこの頃である[74]。

三井越後屋の躍進と、「日用」・「振売」の増加は、いずれも武士層の需要を前提としない町方の経済循環の拡大を基盤としている[75]。本来、江戸の町人地は、武士層とその頂点に君臨する将軍に、物資を提供するために作られたものであり、本町界隈はその典型例であった。ところが、十七世紀後半になると、好景気による人口増と全国的な流通網の整備にしたがい、町方の需要が大きくなる（徂徠は、全国規模の商業圏の確立を「商人のいきおひ盛に成て、日本国中の商人通して一枚となり[76]」と表現している）。三井越後屋の現金での店前売り——掛け売りと異なり、一見の客にも開かれている——は、かかる市場の変化に対応した商法であった。また、人口の増大が新たな産業を生み、雇用の機会を増やすという循環が起こり、日用・振売は増加した。徂徠が驚愕した「御城下」の変化は、このような都市経済の転換を背景としていたのである。

『太平策』において徂徠は、江戸の成り立ちを次のように述べる。

> 抑神祖海内ヲ一統シ玉ヒ、諸侯ヲ悉ク御城下ニ聚メヲキ、民ニモ心次第ニ何者ナリトモ来ル者ヲバ拒ガズ、民ノ

> 心マヽニ仕カケ、住ミヨクアリヨキヤウニシ、天下ノ財貨悉《ことごとく》御城下ニアツマルヤウニシ、見物所・傾城町マデコシラヘヲキ、海内士民ノ心ヲヒキ、遊楽ニフケリテ太平ヲタノシミ、乱世ヲ厭フ心ノ日ヲ追テツヨクナルヤウニ仕カケ玉ヒ、桀驁ノ気ヲ柔ラゲ、姦雄ノ心ヲ変ジ、都ノ重リヲ強クシ、重キヲ以テ軽キヲ御スル勢ヲナシ玉フ。古今抜群ノ上策也[77]。

「神祖」家康は、戦国の殺伐の気風を取り除くために、江戸を設計した。これは「神祖ノ大道術[78]」であった。だが、それは「神祖」の没後、暴走することになる。

> 御代々ノ執政無学ナルユヘ、此大道術ニ、ヒカヘヅナヲ付ルコトヲシラズ。ツヨキ風ニ帆ヲ十分ニ揚テ船ヲ走ラカシテ、錨ヲ引ザルガ如シ。今ハトマリハナク覚ヘ侍ルナリ[79]。

武士の都市集住を放置することで、「町人の風俗と傾城町・野郎町の風俗と武家へ移り、風俗悪敷なる[80]」という事態が発生した。江戸の場合は、結果的には制禦が利かなくなってしまったものの、都市設計によって人為的に「風俗」に働きかけることは可能なのである。

徂徠は、初めから江戸の変貌をこのように捉えていたわけではないであろう。長い年月を経て、「書籍の道理をも考へ合せ」た末に、江戸の成立を「神祖」の「大道術」とする解釈に辿り着いたはずである。おそらく、「書籍」中の「礼楽」と眼前の「御城下」（江戸）とを照らし合わせ、重ね合わせることで、「風俗」の人為的操作の可能性について徂徠は思索を深めた。あの忌まわしい「風俗」が都市によって形成されたのならば、経書のいうように人為的に善き「風俗」を形成することも可能に違いない——といったように。

次の論には、そのような徂徠の思考の来歴が窺われる。

詩書礼楽、古先聖王教人之術也。故謂之四術。人在聖人術中、自然有以知之。何者、聖人以此易其耳目、換其心腸。此術也。譬諸都人所笑田舎人、不見其可笑。其人来居都下者三年、自然見其可笑。此所謂術也。(81)

詩書礼楽は、古先聖王 人を教ふるの術なり。故に之を四術と謂ふ。人 聖人の術中に在りて自然に以て之を知ること有り。何となれば聖人 此れを以て其の耳目を易へ、其の心腸を換ふればなり。此れ術なり。これを都人の笑ふ所の田舎人 其の笑ふ可きを見ず、其の人 来りて都下に居ること三年、自然に其の笑ふ可きを見るに譬《たと》ふ。此れ所謂術なり。

都市と「詩書礼楽」とは、陰画と陽画のような関係で徂徠の脳裡で重なっているのである。「礼楽」が江戸同様に「風俗」形成の「術」であるならば、その抽象的な本質の探求より、「術」の隠された目的の方が興味深い論点となってくる(82)。このような関心の移行と「職分」論由来の「安民」のための役割分担とが融合すれば、「安民」のために編成された「術」の体系という「礼楽」像が結実しよう。

3 兵学

徂徠の兵学愛好はよく知られている。徂徠の「礼楽」論と兵学の関係についても見ておきたい。「兵学」といっても、それには『孫子』・『呉子』といった古典兵法書の注釈作業から、上杉流や山鹿流といった流儀化した「軍法者」の陣法談義まで含まれる。徂徠は兵学を幅広く学んだものの、「軍法者」の説には懐疑的な姿勢を取っている。彼は、親族や知人の家に伝承されていた戦国期を生きた人々の談話を重んじ、それを基準に「軍法者」の説の真偽を弁別する。軍法者の説は虚誕も多いが、戦国期の知識を部分的に含んでいるので、それを抽出しようとするのである。(83)

徂徠は、神秘的権威を用いた人心収攬をしばしば説く。この論は詐術的で、「兵学」的思考(?)を思わせる。だが、それはむしろ「軍法者」批判と結びついている。

往昔の武士は、「仏天鬼神」にちなんで武具を作った。しかし、「近年藝師(近年の藝師)」(「軍法者」)は「理学」の影響で、それを捨てて顧みない。これについて徂徠は、神秘的権威が兵士の精神安定に貢献することを「軍法者」は理解していないと非難している。(84) 徂徠は、十七、八歳の頃、外祖父から『訓閲集』という軍法書を伝えられた。家康の時代に軍学で知られた岡本半助の軍法であるという。この本には、「当代より見れば何の用にも立ぬ」呪術や武具の仕立て方ばかりが載っていた。徂徠はこの書物をきっかけに、一見、無用なまじないの類が戦国の世において有用視されていた理由を考え、それらが戦場での人心収攬に寄与していることに想到した。(85) 同時代の「軍法者」の教説よりも、戦場の記憶の忘却の方が彼の思考を刺戟したのである。(86)

徂徠は、宝永四年(一七〇七)前後に、『素書』・『孫子』・『呉子』に注釈を施している。『孫子国字解』は、彼の著作中でも成立が早いが、「職分」論的な機能への注目と「風俗」論とが、どちらも既に現れている。(87)

前者に関しては、地形篇の「惟民是保而利於主、国之宝也(惟だ民を是れ保ちて主に利するは、国の宝なり)」の注釈に見える。ここでは、「民」を「保」つことと「主」(君主)に「利」することの関係が論点になっており、徂徠は、君主の「職分」は「安民」に帰結し、両者は矛盾しないと主張する。

民ヲ安ンズルコト君タル職分ノ第一ニテ、一切ノ事トクト詮議シツムル時ハ、民ヲ安ンズルヨリ外ハナシ。合戦ヲスルモ、民ヲ安ンズベキタメナリ。君ノ為ニナルコト是ニスギタルコトナシ。[88]

「職分」概念を用いて「安民」を目的に据えた統治像が語られているのである。[89]

「風俗」形成の「術」は、行軍篇の「令素行者与衆相得也（令素より行はるる者は衆と相得るなり）」の句に対する注釈で言及されている。

吾国ノ風俗ニ男子タルモノハ、アタマヲハラレテハ堪忍ナラズ、男ノタ、ヌト云コト中古ヨリノコトナリ。ヨク立チカヘリテ考レバ弱輩ナルコトナレドモ、ハヤ年久シク風俗トナリ、人々幼少ヨリ覚エコミテ男子ハカクアルベキハズノコトナリト心ヨリ納得シテカツテアヤシマズ。是中古ノ名将士卒ノ勇気ヲ養フ法術ヨリ起リテ吾カ国ノ風俗トナレリ。[90]

「職分」や「風俗」に直接関係する議論は『孫子』本文には見えず、いずれの解釈も徂徠自身の関心が前面に押し出されたものである。「礼楽」論に関していえば、兵書注釈は、徂徠に思想の素材を提供したというより、「職分」と「風俗」とをめぐる思考を彫琢する場となった点で重要であったといえよう。

右に引いた二つの説を直結させれば、「民ヲ安ンズベキタメ」の「合戦」での勝利を目的に、様々な「法術」によって「風俗」を作り出す――といった後年の「礼楽」論と近似した議論が構築可能である。しかも、小島康敬によって発見された『呉子国字解』は、武士が頭を殴られることを恥じるのは、「中古名将」の設けた「武士の礼」の効果であると説く[91]。該書が小島の推定通り徂徠の著作ならば、「礼」を「風俗」形成の「術」と見る視点も徂徠は既に獲得していたことになる。

しかし、この時期の徂徠は、「五常（「仁義礼智信」――引用者注）ハ人ノ心ニ具ハル理ナリ(92)」という朱子学の教説にしたがっていた。儒学の「礼」を統治の「術」と解釈するとしても、朱子学の心性論との関連づけの問題が残る。実際、『蘐園十筆』には、両者の調停に苦心した形跡が見える(93)。朱子学者としての立場が、兵書注釈の領域での思考の蓄積に歯止めをかけていたのである。『蘐園随筆』に見られる仁斎学との格闘の後、朱子学への懐疑が深まり、やがて徂徠は心性論の枠組と訣別する。そうして、「職分」論と「風俗」論の融合が経学の領域でも全面的に展開し、徂徠学の「礼楽」論は出来上がったのであろう。

四 「接人」の領域と「礼楽制度」

本節では、これまでの考察を踏まえながら、「接人」の領域と徂徠の「礼楽」論の関係を考えることにする。序章で既に述べたように、徂徠は「接人」の領域の延長線上に「仁」や「安天下」があると考える。

蓋先王之道、安天下之道也。然登高必自卑。行遠必自邇。故君子依中庸。中庸者、孝弟忠信之謂也。皆存乎接人之間。孔門之教為爾。又謂之依於仁(94)。

蓋し先王の道、天下を安んずるの道なり。然れども高きに登るには必ず卑《ひく》きよりす。遠きに行くには必ず邇《ちか》きよりす。故に君子は中庸に依る。中庸とは、孝弟忠信の謂ひなり。皆 人に接《まじ》はるの間に存す。孔門の教へ爾りと為す。又之を仁に依ると謂ふ。

ここで語られている「孝弟忠信」と「仁」の関係について、『徂來先生答問書』には次のようにある。

　孝は父母を養ひ安んずる道にて候。弟は兄弟を養ひ安んずる道にて候。忠は君につかへて君を安んじ養ふ道にて候。信は朋友を安んじ養ふ道にて候。されば何れも皆仁の小わりと可被思召候。[95]

「孝弟忠信」は、範囲を縮小した「仁」の営為（「仁の小わり」）である。徂徠は「接人」の領域において、他者に対する強い配慮を求める。

　徂徠は、このような他者に対する関わり方を、「苦にす」「（苦）役介にす」――どちらも面倒を見るの意――といった語で説明する。[96] たとえば、『徂來先生答問書』は、今の統治者は民を「苦にする」心がないという議論から始まる。[97] そこには、統治者と対比し、見習うべきものとして、「民家之旦那」が、寒暑を厭わずに働き、「家内」の人々を「苦にす」る様子が生き生きと描かれている。徂徠が、「旦那」の養う「眷族」として挙げるのは次のような人々である。意地悪な老婆、着飾ってばかりで働かない女房、ぼんやりとした長男、いたずら者の三男、ものなれていない嫁。譜代の奉公人には、年老いて仕事のできない者もいれば、恩に甘えて言いつけを聞かない若者もいる。このような厄介な人々を、愚かと思われても見放さず、面倒を見る姿に、彼は「仁」の原基を見出すのである。

　「苦にする」間柄といっても、徂徠によれば、「父子の愛」以外は、聖人が作り出した関係性である。[98] 人の「性」には、「相愛相養相輔相成之心（相愛し相養ひ相輔け相成すの心）」[99] が具わっているものの、それらが持続的な秩序を形成するには制度的な支えが必要となる。徂徠によれば、当代はかかる機構がないため、人々の間に相互無関心（「めんめんかう」）がはびこり、それと表裏一体の関係で、他人をしきりに咎め立てる「風俗」が生まれている[100]（相手を心底から気にかけているわけではないので、相手を容赦なく責められるのである）。徂徠は、「土着」によって、これらの悪弊は根治するという。そして、この「土着」は、単に時弊の解決策であるだけでなく、「王道ノ本」である。[101] よって、「接人」の領域への介入を考える際、まずは「土着」から検討する必要があろう。

1 「土着」と「養老礼」

徂徠が『政談』において説く「土着」論の概略は次の通りである。民の移動を制限する。これによって、人々は郷里が定まり、その中で生活するようになる。さらに、武士も城下町を離れ、所領に居住するようにさせる。戸籍の作成及び通行証（「路引」）の発給と管理とによって、

徂徠は、「井田法」の核心はこの「土着」にあると考える。[102] これは、井田制解釈史において奇説に属する。井田制は、古代中国の理想時代に行われたとされる土地分配と課税の手法であり、一般的には、「兼併」（富裕者の土地集積）と関連づけて議論される。しかし、徂徠は「兼併」の問題に触れず、逆に百姓の田地売買を許可せよと説く。[103] 彼は「大百姓」を非難することもあるが、それは「大百姓」が小作人に仕事を任せて、「家業」の農作業に自らは励まないからである。[104] 大土地所有自体を問題視してはいない。農村内の階層分離が比較的に進んでいなかった時期とはいえ、徂徠が「兼併」に言及しないのは特徴的である。

また、「土着」の制度に関して徂徠は、治安の向上や奢侈化の防止、武備の充実など複数の機能を挙げている。[105] 注目したいのは、徂徠が土地所有に特別な意味を見出していないことである。「土着」の武士にとっても、所領の「町村」は「上より御預け」[106] のものであると徂徠はいう。武備の充実も、公儀の課す「軍役」の負担の観点から論じられており、土地所有こそが自由と独立を支えるといった西洋政治思想に見られる議論とはかけ離れている。[107] また、A・トクヴィルの土地相続と貴族制の議論に見られるような、土地が一族の栄誉や力、徳を永久に留めるといった発想も見られない。[108]「先祖の家風」の保存に貢献するのは、その家に仕える世襲の奉公人（「譜代者」）である。[109]

結局のところ、徂徠の「土着」論は、土地よりも人間関係の固定に重点を置いている。

徂徠の描く人間関係の固定化は、抑圧的な面を持つのは確かであろう。従来の研究でも指摘されているように、「土着」は、相互監視による治安維持を一つの狙いとする。[110] ただし、徂徠は人間関係の固定化に、悪の排除以上の積極的な意義を認めている。彼は、「土着」を実施した上で、領主が適切に介入すれば、人々は「孝悌」になり、「風俗」は良くなるという。[111]

徂徠学においても、「孝悌」の第一義は、「孝」は父母に、「悌」は兄や年長者によく仕えることである。ただし、既に見たように、「仁」との関係において、「孝悌」は目上の者への恭順以上の意味が付与されている。「仁」は国・天下の民を安んじるのに対し、「孝」は父母を養い安んじ、「悌」は年長者を養い安んじる。つまり、「仁者」の統治が国・天下規模で他者の面倒を見る営為ならば、「孝悌」はその範囲を縮小した営為といえる。徂徠は「孝悌」を、上長への服従ではなく、むしろ、彼らを能動的に支え、もり立てる意味合いで捉えている。

徂徠学形成途上の時期の覚え書には、これに関係する興味深い記述がある。

> 天命之謂性、仁也。人人以安民為心、是也。豈唯愛已。亦有負荷意在。如庶人亦有父母妻子。是庶人之民也。[112]
>
> 天の命ずるを之性と謂ふは、仁なり。人人 民を安んずるを以て心と為す、是れなり。豈に唯だ愛のみならんや。亦た負荷の意在る有り。庶人の如きも亦た父母妻子有り。是れ庶人の民なり。

徂徠は、「父母妻子」との関係を小さな統治と見ていた。「妻子」だけでなく「父母」も、「庶人」にとっての被治者（「民」）の中に入っている。後年の「孝悌」解釈はこの議論をより穏やかな表現に改めたものであろう（徂徠が統治者の視点を強調することを銘記しておきたい）。

もし江戸の都市生活のように、人間関係が流動的ならば、厄介な人々を「負荷」せず、回避できるが、固定的ならば退路はない。「土着」は、親兄弟だけでなく、近隣の面倒な年長者までも、どうにか支え、もり立てる態度を民に身につけさせる。

> 一町一村の人は相互に自然と馴染付く故、悪敷事をば相互に異見をもいひいはるれば、異見を聞ぬ事もならず。又相互に見はなさず、交り念頃《ねんごろ》也。[113]

「土着」は、人々を「接人」の領域において積極的に他者へ配慮するように仕向けるのである（村や町の人間関係に軋轢が生じた場合には、名主や領主が親身に対応するのであろう）。

要するに徂徠は、思いやりと助け合いに満ち溢れた社会は、言葉で人々を啓蒙するといった迂遠な手段によってではなく、人間関係の流動性の縮減によって確実に実現すると考えるのである。これは前時代的な方法に見えるかもしれない。しかし、情報技術の発達が人間関係の清算を難しくしていることを考えれば――「忘れられる権利」の問題などを想起したい――徂徠の説く「土着」は、むしろこれから現実的な問題（あるいは選択肢）となる可能性があろう。

さらに徂徠は、古代中国においては、「土着」に加え、「養老礼」が人々に「孝悌」の「徳」を浸透させたと説く。[114]「養老礼」において、天子は人々が見守る中、身分の低い老人にかしづく。儀式の途中、音楽も演奏される。「養老礼」は「粋美之極（粋美の極）」である。[115]「礼楽」の「美」について徂徠は次のようにいう。

> 礼者、務美焉者也。民之性、美則効之。是以不待禁令而行。及其久也、習以成俗。民以為固然。是先王之道、所

以易易也。[116]

礼は、美に務むる者なり。民の性、美なれば則ち之に効《なら》ふ。是を以て禁令を待たずして行はる。其の久しきに及ぶや、習ひて以て俗を成す。民 以て固より然りと為す。是れ先王の道、易易たる所以なり。

人々は「礼楽」の美しさに魅了され、その振る舞いを模倣するようになる。やがて模倣が繰り返されるうちにそれは「風俗」となる。こうなれば人々は「孝悌」であるために自然に努めるようになる。「美」の力に促され、人々は進んで他者を「負荷」するのである。

2　「譜代者」

続いて、主従関係についての徂徠の論を見ていきたい。

徂徠は、武家の「奉公人」の問題を繰り返し取り上げ[117]、雇用契約による奉公人（「出替者」）を廃し、世襲でその家に仕える奉公人（「譜代者」）を復活させることを主張する。これも前述の「土着」論と同様の文脈で理解できる。

「譜代者」は、兵乱の際にも逃亡しないという利点があるものの、平時には「めんどうなる物」である。[118] 生まれた時から家内で養育するので費用がかかり、主人と長いつきあいであるがゆえに、なれなれしく扱いにくい。悪事を犯し、やむを得ぬ場合には、最終手段として手討ちにしなくてはならない。しかし、このような「めんどう」な奉公人と日々関わり、彼らを治め、養う中で、武士は、個人の利益や充足感の追求に止まらない、他者に対する責任意識を持つようになると徂徠は考える。[119]

しかし、徂徠の生きた時代には、「譜代者」は減少し、「出替者」が増加していた。「出替者」は、世なれた「利口」

な者が多い。また、主人の側も気に入らなければすぐに解雇できる。(120) 彼らとの摩擦の少ない関係によって、武士たちは、「めんどう」な人々の統治経験の機会を失った。

さらに、朱子学が、この傾向を強化した。人を治める前に、まず自分の心を磨くといった朱子学の説は、被治者との具体的な関係から統治者の目を背けさせ、あるいは、他人の道徳的欠点に厳しい狭量な人物を生み出すと徂徠は批判する。(121)

つまり、「譜代者」再興の重要な狙いは、このような状況に抗し、選択不可能な人間関係の負荷をかける——当人には「天」から与えられた「眷族」と覚悟させる——ことで、武士を「仁の徳」を有する統治者に鋳直すことにあった。日頃から選べない「めんどう」な他者との関係に慣れ、彼らに愛着すら抱く、度量の大きな統治者なら、どのような被治者も軽々しく切り捨てず、最後まで世話をするだろうというわけである。

「奉公人」との関係は、被治者に対する態度だけでなく、親類や主君に対する態度にも作用する。

> 殊に百年以来世の人便利を先として、出替者を召仕候事世の風俗となり候故、主従共に、只当分のやとはれ人と思ひ候心ゆき、一切の事に薫じわたり、はては親類をも苦にせず、主人之事を身にかけず、只吾身ひとつと思取候を、今の世には能了簡之人に仕候。(122)

有期契約の「やとはれ人」しか使ったことのない者は、主君や親類も「苦役介」にすることはできないと徂徠は見るのである。

「苦役介」や「めんどう」という語に示されているように、徂徠は、統治の艱苦を強調する。統治者は、たとえ「道理」にはずれ、「人ニ笑ハルベキコト」でも民の安寧のためならば、それを行う心構えが欠かせないと徂徠は説く。(123)

それは、「年月を経て後、そのおさめのよきとあしきは知るる」[124]ものであり、長期的展望に立った良き施策ほど無理解にさらされやすいからであろう。統治には、功名心や道徳的な満足感の追求では対応できない面があり、「譜代者」に対する愛着を足がかりにして、為政者は統治という「役介」で「めんどう」な営為に耐え得るようになる――と徂徠は考えたのである[125]。

このような徂徠の主張は、丸山眞男の「武士のエートス」論を連想させるかもしれない[126]。確かに、丸山の論は、固定的な主従関係の「被縛感」が他者への強い責任感を涵養すると見る点では、徂徠に通じる面がある。また、往昔の武士に肯定的な要素を発見する点でも似ている。だが、両者の隔たりは大きい。

主従のどちら側に視点を置くか――いうなれば、主君の宏量か、従者の忠義か――にまずは大きな異同がある。

丸山は『葉隠』を検討し、「戦闘者」としての武士の行動様式と主従関係の固定化が組み合わさることで生じた「逆説」を抉り出す。「卑屈なまでの主従の契りへの被縛感」[127]ゆえに、主君のもとを去らず、不断の忠誠行動で主君の非を正す「主体性」と「能動性」が発現する。この「逆説」を先鋭的に表現したのが、『葉隠』の「本来忠節も存せざる者は終に逆意これなく候」という一節であると丸山は見る。

一方、徂徠は、『葉隠』が説くような主君への「没我的献身」に全く価値を見出さない。自分の身を君主に「差上げ、「無物」と考えるのは、「妾婦之道」であると徂徠はいう。このようなあやまてる「忠」は、最終的には「阿諛逢迎」に堕する[128]。彼が重視するのは、あくまで統治者として民を領導する「徳」である。たとえ臣下であっても、「君たる道」を知らなくては、「職分」を果たすことはできない[129]。彼は譜代奉公人との固定的な主従関係の再興を説くが、それは上位者の下位者に対する「被縛感」を重視したためなのである。

丸山が「忠誠と反逆」で分析対象とした明治期の「士族」の「気風」や「気力」をめぐる議論も、「三河武士の精神」や「抵抗力」といったように従者の側に注目する傾向が強い[130]。主君の馬前での討死を主意とする江戸期一般的であった武士（道）観が一つの原因であろう。加えて、上位者の「被縛感」、すなわち、愚かでどうしようもない被治者でも、見捨てずに善導する——といったむき出しの「治者了簡」[131]は、「官」の専制に対抗し、人民の自己統治の理念を「封建の世」に遡上する論者の死角に入りやすいのかもしれない。

徂徠の議論において、村や武士の家中といった中間団体は、自己より（少なくてもある面で）劣った人々に親しみ、それを愛護する場として重視されている。中間団体を、国家に対抗する「自主性」や「自律性」の拠点としてではなく、統治者（とその予備軍）が人間の愚かさや弱さに直面し、それに慣れる場として評価する視点は今なお有効であろう。

また、丸山の議論は、「転向」の誘惑や「大勢順応」に抗し得る「主体性」の確立という問題関心に根ざしている。そのため、「被縛感」がもたらす内面の葛藤は、周囲の環境と意識的に距離を取りながら、能動的にそれへ働きかける強靭な「自我」の確立に繋がると見る。

一方、徂徠は、被治者や「職分」への責任感は重視しても、丸山が考えるような強靭な「自我」を統治者に要求しない。そもそも、徂徠は、個人の内奥まで「礼」が浸潤し、その行動や思考を規定することを是としており、彼の学問体系は「自律」や「主体性」といった概念とは馴染まない。徂徠の考える統治者（「君子」）は、並外れて他者に配慮的に行動する——まるで父母の子に対するが如く——ように仕立て上げられた存在と捉えるのが的確であろう。

徂徠は、異常に面倒見の良い人々である統治者が、「安天下」を確実に実現できるように、彼らの行動を外部から操作するのを問題視しない。「自律」や「主体性」に頓着しないがゆえの、論理展開の方向性がここにはある。丸山の議論では「主体性」の発露と位置づけられる諫言を例に、この問題を考えてみたい。

3　君臣間の「礼楽」

君臣は、基本的な人間関係である「五倫」の一つである。互いを「苦にする」君臣ならば、それだけで良好な関係が維持されそうなものである。たとえば、主君を「苦にする」臣下なら、臆せず、進んで諫言を行うのではなかろうか。徂徠も、「其職分にはまりて我身の事のごとくに存候人は、時にとりては申さで叶はぬ事ある物に候(132)」という。

しかし、かかる奇特な覚悟に頼るだけでは不充分であると徂徠は考える。下位者が上位者に意見を述べる際の心理的障壁の高さを徂徠は決して軽視しなかった。たとえ上申に踏み切っても、「夜の寝覚めなど」には、つまらないことをいってしまい、主君や上役に咎められるのではないかと「毎度後悔」するのが「人情の常」である(133)。

「聖人」の「礼楽」には、このような「人情」を見据えた巧みな仕組みが存在した。「礼」の規定では、宮中で臣下はひじを張り拱手して拝礼を行い、腰には玉を佩びる。徂徠は、これについて「世俗之礼（世俗の礼）」と対比させながら次のように説明する。

入門執戟森如。上殿執法威如。抗声大言則譙之。潤武徐歩則訶之。初而傴、中而僂、卒而膝行不敢仰眎、俯伏不敢興。是世俗之礼也。蓋先王之知其卒必至如此、乃作人臣之礼。進退有節。佩玉鏘如者、不欲若是其遽也。拝興有度、張拱翼如者、不欲若是其卑也。是豈翅為美観哉。所以優人臣也。夫然後君不以奴隷眎其臣。而臣得尽其言。此三代之礼也。故先王之思淵矣哉(134)。

門に入れば戟を執り森如たり。殿に上れば法を執り威如たり。声を抗《あ》げて大言すれば則ち之を譙《せ》む。潤武徐歩すれば則ち之を訶《しか》る。初めて傴し、中ごろにして僂し、卒《をは》りて膝行し敢へて仰眎せず、俯伏して敢へて興《た》たず。是れ世俗の礼なり。蓋し先王の其の卒《つひ》に必ず此の如きに至るを知り、乃ち人臣の礼を作る。進退　節有り、佩玉　鏘如たる者は、是の若く其れ遽《には》かなるを欲せざるなり。拝興　度有り、張拱　翼如たる者は、是の若く其れ卑しきを欲せざるなり。是れ豈に翅《た》だ美観のみと為さんや。人臣を優する所以なり。夫れ然る後、君 奴隷を以て其の臣を眎《み》ず。而して臣 其の言を尽くすことを得たり。此れ三代の礼なり。故に先王の思ひ淵《ふか》きかな。

君臣の関係は隔絶しがちである。そのため臣下は君主の権威に圧倒され、宮中では度を越して腰が低く、落ち着きがなくなる傾向がある。そこで「聖人」は、「張拱」や「佩玉」の作法を定めた。ひじを張る拝礼（「張拱」）によって、臣下が卑屈に平伏することは防がれ、玉を腰に佩び（「佩玉」）、宮中で演奏される音楽に合わせ、それを鳴らしながら歩くことで、歩調はゆったりとなる。このような「礼」を制定することで、「聖人」は臣下が君主の前で畏縮せずに意見を言えるようにしたのである。

「聖人の道」は、主君に対して堂々と発言するように心構えを説き諭すのではなく、「礼楽」によって卑屈に至る方向性を事前に断ち切る。つまり、個人の「主体性」などに期待をかけず、君臣間の交わりに、はじめから制度による矯正を施すのである。

「礼楽」は様々な方面から統治者の「接人」の領域に働きかける。たとえば、「下たるものは礼に過て、はひかがみへつらふ風俗」への対処には、「佩玉」や「拱手」のほかに「衣服の制度」もある。(135) 徂徠によれば、将軍から民まで小袖と麻裃を着ているような状態では、「高官・大人」は、上下の区別を示すために、「威かつがましき体」をするようになる。よって、「衣服の制度」を設け、外見で地位の違いを明示した方が、上下の親密さが逆に維持できるという。

これらの例から明らかなように、「礼楽」の中には、「接人」の領域における不必要な障碍を取り払い、交際の円滑化を図るものが存在する。ある部分での行動云為の制約（拝礼の動作、衣裳や玉の着装）が、他の部分での活動（上位者への意見の具申）を容易にするという発想は、第二部で取り上げる徂徠の文学論にも共通して見られる。

このような議論は、「和」を本質とする「楽」によって、人事の調和が実現するといった朱子学者の説とは異なる。徂徠学における「礼楽」は、抽象的な実体を背後に持たず、飽くまで人々の行動を制禦するために「聖人」が設けた「術」である。徂徠学において、「接人」の領域は、操作の対象であり、「礼楽」はその操作の手段なのである。

五　小括

荻生徂徠は「職分」論や都市の「風俗」形成を主な思想的資源として、宋学とはかけ離れた独自の「礼楽」論を構築した。それは、「礼楽」の抽象的な「本体」の存在を否定し、「礼楽」を「安天下」のため編成された、それぞれ異なる機能を有する一揃いの「道具」や「術」であると考える。そのため、彼の「礼楽」研究は、「礼楽」の各部分にこめられた「聖人」の設計意図（「礼之義」）の解明を目標とする。

彼の「礼楽」論が切り拓いたのは、人間の思考・行動の制禦への強い関心である。

徂徠は仁斎と同じく、万人の心に完全な道徳性が具わっているとは考えない。そのため、宋学の説くような心の修養を批判し、個人の内面のあり方よりも「接人」の領域での振る舞いを重視する。しかし、仁斎とは違い、徂徠は、親子間以外の基本的な人間関係の型を全て人工物であると考える。また、それら人間関係を支える他者への配慮は、人の移動を制限する「土着」の「制度」と美しい儀礼によって醸成されると見る。

徂徠学における統治者（「君子」）に焦点を合わせれば、彼らは固定的な主従関係の中で、被治者への責任感と寛容さを身につけている。その一方で、統治者たちは「礼楽」を「習ひ性と成る」まで学び、その思考や行動は民よりも一層「礼楽」に規定されている。煩瑣な「礼」は、「主体性」や「自律」を損うように見えるかもしれない。だが、これは歩行よりも自動車運転の方が、動作の制約が大きいものの、移動の範囲は広がる——といった問題なのかもしれない[136]。もし「拱手」や「佩玉」といった作法の制定によって、活発な政策提言が行われ、天下の平治が実現するならば、それは安い対価であるともいえよう。

人々の内側に具わった道徳性の覚醒ではなく、「礼楽」の設計によって「接人」の領域を望ましい状態へと導く。以下、徂徠に始まるこのような思考の行方を見ていくことにしよう。

（1） 徂徠学の「礼楽」論の禁裏の儀礼への応用は、水戸学や山県柳荘（大弐）に関してこれまでも指摘されている（第二章・第四章参照）。本書の特色は、応用の対象が禁裏に限定されていないことに着目し、その展開を詳細に検討するところにある。

（2） 『辨名』道1、二一〇頁。

（3） 渡辺浩『近世日本社会と宋学』（東京大学出版会、一九八五年）、一六四〜一七三頁、小島毅『中国近世における礼の言説』（東京大学出版会、一九九六年）、田世民『近世日本における儒礼受容の研究』（ぺりかん社、二〇一二年）参照。

（4） 『辨名』礼1、二一九頁。

（5） 『論語徴』戊、五ウ。

（6） 徂徠の教育論における「身体性」や「習熟」の問題に関しては、小島康敬「荻生徂徠の「学」」（同『徂徠学と反徂徠』増補版、ぺりかん社、一九九四年）参照。

（7） 丸山眞男『日本政治思想史研究』（東京大学出版会、一九五二年）の徂徠論が代表である。

（8） 「贈長大夫右田君」（『徂徠集』巻十六、二十二ウ）。

（9） 中村春作「徂徠における「物」について」（『待兼山論叢』第十五号、大阪大学大学院文学研究科、一九八一年）、井上厚史「荻生徂徠の「物」をめぐる言説」（『島根県立国際短期大学紀要』第五号、島根県立国際短期大学、一九九八年）、田原嗣郎『徂徠学の世界』（東京大学出版会、一九九一年）、五八〜六五頁、平石直昭「徂徠学の再構成」（『思想』第七六六号、岩波書店、一九八八年）。

(10)『大学解』、六二七頁。
(11)『辨名』道1、二〇九頁。
(12)相原耕作は「事物」の「物」と格物の「物」の違いについて、「注意すべきは、事物一般を指す場合もある「物」という概念に、極めて限定的で特殊な意味を与えていることである」と指摘している。ただし、相原は、「格物」の「物」を「教への条件」である具体的な事物」と言い換えており、「事物」の「物」の意味にいまだとらわれている。相原耕作「古文辞学と徂徠学――荻生徂徠『弁道』『弁名』の古文辞学的概念構成（六・完）」（『法学会雑誌』第五十一巻第二号、首都大学東京都市教養学部法学系、二〇一一年）、二三三頁。
(13)同右。
(14)『論語徴』丁、十七オ。
(15)『辨名』物、二五三頁、『大学解』、六二七頁。
(16)『辨道』1、二〇〇頁、『辨名』道1、二〇九頁。
(17)『学則』三、二五七頁。
(18)『学則』第一条は正徳元年には成立していたといわれる。平石直昭『荻生徂徠年譜考』（平凡社、一九八四年）、七六頁参照。
(19)『辨名』物、二五三頁。
(20)『辨名』物には、「教之条件」について「教人者教以条件、学者亦以条件守之（人に教ふる者は教ふるに条件を以てし、学ぶ者も亦た条件を以て之を守る）」（二五三頁）とある。同様の表現は『論語徴』（壬、七オ）に見える。「「六言六蔽」、蓋古語也。其它如「請問其目」、「行五者於天下」、「三楽」、「三友」、「三畏」、「三愆」、古人以條目教之、以條目守之。其為実学、可以知已（「六言六蔽」は、蓋し古語なり。其の它「其の目を問はんことを請ふ」、「五者を天下に行ふ」、「三楽」、「三友」、「三畏」、「三愆」、の如き古人 條目を以て之を教へ、條目を以て之を守る。其の実学為る、以て知る可きのみ）」（傍点引用者）。徂徠は、教えが条目となっていることを重視する。「条件」を解釈上軽く扱ってはならない。
(21)「射五物」の解釈に関して、徂徠は『論語集解』所引の馬融の説を参照している（『論語徴』乙、十八オ～十八ウ）。

(22) 『大学解』、六二七頁。
(23) 『辨名』物、二五三頁。
(24) 柳生新陰流の伝書に見える言葉。渡辺一郎「兵法伝書形成についての一試論」(西山松之助・渡辺一郎・郡司正勝〔校注〕『近世藝道論』、日本思想大系第六十一巻、岩波書店、一九七二年)。
(25) 『蘐園雑話』、成立年不明(森銑三・北川博邦〔編〕『続日本随筆大成』第四巻、吉川弘文館、一九七九年)、七一頁。
(26) 荻生徂徠『射書類聚国字解』巻上、二ウ~十四オ、寛政元年刊、慶應義塾大学図書館蔵。
(27) 本章四節**1**参照。
(28) 『辨名』、七五頁の頭注、子安宣邦『徂徠学講義——『弁名』を読む』(岩波書店、二〇〇八年)、一三七~一三八頁。前掲『徂徠学の世界』は、「礼之義」を「動機、理由」と言い換えている。「意味」や「意義」に比べると優れた解釈であるが、それ以上の説明がなく不明瞭である。また、「礼」に限らず、徂徠学の「道」の背後に「本体」的な原理や規範を措定する解釈は、徂徠学と朱子学との差異を捉え損ねている。
(29) 『辨名』礼1、二二九頁。
(30) 同右、義1、二三〇頁。
(31) 同右、礼1、二二九頁。
(32) 『論語徴』甲、十九オ。
(33) 『論語徴』癸、七ウ。
(34) 『論語徴』甲、九ウ。
(35) このほかにも『辨名』文質体用本末1(二五二頁)に、「所以制礼之意(礼を制する所以の意)」への言及が見られる。そこで徂徠は「射不主皮(射は皮を主とせず)」(『論語』八佾)に関して、「聖人之意、専在習礼楽以成徳。而其失本意与否、則有不暇問者焉(聖人の意、専ら礼楽に習ひて以て徳を成すに在り、而して其の本意を失ふと否とは、則ち問ふに暇あらざる者有り)」と説く。射礼の目的は、命中率の向上にあるのではなく、徳を修めさせることにあるというわけである。
(36) 『辨名』礼1、二二九頁。

(37)『大学解』、六二五～六二六頁。
(38) 訓読は徂徠の解釈にしたがう。
(39)『論語徴』戊、三十八ウ～三十九オ。「艶妻煽方処」は、『詩経』（小雅、十月之交）を典拠とする。毛伝と朱熹『詩集伝』は艶妻は褒姒を指すと解する。
(40)『政談』（二七〇～二七一頁）に類似の議論が見える。「奥」の女性に対する徂徠の警戒については、関口すみ子『御一新とジェンダー――荻生徂徠から教育勅語まで』（東京大学出版会、二〇〇五年）参照。
(41)『徂來先生答問書』巻中、二十四ウ。
(42)『論語徴』乙、八オ。
(43)『太平策』、四六六頁。
(44)『論語徴』乙、四十四オ～四十四ウ。
(45)『論語徴』戊、四ウ。
(46) ちなみに「義」と「礼之義」の関係については次のように解釈できる。徂徠によれば、「義」は具体的な制度から離れて、抽象的な言葉（「空言」）で伝承されている規範であり、「礼」と同じく「義」の制定者も「聖人」である（『辨名』義1、二二〇～二二一頁）。たとえば、麻で冠を作るのは「礼」であり、「節倹のために麻を用いる」というのは「礼之義」である。具体的な礼に即さず、「節倹に努めよ」という「聖人」の言葉が伝承されていれば、それは「義」に当たる。「礼之義」と「義」は、ともに「聖人」の意思を示す点では共通しており、どちらも「礼」の運用の際には参考になる。
(47)『辨名』心志意2、二四三頁。
(48) 同右、二四三頁。
(49)「宋儒之時、仏老岩棲独善其身之教、淪於其骨髄、而忘夫聖人之道為安天下而設焉（宋儒の時、仏老 岩棲して独り其の身を善くする教へ、其の骨髄に淪《しづ》みて、而して夫の聖人の道、天下を安んずる為にして設くるを忘る）」（『中庸解』、六三九頁）。
(50)「（道は――引用者注）古之人君の天下国家を平治可被成候為に建立被成候道にて御座候故、仁を根本に仕候。依是仁心より見開き不申候へば、聖人の道の上は、事々に了簡の付様皆ちがひ行申候」（『徂來先生答問書』巻上、六オ）。この論は「道」の一部である「礼」にも当てはまる。
(51) 「復水神童」第二書（『徂徠集』巻二十四、十三オ〜十三ウ）。
(52) 『辨道』25、二〇八頁。
(53) 徂徠は「理」について、「理者、事物皆自然有之。以我心推度之、而有見其必当若是与必不可若是、是謂之理（理は、事物皆自然に之有り。我が心を以て之を推度し、而して其の必ず当に是の若きと必ず是の若かる可からざるとを見ること有り、是れ之を理と謂ふ）」と説明する（『辨名』理気人欲1、二四四頁）。
(54) 「総ジテ人ハ下輩ニアヒシラヘバ下輩ニナル、シカケ次第ノ者也」（『太平策』、四七六頁）。
(55) 尾藤正英「江戸時代の社会と政治思想の特質」（同『江戸時代とはなにか——日本史上の近世と近代』、岩波書店、二〇〇六年）、渡辺浩『日本政治思想史——十七〜十九世紀』、東京大学出版会、二〇一〇年、七〇〜八七頁。
(56) 鈴木正三『万民徳用』、寛文元年刊（鈴木鉄心『鈴木正三（石平）道人全集』、山喜房仏書林、一九六二年）、七〇頁。
(57) 『徂來先生答問書』巻上、七オ〜七ウ。
(58) たとえば町人と武士とでは「職」が違うだけでなく、父母から稟受した「気」が異なるといった議論がある。河田正矩『家業道徳論』、元文五年刊（日本経済叢書刊行会〔編〕『通俗経済文庫』巻九、日本経済叢書刊行会、一九一七年）、二六八頁。
(59) 笠谷和比古『主君「押込」の構造——近世大名と家臣団』、平凡社、一九八八年。
(60) 中野卓『商家同族団の研究　第二版』上、未來社、一九七八年、六四頁。
(61) 『徂來先生答問書』巻上、六ウ〜七オ。
(62) 『太平策』、四六七頁。
(63) 貝原益軒『大和俗訓』、宝永五年成立（益軒会〔編〕『益軒全集』第三巻、益軒全集刊行部、一九一一年）、六八頁。
(64) 『太平策』、四七三頁。
(65) 同右。

(66)『蘐園随筆』巻四、十八ウ。

(67) いわゆる「南総経験」に関する研究には黒住真「初期徂徠の位相――出自・流謫・志向」(同『近世日本社会と儒教』、ぺりかん社、二〇〇三年)がある。本書では、「南総」での困苦を通じて得た知見ではなく、江戸という都市から徂徠が受けた衝撃と彼の学問の関係に注目する。

(68) 以下、徂徠の伝記的な事項に関しては前掲『荻生徂徠年譜考』に拠る。

(69)『政談』、六四～六五頁。

(70) たとえば、寒河正親『子孫鑑』、寛文十三年刊(中村幸彦〔校注〕『近世町人思想』、日本思想大系第五十九巻、岩波書店、一九七五年)、四〇頁、西川如見『百姓嚢』、享保十六年刊(西川如見〔著〕、飯島忠夫・西川忠幸〔校訂〕『町人嚢・百姓嚢・長崎夜話草』、岩波文庫、岩波書店、一九四二年)、一三三頁など。

(71)『孝経』広要道章。

(72) 近世都市江戸の成立については以下の書物を参考にした。玉井哲雄『江戸　失われた都市空間を読む』、イメージ・リーディング叢書、平凡社、一九八六年、同「近世都市空間の特質」(吉田伸之〔編〕『都市の時代』、日本の近世第九巻、中央公論社、一九九二年)、横田冬彦『天下泰平』、日本の歴史第十六巻、講談社、二〇〇二年。

(73) 本町界隈の呉服商に関しては玉井哲雄『江戸町人地に関する研究』(近世風俗研究会、一九七七年)参照。三井越後屋は、呉服店の部門では貞享四年(一六八七)に払方の納戸御用を、元禄二年(一六八九)には元方御用を命ぜられ、また両替店の部門では元禄三年(一六九〇)に大坂御金蔵為替御用をつとめるようになる。

(74)「日用」に関しては吉田伸之『近世都市社会の身分構造』(東京大学出版会、一九九八年)所収の論考、「振売」に関しては、同「振売」(同『巨大城下町江戸の分節構造』、山川出版社、一九九九年)参照。

(75) 岩田浩太郎「都市経済の転換」(前掲『都市の時代』)。

(76)『政談』、一二八頁。

(77)『太平策』、四七五頁。

(78) 同右。

(79) 同右。
(80) 『政談』、七四頁。
(81) 「答東玄意問」（『徂徠集』巻二十八、二十三ウ）。
(82) 『蘐園随筆』の段階では徂徠は「易」と結びつけて「礼」の本質を探ろうとしている（巻二、九オ～十二ウ）。この方向性は『蘐園十筆』二筆119で放棄される（三五二頁）。
(83) 『鈐録』、二一八頁。前田勉は、「兵学」が徂徠学に与えた影響を重視する（前田勉『近世日本の儒学と兵学』、ぺりかん社、一九九六年）。徂徠は軍事への強い関心を抱いていたが、流儀化された「兵学」には冷淡であった点は、もっと強調されるべきであろう。
(84) 『蘐園十筆』二筆2～4、三三七～三三八頁。
(85) 『鈐録』、二一八頁。『鈐録外書』、六四三頁。
(86) 前節**3**の「仁」の忘却をめぐる議論とも関係していよう。
(87) 片岡龍は、『呉子国字解』において、「礼」（＝自然の教化による上下尊卑の分別）が着目され、また「安民（＝仁）」という目的がその根底に据えられ」たという。傾聴すべき見解である。ただし、本文で後述する『孫子国字解』の「風俗」形成の「法術」について当該論文は言及していない。また、片岡は「明らかに初期の徂徠は、兵学的な立場から、宋学及びその餘波の思想に対抗しようとしている」という。それに対して本書は、「兵学的な立場」よりも「職分」と「風俗」をめぐる思考が初期の徂徠においても学問の基軸であったと考える。片岡龍「荻生徂徠の初期兵学書について」（『東洋の思想と宗教』第十五号、早稲田大学東洋哲学会、一九九八年）、一二九頁、一四〇頁。
(88) 荻生徂徠『孫子国字解』巻十、二十一オ、寛延三年序。
(89) 『呉子国字解』には、「家業」や「職分」が、早い段階から徂徠の統治像の根幹にあったことが分かる次のような記述がある。「天子ノ一統ノ《ママ》以テ、世界ノ乱レザル楽ミヲ得。天子ノ諸侯ヲカキトシテソノタスケヲ得。士大夫ハ諸侯ノ扶助ヲ得テ妻子眷族ヲ養ヒ、庶人マタ諸侯ノ仕置ヲ得テ国ニ悪人盗賊ナク一生ヲ安楽ニスルコトヲ得。庶人ノ内ニテモ農人ニ衣食ヲ作ラセテ万民飢寒ヲマヌガレ、工商ニ家居器物ヲ作ラセ有無ヲ通用サセテ万民自由ヲ得、ヨク家業ノ本ニ立チカヘルトキハ、上ヨリ下ニ至ルマデ世界ハモチアヒテハナレヌモノナルコトヲ知リテ、自然ト一和モ是ヨリシテ生ズルナリ」（小島康敬「荻生徂徠『呉子国字解』翻刻（二）」〔『季刊日本思想史』第三十三号、ぺりかん社、一九八九年〕、一一六頁）。小島康敬の発見した『呉子国字解』は荻生家にも伝存しており、徂徠の著述である可能性は高い。荻生家資料の『呉子国字解』については東京女子大学図書館丸山文庫の写真版複製を参照した（二〇一五年九月閲覧）。

(90) 前掲『孫子国字解』巻九、四十オ～四十ウ。

(91) 「礼ハナラハシナリ。ナラハシノ人ヲ移スコト天下一人トシテ是ニタガフコトアタハズ。タトヘバ、武士ノ月額ヲソリ、両カラ挟ミ拳ヲ頭ニ加ヘラル、トキハ堪忍スルモノナキ類ハ、上古ニナキコトナレドモ、中古ヨリ武士ノ礼トナリテ幼少ヨリ是非ノトンヂヤクナク、タヾカクノゴトクアルベキコトトナリト思フニヨリ、剛臆ノ差別ナクミナ勇士ナリ。是中古名将ノ教ヘニテ所謂礼ノ人ヲ動カスコトカクノゴトシ」（前掲「荻生徂徠『呉子国字解』翻刻（二）」、一一九頁）。

(92) 『孫子国字解』巻一、十六オ。

(93) 前述の通り、『蘐園随筆』には既に「礼楽」による「風俗」形成の議論が見える。『蘐園随筆』に続く時期に執筆された『蘐園十筆』二筆には、「人多謂心中有此礼、殊不知先王之礼、即性之礼（人 多く心中に此の礼有りと謂ふ。殊に知らず先王の礼は、即ち性の礼なることを）」とある。この時期、徂徠は「性」に特殊な解釈を施すことで、朱子学と「術」としての「礼」との関係の調停を試みている（この一節は、『荻生徂徠全集』所収の『蘐園十筆』には見えず、『蘐園十筆』の善本である早稲田大学所蔵本に見える。松村宏「徂徠「蘐園十筆」初考と精写本翻刻（一）」〔『慶応義塾大学日吉紀要社会科学思想史篇』第二号、慶應義塾大学日吉紀要刊行委員会、一九九一年〕）。

(94) 『論語徴』甲、十三オ～十三ウ。

(95) 『徂來先生答問書』巻中、二十六オ～二十六ウ。

(96) 「役介ニス」は『太平策』（四六六頁）に見える。

(97) 『徂來先生答問書』巻上、二オ～二ウ。

(98) 『徂來先生答問書』巻下、二十四オ。

(99) 『辨名』仁1、二一三頁。

(100)『政談』、二八頁、四二頁。
(101)『太平策』、四七九頁。
(102)『政談』、四二頁。
(103)同右、三一〇～三一一頁。
(104)同右、四三頁。
(105)『太平策』、四七八～四八一頁。
(106)『政談』、四四頁。
(107)『政談』、六九～七〇頁。ジョン・G・A・ポーコック(著)・田中秀夫(訳)「権威と所有——自由主義の起源の問題」(同『徳・商業・歴史』、みすず書房、一九九三年)。徂徠の議論には商業の発展に対する危惧はあっても、動産・不動産を対比して統治者の基盤を論じる発想は見られない。徂徠の「封建」論において所領が「預かり物」であることに関しては、石井紫郎「「封建」制と幕藩体制」(同『日本人の国家生活』、日本国制史研究Ⅱ、東京大学出版会、一九八六年、二七七頁)が指摘している。
(108)トクヴィル(著)・松本礼二(訳)『アメリカのデモクラシー』第一巻(上)、岩波書店、二〇〇五年、八〇頁。
(109)『政談』、七〇頁。
(110)渡辺浩「儒学史の異同の一解釈——「朱子学」以降の中国と日本」(同『東アジアの王権と思想』、東京大学出版会、一九九七年)、同『日本政治思想史——十七～十九世紀』、東京大学出版会、二〇一〇年、一九二～一九三頁。
(111)『政談』、四二、四四頁。
(112)『蘐園十筆』二筆80、三四八頁。
(113)『政談』、四二頁。
(114)『論語徴』甲、九ウ、『大学解』、六二五頁。
(115)『大学解』、六二六頁。
(116)『孟子識』、六六四頁。

(117) 『徂來先生答問書』巻上、四オ、『太平策』、四八〇～四八一頁、『政談』、六五～七二頁。
(118) 以下、『政談』、六五～六六頁。
(119) 『徂來先生答問書』巻上、一ウ～三ウ。田尻祐一郎は、徂徠の「土着」と「奉公人」をめぐる議論の主眼が、統治者の「政治的責任の自覚」の喚起にあったことを既に明らかにしている。しかし、「「士大夫」のこの強い自律性・主体性（それは時には藩主に対しても発揮されるだろう）を促すものは、「民の父母」としての結果責任の論理である」といった整理は再検討の余地がある。この問題については後述する。田尻祐一郎「「民の父母」小考——仁齋・徂徠論のために」（張翔・園田英弘〔共編〕『「封建」・「郡県」再考——東アジア社会体制論の深層』、思文閣出版、二〇〇六年、二九四頁）。
(120) 『政談』、六六頁。
(121) 『徂來先生答問書』巻上、四オ～四ウ、同書、巻下、三十ウ。
(122) 同右、巻上、四オ。
(123) 『太平策』、四六七頁。
(124) 『政談』、二三三頁。
(125) 「自己利益」と「徳性」の問題に関しては、次の論考が示唆に富む。谷口功一「議会における立法者、その人間学的基礎」（『ジュリスト』NO．1369、有斐閣、二〇〇八年）。
(126) 丸山眞男「忠誠と反逆」（同『丸山眞男集』第八巻、岩波書店、一九九六年）、同『丸山眞男講義録第五冊　日本政治思想史1965』、東京大学出版会、一九九九年。
(127) 前掲『丸山眞男講義録第五冊　日本政治思想史1965』、二三八頁。
(128) 『徂來先生答問書』巻中、十三オ～十三ウ。
(129) 『徂來先生答問書』巻上、七オ。
(130) 「士族」の「気風」・「気力」をめぐる議論については、次の研究を参照。梶田明宏「西南戦争以前の言説状況——士族民権論をめぐる「気」の問題について」（『書陵部紀要』第四十三号、宮内庁書陵部、一九九一年）、松田宏一郎「「封建」と「自治」、そして「公共心」というイデオロギー」（同『江戸の知識から明治の政治へ』、ぺりかん社、二〇〇八年）、河野有

理『田口卯吉の夢』、慶應義塾大学出版会、二〇一三年、一四七～一六六頁。

(131) 植木枝盛の語（「政府人民ト利害ヲ異ニスルノ利害」、『愛国新誌』第二十三号、一八八一年）を用いた。「治者了簡」（及び「統治の倫理」）とデモクラシーの関係については、河野有理『明六雑誌の政治思想——阪谷素と「道理」の挑戦』（東京大学出版会、二〇一一年、三三二～三三四頁）参照。

(132) 『徂徠先生答問書』巻中、二十二オ。

(133) 『政談』、二一三頁。徂徠は、上位者は下位者の意見具申を賞玩せよとは説く（同書、二一二～二一八頁）。しかし、「諫言」は大抵無意味であると見ている（本書第八章一節参照）。

(134) 『論語徴』乙、二十四オ～二十四ウ。

(135) 『政談』、一〇四頁。

(136) この点に関しては、倫理学におけるエンハンスメント（技術による人間の能力増強）をめぐる研究が示唆に富む。たとえば、将来、情動を安定させ、言語の流暢さを向上させる薬が開発されたとする。かかる能力が必要とされる部門の公務員に、勤務前にその薬を服用するよう定めるのは、問題があるのだろうか。かかる規定は何を損なっているのだろうか。一考に値する問題のように思われる。エンハンスメント研究に関しては、植原亮ほか『エンハンスメント・社会・人間性』（UTCP Booklet 8、UTCP、二〇〇九年）所収の論考を参照。

第二章　「器」の支配
——水足博泉の「太平」構想

一　はじめに

享保十二年（一七二七）刊の荻生徂徠『学則』は、附録に五通の書簡を載せる。[1]弟子の伊藤南昌の跋には「其書五編偶且所録（其の書五編は偶々且《しばら》く録する所）」とあるものの、いずれの書簡も徂徠の学問上の立場がよく表れた内容であり、徂徠の学説の普及を企図して選ばれたと推測される。一通目は、水戸の碩学である安積澹泊、二通目は儒門の名流出身の堀景山、三、四通目は、徂徠の弟子の三浦竹渓に宛てたものである。[2]最後の一通は、「西肥」の「水秀才」の質問に対する返答である。書簡中、徂徠はこの肥後の若者の見識を称賛する。「水秀才」の存在は、『学則』の読者に強い印象を残したようである。

南川金谿『閑散餘録』には、徂徠が才智を試すために送った難解な文章を、「徂來文集ニ所謂西肥ノ水秀才」こと「水足平之允《（ママ）》」が即座に読み解いてみせた逸話が見える。[3]『徂徠集』（「徂徠文集」）では、「水秀才」ではなく「水神童」

の呼称が用いられており、「所謂西肥ノ水秀才」という表現は、『学則』附録の書簡を念頭に置いていることが分かる。当時の読者は、「西肥の水秀才」といえば、件の徂徠の書簡をすぐに思い出したのであろう。ちなみに、この『閑散餘録』の話は大田南畝『仮名世説』にも出典を明記した上でそのまま収録されている。[4]

　時代は下り、一八八四年（明治十七年）、田口卯吉は、当時、新進の論客であった徳富蘇峰に宛てた手紙の中で、「僕嘗て徂徠の文を読み往日肥後に水秀才ありしを知る、水秀才早く死す貴下請ふ自愛せよ」[5]と述べている。肥後出身の俊才といえば「水秀才」という連想が田口の脳裡で働いたのである（蘇峰が博泉の三倍以上の寿命に恵まれるとは、田口も予想しなかったであろうが）。この「水秀才」こそが、本章で取り上げる水足博泉である。

　水足博泉、名は安方、字は斯立、通称は平之進という。[6]宝永四年（一七〇七）、熊本に生まれる。父の屏山（名は安直）は、浅見絅斎に師事した肥後細川家の儒者である。博泉は、幼い頃から「神童」として知られ、主君細川宣紀の恩顧を受けた。享保四年（一七一九）、十三歳の時には、父の屏山にともなわれ、朝鮮通信使と会見し、筆談及び詩の応酬を行っている。伊藤東涯は、この一件をきっかけに博泉を知ったという。[7]博泉と通信使との交流は中維翰の『海游録』[8]にも記されている。

　博泉は、徂徠と書簡のやり取りをしたのみで、正式に徂徠に弟子入りしたわけではない。しかし、彼が二十四歳の時に脱稿した『太平策』（徂徠の同名書とは別の文献である）は、徂徠以後の「礼楽」論の突出した展開が見られる。まずは補助線として徂徠の直弟子たちの「礼楽」論を概観し、その上で博泉の「礼楽」論の特質を探ることにしたい。

二　徂徠学派と博泉

　最初に取り上げるべきは、徂徠の経書研究を継承したとされる――いわゆる「経義派」――の太宰春臺であろう。[9]

尾藤正英が既に論じているように、春臺と徂徠の「礼楽」論はかなり異なっている。[10] 春臺は、「勉強」（努力）して「礼」を学ぶことを重視する。「先王ノ教ハ、最初勉強ヨリ始マル。勉強スルコト已マズシテ、習熟スレバ、後ニハ勉強ヲ離テ自然ニナル」[11] といったようにである。これは、「礼楽」が知らず識らずのうちに、人の行動を制禦すると説く徂徠の議論とは隔たりがある。尾藤はこの違いを、「徂徠の場合がいわば他動的であるのに対し、春臺のそれは自律的である」[12] と評する。個々人が「勉強」して「情慾」を抑え、「礼」を守る——このような春臺の議論構成では、「接人」の領域への操作的な介入は視野の中に入ってきづらい。

そもそも春臺には、人々の思考や行動が、制度や「習」（習慣・習俗）によって規定されるといった発想が乏しかった。それが如実に表れているのは、徂徠の「贈于季子序（于季子に贈るの序）」をめぐる服部南郭との応酬である。「贈于季子序」の中で徂徠は、伊藤仁齋も京都の学問の「習」に、その見識を局限されていたという。

> 且洛王臣之外、唯工賈居之。人無恒禄、唯末是逐。纖嗇之俗、周人惟肖。即儒生之寄其間、亦難為生、則舌耕開肆、百千成群、日弗遑給。語性語天、率非宋籍不可也。其孰能握觚仰頭視屋梁、曠日弥久、以竢其従神化来者哉。故雖有聡儁若仁齋、猶率乎其所習者。洛之所以陋是已。[13]
>
> 且つ洛は王臣の外、唯だ工賈のみ之に居る。人 恒禄無く、唯だ末をのみ是を逐ふ。纖嗇の俗、周人 惟れ肖たり。即ち儒生の其の間に寄るも、亦た生を為し難ければ、則ち舌耕して肆《みせ》を開き、百千 群を成し、日 給するに遑《いとま》あらず。性を語り天を語り、率《おほむ》ね宋籍に非ざれば不可なり。其れ孰《たれ》か能く觚を握り頭を仰ぎて屋梁を視、日を曠《むな》しくし久しきに弥《わた》り、以て其の神化に従ひて来る者を竢《ま》たんや。故に聡儁仁齋の若き有りと雖も、猶ほ其の習ふ所の者に率《したが》ふ。洛の陋なる所以 是のみ。

京都に住むのは公家を除けば商人と職人であり、商業上の利益ばかりを追い求め、けちくさい風俗は古の周の人々に似ている。この風俗の影響を受けた京都の儒者は塾を開いて収入を得ることに努め、学問の市場を形成している。儒者は市場の需要に応じて宋学を講じるばかりで、沈思する余裕がない。仁斎もこの京都の「習」を脱することができなかった。

春臺は、徂徠の説に疑問を抱き、それを南郭にぶつけた。

夫洛儒信難為生。東儒果皆不寒耶。且士無田禄者、未能為農工商賈、則粥其技以給衣食。固其宜也。古人有僕賃力作者。当時識者不以為賤。今為書生而無升斗之禄、則亦舌耕筆耕、唯其所為。何不可之有。先生何独悪之乎。(14)

夫れ洛儒、信《まこと》に生を為し難し。東儒 果たして皆寒からざるか。且つ士の田禄無き者、未だ農工商賈を為すこと能はざれば、則ち其の技を粥《う》りて以て衣食に給す。固より其れ宜《むべ》なり。古人 僕賃力作する者有り。当時の識者以て賤と為さず。今書生と為りて升斗の禄無ければ、則ち亦た舌耕筆耕、唯だ其の為す所のみ。何ぞ不可なることか之有らん。先生 何ぞ独り之を悪むか。

徂徠先生は京洛の儒者が講釈で生計を立てることの不可を説く。しかし、江戸の儒者もそれは変わらない。貧しい儒者が講釈や文筆（「舌耕筆耕」）で糊口の資を得ることは当然であって、どうして先生はそれを責めるのであろうか——このように春臺は、京都の文化的環境を批判した徂徠の説を、学者の出処進退の議論の次元で理解するのである。

春臺に対し、南郭は次のように答えている。「然窃覧先生所論、一唯習已難化、学亦不明是憂（然れども窃かに先生の論ずる所を覧るに、一に唯だ習ひ已《すで》に化し難く、学も亦た明らかならざるを是れ憂ふ)[15]」。徂徠の議論の眼目が「舌耕」の是非ではなく、京都の学者の思考を規定している「習」の批判にあることを南郭は的確に指摘している。

この書簡のやり取りがあったのは、徂徠の歿する二年前、享保十一年（一七二六）のことである。議論の途中で春臺は南郭に、自分が師に疎んじられていることを語る。日野龍夫がいうように、この応酬の背景には、徂徠学派の中で春臺が「孤立気味であったこと」がある[16]。それは、感情的なすれ違いや性格上の齟齬だけでなく、徂徠と春臺との学問の方向性の相違も関係していたに違いない。山県周南の弟子――つまり徂徠の孫弟子に当たる――の三浦瓶山は、春臺に関して次のように述べている。

近来有春臺太宰徳夫者、従先生而学、其置論小異於先生者、往々有矣。然脱然屈首、終税駕於先生之門。卓者宜然。何小建門戸、以揚揚自得乎[17]。

近来春臺太宰徳夫なる者有り、先生（徂徠を指す――引用者注）に従ひて学び、其の置論 先生に小異する者、往々にして有り。然れども脱然として首を屈し、終に駕を先生の門に税《と》く。卓者は宜しく然るべし。何ぞ門戸を小建して、以て揚揚として自得せんや。

つまり、春臺が徂徠から独立して学派を創始しても不思議がないほど、両者の学説には隔たりが見られたのである。安藤東野や山井崑崙の早逝のため、春臺が徂徠の経学方面の代表的な後継者と目された状況は、徂徠学派の展開と受容に少なからぬ偏りをもたらしたと考えられる。

では一方、いわゆる「詩文派」の弟子の筆頭である服部南郭は、「礼楽」をどう捉えていたのであろうか。

南郭は統治への積極的な言及を避けた。その理由について、渡辺浩は「正に徂徠学によって現実感覚を磨かれた故もあって、かえって、実地を踏んだこともない学者の紙上の「政治参加」自体に疑いを持つに至った[18]」という。妥当な見解であろう。ゆえに、彼の著作において「礼楽」は経世論の文脈ではなく、文学論の中で登場することが多い。たとえば、文彩の型の必要性について、美しい一方で人の行動を縛る「礼楽」が、人間社会に欠かせないのと同じであると南郭は説明する[19]。

ある時、彼は、「先王ノ礼楽ヲツクリ給ヘルモ、治平ニナレン（ママ）ト思召タルユヘ也。然ルニ今太平ナレバ、モハヤ礼楽ニモ及バヌコトナルベシ[20]」と述べたという。当代の日本で「太平」が実現しているのならば、かの壮大で精緻な統治術――「礼楽」――は無用ではないか。彼は、徂徠学者としては「自己破壊的」（渡辺浩）ともいえる疑念を抱いていた。それにもかかわらず、晩年、南郭は『儀礼』の研究に励んでいた。彼は、「儀礼ヲヨミクダスト云コトハ、誠ニ竜を屠ル伎ナレドモ、好古ノクセニテ、コレヨリナガラヘテヲラバ、三礼皆スマスベキト思フコト也[21]」と語ったという。「屠竜の技」とは、苦労して習得してもそれを活かす機会のない技術の謂いである。

他の弟子たち――山県周南や宇佐美灊水《しんすい》、大名の本多猗蘭（忠統）――も師説を継承し、「道」とはまず「礼楽」であると主張する。ただし、今日残る彼らの著作からは、統治術としての「礼楽」の機構に関する議論に、大きな展開は見られない。

徂徠の門下は優れた人材を輩出した。後代の人々は、謹厳な太宰春臺から、無頼の気味のある平野金華まで多様な才能を育てた徂徠の包容力を称える[22]。しかし、徂徠自身はどこか物足りなさを感じていたようである。

享保七年（一七二二）、十六歳の水足博泉は徂徠に質疑の書簡を送った。それに答えた徂徠の返信には次のようにある。

予不佞倡学東方、殆且二十年。妄不自揣、掲天下、為之先、則同志君子、相共翔集六藝之林、歩歩騤騤、固竭吾思、而克肖焉者何尠矣。足下迺従数千里之外、窺諸一二簡牘之末、僅出一旦之力、輒便肖之。自非穎悟天授、則精誠所格、神其通之[23]。

予不佞 学を東方に倡《とな》へ、殆ど且《まさ》に二十年ならんとす。妄りに自ら揣《はか》らざるに、天下に掲げて、之が先と為れば、則ち同志の君子、相共に六藝の林に翔集し、歩歩騤騤、固より吾が思ひを竭《つ》くすも、而れども克く肖《に》る者 何ぞ尠《すくな》き。足下は迺《すなは》ち数千里の外より、これを一二の簡牘の末に窺ひ、僅かに一旦の力を出だせば、輒《すなは》ち便ち之に肖る。穎悟天授に非ざるよりは、則ち精誠の格《きた》す所、神 其れ之を通ぜしならん。

徂徠のもとには俊秀が集まり、彼と学問に励んだ。しかし、徂徠によく似るものは少なかった。だが、博泉はわずかな手紙の文面を見ただけで、すぐに似ることができた。「米は米にて用にたち、豆は豆にて用に立申候[24]」といったように、多様な能力の伸長を説く徂徠にとって、自分と似ているか否かは、才能を測る唯一の基準ではない。しかし、この書簡からは、彼の博泉に寄せる並々ならぬ期待が窺われる。

それから数年後、博泉はまた書を徂徠に送った。博泉はいう。

蓋臺下之才得諸天、臺下之学得諸古、臺下之文得諸心。巍巍為士子冠冕者固莫竢鄙論。而其経国緯民之手隠然乎文章之間者、安方数読而深知之、窃以為不在人後也[25]。

蓋し臺下の才 これを天に得、臺下の学 これを古に得、臺下の文 これを心に得たり。巍巍として士子の冠冕為たること固より鄙論を竢《ま》つこと莫し。而れども其の経国緯民の手、文章の間に隠然たる者は、安方 数々読みて深く之を知り、窃かに以て人後に在らずと為すなり。

博泉は、自分が徂徠の学問の良き理解者であるという自負を抱いていた。徂徠は、それに応じて次のように述べる。

今再接書、果爾規摹宏遠、大非海内諸名家所能及矣。不佞六十之年、閲才多矣。而未有足下者。殆使不佞読之不覚疲焉。是雖不佞言則有中乎、亦草木臭味耳。足下之推不佞亦爾、則豈必徒為之謙譲不敢当、以学世中行之士邪。《中略》足下善自愛。愈益積学廓大、以俾老耄之言有徴乎、則不佞所望也。[26]

今再び書に接するに、果爾として規摹宏遠、大いに海内諸名家の能く及ぶ所に非ず。不佞六十の年、才を閲すること多し。而れども未だ足下のごとき者有らず。殆んど不佞をして之を読みて疲るることを覚へざらしむ。是れ不佞 言へば則ち中《あた》ること有りと雖も、亦た草木臭味のみ。足下の不佞を推すも亦た爾《しか》れば、則ち豈に必ずしも徒らに之が為に謙譲して敢へて当たらず、以て世の中行の士を学ばんや。《中略》足下善く自愛せよ。愈々《いよいよ》益々学を積み廓大して、以て老耄の言をして徴有らしめば、則ち不佞の望む所なり。

自分の博泉に対する評価が妥当であるとしても、自分と博泉が「草木臭味」すなわち同じ仲間であることがその評価の基盤にあり、博泉が自分を推すのも同じ理由であろう――と徂徠はいう。前回の書簡と同じように、徂徠は自己と博泉が同類であると語る。そして、博泉がますます学問を積み、自己の説の正しさを裏づけることを切望するのである。

もっとも、博泉は徂徠の単なる祖述者で終わらなかった。彼は、「古文辞」を呼号する「後儒」——徂徠らを指す——を評して、「先王之所無、聖門之所不言、雖故亦新而耳（先王の無き所、聖門の言はざる所、故と雖も亦た新のみ）」と喝破する（巻三　制器、三一二頁）。

徂徠は、その傲岸をしばしば指弾された(27)。そのような点でも、博泉は徂徠と似ていたのかもしれない。徂徠歿後、服部南郭に宛てた書簡の中で博泉は、「陝以東周公主之。陝以西召公主之。不佞所願、亦復如此（陝以東は周公　之に主たり。陝以西は召公　之に主たり。不佞の願ふ所、亦た復た此の如し）(28)」と述べる。東国は南郭に任せたので西国は自分が領導するというのである。「南郭ハ水斯立大ニ気ニ入ラズトナリ(29)」という話が伝わるのも頷ける。水足博泉は後述する不幸な事件によって早逝した。『文会雑記』の博泉に対する記述は、「肥後水足平之丞ヲ、徠翁甚賞美セラレタルユヘ、自足心出来テソレナリニ捨テ、其内ニ凶変ニアヒタルト聞リ(30)」と手厳しい。

徂徠は、この「こわいもの知らずの神童(31)」を過大評価していたのであろうか。博泉『太平策』の議論を検討することによって、彼が泡沫のような「神童」の一人に過ぎなかったのかを見極めることにしたい。

三　「器」

博泉は徂徠同様、聖人の「制作」を重視する。ただし、徂徠と相違する部分もある。たとえば、博泉は「道」そのものは、聖人の有無に関係なく、「開闢」以来、「増減」なく存在すると考える。また、宋学の心性論を峻拒した上で、「道」は「五品人倫（五品の人倫）」、つまり人間関係の普遍的な型であると見る(32)。この点では彼の「道」解釈は仁斎学に近い。博泉の特徴は、「道」が言語による教えではなく、「器」（道具）を通じて人々に明示されたと考えるところにある。

道徳仁義之無形、甚於鬼神与天。口不可言。目不可視。聖人制礼楽之教。礼楽皆器。以寓至道（巻三 制器、三一〇頁）。

道徳仁義の形無き、鬼神と天とより甚し。口 言ふ可からず。目 視る可からず。聖人 礼楽の教へを制す。礼楽皆器なり。以て至道を寓す。

博泉によれば、「聖人」の「制作」とは「制器」すなわち道具の制作である（以下同巻、同頁）。太古の人々の生存は禽獣によって脅かされていた。聖人は「宮室」・「衣服」・「舟車」・「網罟」（＝魚鳥を捕る網）・「農桑之器（農桑の器）」・「泉布」（＝貨幣）・「弓矢干戈甲冑」といった道具を作ることで人間の生存を保障した。このような生活の基盤を支える道具だけでなく、「礼楽雖大、其実皆器也（礼楽 大なりと雖も、其の実は皆器なり）」。つまり、「礼楽」も畢竟は「器」である。博泉は「聖人之道器為大。制器唯聖人能之（聖人の道は器を大と為す。器を制するは唯だ聖人のみ之を能くす）」と説く。「器」こそが「聖人之道」の根幹なのである。では、「道」が道具（「器」）を通じて示されるというのは、いかなる事態なのであろうか。

1 「五倫」と「器」

博泉は『太平策』巻十二を「夫婦」と題し、一巻を割いて「夫婦」間の倫理について論じている。なぜなら、「三綱五典始於夫婦。有夫婦而後有父子。有父子而後有君子。人倫之本、風化之首、王道之紀綱、太平之枢機、尽在夫婦矣（三綱五典 夫婦に始まる。夫婦有りて後父子有り。父子有りて後君子有り。人倫の本、風化の首、王道の紀綱、太平の枢機、尽く夫婦に在り）」といったように、「父子」・「君臣」間の倫理は「夫婦」間の倫理に始まるからである（巻十二 夫婦、三六五頁）。

博泉は、太古の人々は次のような状態であったという。

> 太古之時、人如麋鹿。男女雑処、未有定偶。伏羲始制婚礼。嫁娶之道立矣。於是男以女為室、女以男為家。匹配一定、不相混襍。夫婦有別是也（同巻、同頁）。
>
> 太古の時、人 麋鹿の如し。男女 雑《まじは》り処り、未だ定偶有らず。伏羲 始めて婚礼を制す。嫁娶の道 立つ。是に於いて男 女を以て室と為し、女 男を以て家と為す。匹配 一たび定まり、相混襍せず。夫婦 別有り是れなり。

伏羲が婚礼を定める以前においては人々には定まった配偶者がいなかった。伏羲の婚礼の制定によって、「夫婦有別（夫婦 別有り）」ということが示された。婚礼が作られたことで人は自分の母親だけでなく父親も知り得るようになり、「父子有親（父子 親有り）」という倫理が立った。これによって「氏族」が定まり、人々は「姓氏種類」ごとに天子に仕えるようになった。このようにして「君臣有義（君臣 義有り）」は、明らかになった（同巻、三六五～三六六頁）。

既に述べたように博泉は、「人倫」は人工物ではなく、自然に存在すると見る。右の変遷は、夫婦間から順次、かかる道徳規範が人々に開示された過程なのであろう。

では、「三綱」（「夫婦」・「父子」・「君臣」）の起点にある伏羲による婚礼の制定とはどのようなものであったのか（以下、同巻、三六六頁）。博泉はいう。「好色」は「人之同情（人の同情）」、すなわち人が共通して持っている「情」で、飽くことを知らぬものである。まず、聖人はそれぞれの人間の配偶者を固定し、それを乱したものを処罰するようにした。これによって「人情始定、各安其所（人情 始めて定まり、各々其の所に安んず）」るようになった。聖人はこれだけでは不充分であると考え、さらに「礼」を制定した。

然聖人慮相遇於道路之間、択美者専定配偶。於是以儷皮為礼。夫儷皮為礼、父母必知之。兄弟必見之。郷党必聞之。卒然野合之憂、於是乎除矣。礼之為教、所以文人情。多其華飾、即所以防情而使不得恣也。如婚礼論其実、則不過男女之交而已。聖人以礼文之。礼不可立就。人情於是乎制矣（同巻、三六六頁）。

然して聖人 道路の間に相遇ひ、美なる者を択んで専ら配偶を定めんことを慮る。是に於いて儷皮を以て礼と為す。夫れ儷皮 礼を為せば、父母 必ず之を知る。兄弟 必ず之を見る。郷党 必ず之を聞く。卒然たる野合の憂、是に於いてか除く。礼の教へ為る、以て人情を文にする所。其の華飾を多くするは即ち以て情を防いで恣《ほしいまま》にすることを得ざらしむる所なり。婚礼の如き其の実を論ずれば、則ち男女の交に過ぎざるのみ。聖人 礼を以て之を文にす。礼 立ちどころに就《な》る可からず。人情 是に於いてか制す。

「儷皮」とは結納の際に用いる一対の鹿皮のことである。婚礼には「儷皮」の「器」を用いなければならないとなれば、その準備や授受の過程は必ず人目につく。そのため、「野合」の心配はなくなる。これによって、「好色」の「情」は方向づけられ、「人心」結合の資源に転化する。

好色者、天下之同情也。正則為三綱五常之本、使人心纏結不可解。莫貴焉（同巻、三六七頁）。

色を好むは、天下の同情なり。正しければ則ち三綱五常の本と為り、人心をして纏結して解く可からざらしむ。焉《これ》より貴きは莫し。

「儷皮」の働きは、今日の結婚指輪になぞらえると、理解しやすい。美しい指輪は「男女之交（男女の交）」に過ぎない婚姻を「文」にする――飾り、美しくする――ものであろう。指輪はそれをはめた人間が既婚者であることを明瞭に人々に示すことで、それを着けた人間に既婚者としての振る舞いを課する。このようにして指輪という「器」は、夫婦間の倫理を明らかにし、おそらくはその維持に貢献している。

このように「器」は「人情」に「文」を与え、それを顕示する一方で、その使用者に立場相応に振る舞うことを要求する。「人情」を「文」にすることは、「防情（情を防ぐ）」ことなのである。「道」と「文」との関係について博泉は次のように述べる。

夫道不可見。非人人之所得知。聖人因立教文之。文者可見。人人之所得知。迺文則中礼、不文則失礼。雖不学、一視而辨。豈不明乎。聖人之知、可謂至矣（巻五　文、三一三頁）

夫れ道は見る可からず。人人の得て知る所に非ず。聖人因りて教へを立てて之を文にす。文は見る可し。人人の得て知る所。迺ち文なれば則ち礼に中り、文ならざれば則ち礼を失ふ。不学と雖も、一視にして辨す。豈に明らかならずや。聖人の知、至れりと謂ふ可し。

「文」は「人情」を明らかにし、同時に「道」を明らかにする。これは「文」が「人情」を美しく表現するとともに、それを一定の型にはめ込むことを示していよう。

　このような構想は、「詩書礼楽」論においてより明確に示されている。

2　「詩書礼楽」と「器」

博泉は「詩書礼楽」について、用いられる「器」の多寡に注目する（以下、巻三 制器、三一三頁）。

「詩」は、「書」や「礼楽」が「人為之器（人為の器）」を用いるのに対して、「直以天籟和天物（直ちに天籟を以て天物に和す）」。すなわち人間が自然に発する声で「天然之物（天然の物）」を表現している。これは「書」や「礼楽」に比べて「去天不遠（天を去ること遠からず）」。つまり、自然から人為へという流れの中では自然に近い段階に属する。そのため「詩」は「詩書礼楽」の先頭に置かれているのである。

「書」については、「載籍雖人為乎、字猶近於象。目可視、口可読、而手不可取者、唯字為然（載籍は人為なりと雖も、字は猶ほ象に近し。目視る可く、口読む可きも、而れども手取る可からざる者、唯だ字のみ然りと為す）」という。書物に記された字は図像に近いもので、目で見て口で読むことはできても、手で持つことはできない。そのため「詩」に続いて自然に近い。

「礼」は、手で持つ「器」を用いる。しかし基本的には「寂々無声」であり、耳を使わないため「楽」に比べるとなお自然に近い。

そして「楽」に至ると、「琴瑟笙竽」によって音楽を奏し、「干戚羽旄」といった道具を手に執って四肢を動かして舞う。そのため「蓋人為之工。聖智之精。至於楽而極矣（蓋し人為の工、聖智の精、楽に至りて極まる）」のである。

　去天遠者、文明益彰。聖人之教、楽最文。礼次之。書次之。詩次之。燕居於一室之内、可以賦詩。不待設器張燭。

至於書、則有几案筆硯筐箱之類。無之則書不可読。至於礼、則拝起進退、用器多品、無之則礼不可講。至於楽者、不止拝起、加以舞踏。不止陳設、加以発声。無之則楽不可習。故聖人之教。楽為盛矣（同巻、同頁）。

天を去ること遠き者、文明 益々彰はる。聖人の教、楽 最も文なり。礼 之に次ぐ。書 之に次ぐ。詩 之に次ぐ。一室の内に燕居し、以て詩を賦す可し。器を設けて燭を張るを待たず。書に至りては、則ち几案筆硯筐箱の類有り。之無ければ則ち書 読む可からず。礼に至りては、則ち拝起進退、器を用ふること多品、之無ければ則ち礼講ず可からず。楽に至りては、拝起に止まらず、加ふるに舞踏を以てす。陳設に止まらず、加ふるに発声を以てす。之無ければ則ち楽 習ふ可からず。故に聖人の教 楽を盛んなりと為す。

このように博泉は、「器」及び用いられる感覚器官の多寡と、「文」の程度とは比例すると考える。「詩書礼楽」は、次節で見る「大学」で教授されていた。「大学」では、経書の『大学』にあるように、人々は「正心（心を正しくす）」や「誠意（意を誠にす）」を学んだ。問題になるのは、どのようにして学生の心の正／不正、意の誠／不誠を教師が判定したのかである（巻五 文、三二六頁）。博泉は次のようにいう。

雖念慮之密心術之微、不可窺其際者、聖人授之以礼楽之器、其心尽見、無所遁形。聖人教之、以救其偏。帰乎中和。又以器也（同巻、同頁）。

念慮の密心術の微、其の際を窺ふ可からざる者と雖も、聖人 之に授くるに礼楽の器を以てすれば、其の心 尽く見へ、形を遁《のが》るる所無し。聖人 之を教へ、以て其の偏を救ひ、中和に帰す。又器を以てするなり。

人々の心の微細な働きも「礼楽之器（礼楽の器）」によって観察可能になる。そこで、聖人の教えは、学習者に「器」を適切に使用させ、表現の方から心に働きかける。具体的には次のように説明される。

執玉高。其心驕。使卑之。執玉卑。其心憂。使高之。不高不卑、其心正矣。張絃急。其気怒。使緩之。張絃緩。其気慢。使急之。不急不緩。其気和矣。礼楽之教、駆人於中和之域。皆是類也（同巻、同頁）。

玉を執ること高し。其の心驕る。之を卑《ひく》からしむ。玉を執ること卑し。其の心憂ふ。之を高からしむ。高からず卑からず、其の心正し。絃を張ること急なり。其の気怒る。之を緩ならしむ。絃を張ること緩し。其の気慢たり。之を急ならしむ。急ならず緩ならず、其の気和す。礼楽の教人を中和の域に駆る、皆是の類なり。

玉を持った時の高さや、琴瑟の絃の張り方に人の心は表れる。これを的確な高さや張り方に変えることで人々を「中和之域（中和の域）」に到達させることができる。

「詩書礼楽」は、用いられる感覚の多寡で等級づけられ、「楽」には最高の地位が与えられていた。「楽」は歌の声や舞の動作の緩急といった様々な経路を通じて、それを行う人間の心を明るみに出す。逆にいえば、そこで用いられる器官全てを通じて、先王の教えを心の奥底まで浸透させることができる。博泉が「楽」について「入人也最深（人に入るや最も深し）」（巻三　制器、三一三頁）というのは、このためであろう。

このように「器」はその使用者の内面を観察可能にし、矯正する。しかも、心の働きの正／不正を評価する客観的な基準も存在したと博泉は考える。

人之耳目有聡明。有不聡明。焉能知中和与不中和乎哉。雖然、定之以天下之目、則視亦公。定之以天下之耳、則聴亦公。天下之目者何。尺度之謂。天下之耳者何。律呂之謂也。中和之準、備於両者。合与不合、人々得而辨之。不豈明乎（巻八　習、三四六頁）。

人の耳目　聡明有り。聡明ならざる有り。焉《いづく》んぞ能く中和と中和ならざるを知らんや。然りと雖も、之を定むるに天下の目を以てすれば、則ち視ること亦た公。之を定むるに天下の耳を以てすれば、則ち聴くこと亦た公。天下の目とは何ぞ。尺度の謂ひ。天下の耳とは何ぞ。律呂の謂ひなり。中和の準　両《ふた》つの者に備はる。合ふと合はざるとは、人々　得て之を辨ず。豈に明らかならずや。

「尺度」や「律呂」といった基準が存在するので、「不学礼楽者（礼楽を学ばざる者）」でも「中和」の判定は可能である（同巻、同頁）。

いうなれば、「礼楽之器」の使用者は、噓発見器を装着して、その結果を周囲に観察されているような状態にある。もっとも、「礼楽之器」は、噓発見器と異なり、人々に抵抗感を持たれることはない。なぜなら、「礼楽之器」は美しい。

礼楽之器、主観美。観不美、則不足以風化天下。子都之姣、能動人心、以其美也。礼楽亦然（巻五　文、三一三頁）。

礼楽の器、観の美なることを主とす。観　美ならざれば、則ち以て天下を風化するに足らず。子都の姣《うつく》しき、能く人心を動かす、其の美なるを以てなり。礼楽も亦た然り。

美しい容貌が人の心を動かすように、美しい「礼楽之器」は人々を感化する。

博泉によれば、後世の儒者は専ら門を閉ざし読書に没頭するが、これは古の学問からの逸脱である（以下、同巻、三二七頁）。なぜなら、「至於読書、則飛耳長目、止乎一人、而不可与人共者也（読書に至りては、則ち飛耳長目、一人に止まりて、人と共にす可からざる者なり）」といったように読書は一人の営みだからである。「書」とは異なり、「詩礼楽」は、みな「与人共（人と共にす）」る。「君子之学貴与人共也（君子の学は人と共にすることを貴ぶなり）」と博泉はいう（同巻、三二六頁）。彼が集団での学問を重んじるのは、他者の耳目にさらされることが、「器」による教育には不可欠だからである。

「接人」の領域において「器」は、人々の感情を観察可能にし、秩序化する。相互監視が基軸の機構であるため、大仕掛けの監視施設も定められた監視役も必要ない(33)。また、邪な感情は即座に判明し、矯正されるので、個人単位の詳細な観察記録を集積することも不要である。ただ、人々を独居させず、聖人の設けた一連の道具を持たせ、交流させれば良い。人々は、美しい道具に魅了され、進んでそれを用い、自ら内面を暴露する。

もっとも、表面だけ「礼」に合わせ、「器」に本心が反映するのを意図的に妨げる者もいるかもしれない。それは、「学校」制度によって、防がれていたと博泉は考える。

四 「古学校」

古代の学制は「小学」と「大学」の二段階からなっていると博泉は考える。「天下之人、莫不入小学者也（天下の人、小学に入らざる者莫きなり）」（巻六 忠、三三二頁）といったように、古代の「士農工商」の全ての男子が「小学」で学んだ。

「学校」は人々を啓蒙するために存在したのではない。むしろその逆である。博泉『南留別志』に次のようにある。

> 黔首を愚にするは秦の李斯焚書の政に始るといへとさにあらす。先王の治最黔首を愚にせり。然とも其迹なし。秦に至て其迹顕れぬ。先王の大知に及はぬ故なるへし。そのゆへは先王の世学校の制あり。俊秀ことことく用ひて君子とす。庸愚凡庸の輩是を民にかへす。是故に下に智なし。野に無遺賢とは是也。病家愚にして後医を信し、士卒愚にして後大将を信し、天下愚にして後治道大に行はる。後世学問下に明にして先王の治遂に復すべからす。先王卜筮を敬ひ祭礼を重んし月令の政道人木鐸のとなへ、皆黔首を愚にするの至りなるへし(34)。

先王の「学校」の世は「黔首」すなわち民を最も「愚」にした。民を「愚」にするとは、ここにあるように俊秀を登用することで、結果的に民が君子に比して「愚」なる状態に止まるだけではない。それには積極的に民を「愚」にすることも含まれる。

博泉は次のように論じる（巻六 忠、三三一頁）。太古の時代の人々は「嬰子」と同じで「知」はないが「其心純一（其の心 純一）」であった。後世の虚飾に走る弊害（「文勝之弊（文 勝つの弊）」）によって人々は詐りを行い、互いに憎み合うようになった。人々が正しく学問を身につけるためには、まず人々が太古の純朴を取り戻す必要がある。

> 尽廃文飾、惟存質朴。慕太古之俗、返嬰児之真。然後為己之学、可得而入也。不然乎、薫衣剃面、学為宦者妾婦。豈学問之道乎哉（同巻、同頁）。

尽く文飾を廃し、惟だ質朴を存す。太古の俗を慕ひ、嬰児の真に返る。然して後己の為にするの学、得て入る可きなり。然らずんば薫衣剃面、宦者妾婦為るを学ぶ。豈に学問の道ならんや。

人々を太古の「質朴」へと返すのは「小学」の教えである。

八歳入小学、教之歌舞、習之書字。其教忠厚質朴、以培其根、養天然之真。不仮彫刻、不事文飾。及十五入大学、詩書礼楽以陶鋳焉。明徳至善、其教文華（巻二　学校、三〇三頁）。

八歳小学に入り、之に歌舞を教へ、之に字を書くことを習はす。其の教へは忠厚質朴、以て其の根を培ひ、天然の真を養ふ。彫刻を仮《か》らず、文飾を事とせず。十五に及んで大学に入り、詩書礼楽 以て陶鋳す。明徳至善、其の教へは文華。

「小学」における学習の内容については博泉は別の箇所で次のように述べる。

小学之教、亦唯書字、識声与形、布算識乗与除。至於其精微、則大学之道、而小学不与焉（巻五　文、三二五頁）。

小学の教へ、亦た唯だ書字は、声と形とを識り、算を布すは乗と除とを識るのみ。其の精微に至りては、則ち大学の道にして、小学 与《あづか》らず。

文字の読み書きと初歩的な算術が「小学」では教えられる（以下、同巻、同頁）。なぜなら、「帰農帰商。知書算而足矣（農に帰し商に帰す。書算を知りて足れり）」。つまり、農民や商人として働くにはこの二つを学べば充分だからである。「歌舞」に関しては「不聡明俊秀者。不教歌舞（聡明俊秀ならざる者は、歌舞を教へず）」といったように一部の秀才にしか教えないと博泉はいう。

このような「書算」の学習と「忠厚質朴」とがどのように関係しているのかについて博泉は詳しく論じない。博泉は「小学」では「灑掃応対」を通じて、学生に「威儀言語之節（威儀言語の節）」を習得させたという（巻八 習、三四三～三四五頁）。「書算」ではなく、掃除や応接の訓練が、人々を「忠厚質朴」にするのかもしれない。ともかくも、四民の男子は小学に入り「書算」を学びながら赤子のように純粋になる。

「小学」から「大学」へという階梯を博泉は次のように説明する。

古者甚重冠礼。故冠者為成人、以入大学。未冠者為童子、以入小学。童子之学必以小藝。聖人之学必以大藝。小大之序、君子由之。辟如登高、必自卑。辟如陟遠、必自近。譬猶練糸。染之藍則青。染之丹則赤。其質弥素、則其染弥文。青赤一成、真色無異（巻二 学校、三〇三頁）。

古は甚だ冠礼を重んず。故に冠する者を成人と為し、以て大学に入る。未だ冠せざる者を童子と為し、以て小学に入る。童子の学 必ず小藝を以す。聖人の学 必ず大藝を以てす。小大の序、君子 之に由る。辟《たと》へば高きに登るに、必ず卑《ひく》き自《よ》りするが如し。辟へば遠きに陟《わた》るに、必ず近き自りするが如し。譬へば猶ほ練糸のごとし。之を藍に染むれば則ち青し。之を丹に染むれば則ち赤し。其の質 弥々《いよいよ》素なれば、則ち其の染むること弥々文なり。

青赤 一たび成りて、真色 異なること無し。

絹糸は白ければ白いほど色に染まった時その色は鮮やかで、本来その色であったかのようになる。君子は「小学」で一度まっさらにされた後、「大学」で「詩書礼楽」に染め上げられる。外形だけを「礼楽」に合わせる「矯飾」は「小学」の段階で未然に防がれているのである。

「大学」に入るのは、大抵は「士」の子で、ほとんどの「農工商」の男子は「小学」を卒業して、それぞれの家の「業」を継ぐ。「小学」の教えを通じて「忠」になった彼らは、「忠者不二之謂。農商百工、孜孜其業。不攻異端（忠は二ならざるの謂ひ。農商百工、其の業に孜孜として、異端を攻《おさ》めず）」といったように自己の仕事に一心に励む（巻六 忠、三三三頁）。古の盛世において民はみな純粋でかつ真面目であった。

「農工商」の子でも優れた才能の持ち主は、「士」の子と同様に「大学」で学び、「君子」（統治者）となることができる。古代においては的確な人材選抜が行われていたので、「君子」は必ず才徳を有しており、一方、「小人」はそうでなかった。

学校之教廃、君子小人、各襲其家。不問徳才功能何如。君子之子雖不肖、依然在上。小人之子雖賢、依然在下。是以人与官相離、徳与位皆失其所（巻四 君子、三一六頁）。

学校の教へ廃し、君子小人、各々其の家を襲《つ》ぐ。徳才功能何如と問はず。君子の子 不肖と雖も、依然として上に在り。小人の子 賢と雖も、依然として下に在り。是を以て人と官と相離れ、徳と位と皆 其の所を失ふ。

学校の教えが廃絶してから地位と能力の不一致が生じるようになった。「君子」という語が地位に関していう場合と徳に関していう場合との二つの用法を持つようになったのは、この後世の状況を反映したものであると博泉は論じる（同巻、同頁）。

もっとも、「農工商」の出身で「大学」に入る者は少数である。これについて博泉は次のように説明する。

> 大抵、其位均、則其容貌居止声気性情率相類。貴人自有貴人之風。賤者自有賤者之風。不得相学。士農工商与生倶成、不可相仮借。習之於人、不亦深乎。故士之子帰民、非不肖則不可。農工商賈之子、入大学、非賢則不可（巻八　習、三四三頁）。

> 大抵、其の位 均しければ、則ち其の容貌居止声気性情率《おほむ》ね相類す。貴人 自づから貴人の風有り。賤者 自づから賤者の風有り。相学ぶことを得ず。士農工商 生と倶に成り、相仮借す可からず。習の人に於ける、亦た深からずや。故に士の子 民に帰するは、不肖に非ざれば則ち不可。農工商賈の子、大学に入るは、賢に非ざれば則ち不可なり。

それぞれ「士農工商」によって「習」があり、人々には「業」ごとの「習」が深く染みついている。そのため大抵の場合、「士」の子の方が「農工商」の子より勝っているというのである。いわば文化資本の優位が「士」の子にはある。全て男子が同じく「小学」で学ぶことと、「士農工商」の枠組の維持とはこのように折り合いがつけられている。

「大学」で学ばれるのは「詩書礼楽」である。それらが具体的にどのように学習されるかについては前節において検討した。本節においては博泉の考える「大学」の教育課程について見たい。

『太平策』巻九「四時五行」において、博泉は、先王の制度は四季の運行に則っているという。気候が人間活動に与える影響を先王は重視したのである（巻九 四時五行、三五〇頁）。

「詩書礼楽」は、それぞれ春は楽、夏は詩、秋は礼、冬は書といったように四季に配当されている。

蓋春夏者陽、詩楽者声。声属陽也。秋冬者陰、書礼者形。形属陰也。是以春之所以為教者、楽也。夏之所以為教者、詩也。秋之所以為教者、礼也。冬之所以為教者、書也。所謂四時之正業、是也（同巻、同頁）。

蓋し春夏は陽、詩楽は声。声 陽に属す《ママ》。秋冬は陰、書礼は形。形 陰に属す。是を以て春の以て教を為す所の者は、楽なり。夏の以て教を為す所の者は、詩なり。秋の以て教を為す所の者は、礼なり。冬の以て教を為す所の者は、書なり。謂ふ所の四時の正業、是れなり。

博泉は根拠となる経書の記述を挙げた後、次のようにいう（同巻、同頁）。春は温暖なので楽器の音もよく鳴り、人の体も軽くなる。そのため春は「楽」を学ぶのに相応しい。夏は『易経』説卦伝に「相見於離（離に相見る）」とあるように物の形がはっきり見え、舜は「五弦之琴（五弦の琴）」を弾いて「南風之詩（南風の詩）」を歌った。よって夏は「詩」を学ぶのに相応しい。秋は「粛殺厳凝之気（粛殺厳凝の気）」がやってきて体が引き締まる。そのため「礼」を学ぶのに相応しい。冬になると北風が吹き、体が縮こまる。よって体を動かすのには向いていない。学校は大きな建物で周りに何もない。そのため寒さがひときわ厳しい。そのため部屋の中で「書」を学ぶのが相応しい。

ただし、この「詩書礼楽」の配当関係は師に就いて学ぶ「正業」について言ったもので、配当関係にない残りの三つも「居学」として「朋友」と学ぶことになっている[35]。

このような一年間の教育課程を、「大学」に入学した十五歳から出仕する四十歳までの二十五年間繰り返す。「四教之学、各二十五、以合百数。百成数也。故四十成徳、優而仕、以成人才也（四教の学、各々二十五、以て百数に合す。百は成数なり。故に四十成徳、優にして仕ふ。以て人才を成すなり）」（同巻、三五一頁）。つまり「詩書礼楽」の「正業」は二十五年間で丁度合計が百になる。古において人々が仕官する「強仕」の年齢とされた四十歳の時には、「大学」で学んだ者は皆それぞれ才能を完成させているのである。

「大学」を卒業した君子はそれぞれの才能にあった官職に割り振られる。「観其藝業、才能可知（其の藝業を観て、才能知る可し）」といったように、「器」を用いた「藝業」によって個々の君子の才能は明らかになっているので、人材の配分に間違いはない（巻一　天下、二九九頁）。

興味深いのは、「詩書礼楽」の教育が人材の画一化を招くとは博泉が考えていないことである。博泉は『太平策』第二巻「古学校」の冒頭で、古代の「学校」を巨大な溶鉱炉にたとえている。

先王之道、莫大於教化。教化之器、莫大於学校。学校者譬如洪鑪。所以鎔鋳人才也。金得鎔鋳以成其器。人得鎔鋳以成其徳。人無貴賤、皆入洪鑪。詩書礼楽以陶鋳焉。大者大成、小者小成。莫不各充其量、各達其材也（巻二　学校、三〇二頁）。

先王の道、教化より大なるは莫し。教化の器、学校より大なるは莫し。学校は譬へば洪鑪の如し。以て人才を鎔鋳する所なり。金は鎔鋳を得て以て其の器を成す。人は鎔鋳を得て以て其の徳を成す。人は貴賤と無く皆　洪鑪に入る。詩書礼楽　以て陶鋳す。大なる者は大成し、小なる者は小成す。各々其の量を充《ママ》て、各々其の材を達せざること莫し。

大きな炉が金属から様々な道具を鋳造するように、学校は人々にそれぞれの能力に合った徳を完成させる。矯正すべき特異性も、保存すべき多様性も、「器」はその全てを観察可能にするのであろう。

博泉によれば、以上見てきた「太平」の構想を当代において実現できるのは、江戸の将軍ではなく、京都の「天子」である。博泉は江戸の公儀を決して正統な中央政府であると考えなかった。江戸を「東都」と呼ぶことを彼は強く非難する。

春秋大一統之義、天無二日、土無二王。豈有東西都乎。故呉楚僭王、仲尼不与。都之一字、雖微文乎、大義所係。雖文人粧飾、豈得取弓矢斧鉞之府、隮之北辰紫微之列（巻十 素王、三五六頁）。

春秋大一統の義、天に二の日無く、土に二の王無し。豈に東西都有らんや。故に呉楚僭王、仲尼 与へず（ママ）。都の一字、微文なりと雖も、大義の係はる所。文人 粧飾すと雖も、豈に弓矢斧鉞の府を取りて、之を北辰紫微の列に隮《あ》ぐることを得んや。

これは、父の屛山を経由して、浅見絅斎の尊王論が博泉に影響を及ぼした可能性が高い。絅斎は、「頃日誰トナク儒者ノ書簡等ニ、東武ノコトヲ東都ト書ル者有コソ、名分第一ノ誤」[36]と説いていた。

「名分」論的な観点から正統であるのに加えて、京都の禁裏には彼の思想と合致する部分があった。「器」の重視である。

皇朝尚器、度越四外。帝王綿綿、神器是守。聖明当推及天下之器、正名分、立紀綱。敦風俗、施教化、不襍它術。雖天下大器乎、不傾不覆。雖学術大業、不偏不倚。周廟欹器、虞廷玉燭、於吾身親見之。若夫不然、亀玉之毀櫝中。誰任其罪（巻三 制器、三一四頁）。

皇朝 器を尚《たふと》ぶこと、四外に度越す。帝王 綿綿として、神器を是れ守る。聖明 当に天下の器に推し及ぼし、名分を正し、紀綱を立て、風俗を敦くし、教化を施し、它術を襍《まじ》へざるべし。天下 大器なりと雖も、傾かず覆らず。学術 大業なりと雖も、偏らず倚らず。周廟の欹器、虞廷の玉燭、吾が身に於いて親しく之を見ん。若し夫れ然らざれば、亀玉の櫝中に毀《や》ぶるる、誰か其の罪に任ぜん。

「皇朝」は三種の「神器」に見られるように、他国に比べて「器」を重んじている。「器」に対する尊崇の念を広く「天下之器」に推し及ぼせば、天下は安寧になり、学術は正しくなり、「太平」の世を実際に見ることができる。もし、このような施策を行わないならば、過ちを座視した責任を一体誰が取るのであろうか――と博泉は説く。「神代」からの変わらぬ禁裏の風習と先王の「礼楽」との不思議な一致が注目され、「器」による統治は禁裏に期待されるのである。

徂徠学の「礼楽」論と闇斎学派の禁裏崇敬の融合といえば、山県柳荘（大弐）が知られる。柳荘の師は、垂加神道を講じた加賀美桜塢と、太宰春臺の弟子の五味釜川である。禁裏には古代の儀礼――律令時代に導入した「唐風」の「礼楽」も含まれる――が伝承されており、徂徠学の「礼楽」論との相性は悪くない（徂徠自身は徳川政権の延命に苦慮したが）。博泉は、柳荘に先駆けて、徂徠学に発する「礼楽」論と禁裏に対する崇敬との接合を試みたのである。

徂徠に発端する「接人」の制度への関心は、若き秀才の脳裡で、先鋭的な統治構想となって結実した。

五 小括

古代の理想時代において、「接人」の領域は、「聖人」が制作した道具（「器」）によって、その秩序が明示され、維持されていた。礼楽で用いられる道具は、人々の心の動きを観察可能にし、相互監視による規律化をもたらす。道具の美しさに惹きつけられた人々は、抵抗することなく、かかる規律化に自ら身を委ねる。

宋学者の多くが持つような、人間の心に具わった道徳性への信頼と矜持とは、博泉の思想には微塵も見られない。また、太宰春臺のような「勉強」（努力）の強調とも無縁である。望もうと望むまいと、全ての身分の男性は、「学校」という巨大な炉に投げ入れられ、改鋳される。

八歳から始まる「小学」での教育は、文明の悪影響を除去し、原始の純粋さを学生に取り戻させる。「小学」を卒業し、それぞれの職業に就く「農工商」の民は、純朴で仕事熱心である。

一方、「士」及び一部の優秀な庶民の子弟は、「大学」に進み、十五歳から四十歳まで「詩書礼楽」を学ぶ。「礼楽」で用いられる道具は、心の奥底まで映し出す。彼らは、二十五年の歳月をかけて、感情の微細な働きも調律された後、ようやく統治の実務に当たる。「大学」での「藝業」によって、各人の能力の長所と短所とは明らかになっており、適材適所の人材登用がなされる。

博泉は、今日の人々は「兵革」がないのを「太平」だと認識しているが、それは誤りであるという。彼によれば、「学校」を中核とする「教化」が人々の「骨髄」まで染み透った状態、それこそが真の「太平」である（巻一 天下、三〇一頁）。博泉が描く「太平」の世界には、暴君も、不正を働く官吏も、怠惰な労働者もいない。兵乱はおろか、犯罪もない。果たして、この世界が理想郷なのか、反理想郷なのかは読者の判断に任せることにしよう。

最後に、博泉の早過ぎる死について述べておきたい。水足博泉は『太平策』を脱稿した二年後、不幸な事件が原因で命を失った。皮肉なことに発端は、彼が重視した「夫婦」の倫の乱れであった。

博泉の母は浪人である笠井源右衛門と密通していた。これを知った父の屏山は博泉とともに源右衛門宅へ討ち入った。あらかじめ博泉の母からそれを知らされていた源右衛門は落とし穴を仕掛け、父子の来襲を待っていた。罠に気づかず斬りつけられた屏山はその日のうちに卒し、博泉は深手を負った。博泉は近所の吉田氏と長谷川氏に助けを乞い、両人は逃走する源右衛門に追いつきこれを討ち止めた。

事件後、博泉は禄を没せられ菊池郡に退いた。父を殺した相手を自力で討ち果たせなかったのは、武士失格であると見なされたのである。博泉の周囲には嘲笑の声が渦巻いていた[37]。「文」をもって主君に寵遇されていた水足父子への反撥が、この事件を機会に噴出したのである。不運なことに主君の細川宣紀は江戸で重病の床に臥せっていた。

この苦境に救いの手を差し伸べたのは、伊藤仁斎の子の東涯であった。彼は書簡を寄せ、博泉は「人中麟鳳（人中の麟鳳）」であり、上洛してくれば「家産之半（家産の半ば）」を割いて援助をすると述べた（かつて博泉が東涯に送った書簡は挑発的な内容であったにもかかわらず[38]）。しかし、博泉は上洛を果たせず、享保十七年（一七三二）にこの世を去った。二十六歳の若さであった。

広瀬淡窓の『儒林評』はいう。

> 水斯立ハ極メテ英才ナリ。短折惜ムベシ。予村井琴山ノ話ニ聞ケリ。水斯立、秋玉山、瀧鶴臺、西依成齋、皆同年ニテ有リシトナリ。斯立ヲシテ歳ヲ得ルコト三子ト同ジカラシメバ、其造《いた》ル処測ルベカラズ。惜イカナ[39]。

(1) 荻生徂徠『学則』。

(2) 三通目・四通目の書簡は、もともとは三浦竹渓に宛てたものではないとの説が古くからある。宇野田尚哉「古文辞とその周辺——『徂徠先生学則』附録書簡の成立事情を中心に」(『甲南国文』第四十七号、甲南女子大学国文学会、二〇〇〇年)参照。しかし、宇野田が当該書簡を太宰春臺宛と断定するのは根拠に乏しい。なぜなら、四通目の書簡に「予嘗断論語原思琴張作(予 嘗て論語は原思琴張が作と断ず)」とあるが、これは徂徠ではなく春臺がもともと思いついた説である(『蘐園十筆』八筆、140〔西田太一郎(編)『荻生徂徠全集』第十七巻、みすず書房、一九七六年〕、五一〇頁)。春臺の発見をこのような形で春臺に向かって説くのは奇妙であろう。

(3) 南川金谿『閑散餘録』巻下、明和七年頃成立。

(4) 大田南畝『仮名世説』、文政八年刊(多治比郁夫・中野三敏〔校注〕『当代江戸百化物 在津紀事 仮名世説』、新日本古典文学大系第九十七巻、岩波書店、二〇〇〇年)、三六一頁。

(5) 田口卯吉、徳富蘇峰宛書簡(鼎軒田口卯吉全集刊行会〔編〕『鼎軒田口卯吉全集』第八巻、吉川弘文館、一九二九年)、六〇二頁。

(6) 水足博泉の伝記的な事項については以下の書に拠る。武藤厳男(編)『肥後先哲遺偉蹟』、隆文館、一九一一年、野田寛・山本十郎『肥後文教と其城府と教育』、熊本市教育委員会、一九五六年、白石良夫「水足屏山・博泉と肥後学芸史」(同『江戸時代学芸史論考』、三弥井書店、二〇〇〇年)。本書で取り上げなかった博泉の文章論については次の論考を参照。西田耕三「水足博泉と文章——文章入門から古文辞へ」(高田衛〔編〕『見えない世界の文学誌——江戸文学考究』、ぺりかん社、一九九四年)。

(7) 伊藤東涯「与水足博泉書」(前掲『肥後先哲偉蹟』)、三〇九頁。この文は『紹述先生文集』には採録されていない。

(8) 中維翰(著)・青柳綱太郎(訳)『原文和訳対照 海游録』、朝鮮研究会、一九一五年、原文、六〇~六一頁。

(9) 徂徠学派の分裂については古くは江村北海が『日本詩史』において「徂徠没後、物門之学、分而為二。経義推春臺、詩文推南郭(徂徠没して後、物門の学、分れて二と為る。経義には春臺を推し、詩文には南郭を推す)」といったように語っている。（江村北海『日本詩史』巻四、十六ウ、明和八年刊〔清水茂・揖斐高・大谷雅夫（校注）『日本詩史　五山堂詩話』、新日本古典文学大系第六十五巻、岩波書店、一九九一年〕）。また次の論考を参照。相良亨『近世日本における儒教運動の系譜』（哲学全書3、理想社、一九六五年）、衣笠安喜「折衷学派の歴史的性格」（同『近世儒学思想史の研究』、法政大学出版局、一九七六年）、渡辺浩「「泰平」と「皇国」」（同『東アジアの王権と思想』、東京大学出版会、一九九七年）。

(10) 尾藤正英「太宰春臺の人と思想」（頼惟勤〔校注〕『徂徠学派』、日本思想大系第三十七巻、岩波書店、一九七二年）。

(11) 太宰春臺『聖学問答』、享保二十一年刊（前掲『徂徠学派』）、八〇頁。

(12) 前掲「太宰春臺の人と思想」、五〇四頁。

(13) 「贈于季子序」（同『徂徠集』巻十一、四オ）。

(14) 太宰春臺「与子遷書」第三書（同『春臺先生紫芝園稿』後稿巻十二、六ウ、宝暦二年刊〔小島康敬（編集・解説）『春臺先生紫芝園稿』（近世儒家文集集成第六巻、ぺりかん社、一九八六年〕）。

(15) 服部南郭「答徳夫」（『南郭先生文集』二編巻九、二ウ、元文二年刊〔日野龍夫（編集・解説）『南郭先生文集』、近世儒家文集集成第七巻、一九八五年〕）。

(16) 日野龍夫『服部南郭伝攷』（ぺりかん社、一九九九年）、二一一頁。

(17) 三浦瓶山『瓶山先生原学篇』、寛延四年刊（関儀一郎〔編〕『儒林雑纂』、東洋図書刊行会、一九三八年）、一一頁。

(18) 前掲「「泰平」と「皇国」」、一六〇頁。

(19) 服部南郭「唐後詩序」（服部南郭『南郭先生文集』初編巻七、一オ〜四オ、享保十二年刊〔日野龍夫（編集・解説）『南郭先生文集』、近世儒家文集集成第七巻、一九八五年〕）。

(20) 湯浅常山『文会雑記』寛延二年〜宝暦三年成立（日本随筆大成編輯部〔編〕『日本随筆大成』第一期第十四巻、吉川弘文館、一九七五年）、一七七頁。

(21) 同右、二六六頁。

(22) 教育者としての徂徠の包容力に関しては、早い例では前掲『文会雑記』（二六一、三〇〇頁）に見え、以後、徂徠に対する評価の定型となっている。

(23) 「復水神童」第一書（前掲『徂徠集』巻二十四、七ウ〜八オ）。
(24) 『徂來先生答問書』巻中、二十二ウ。
(25) 紅星子（編）『雑花錦語集』巻三十、成立年不明、熊本県立図書館蔵。
(26) 「復水神童」第二書（前掲『徂徠集』巻二十四、十一オ〜十一ウ）。
(27) 室鳩巣は「五倫の内に夫婦のしたしみばかり天性なり。其外君をたつとび父母をうやまふの類は、人の性にあらず、聖人の作り出せる道なり。其作者聖人なる故に、古今に行はれて変ずる事なし」と唱える「ある儒者」すなわち徂徠のことについて次のようにいっている。「放蕩不遜にして、人に驕り物に傲るを高致とし、好て大言を吐て先賢を毀り、抗然として高く唐宋諸儒の上に出んとす」（室鳩巣『駿台雑話』、寛延三年刊〔森銑三（校注）、岩波文庫、岩波書店、一九三六年〕、二六〜二八頁）。
(28) 水足博泉「与服子迁書」（同『博泉文集』、享保年間成立、熊本県立図書館蔵）。『文会雑記』に「其後又（南郭に――引用者注）書簡ヲコシテ、関東ヲバ足下引請ケ、海西ヲバワレ引請ント云ヲコシタリ」とあるのはこの書簡のことである（前掲『文会雑記』、二五二頁）。
(29) 前掲『文会雑記』、二四九頁。
(30) 同右、二五二頁。
(31) 前掲『服部南郭伝攷』、二三三頁。
(32) 「至於道者、開闢以来。未嘗増減。五品人倫。不待聖人而存矣（道に至りては、開闢以来、未だ嘗て増減せず。五品の人倫、聖人を待ちて存せず）」（『太平策』巻三 制器、三一一頁）。
(33) 渡辺浩は徂徠の「土着」論について、「流動性の厳しい制限による人間関係の固定によって、人間関係の絆が人々を縛る。ビッグブラザーのテレスクリーンによる監視がなくとも、民の相互監視によって秩序が保たれる」という（渡辺浩「儒学史の異同の一解釈――「朱子学」以降の中国と日本」〔前掲『東アジアの王権と思想』〕、一〇三頁）。博泉は、「器」を媒介とした相互監視の効率化を企図するのである。
(34) 水足博泉『南留別志』、享保十六年頃成立（西田耕三「水足博泉著『南留別志』（翻刻と解題）」〔『熊本大学教養学部紀要人文・社会科学』第二十八号、熊本大学教養部、一九九三年一月)、一三二頁。

(35)「正業常処其一、居学常処其三。正業者学之於師、居学者習之於朋友。古之道也(正業 常に其の一に処り、居学 常に其の三に処る。正業は之を師に学び、居学は之を朋友に習ふ。古の道なり)」(『太平策』巻九 四時五行、三五一頁)。

(36)浅見絅齋(講)『箚録』、宝永三年(一七〇六)序(西順蔵・阿部隆一・丸山眞男(校注)『山崎闇齋学派』、日本思想大系第三十一巻、岩波書店、一九八〇年)、三五五頁。

(37)木岐正範「与水足博泉書」(前掲『肥後先哲偉蹟』、三〇九頁)、藪慎庵『慎庵遺稿』巻三、三十七オ、宝暦十年刊、熊本大学附属図書館蔵。

(38)前掲「与水足博泉書」。

(39)広瀬淡窓『儒林評』、天保七年成立(関義一郎(編)『日本儒林叢書』第三冊、一九二七年)、七頁。

＊水足博泉の『太平策』は永青文庫所蔵の博泉自筆と推測される最善本を用い、訓読も永青文庫本に附された訓点にしたがった。武藤厳男・宇野東風・古城貞吉(編)『肥後文献叢書』第二巻(隆文館、一九〇九年)所収本の対応箇所の頁数を附記した。

第三章 「礼」の遊芸化
——田中江南の投壺復興

一 はじめに

「泰平」の世が持続し、商業出版が発展するにしたがい、人々の学芸に対する関心も高まった。しかし、多くの儒者にとって彼らの社会的地位はいまだ低く、世間の学問に対する態度はなお慨嘆すべきありさまであった。前章で見た水足博泉の最期は、江戸中期の儒学者の悲劇の最たるものであろう。山県周南の弟子の三浦瓶山は、十八世紀後半になっても次のように苦々しげに語っている。

我邦ノ如キ、近来学盛ニ興ルトイヘドモ、当時侯国士ノ官階、戦国隊伍ノ制ヨリ出ル事多キユヘ、不学ノ士ハ、学問ヲ無益ノ事トシ、甚フシテハ、士ノ学問スルハ怯弱ノ蔽アリト覚ヘル者多シ。(1)

学問好きを臆病者と見做す風潮は相変わらず根強かった。

儒者が医者に比べて経済的に不安定であること（「医者寒からず、儒者寒し」）も変化がなかった。太宰春臺門の松崎観海は「今世択術莫不利於儒、莫利於医（今世の術を択ぶに儒より不利なるは莫く、医より利なるは莫し）」[2]と述べている。

このような状況の中で、御公儀に採用されるとはおよそ考えにくい「礼楽」を研究するのは、無用の極みであった。そもそも「礼楽」抜きでも「泰平」の世は続いていた。徂徠学者の「礼楽」尊崇は、「吠声ノ徒、辨ヘ知ラズシテ、礼楽礼楽トイヒテ、一生ヲ送リ過ス」[3]と揶揄された。その「吠声」は虚喝でなければ、自虐的な哀調を帯びていることが多かった。悲哀に過ぎればそれは、山県柳荘（大弐）の『柳子新論』のように不穏な怒声となった。

だが、中には、徂徠学の「礼楽」論を最大限活用して、「泰平」の世の文人社会で門戸を張ろうと試みる者もいた。本章の主人公、田中江南その人である。

二　「投壺先生」田中江南

田中江南（享保十三年〔一七二八〕～安永十年〔一七八一〕）は、名は応清（清、菊満）、字は子纓、通称は三郎右衛門という[4]。師の宇留野三朶花の養子となり、宇留野漸齋と称していた時期もある。常陸国府中及び水戸に滞在した時には、並木（列樹）姓を名乗り、晩年は高島姓であった。父、高島升見は、土浦の大名土屋政直に仕えた医者である。

江南は多くの学者に師事した。菅野兼山の会輔堂で「性理の道」を学び、宇留野三朶花に就いて「舜水先生の風を恋《した》ひ」、また森東郭にしたがって「林門の教を聴き」、十四歳の時に初めて大内熊耳から「徂來の説く所の古学を聴き」、その後、平野金華・岡井嵰州・岡田彦山・服部南郭・太宰春臺ら徂徠学派の門に出入した（『漫筆』）。江南が若い頃に仕えた守山の大名松平頼寛も徂徠学を尊崇しており、彼の思想に最も深い影響を与えたのは徂徠学である。

「投壺先生」とも呼ばれたように[5]、江南は投壺を復興したことで明和年間に一躍名を馳せた。明和九年刊の『儒医評判記』経学家の部に「田中三郎右衛門」の名が見え、「久しうすたりた投壺の制の仕出しは御発明て御座ります」とある[6]。

投壺は、古代中国の遊戯であり、儀礼である[7]。壺に向かって矢を投げ、矢の入った位置で得点を競う。その儀節は、『礼記』投壺や『大戴礼』投壺に見え、『春秋左氏伝』昭公伝十二年には晋侯と齊侯との宴で投壺がなされた記事がある。中国では通俗化しつつも清代に至るまで行われた。司馬光の撰した『投壺新格』は『事文類聚』や『説郛』などに載録され、以後の投壺に大きな影響を与えている。

近世以前の日本での投壺受容は不明な点が多い。正倉院には投壺の壺と矢とが伝存しているものの、奈良時代から平安時代にかけて投壺を行った記録はほとんどない[8]。大江匡衡『江吏部集』の「述懐詩百韻」には、「囲碁厭坐隠、投壺罷般還（囲碁は坐隠を厭ひ、投壺は般還を罷む）[9]」とあるが、文飾なのか事実なのか判然としない（江南は事実と見る〔『説』「大東投壺説」〕）。ただ、藤原道憲『本朝世紀』には、康治元年（一一四二）、鳥羽上皇が正倉院を開封した際、藤原道憲（後の信西）以外誰も、投壺の壺と矢とが何の道具であるか分からなかったとある[10]。この話から、平安時代末に投壺が遊ばれていなかったのは確実といえる。

江戸時代に入ると、投壺に関心を持つ人々が現れる。江南の言によれば、徳川光圀もその一人である。また、「深見倚齋」（高頤齋のことか）は投壺を実演して「県官」（将軍）の称美を受け、そこで「林門の子弟」は投壺を研究し、「文雅好事の王孫公子」に伝授した。しかし、「侈靡の世に質素の伎なれは好む人も少く」、自ずと廃れたという（『漫筆』）。これ以外にも散発的な投壺再現の試みはあったに違いない。

投壺の詳細を解説した最も早いと見られる江戸期の著作は、大枝流芳『雅遊漫録』（宝暦十三年刊）である。大枝流芳（岩田信安）は、香道家として著名な大坂の文人である[11]。『雅遊漫録』は文房四宝から音楽・貝合に至る様々な「雅遊」を絵入りで紹介する。その中には、司馬光『投壺新格』に基づいた投壺の説明が見える[12]。流芳も投壺の普及を目指したが、それはかなわなかった。流芳の後を受け[13]、都賀庭鐘の子、都賀大陸は、明和六年（一七六九）に『投壺今格』を刊行している。江南はこの流芳系統の投壺に対抗意識を持っていたと推測される[14]。

江南は投壺研究のために諸国を遊歴した後、明和四年（一七六七）に、「東叡山下」に投壺の学場である甘谷園を開き、投壺の教授を始める（『漫筆』）。曲亭馬琴の『著作堂雑記』には、「江戸にて投壺の流行のはしめは八町堀に江南先生と申なま学者有之。平賀源内〔鳩渓〕なとも参り投壺いたし候《中略》〇当年大流行にて鳩渓なとも権門の出会と入門と見え申候き[15]」とある。平賀源内も江南のもとで投壺を学んだのである。わずか二年ばかりの期間とはいえ、「甚ダヒロマリテ、諸侯方ニテモ此術ヲ専行レタリ[16]」という成功を江南は収めた。投壺に関心を持った「諸侯」の中に姫路の大名酒井忠恭がいる。江南は彼に招かれ、家中に投壺を伝授した。

明和七年（一七七〇）に江南は京へ旅立つ。甘谷園が火災に遭い、窮乏したことが理由のようである。安永八年（一七七九）からは岡山で医を業とするようになり、安永十年（一七八一）正月、その地で卒した。享年五十四歳（「墓碑」）。

江南の思想を理解する上で鍵となるのは、本章冒頭で述べたような江戸中期の儒者を取り巻く状況である[17]。高尚な趣味として漢詩文の人気が高まる一方で、儒学の社会的威信はいまだ低く、儒者も無用者視されていた。学問を修めても、大名家に新たに登用される可能性は滅多にない。大名に仕える御儒者の職も世襲であることが少なくなかった。新規採用の機会は稀である（異姓であろうと御儒者の家の養子になるのは一つの解決策である）。出仕を諦め、町儒者で生計を立てる手もある。だが、そうなると、門弟（と彼らの納める束脩の）多寡に振り回される日々が始まる。講説だけで不足の場合は、書画の潤筆料などの副収入が頼みである[18]。さらに、儒者市場の競争を勝ち抜くため、他の儒者との差異化も図らなくてはならない。ある闇齋学者は次のように語っている。

吾邦時勢与華夏異、儒者不能得大有為之地。苟無大志、唯以門人満堂為得志。大言驚世、以吐其情、遂生新説、為一罪人(19)。

吾邦の時勢 華夏と異なり、儒者は大いに為すこと有るの地を得ること能はず。苟しくも大志無ければ、唯だ門人 堂に満つるを以て志を得たりと為す。大言 世を驚かし、以て其の情を吐き、遂に新説を生じ、一罪人と為る。

科挙による登用がないゆえ、日本の儒者は「新説」を鼓吹し、儒者市場で一旗幟を立てる方向に走りがちであるというのである。

尾崎鳩居『鳩居語』には、明らかに江南を指す「投壺之制（投壺の制）」を「新定」した「儒生」の話が見える。その「儒生」は、「先生堂堂鴻儒、如何為俳優之事（先生 堂堂たる鴻儒、如何ぞ俳優の事を為す）」と問われたのに対し、次のように答えている。

子誠鄙人也。夫以儒教人乎。亦鬻儒耳。均之商賈也。其儒則利少。孰与倡伎之多(20)。

子は誠に鄙人なり。夫れ儒を以て人を教へんか。亦た儒を鬻《ひさ》ぐのみ。均しく之商賈なり。其の儒たるは則ち利少く、倡伎の多きに孰与《いづれ》ぞ。

この話は、江南を非難する意図から脚色されている可能性が高い。しかし、投壺復興の重要な一面を明らかにしている。遊びと礼法とが融合した芸道は茶の湯・蹴鞠・香道など多くある。それら芸道の顧客層を投壺という〈新商品〉ならば取り込めると江南も考えていたであろう。江南には、甘谷園を開くに当たり、編み笠をかぶって昌平橋で宣伝の刷り物を配ったという話も伝わっている(21)。

三　投壺復興

江南の言によれば、彼が本格的に投壺復興を志したのは、松平頼寛の命を受けてからである（『漫筆』に、延享四年〔一七四七〕三月中旬、江南二十歳の時とある）。松平頼寛の命の内容は、『投壺説』及び『優游社漫筆』、『投壺新格附儀節』附言に見える。これらは、江南自身の考えが投影され、「遺命」の忠実な記録ではないとしても——むしろ、それゆえに——投壺復興の基本指針が明確に示されている。ここでは『投壺説』から「遺命」の全文を引用する。

投壺は古礼にして、君子人の伎態《わざ》也。聖人の教とし玉ふ藝と云ふは六藝と云て、投壺は射藝也。射は今の世に盛也と云へとも此投壺は伝らす。蹴鞠は藝事の上位なれとも、投壺は其本《もと》礼なれは蹴鞠にも肩を比《なら》ふへきことならんか。我先君西山公此道を識らせ玉ひ、常に舜水先生・心越禅師と論定まし〳〵置れつる事もあるなれは、寡人も此伎を世に弘めんと思惟せること久しかりしか、事多く命する人無くて過ぬ。幸汝其由縁あるなれは、汝に是を命する間、群書を探て此道を研究し、永く世の君子に伝へよ。是一世の大業、復古の盛事也。扨礼儀に於ては国家の風俗に従ひ、我国の礼儀に損益し、易簡《こゝろやすく》行るゝやふに沿革すへし。努ゝ《ゆめ〳〵》唐の風俗を為すへからす。且今の世の士君子の遊は浄瑠璃・三弦・人形・雑劇《しはい》の真似等のみを事とす。是に学問礼義を勧めたりとて其風移るへきにあらす。然らは投壺様の風流なる遊を以て代るにあらされは能す。然れは其投壺も礼記通《とおり》の質直《しっちょく》なることにては興無くて趣も少かるへく間、六朝以下の美麗花艶《りつはははなやか》なる戯を思惟し伝へ弘めよ（『説』「上某君書」）。

次の四点に要約できる。①投壺は「古礼」で蹴鞠に匹敵する格の高い「藝事」である。②「西山公」すなわち徳川光圀は、朱舜水や東皐心越と協力して投壺を再興しようとしており、頼寛自身もかねてから再興を考えていた。③復興の際には、中国ではなく、日本の「風俗」にしたがい「損益」――つまり改変――する。④華麗な「投壺」を普及させることで、「浄瑠璃・三弦・人形・雑劇《しはい》の真似」などの当代の「士君子」の悪しき遊びに代える。

本書では、思想史的な観点から見て興味深い③と④の説について検討する。

1　投壺礼の「損益」

「国家の風俗」にしたがい、礼を「損益」する――この説自体は平凡である。同様の主張は中国においても繰り返し説かれてきた。何をどのように改変すべきか――の基準を定める論理に見解の相違が現れる。ただ、注意しなくてはならないのは、礼の「損益」をめぐる一般的な問題関心に加え、「唐の風俗」に倣った投壺復興の試みが実際にあり、それへの批判が江南の議論の背景に存在することである。

投壺の師として江南を招聘した姫路の大名酒井忠恭は、江南の教えを乞う以前に、投壺を行ってみたことがあった。

先年、一儒者の投壺礼を為んと云し人を招て、其事を執行ひしに、其人の教る所、投壺篇に陳皓か註説を用ひ、司馬温公の投壺新格儀説、夷門広牘等の諸説を用ひ、能舞台を堂とし、華瓶を壺とし、竹箭の羽有を以て籌とし、楽は明楽を用ひ、言語は皆華音にし、服は明の深衣を服して行ふに人々失笑して礼正しからす（『漫筆』）。

「明楽」・「明服」・「華音」の使用に注目したい。忠恭は鉅鹿魏氏の伝える明楽を熱心に保護していた。鉅鹿魏氏は、明清鼎革期に中国から長崎に渡り、四代の魏君山（魏皓、鉅鹿《おおが》民部）は京に上って、家伝の明楽の教授を始めた[22]。明楽の演奏の際には、楽師や舞童は明服をまとい、詩詞は「華音」で歌う。忠恭が初めに試みた投壺は魏氏明楽を踏まえている。江南はこの種の中国趣味とも対峙していた。

江南の「損益」論の基本線は次のようなものである。

夏・殷・周の三代から既に王朝ごとに「礼楽」は異なっており、「古法」は中国でも「後世の人情に合兼る」ため、歴代王朝は「礼楽」を「損益」して、「当世に行るゝやふにと礼楽は制作」された。「我邦の朝庭の礼義」は、もとは「唐典」を模倣したものであったが、「武家一統の世」になってからは、「武家の礼義と云ふもの」が確立しており、その「法」にしたがわないのは、「国法に叛く罪人」であり、それを顧慮せず、勝手に礼を制定するのはもってのほかである。よって「武家の礼義」に合致するように、投壺礼も「損益」しなくてはならない[23]。

「武家の礼義」に関して江南は、次のようにいう。

> 大抵聖人といふを知らんと欲せは、我国にては仁徳天皇、当代にては辱くも東照神君にてましくヽ玉ふ。此君の法こそ聖人の道なれは、此君の法に違ふは皆聖人の法に非さるを知へし。是を以て我教へ施す投壺は皆、神君の立置せ玉ふ礼儀に従て損益し、古の唐の法のみを用ひす。是先君（松平頼寛――引用者注）の微意の存する所に依てなり（『漫筆』）。

この「聖人の道」に関する江南の説は徂徠学を基礎としている。

徂徠は、「所謂聖人ト云ハ、開国ノ君ノ、ヨク未来ヲ鑑ガミ、礼楽制度ニ弊少キ様ニ工夫シテ、立玉フヲ称スルナリ[24]」と説く。つまり「聖人」は完成された人格の謂いではなく、卓越した「礼楽制度」の設計者を指す。徂徠の考えでは、徳川王朝の創始者たる「神祖」家康は、統治術に対する深い理解を持っていたが[25]、本格的な「制度」を立てる前に「御他界」した[26]。よって、「神祖」家康を「聖人」と呼ぶことはできない。

しかし、徂徠の弟子の山県周南などは、家康を「聖人」とほとんど同一視している。

扨も神祖は聖智にてまし〳〵けん。御一生の事業、天下を治め給ひつる事は、凡慮の及ぶ所に非ず。《中略》戦国暴虐の風俗を文化温柔に移し、永き太平を基ひし給はんとの神慮にて在ましけんと、今更尊く覚ゆる中にも有難きは、大坂の役御上洛の時、さしも干戈騒擾の中なるに、朝家秘府の御記録を請下し、又廷臣故家の典籍など多く召て、終夜故実を沙汰し法令を定め給ふといへり。げにも天下を保ち給ふべき王者の御器量にて在ます。其御験にや、天下の大法悉く図に当り、今百年に踰れども、国体のつり合よく、盤石の固めあり。学問日に開けて、君子父子五倫の正きこと前古に越たり。中華朝鮮も及ばず[27]。

もっとも周南も、「上下貴賤」に対応した住居衣服などの「制度」は未整備であると見ている[28]。江南は、このような議論をより推し進め、「東照神君」は「礼儀」を制定しており、「聖人」であると主張するのである[29]。

また、徂徠によれば、「道」とは、「聖人」が立てた「安民」（「安天下」）のための諸制度の総称で、「殷之道（殷の道）」・「周之道（周の道）」というように王朝単位で時代状況に合わせて更新される[30]。よって、「神君」が「礼楽制度」を定めたという前提に立てば、当代の「法」を「聖人の道」と呼ぶことは別段奇妙なことではない。さらに当代の「法」が現に天下に安寧をもたらしていることを考えれば、なお一層説得力を持つ見解である。江南は徂徠同様、「聖人の道」を「天下を治むる道」と理解し[31]、加えて、「方今《たゝいま》昇平二百年、民戸《みんこ》扃《とさし》を忘れ、途《みち》に遺《おち》たるを拾《ひろ》わす、唐土《とうと》天《てん》竺《ちくし》四夷《い》八蛮《はちはん》の国におゐても、如是太平は夏殷周の三代にもあらしと思ひ侍る」という認識に立っていた（『説』「君子者宜為投壺説」）。

ちなみに、徂徠学派と親しかった公儀の奥坊主、成島錦江も、「徂徠先生辯道《（ママ）》の趣」で「道は聖々相承て治国安民の為に立給ふ事[32]」であると説いた上で、次のように述べている。

> 我日本礼あらずと思へるは儒子其見聞に狃て察せざる者也。礼隠然として、今に行はるゝ所法とのみ思へるは謬れり。所謂礼は文とも道とも古にいへれば、今の御大法と称せる所古の礼としるべし。[33]

錦江によれば、公儀の国制の根幹は「御武篇・御慈悲・御譜第」の三つである。

> 御開国より以来立おかれし武家諸法度の事、時に当り御潤色ありといへども、其趣き大に変る所なし。先武家諸法度とは公家諸法度を出されしにより対待の目なるべし。其御條例世に流布する上は今改めて爰に出さず。抑御家の事は三河已来、御武篇・御慈悲・御譜第此三を以天下御創業のよし、三河物語に大久保氏申明せり。御一統の後、慶長元和其御主意にて立おかれし趣と窺へば、万世に御遵行理なり。[34]

武家諸法度に加え、直臣の異姓養子の公許も、徳川家の譜代家臣（＝「御譜代」）の家《イエ》存続のための「御慈悲」であり、三河以来の主従の結束を固めるための制度であると錦江はいう。[35] 公儀の体制は系統的に整備されているのである。

文苑で重きをなした錦江の例に示されているように、「東照神君」の「法」を「聖人の道」とする江南の論は、徂徠学の展開として、それなりに説得力のある一つの選択肢であった。

江南は、当代の「礼儀」に合致するように投壺礼を全面的に再構成する。投壺の際に明服をまとうのは衣冠の制に違反しているので、現今の礼制にしたがって裃と素袍を用いる。また、江南は「宮室」の制の違いを重視し、中国の家屋のように「磚《シキカワラ》土間」ではない、畳敷きの日本の家屋に合わせて、礼の所作を改定している(36)。

これまで見てきた議論からいって当然にも、江南は投壺礼での「唐音」使用には否定的である。「言語は人の自然の音声にて生得の儘に非されは為しかた」く、元来「唐人の言語を聞取るへき為」に学ぶ「唐音」を、日本人同士で用いても意味がないと江南はいう（『漫筆』）。さらに江南は、「受妙院家の古音に達せし人」（未詳）の語った次のような説を採用する。

此漢音呉音は響こそ違《チカ》へ、古時《イニシヘ》の中華に在りし人黄備公等の付られし音なれは、真の華音也。今の唐人の音は皆夷狄の音の入訛《ナマリ》し物なれは真音に非ず。然るを我国の善なる音を知らすして、其夷狄の音を学ふは謬の甚しき也（『漫筆』）。

これは「唐音」（「華音」）への根本的な懐疑であり、批判である。

江戸期の「唐音」学習をめぐる議論は、「音読」対「訓読」という単純な図式で整理できるものではない。語彙の変化や助辞の増加といった古代中国語と当時の中国語の差異は夙に認識されていた(37)。また、音韻についても、「夷狄」の侵入によって変化が生じていることを太宰春臺は指摘している(38)。しかも、長崎に来航する「唐人」の話す言語は一様ではなかった。杭州音・福州音・南京音など複数の「唐音」が伝わっていた。このうちどれが「正音」なのかが、当然問題になる。春臺に師事した無相文雄は、『韻鏡』など「唐宋正律韻書（唐宋正律の韻書）」と比較した結果、「官話」（南京音）よりも杭州音の方が「正音」に近いと判定し、その上で杭州音の「不正」な点を数百年前の唐宋の韻書にしたがって改正した。文雄は、当代の中国語に満足せず、古典中国語の音韻体系を彼なりに復元しようとしたのである[39]。

文雄らは「唐音」学習の重要性を力説したが、彼らが読誦の際に用いたのは、中国のどの地方でも使用されていない、理念的な「正音」であった。「訓読」せず、直読する点では、これも一つの「音読」論といえるが、「訓読」に対して現代中国語標準音による漢文学習を説く類の「音読」論とは異なる。江南は「素読には古の呉漢の本音を攷へ、四声音韻を正して直下に誦読せしめ、今音の訛を反し、俗華音の胡説を黜け」た[40]。この論は、「唐音」(「華音」)学習を批判しているが、「本音」の復元を求める点では文雄らに近いのである。

音楽に関しては当初江南は、魏氏明楽を採用していた。しかし、最終的には彼なりに復元した「唐宋の古楽」に改定している[41]。歌は「朗詠」のように「漢音」で「直読」するようにした(『漫筆』)。

最後の楽の改定を除けば、投壺の「損益」は「姫路侯」の「論定」を経た上で行われた。これは、「其唐の礼を改め我国の風俗に損益仕候事新に礼を制候に似申候。私体の損益恐多く御座候」(『説』「上某君書」)という理由からである。本来礼の制作は「聖人」の後継者——すなわち公儀——の命で行われるのが理想的である。それが無理ならば、せめて大名の「論定」を仰ごうと江南は考えたのである。

以上見てきた江南の「損益」論は、徂徠学の「礼楽」論の一つの展開と位置づけることができる。徂徠は、「礼楽」を「安民」を達成する様々な統治術の集合体と捉え、それを形而上の本質に還元することを否定する(第一章参照)。この発想を突き詰めれば、たとえ中国の礼制とは無縁の制度であっても、「安民」を実現できれば、「礼楽」——引いては「道」——と認定し得ることになる。実際、「聖人の道」の機能的代替物は世界に多数発見されていた。山県周南の弟子の瀧鶴臺は、「婆羅門法」・「天主教」・「回回教」・「喇嘛法」(ラマ教)をその例に挙げている。

宇宙之大、邦域之多如此。而其国各有其国之道、而国治民安也。乾毒有婆羅門法、与釈氏之道并行。西洋有天主教。其他如回回教囉嘛法者、諸国或皆有之。夫作者七人、皆開国之君也。継天立極者也。立利用厚生之道、立成徳之道、皆所以代天安民也。国治民安、又復何求。何必中国之独貴而夷教之可廃乎。[42]

宇宙の大なる、邦域の多き此の如し。而して其の国 各々其の国の道有りて、国 治まり民 安し。乾毒は婆羅門の法有りて釈氏の道と并び行はる。西洋は天主教有り。其の他回回教・囉嘛法の如き者、諸国或いは皆之有り。夫れ作者は七人、皆開国の君なり。天に継ぎ極を立つる者なり。利用厚生の道を立て、成徳の道を立つるは、皆天に代はり民を安んずる所以なり。国 治まり民 安くば、又復た何をか求めん。何ぞ必ずしも中国の独り貴くして夷教の廃す可けんや。

翻って日本の「泰平」を考えれば、江南がいうように「東照神君」の「法」を「聖人の道」と見做すことも可能である。この論理にしたがえば、明朝の「礼楽」など顧慮する必要はなくなる。むしろ、その影響を斥けることが、孔子を含む古の「君子」たちの「礼楽」観に合致することになる。なぜなら、彼らはその時代の礼制を厳格に守っていたのだから。江南の「損益」は、投壺礼の和様化に見えるかもしれない。しかし、当人の意識においてはこれこそが真の「復古」なのである。

ただし、このような議論には次のような疑問が起ころう。そもそも現今の礼制で充分な統治が実現しているのに、さらに投壺を付け加える必要があるのだろうか——と。もっともな疑問である。江南は、当代の礼制に完全に満足していたわけではない。それには対応できていない問題が存在すると見ていた。松平頼寛の命にあった「浄瑠璃・三弦・人形・雑劇《しばい》の真似」などの良からぬ遊興の問題である。[43]

2　投壺と遊興

遊興の問題についても徂徠に遡って考える必要がある。徂徠はこの問題にしばしば言及した。たとえば、『徂來先生答問書』の中で、親の仏道信仰を改めさせたいと考える弟子に対し、徂徠は次のように述べている。「仏法」は「一人の身心を治め」るもので、「国家を平治する大道」たる「聖人の道」からすれば敵視するに足らない。老人は友人も減り、「無聊」なので、「棋・象戯・双六」や「寺参・談義参」・「念仏」がなければ、「寂寥」は慰めがたい。「寂寥」は統治の観点から見ても危険である。

> 孔子は博奕もやむに賢れりと被仰候。人は只ひまにてあられぬ物にて候。ひまにて居候へば、さびしきまゝに種々之悪敷事出来候物に候故、孔子も如此被仰候事、聖人は人情をよく御存知候故に候。此所より御見ひらき候はば、天下国家を治め候事も、掌に運らすごとく可有御座候。(44)

右に見える「博奕もやむに賢れり」とは、『論語』陽貨に見える語である。『集注』は、「博奕」をせよと教えたのではなく、「無所用心之不可（心を用ふる所無きの不可）」を強調して説いたのだと解する(45)。これに対し、『論語徴』は馬融の「為其無所拠楽、善生淫欲（其の拠りて楽しむ所無く、善く淫欲を生ずる為なり）」という説を高く評価する。徂徠は、「淫欲」の制禦に「双陸格五」・「囲碁」などの娯楽が有効であるという方向で本章を解釈するのである(46)。さらに徂徠はいう。「孔子可謂善識人情已。礼楽之教、亦有此意（孔子は善く人情を識ると謂ふ可きのみ。礼楽の教も、亦た此の意有り）」と。これは『答問書』の「此所より御見ひらき候はば、天下国家を治め候事も、掌に運らすごとく可有御座候」と対応している。「礼楽」は一面では、「ひまにてあられぬ」人々を秩序の中へ馴致する巨大な消閑の具なのである。

「礼楽」だけではない。「孝悌忠信」などの徳目もそうである。

> 茶湯・立花・棋・象戯・蹴鞠之類は無益なる事に候へ共、是をするはやむに勝れりと申事の有之候。惣じて人はたゞあられぬ物にて候。心のよせ所なければ悪事をする物にて候故、小量なる人は孝悌忠信にて候。其外之儀は好みに任せ候事に候。[47]

「孝悌」について徂徠は、言語による教誨ではなく、「大学」で行われる「養老礼」などを通じて人々に浸透していたと見る（第一章参照）。儀式が行われる「学宮」は、周囲に池がめぐらされ、その外側は民の観覧席になっている。楽舞をともなう「養老礼」は「粋美之極（粋美の極）」である。[48]人々は礼の「美」に魅了され、それを模倣する。徂徠の解釈にしたがえば、「養老礼」は「ひまにてあられぬ」民のための壮麗な見世物のようにも見える――「礼楽」の制作は、どこか遊技場の設計めいている。

このような徂徠の議論を踏まえれば、徂徠が「遊女・野郎」を厳しく統制しようとしたのも頷けよう。華やかな色町と芝居とは人々を惹きつけ、「傾城・野郎の真似」は流行していた。[49]「美」によって人々を模倣へ導く「礼楽」の仕掛けは、二つの悪場所でむしろ機能していた。この点において芝居や遊郭と「礼楽」とは、競合関係にあったのである。[50]

田中江南は、徂徠の問題意識を受け継ぎ、この競合に勝利しようとしたのである。[51]

『優游社漫筆』によれば、投壺復興を命じた松平頼寛は「人安間にて暮されぬものなれば何そ之（「勾探《シハイ》非人の真似浄瑠理三弦操」を指す――引用者注）に換るの遊戯もあるへし」（『漫筆』）と思案し、投壺復興を思い立ったという。また、江南は投壺の効用を列挙した中で次のようにいう。

人として、徒然《たゝ》居るは大によからぬ事にて、まきれると云ふ道具なくては、不善の情出るもの也。故に孔子も碁象戯双陸《しやうきすごろく》も、何もせすに居よりは賢《まさ》りなるへしと教玉へり。後生嫌《こしやうきらい》の老男女《ちゝはゝ》、游流《ふらつき》の子弟《わかいしゆ》など此伎を為んは、苟《かり》にも聖人の教に向ひ、心も不善に至らす、身を治るの一助ならん（『説』「投壺可乎修養説」）。

「後生嫌《こしやうきらい》（仏道信仰嫌い――引用者注）の老男女《ちゝはゝ》」は、徂徠の「仏法」をめぐる論を受けたものであろう。

歌舞伎や三味線などの悪しき娯楽に打ち勝つには、「質直」一辺倒では駄目で、「美麗花艶《りつははなやか》」なる投壺を制作しなくてはならない――というのが頼寛の「遺命」である。この課題に取り組んだ江南は、「婦人」向けの投壺式に加え、「妓女」向けの投壺式まで制作している。「妓女」は「詩を作、歌を唱《うた》ひ、楽を奏し、舞を舞《ま》ひ、風流の者なれは、誠に好色の外の一色《いつしき》にして、遊燕の座には賞玩すべきもの」（『説』「妓女投壺之説」）であると江南はいう。大名家の外交官である留守居役の会合にも芸妓が呼ばれていた時代である[52]。彼女たちが投壺を行うようになれば、その波及効果は大きい。江南は、「妓女」の投壺のために専用の楽舞も定めている（『説』「妓女投壺之説」）。

女性向け投壺式の作成に当たり、江南は香道を参考にしている。香道が投壺に起源すると江南は考えていたからである。香道では、香を聞き分け、その当否を競う際に、得点表示のため「盤物」と呼ばれる小道具を用いることがある。たとえば、競馬香では馬と騎手の縮小模型《ミニチュア》が得点ごとに盤の上を前進する。吉野竜田香では桜花と紅葉、矢数香では矢の縮小模型が用いられる。これと類似した得点表示法が、投壺の書である『酔翁戯事』などの書に見え、これを「戯曲」と称する。

戯曲《ぎきよく》と云ふは今の香道《かうとう》の盤物《はんもの》の如し。其始《はしめ》投《とう》壺篇の立馬の法に本つきて設くる所、石崇《せきさふ》か婦女の投壺に馬は立へからすと花を樹《たて》たるより始りて、競駟《けいし》は駟馬《しめ》の車は走《はしら》し邀旗《きやうき》は東西の旗を合《かつ》して駆逐し、闘麗華《とうれいくわ》は花を闘《あわ》せて負たる人の花を取《とる》なと、皆香道の本《もと》として取たる所なり（『説』「投壺諸伎百法之説」）。

江南は、「一際華美《ひときわはなやか》なる構《くみ》投戯曲百章を撰み、少しく損益を為し、十冊とし、婦人投壺花濃《つほうちはなの》園《その》と題目《なつけ》教しへ授」けた（『説』「婦女投壺之説」）。

これに加え江南は、香道などの芸道から、教授体制の編成を学んだと考えられる。江南の活動した十八世紀後半は、諸芸道で「家元制度」が確立された時期に当たる。

従来、芸道では、免許皆伝を受けた人物は、自らの門弟に免許皆伝を与えることが可能だった。つまり、皆伝とともに免状発行権も弟子に授与されていた（完全相伝）。しかし、十八世紀になると、弟子には教授権のみを与え、免状発行権は家元が独占する伝授体系が現れる（不完全相伝）。これによって、門流の拡大と分派の抑制がともに可能になった。このような伝授体系を根幹とする組織体を「家元制度」と呼ぶ[53]。多くの流儀において「家元制度」の確立とともに、教授階梯の整備が行われている。傘下の門人組織を一元的に管理し、免状を発給するためには、教授階梯の制度化が不可欠だからである。江南が若い頃入門した香道志野流は、享保年間には既に、八段階の教授階梯を採用しているのが確認されている[54]。

江南は、このような芸道の動きを視野に入れながら、投壺の門流組織を編成していった。彼は「十九則・十二及第・二十階・八位次」の教授階梯を設け[55]、十一則・四第・傑手階・長者下座以上の者に「指南免許」を与えている[56]。最高位に至ると「印可」（皆伝）を与えるようであるが、「印可」に免状発行権の付与がともなっていたかについては言及がない。よって江南の投壺が「家元制度」を備えていたかは不明である。ただし、十二回もの試験に及第し、皆伝を受けるのは一般の門弟には至難の業であったと思われる。仮に投壺が順調に継承されたとしたとしても、皆伝者は江南の子孫にほぼ限られることになったであろう。江南の子、菊輔は十歳で投壺の指南に当たっている[57]。おそらく、彼が二代目家元になり、一門を統率する予定だったと推測される。

このような儒学の「礼楽」と「家元制度」との融合は、奇妙に見えるかもしれない。しかし、現在も存続していることから分かるように、「家元制度」は強靱である。免状料が大きな収入源となっているため、庇護者の支援に依存せずに済み、また「名取」といった中間教授者を有するため、効率的に新規入門者を獲得できる。さらに、幾重もの教授階梯を経ることで、門人の向上心は変革ではなく、式法の遵守へと馴致される。今日の目から見れば種々問題はあるとしても、「家元制度」は、非常に有効な芸道普及の戦略である。投壺が歌舞伎や三味線に取って代わるために、江南が「家元制度」を参考したのは、彼の炯眼を示すものと理解すべきであろう[58]。

四　「神道」と「学校」

1　「神道」

短期間の投壺の流行の後、江戸を離れた江南は、伊勢に立ち寄った。彼は、伊勢内宮権禰宜の荒木田尚賢に『江南陳言』（「聖人神道御中興被成候様奉勧之説」）と『御文庫興隆愚案』の二つの意見書を進呈している。尚賢は、伊勢外宮の豊宮崎文庫に比べて零落していた内宮の林崎文庫の再興を企図しており、当時、流寓の身であった江南はこの計画に参与することで、安定した地位を得ようと考えたのかもしれない。

しかし、このような思惑はあったとしても、以下で見るように彼の論は、「神職」や「神道家」に抜本的な認識の転換を迫るものであり、彼らの意向におもねる体のものではない。尚賢の岳父である谷川士清の奉ずる垂加神道と相容れぬ内容さえ含まれている。江南は、彼なりに真剣に改革案を提言しているのである。

まずは『江南陳言』の「神道」再興論を見ることにしたい。

儒学に関して、江南は「子思孟子」以降の説は、本来の「聖人の道」から乖離していると考えている(59)。宋学と「聖人の道」の懸隔はいうまでもない（徂徠の説の踏襲である）。このように「聖人の道」と世にいう「儒者の道」（「儒道」）の弁別の上で、江南は「聖人の神道」なるものを説く。

> 聖人の神道御勧申候儀、唐《モロ》上古夏殷周の代三皇五帝より被為執行候天下の王道と申は、皆神道にて御座候。聖人の道薄く罷成候て、聖人の道は神道たる事を世に不存候。儒者と申者出てゝ儒道と申物一端出来仕候て、終に聖人の道も取違候得は、況や聖人の道は神道と申事一向に湮滅《キヘユキ》申候（以下、本節の引用で注記のないものは『江南陳言』）。

古代中国の聖人の「王道」は「神道」なのである。「聖人」が「神道」を用いた証拠に彼が挙げるのは、秦の焚書を免れた「正しき経書」である『易経』の「聖人以神道治天下」の語である（『易経』観の「聖人以神道設教」を指していよう）。

江南によれば、この「聖人の神道」と「我朝の神道」は、「主意同一」である。

> 日本紀等の時、唐の文字を以我国の神代の事を被紀候にも、唐の聖人の道の神道我朝の神道と主意同一事に御座候故、彼国の神道の意を借りて被紀候事と被存候。其外宗廟山川八百万神八千八座の神のみ配置、祭礼修事等、何れも聖人神道の主意に差別無御座候。然而其法は皆天下四海を泰平に治めさせ玉ふの道にて御座候。

「神代の事」について江南は、「二神の開闢より日の御神の明徳を以天下を照らし治玉ひ、素戔男命の攻罰以下、皆天下国家の平治の道こそ神道の大なる所にて有へし」という。つまり、「聖人」の「神道」とは統治の「道」であり、日本にも古来から「天下国家の平治の道」があった。両者は一致するものだったので、『日本書紀』の編纂者たちは、自国の統治の「法」を漢語に翻訳する際に、「神道」の語を採用した――と江南は考えるのである。

江南は後世の儒学（「儒道」）を徹底的に否定するのに対し、「仏道」に一定の評価を与える。「仏道と申者、神道家より甚憎み候得共、仏道は神道の一端にて治国平天下の為には神道の下に付候て、至極の益ある者に被存候」と江南はいう。彼の説によれば、聖徳太子が「仏道」を摂取したのもこのような考えからである。ただし、「仏道」それ自体が優れているわけではなく、「仏道」には、「神道」の要素が含まれており、その部分の作用が「治国平天下」に有効なのである[60]。

和漢共に天下国家を治候道は、如何なる夷狄戎蛮にても日月の所照、天地の有ん限は皆神道にて御座候。唐の三皇五帝も天竺の三千の諸仏も皆此神明の為玉ふ所に候へは、増して況や古今天下四海の立行く所は皆神道にて御座候。其内の聖人の道釈伽の道なと申候者皆神道の内より小《チイ》さく割《ワリ》出候物に御座候。

江南によれば、「神道」が本来の姿を失うにしたがい、当初は「神道」の補佐の役割を与えられた「仏道」が「神道」より優位に立つようになった。「聖人の道」と異なる「儒道」が現れ、盛んになると、「政道」は「儒道」にゆだねられ、日本の「神道」は専ら「祭祀祈禱」や「神代巻」の研究を指すようになってしまう。「神道家」は人材不足で、このような「神道」の矮小化に気づく者がいなかった。それに対し「仏家」は「豪傑の士」を輩出し、彼らは「神道の妙理」を「神道」から奪い、「愚痴無智の下民を手懐け」た[61]。

このような「神道」理解に至った経緯について江南は次のように述べる。

和漢聖人の道は神道に御座候と申所、古今心着候人無之、此所歎敷、且拙者義は聖道と申事を唱へ、人を礼楽に入候者に御座候より、六経左国孝経周礼儀礼論語家語史漢等の古書聖経考索仕候所、如何様に見申候ても聖道の本旨は神道にて御座候。

江南は、人を「礼楽」へと導く研究の過程において、「和漢聖人の道」は「神道」（＝「天下国家の平治の道」）であることに気づいたのというのである。

「神道」ひいては「仏道」を統治術と捉える議論は、徂徠学派の中でしばしば見られる。江南と同じ大内熊耳門の市川鶴鳴は、『古事記』や『日本書紀』に記された「古事」について、「世ヲ治ル道ニカケテ令成《ナラセ》タマヘルコト」[62]。──統治のために作られた虚構──であるといい、また「カノ仏ノ道モ天竺ニテハ世ヲ治ル為ノ物ニシモアルベケレ」[63]と論じている（また前引の瀧鶴臺の所説も参照）。また、成島錦江も、徂徠の「道」解釈に依拠しながら、「我日出の国先王の道あり。是を神道とす」[64]と述べている。

既に見たように江南は、「東照神君」の「法」こそが当代の「聖人の道」であると説いていた。伊勢滞在をきっかけに、彼は統治術としての「道」（＝「礼楽」）という発想を「神道」にも適用したのである。

「神道の本旨」の闡明と並び、『江南陳言』のもう一つの柱となっているのは、「神道家」を困窮と自棄とから脱却させるという主張である。

江南の観察によれば、伊勢の「御師職」はともかくも、各地の「神道家社家」は「困窮甚だし」き状態であった。彼らがいかにして生計を立てているかといえば、貧しい「田舎山家の農民」に、「社地の造営建立祭礼常燈明」などを「口実」に金銭の無心をしている。何とも「いたましき」ありさまである。一方、「仏道」は「繁華」で、「諸檀越の信仰帰依甚しく、仏とさへ申さは、身命を抛ち、寺の事と申せは財宝を擲ち奉納寄進」する。この差は何に由来するのか。江南はいう。

坊主共破戒無慙の事を成候へ共、何れも仏の難有と申事を不忘、朝夕の行事仏事無懈怠、仏を信し勤候故、右の如く餘沢も御座候。神道の法闇く御座候故、神職たる人も神を疑ひ慢り在候。心底から信心なく神事の勤も懈怠勝に候故、俗人の信向帰依の薄く罷成候へは、何共勧化申立て候も、人の身命財を抛、神道を可信仰無之候。

仏僧は、「破戒無慙」のものでも、仏を信じている。一方、「神道家」は、本気で「神道」を信じていないため、人々にそれを見透かされ、帰依（そして寄進）を得られないと江南は説くのである。

おそらく、この論の背景には、彼の父の師である二世吉永升庵（寂紫）の存在があろう。江南の父は升庵の本姓である高島姓を襲っており、江南も晩年、高島姓を名乗っている。江南にとって升庵は、単なる父の師ではなく、祖父同然の人物であった。『優遊社漫筆』は、江南の祖先について記すが、升庵にかなりの紙幅を割いている[65]。

吉永升庵（寂紫）の生涯は怪異に満ちている。升庵の父である寂翁（初世升庵）は、もとは長崎の「小吏」で、外科の道をオランダ商館医（といわれる）アルマンス・カッツに学んだ。升庵も医者を業とした。彼は不遇時代に仏書の研究に励み、『辨財天最上王経』の「辨財天貧者を救ふ大慈大悲の教」に感銘を受け、病気に勝る害悪である貧困から人々を救う大願を立てた。そのために、江ノ島や竹生島で厳しい修業を行い、やがて「奇瑞霊験」を得た（「現身の天女」が出現し、剣を升庵の喉に刺し入れたという[66]）。その後、彼の医術は「霊妙」を発揮し、江戸中で評判となり、治療で得た報酬を貧者に施すことで誓願を成就した。また、升庵は彦根の井伊家などの大名家の帰依を受け、大洞弁財天の建立に代表される寄進事業を取り仕切っている。

壮絶な升庵の人生について、江南は幼い頃から聞かされていたはずである。江南は、貧困は万病を越える禍害であるという升庵の主張とともに、「心底から」の「信心」の発する引力について学んだのであろう。

江南は『孟子』離婁上の「人必自侮、而後人侮之（人 必ず自らを侮りて、而して後人 之を侮る）」という言を引き、「当時の神道者と申者は大抵先自ら侮ると申す者」であるという。[67]「神道家」は、「半面識《ナマモノシリ》」の「理窟」に押され、自分自身も「神」の霊妙な働きへ疑念を抱き、「神道」を「何とやら可笑しく」、「うそらしき事」とさえ思っている。とりわけ、悪影響を与えているのは「儒学」であり、「儒学」を学ぶと『論語』の「不語怪力乱神（怪力乱神を語らず）」といった語を誤解して、「神明」を「蔑如」するようになる。このようになってしまうと、「意地悪き半面識《ナマモノシリ》」に「問詰」されても、明快に回答できず、他の人々からも侮られる。このようにして、「神道家」は自己の奉ずる教えへの「信心」不足から、人々の帰依を得られなくなっていると江南は見るのである。

確かに、根拠が不明確でも、特定の教えを「心底」から信じた人物の断言の方が、理知的であるがゆえに慎重な意見よりも、人々を惹きつけることはあろう。占い師や神秘家――自らの欺詐を自ら信じてしまう類の――が時に権力の回廊に侵入する所以である。「心底から」の「信心」の政治的影響力は、軽視できない。彼は、「神道にもあれ仏道儒道にもあれ、道の盛に被行候事は、王公の御取用に有之事に候」と考えていた。「神道家」に自尊心を取り戻させるのは、彼らの経済状況の改善だけでなく、真の「神道」――すなわち「天下国家の平治の道」――が行われるためにも必要不可欠なのである。

2 「学校」

山田の豊宮崎文庫に比べ、宇治の林崎文庫は知名度が低く、献納される書籍も少なかった。これは内宮の神官に劣等感を抱かせていた。荒木田尚賢らは蔵書の拡充を第一の課題と考えていた。これに対し、江南は蔵書の多寡は副次的な問題であり、それを有効活用するための「学校」を造ることが重要であると説いた[68]。「学校」での学術教育の充実こそが宇治の名誉となり、献本数の増加にも繋がるというのが江南の考えである。そこで、彼は独自の「学校」構想を提言する。

江南によれば、江戸の「聖堂・会輔堂」・「医学館」をはじめ、「仙台の御学校・水戸舜水堂・萩の明倫館・足利御学校・熊本学校」といった各地の「学校」は、いずれも「衰微」していた[69]。これらの「学校」は、「唐土」の「漢以後」の「学校」を模倣したものである。このような「学校」は今の日本で機能するわけがない。

> 日本の昔、四姓の学校壬生北野の学校等御座候節は、我国朝廷の祀政唐朝に被擬候故、進士及第有之、郡県の御制度にて何れも匹夫より升進仕候事は、唐土と同様の事に御座候故、人々学文も相励み申候得共、武家の代と成学文事は無益の物に罷成、但御政務の縁飾と成候て、何一つ学文働く事無御座候。学問は修身徳行の為と申候へ共、当時は人倫の道も自然に明かに御法度と申物にて禽獣の行仕候人も無御座候へは、学問を頼にも不及、又学問にて徳行出来候様成人も少く、学問仕候て人物悪敷罷成候人は如何程も御座候[70]。

当代の日本は「郡県」の制度でなく、科挙による人材登用もない。また、学問抜きでも「御法度」などによって、「人倫」も維持されている。さらに、学問によって「徳行」の人が育っているわけでもない。むしろ「学者」は「博識」を誇り、「高慢」で人柄が悪い。よって、人々が学問に励まないのも「天理自然の世状人情」、つまり極めて当然のことである。それにもかかわらず、「漢以後の風」の「学校」を建て、無理やりに子供に学問を教えても、効果が上がるわけがない[71]。

そこで江南は、「其郷党《サトムラ》の上下老少平生会合《ツキ合》し遊戯《アソヒ》候所[72]」、つまり遊芸と寄合の拠点であった古代の「周の学校」の再興を説く。

周の学校と申は養老長幼の序を篤くし、人倫の道を教へ、六藝を相学候事故、日々の政治、家内の相談、一家親類一郷の朋友知人の寄合交接《ツキ合》、礼儀礼式を仕合て見、詩歌を作り、或はうたひ、楽を為し、舞を舞ひ、弓を射、馬に騎り、飲食を為して土地の老人を敬ひ、手習し、書物を読、不解事理非を討論し、勘定算用を考くらへ、土地の勘定等を打合せて勘弁し、其外何にても内に不在時は、此学校にて遊ひ話し、互に外の家へ往き来る事無之故、交遊に世話少く自由に稽古事の場所に無恐れ、童子八歳以上は始終此学校に被使在故、其習ひて智長し、不教に自然と才智長、眼耳開き、賢者と成、人々学校を厭ふ心無御座候。是古の聖道にて当時に相叶可申候事(73)。

「日々の政治」も「学校」で行われる。これに比べれば、横井小楠の「学校」構想は、学問の「講習」と「人情・政治の得失」の「討論」ばかりで、狭隘にも見える(74)。

江南は、このような「周の学校」にならった施設を林崎文庫に設けることを提言する。宇治中の「上中下」全ての身分の子供は残らず「文庫の弟子」とし、「毎日朝飯後より出場」、十歳以下は「夜五ツ」、十歳から十四歳は「四ツ」、十五歳以上は「九ツ」を上限に文庫付設の「学校」で時間を過ごすようにさせる(75)。

江南が教授科目に挙げるのは次の十七分野である。

第一、神道一式。第二、聖道（六芸、論語、家語、左国、二礼、二伝）。第三、和学（令律、故事、史記、武家故事）。第四、諸礼（伊勢、小笠原、吉良、茶道、香道、挿華）。第五、音楽（官楽、唐楽、明楽、郢曲、神楽、朗詠）。第六、読書（素読、诲語、講釈、会読）。第七、書学（以呂波、仮字、和様、楷字、草行、篆隷、和画、唐画）。第八、数学（本数、算盤術、暦学、天文）。第九、射礼（本弓、半弓、奴弓、射礼、投壺礼）。第十、乗馬。第十一、兵学。第十二、剣術（拳法、槍、捍《ママ》刀、棒、杖）。第十三、和歌（古風、近体、連歌、俳諧）。第十四、詩文、第十五、卜筮。第十六、鞠毬（棋、象戯）。第十七、乱舞（謡、鼓、大胴、大鼓、笛、舞、狂言）[76]。

第一の「神道一式」は必修科目である。「神道」に関する質問を受けても、「難渋」せず答えられるように「神道」の詳細を学び、「旦廻」（旦那まわり）の先々では人々「信心」を起こすような「神道の講釈」ができるようにする。また、加持祈禱の訓練も積む[77]。「神道」教育の整備は、神職らの自尊心回復と生業支援が狙いとなっている点で、『江南陳言』の議論と繋がっている。

第二以下の分野は、学生の「好次第」、「勝手次第」に学ばせる（ただし「下賤の者」には特に「算用」の教育が重要であるという）[78]。教師に関しては、「他所より参宮又は流浪にて参候学者芸者」[79]でも身元が確かであれば、試験をした上で採用すべきであるという。

当時、各地の学問所は「寂寥」としていても、その外側では遊芸及び遊芸の一種としての学問は盛んであった。外聞のため、あるいは人付き合いのため、あるいはけだるい日常から飛翔するため、多くの人々が遊芸を楽しんでいた[80]。そのうちの幾人かは熱中の余り家業を捨てて、遊芸の師匠となった。有名無名の遊芸の師たちの苦難と栄光とが「文華」の「開け」を支えていた[81]。江南はこのことを熟知し、それを制度化しようとしたのであろう。

江南は学校の財源確保にも配慮している。「宇治中」の人々の出資や他の地域の人々の寄付を募り、その資金を運用するだけでなく[82]、占いの類（「卜筮名乗書判」）を資格化し、利益の半分を「文庫」に納めさせる仕組みを提案している[83]。また、授業料に関しても種々の規則を立てる。また、それぞれの科目に昇段制度（「階級」と「及第」）を設けるなど、江南は遊芸の師匠としての知識を経営に生かそうとしている[84]。

江南によれば、「学校」建設は宇治の「風俗」を厚くし、学芸を盛んにするだけでなく、「家業」に通じた神職を養成し、「神道」の再興と普及にも貢献する。それは「天下泰平五穀豊饒国家安全万民快楽の基」である[85]。

しかし、この構想は結局採用されなかった。

五 小括

徂徠の「礼楽」論は、「接人」の領域への操作的介入を説く。ただし、それを国政の次元で実行に移すのは容易ではない。それと比べれば、「礼楽」を遊芸化し、社交の空間にそれを実装するのは、有望な方策であるといえよう。そもそも近世日本においては、儒学自体が多分に遊芸の一種と見做されており、文人的な交遊への参与が学問の大きな魅力であった[86]。

江南は、このような「礼楽」論の応用可能性を追究したといえる。彼は、投壺礼の「損益」に際しては、徂徠学の「聖人」概念を拡張し、「東照神君」(徳川家康)を「聖人」と見做すことで、書籍中の投壺礼と当代の「礼義」との調停を図る。無頼の文人に見られがちな江南であるが、「礼」の「損益」の理論づけは相当に周到である。

江戸を離れ、伊勢に寄寓した彼は、内宮権禰宜の荒木田尚賢に「神道」の再興と「学校」の建設を提言した。江南は、「神道」は本来、「天下国家の平治の道」であったと主張する。このような禁裏の儀礼や伝承を統治術の枠組で捉えなおす発想は、徂徠の影響を受けた学者にしばしば見られ、江南もその一例に数えられる。

「学校」に関しては、「周の学校」を遊芸と寄合の常設会場であると解釈し、それに準じた「学校」構想を展開した。前章の水足博泉が「小学」を民に原始の純粋さを取り戻させる施設と位置づけたのに対し、江南は「学校」での社交や遊芸が人々の「才智」を自然に伸長させることを評価していた。「泰平」の世の「文華」の「開け」を彼は肯定的に受け止めていたのであろう。

田中江南はただの「泰平」の逸民ではなかった。「泰平」がもたらした洗練された趣味と社交の可能性に賭け、徂徠の「礼楽」論を自在に敷衍しながら行動し、そして流寓のうちに生を終えたのである。

天明二年（一七八二）春正月六日、江南の小祥（一周忌）に当たり、かつての弟子たちが水戸で彼の霊を弔った。その一人の祭文には次のようにある。

岡山千里、埋玉何丘。没形西海、帰神東阪。臨終顧余、其言也善。盛業所託、省己其醜。任重道遠、才薄力愞。感泣追慕、緬想輾転。(87)

岡山千里にして、玉を何れの丘にか埋む。形を西海に没し、神を東阪に帰す。臨終に余を顧み、其の言や善し。盛業の託する所、己を省みるに其れ醜たり。任 重く道 遠きに、才は薄く力は愞《よわ》し。感泣追慕して、緬想輾転す。

江南から遺言を受けたこの弟子の名を立原萬という。後に彰考館総裁となる立原翠軒である。翠軒のもとに藤田幽谷が弟子入りするのは、この翌々年、天明四年（一七八四）のことである。江南が伝えた徂徠学のゆくえは、次章で論じることにしたい。

（1）三浦瓶山『閑窓自適』、安永五年刊（関義一郎〔編〕『日本儒林叢書』第一冊、一九二七年）、八頁。
（2）松崎観海「送赤穂文学赤松君國鸞」（同『観海集』巻六、明和九年序、天理大学附属天理図書館蔵）。
（3）尾藤二洲『正学指掌』、天明七年刊（頼惟勤〔校注〕『徂徠学派』、日本思想大系第三十七巻、岩波書店、一九七二年）、三四五頁。

（4） 田中江南に関する専論は、次の二つのみである。岡澤慶三郎「田中江南の墓碑発見と其事蹟に就て」（『掃苔』第九巻第四号、東京名墓顕彰会、一九四〇年）、掛本勲夫「田中江南の林崎文庫改革意見書・「御文庫興隆愚案」」（『皇學館論叢』第二十六巻第一号、皇學館大學人文学会、一九九三年）。学会報告では、徳田武「投壺論の系譜」（日本近世文学会平成十七年度春季大会）の中で田中江南が取り上げられている。いずれも、本書が主要な資料として用いる次の二つの著作は参照していない。

・田中江南『投壺説』（明和五年頃成立、京都大学附属図書館蔵。改訂の跡が生々しく残り、自筆本と推測される。以下、引用の際は『説』と略称）

・『優游社漫筆』（江南の弟子あるいは江南の著、明和四年から六年の間に成立か、写本、国立公文書館蔵。以下引用の際は『漫筆』と略称）

この二書によって、江南の伝記事項はかなり増補できる。ただし、本書はあくまで江南の「礼楽」論を検討することにあるので、詳細な伝記研究は別の機会に譲る。

（5） 本居宣長宛ての谷川士清の書簡（明和八年霜月五月）に「儒士投壺先生田中氏」とある（大野晋〔編〕『本居宣長全集』別巻三、筑摩書房、一九九三年）、三九八頁。

（6） 『儒医評林』、三オ、明和九年刊（中野三敏〔編〕『江戸名物評判記集成』、岩波書店、一九八七年）。評価は上々吉の四画白抜きで、渋井太室と古屋昔陽の間の等級である。

（7） 中国における投壺の歴史に関しては次の論考を参照。神田喜一郎「遊戯具「投壺」について」（東方学術協会『正倉院文化』、大八洲出版株式会社、一九四八年）、張永・鄧麗星「中国古代投壺発展盛衰校証」（『王林師範学院学報（自然科学）』第二十八巻第五期、王林師範学院、二〇〇七年）。

（8） 正倉院の投壺具については、飯田剛彦「投壺／投壺矢」（米田雄介・杉本一樹〔編著〕『正倉院美術館――ザ・ベストコレクション』、講談社、二〇〇九年）と米田雄介『奇蹟の正倉院宝物――シルクロードの終着駅』（角川選書478、角川学芸出版、二〇一〇年）参照。『投壺説』「大東投壺説」に「南都東大寺の宝物に投壺の壺矢あり」とあり、江南も正倉院の投壺具について知っていた。江南の投壺研究の水準が侮れないことはこの一例からも分かる。

(9) 大江匡衡『江吏部集』、寛弘年間成立（塙保己一〔編〕『群書類従』第九輯〔訂正第三版〕、続群書類従完成会、一九六〇年）、二二二頁。

(10) 藤原道憲『本朝世紀』、久安六年～平治元年成立（黒板勝美〔編〕『新訂増補国史大系』第九巻、吉川弘文館、一九三三年）、三七一頁。

(11) 大枝流芳については、翠川文子「大枝流芳（岩田信安）小考」（『川村学園女子大学研究紀要』第十五巻二号、川村学園女子大学、二〇〇四年）に詳しい。

(12) 大枝流芳『雅遊漫録』、宝暦十三年刊（日本随筆大成編輯部〔編〕『日本随筆大成』第二期第二十三巻、吉川弘文館、一九七四年）、三六二～三七三頁。

(13) 都賀大陸『投壺今格』（明和六年刊、園部町教育委員会〔小出文庫〕蔵）の跋には、「昔日有大枝翁者、欲張此技。而未得其志（昔日大枝翁なる者有り、此の技を張らんと欲す。而れども未だ其の志を得ず）」とある。都賀庭鐘は流芳の「旧識」で、『雅遊漫録』の序を撰するだけでなく、校正も行っている（『雅遊漫録』、二五五～二五六頁）。大陸が流芳の試みを念頭に置いて『投壺今格』を著したのは確実である。

(14) 江南は投壺の盤物を用いる組香「投壺香」を作った人物を厳しく批判する（『説』「嗅香伎本於投壺起之説」）。大枝流芳は『香道秋の光』（享保十八年刊、東京大学総合図書館蔵）で「投壺香」を新たに制している（下巻一、二十四ウ～二十七ウ）。

(15) 木村黙老『続聞まゝの記』辰集利、成立年不明（天理大学附属天理図書館蔵）に抄録されている。

(16) 岡野逢原『逢原記聞』、成立年不明（多治比郁夫・中野三敏〔校注〕『当代江戸百化物　在津紀事　仮名世説』、新日本古典文学大系第九十七巻、岩波書店、二〇〇〇年）、一七二頁。

(17) 儒者の境遇については渡辺浩「儒学史の異同の一解釈」、「儒者・読書人・両班」（同『東アジアの王権と思想』、東京大学出版会、一九九七年）に詳しい。

(18) 中島棕隠『太平新曲』（文政二年序）の「嘲木葉儒者」は、このような儒者の「世渡」と「内証」とを活写している（日野龍夫・高橋圭一〔編〕『太平楽府他――江戸狂詩の世界』、東洋文庫五三八、平凡社、一九九一年、一〇〇～一〇四頁）。

(19) 蟹養齋『辯復古』、安永七年刊(関義一郎〔編〕『続日本儒林叢書』第一冊、一九二七年)、七頁。
(20) 尾崎鳩居『鳩居語』、天明四年成立(関義一郎〔編〕『続続日本儒林叢書』、東洋図書刊行会、一九三六年)、六頁。
(21) 前掲『逢原記聞』、一七二頁。
(22) 魏氏明楽については、坂田進一「魏氏明楽――江戸文人音楽の中の中国」(東アジア地域間交流研究会〔編〕『から船往来――日本を育てたひと・ふね・まち・こころ』、中国書店、二〇〇九年)、中尾友香梨『江戸文人と明清楽』(汲古書院、二〇一〇年)参照。
(23) 「礼義の事の委細なるは堯舜の代に始めて立られしなれは、其聖作にて善なるへきを夏は夏の世の礼、殷は殷の代の礼、周は周の代の礼と損益して、当世に用ひ玉ひしにて察し玉へ。唐土にて唐の古を師とするなれは、漢代も唐宋も皆古礼の通に為すへき事なれとも、如何に唐にても古法は後世の人情に合兼る故、皆其法を損益して当世に行るゝやふにと礼楽は制作し用ひ行ぬ。我邦の朝庭の礼義は唐典を写させられしと云へとも、堂上の事は須臾さし置き、武家一統の御代となりては武家の礼義と云ふもの出来て、諸侯大夫士庶人までも其風俗に従ひ行けは、今其法に従すしては、国法に叛くの罪人たるへし。況や下として其法を改め制すへき理なし」(『漫筆』)。
(24) 『大平策』、四五九頁。
(25) 同右、四七五頁。
(26) 『政談』、九二~九三頁及び九九~一〇九頁。
(27) 山県周南『周南先生為学初問』、宝暦十年刊(井上哲次郎・蟹江義丸〔編〕『日本倫理彙編』第六巻、育成会、一九〇八年)、三四三~三四四頁。
(28) 同右、三四五~三四七頁。
(29) ちなみに、仁徳天皇は「開国の君」ではないが、禹を思わせる治水事業と「民の竈はにぎはひにけり」で知られる仁政から「聖人」の例に挙げられたのであろう。徂徠は、漢字を導入した仁徳天皇は「其文之祖乎(其れ文の祖か)」と述べ、都を「中州」に定めたことと、その「揖讓之美、慈倹之徳(揖讓の美、慈倹の徳)」とを称讃する(荻生徂徠『忍尊帖』、成立年不明、三ウ、甘雨亭叢書、早稲田大学図書館蔵)。ただし、江南が稀覯の『忍尊帖』を目睹できたかは不明である。

(30) 荻生徂徠『辨名』道1・2、二一〇、二一一頁。

(31) 田中江南『江南陳言』、明和七～八年成立、神宮文庫蔵。

(32) 成島錦江（述授）「道解」、成立年不明（同『芙蓉楼玉屑』〔宝暦六年序〕所収、久保田啓一「川越市立図書館蔵『芙蓉楼玉屑』（下）――翻刻と解題」『日本文学研究』第二十八号、梅光女学院大学、一九九一年）、一〇〇、一〇二頁。

(33) 同右、一〇二頁。

(34) 成島錦江（述授）「処世訓示蒙」、寛延元年成立（同『芙蓉楼玉屑』所収、久保田啓一「川越市立図書館蔵『芙蓉楼玉屑』（上）――翻刻と解題」『日本文学研究』第二十六号、梅光女学院大学、一九九〇年）、九八頁。

(35) 「凡、御家人家を相続ぐ事御奉公の為也。筋目を御正し御恩沢子々孫々に流し給はる事、乍恐莫太《（ママ）》の御慈悲御譜第を太切になし給ひ、且御家の固めなれば、卒忽に思ふべからず。御旗元如此の義より天下を御握遊ばしたるや、則御武篇の輔翼三河已来今日の御姿にあらずや。よつて血脈なきは御家人の内を乞て立るいはれ也。是御当家家人父子の体にして、和漢古に見聞事なき御例也」（同右）。

(36) 「我日本の国法も皆周礼の遺法、唐典の礼式に仍《より》て制し玉へとも、時制に随て亦損益あり。是亦其御代の国家の礼儀也。礼儀は上より立玉ふ道なれは、下として改め制すへき様なし。今の御代にても王庭の事は暫く置、厳重《げむちやう》の朝礼の外は上下《かみしも》を礼服と定《さため》させ玉ふ。法儀なれは君子者《れき〳〵かた》と云へとも、私の礼には皆上下を以て礼服とし行ひ玉ふ。其所 則《すなはち》 礼義也」。「我国の宮室は我国の礼に従《したかひ》て作りし、宮室なれは、王庭の事は暫さし置、其宮室に準じて制し玉へる、我国の礼に従て、跪坐《かしこまり》して投壺せねはならぬ也」（『説』「損益投壺儀節説」）。

(37) 荻生徂徠「題言十則」（『訳文筌蹄』、正徳四年刊、巻首、十二オ～十二ウ、〔戸川芳郎・神田信夫〔編〕『荻生徂徠全集』第二巻、みすず書房、一九七四年〕、同『韻概』、享保九年成立（同右、六六九頁）。

(38) 太宰春臺「磨光韻鏡序」（同『春臺先生紫芝園稿』後稿巻四、宝暦二年刊、十四ウ～十六ウ〔小島康敬（編集・解説）『春臺先生紫芝園稿』、近世儒家文集集成第六巻、ぺりかん社、一九八六年〕）。

(39) 無相文雄『三音正譌』巻上、十一ウ～十二オ、宝暦二年刊、東京大学総合図書館蔵。「唐音」の「矯正」については湯沢質幸「文雄における韻鏡と唐音」（『筑波学院大学紀要』第五集、筑波学院大学、二〇一〇年）参照。

(40) 列樹栄「六朝詩選俗訓附言」(田中江南〔訓訳〕・都留春雄・釜谷武志〔校注〕『六朝詩選俗訓』、東洋文庫、平凡社、二〇〇〇年)、三九六頁。
(41) 「不佞又管見有りて頖宮礼楽書に従て、近比唐宋の古楽を述て以て投壺の和容とす。其詳なる事は頖宮楽書疏に之を辯す」(『説』「投壺須明楽和容之説」)。江南の音楽論については、中尾友香梨「日本における明楽の受容」(小島康敬〔編〕『「礼楽」文化――東アジアの教養』、ぺりかん社、二〇一三年)に詳しい。
(42) 瀧鶴臺「朝鮮南秋月・成龍淵・元玄川　稟問数條附」(同『鶴臺先生遺稿』巻十、十四ウ、安永七年刊、慶應義塾大学図書館蔵)。
(43) 江南には、「甚大酒放蕩ニテ、女形ノ狂言ナド上手ナリト云リ」という話が伝わる(前掲『逢原記聞』、一七二頁)。彼が悪しき遊興の排撃を本当に望んでいたか疑問視する向きもあるかもしれない。確かに江南がどこまで真剣であったかは不明である。しかし、田中菊輔『投壺指南』(明和七年刊、国会図書館蔵、菊輔は江南の子)巻末の「嗣出目録」に『投壺説』の名が見えるように、彼の議論は公刊を予定したものであった。よって、少なくとも外面は自己の議論通りに振る舞うことを彼は強いられたはずであり、それを是認していたに違いない。また、都賀大陸『投壺今格』のように投壺の式法の解説に終始することも可能であった。あえて江南がそのような選択肢を採らなかったのは、自己の議論に一定の自負があったからであろう。
(44) 『徂徠先生答問書』巻上、二十一オ～二十一ウ。
(45) 朱熹『論語集注』陽貨(朱熹〔撰〕・徐徳明〔校点〕『四書章句集注』、上海古籍出版社・安徽教育出版社、二〇〇一年)、二一三頁。
(46) 『論語徴』壬、十七ウ～十八ウ。
(47) 『徂徠先生答問書』巻下、九オ。
(48) 『大学解』、六二五～六二六頁。
(49) 前掲『政談』、五五頁。
(50) 太宰春臺は次のように嘆いている。「古ヘ礼楽征伐出自天子、或ハ諸侯ナド、云リ。今ヤ礼楽征伐芝居ヨリ出ヅト云ベシ」

（湯浅常山『文会雑記』、寛延二年～宝暦三年〔日本随筆大成編輯部（編）『日本随筆大成』第一期第十四巻、吉川弘文館、一九七五年〕、三二五頁）。

(51) 江南が「秘書」であった『政談』を読んでいたかは不明である。ただ江南は当時未刊であった『経子史要覧』の説を、『唐後詩絶句解国字解』（安永六年刊）の注で用いている（第六章参照）。江南は未刊の徂徠の著作の入手に努めていたのではなかろうか。『政談』は宝暦年間に、その存在が知られるようになっていた（辻達也「解説」〔荻生徂徠（著）辻達也（校注）『政談』、岩波書店、一九八七年〕）。

(52) 留守居役の「遊興」については、服藤弘司『大名留守居の研究　幕藩体制国家の法と権力Ⅲ』（創文社、一九八四年）、六六七～七一六頁に詳しい。

(53) 西山松之助『家元の研究』（西山松之助著作集第一巻、吉川弘文館、一九八二年）、守屋毅「家元制度――その形成をめぐって」（『国立民族学博物館研究報告』四、国立民族学博物館、一九八〇年）。

(54) 前掲『家元の研究』、三九頁。

(55) 前掲『投壺指南』、十五ウ～二十一オ。

(56) 「不佞門人にて他の指南も可仕候者は、教紀十九則の内十則以上の習相済、傑手階獲人職と申て四第以上の者にてなくては指南免許は不仕候て、其節は格別に神文仕、印可も可差遣約束に御座候」（『説』「上某君書」）。

(57) 列樹栄「投壺指南序」（前掲『投壺指南』）。

(58) とはいえ江南の投壺の流行が短期間に終わったのは、火災に遭い、江戸を離れたことで、弟子や後継者の育成が充分に行えなかったからではなかろうか。

(59) 「子思孟子より儒者と称したる人の説《セツ》は聖人の道には別れて一つの外の道のやふに覚へぬ」（『漫』）、「中世儒道起候て聖人の道闇く我国にも儒道を以聖人の道に心得候より神道闇く罷成候」（『江南陳言』）。

(60) 「仏道と申者、神道家より甚憎み候得共、仏道は神道の一端にて治国平天下の為には神道の下に付候て、至極の益ある者に被存候。依之聖徳太子の取用玉ひたるにて候。夫より至爾今繁昌仕候へは、御政道に被入置候故、今更可改にもあらす。況や其元神道より出候道に御座候得は、本来神道たる王法に用ひ御益御座候。是仏法にて御益有之候にては無御座候。其本の神道の動き働く所にて御座候」（同右）。

(61) 「弘法初、伝教・善導・日蓮・親鸞等の豪傑世に出、仏法を述弘候故、愚痴無智の下民を手懐け、ケ様に致広大に候。其資《モトテ》と致候所は唐土の仏家の天親・曇鸞・達磨・恵遠等の演行候説を取来り、神道の肝要の所に易老荘等の妙理を以潤色いたし、神道・聖道・儒道・道家と種々の肝要の事を取集め大成致候物故、其固盤石に成し《以下略》」、「（神道家には――引用者注）歴代に仏者の如く古今の豪傑の士の執行ひ又易老荘道家聖人の道の妙理を以神明の理を説く様成人無之の故、此道終に明かならす。剰其神道の妙所は仏家へ被取、我家の宝何の時か隣家の宝となりたり。是仏家には豪傑ありしに神道家には豪傑の士不出との相違より起れり」（同右）。

(62) 市川鶴鳴『末賀能比連』、刊年不明、一ウ。市川鶴鳴については次の論考参照。小笠原春夫『国儒論争の研究――直毘霊を起点として』（ぺりかん社、一九八八年）。渡辺浩「「教」と陰謀――「国体」の一起源」（渡辺浩・朴忠錫〔編〕『韓国・日本・「西洋」　その交錯と思想変容』（日韓共同研究叢書第十一巻、慶應義塾大学出版会、二〇〇五年）。

(63) 前掲『末賀能比連』、二十五ウ。

(64) 前掲「道解」、一〇二頁。

(65) 以下、『漫筆』の記事に拠る。

(66) 高島升栄『江島辨才天女霊験一代行状略記』、成立年不明、国立国会図書館蔵。

(67) 興味深いことに、室鳩巣は、同じ『孟子』の語を用いて江南と近似した議論を儒者に関して述べている。近世日本社会を生きる学者にとって「自侮」の問題は根深かったのであろう。「窃謂儒者寧為人主所忌、無為人主所侮、則其所得多矣。夫惟不侮然後能信者至。能信者至則吾学可漸達於上矣。然達与不達命也。侮与不侮我所自為也。顧其立志高卑何如耳。故曰、「人必自侮然後人侮之」。然則非人主之侮儒者、儒者之自侮也（窃かに謂へらく儒者　寧ろ人主の忌む所と為るとも、人主の侮る所と為ること無ければ、則ち其の得る所　多し。夫れ惟れ侮られずして然る後能く信ずる者　至る。能く信ずる者　至れば則ち吾が学　漸く上に達す可し。然れども達すると達せざるとは命なり。侮らると侮られざるとは我が自ら為す所なり。其の志を立つるの高卑　何如を顧みるのみ。故に曰く、「人　必ず自らを侮りて然る後人　之を侮る」と。然れば則ち人主の儒者を侮るに非ず、儒者の自らを侮るなり）」。室鳩巣「答遊佐次郎左衛門」第二書（同『鳩巣先生文集』前篇、巻八、十九ウ、宝暦十一年刊、東京大学総合図書館蔵)。

(68) 田中江南『御文庫興隆愚案』(前掲掛本論文、二三~二四頁)。

(69) 同右、二五頁。

(70) 同右。

(71) 同右。

(72) 同右。

(73) 同右、二六頁。

(74) 横井小楠「学校問答書」、嘉永五年成立(佐藤昌介・植手通有・山口宗之〔校注〕『渡辺崋山 高野長英 佐久間象山 横井小楠 橋本左内』日本思想大系第五十五巻、岩波書店、一九七一年)、四三一頁。

(75) 前掲『御文庫興隆愚案』、二九頁。

(76) 同右、三〇~三一頁。丸括弧内の細目は本文と他筆であるが、江南の意を汲んだものであろう。

(77) 同右、二七頁。

(78) 同右、三〇、二七頁。

(79) 同右、三五頁。

(80) 守屋毅『元禄文化――遊芸・悪所・芝居』(講談社学術文庫、講談社、二〇一一年)参照。

(81) 「年々文華大に開け、三尺の童子も詩書を誦《そらん》し、嬰孩《ゑいかひ》も礼儀を先とす」(『説』「君子者宜為投壺説」)。

(82) 前掲『御文庫興隆愚案』、三五頁。

(83) 同右、二八頁。

(84) 同右、二九、三四頁。

(85) 同右、二二頁。

(86) 前掲「儒学史の異同の一解釈」・「儒者・読書人・両班」及び前掲『元禄文化』参照。

(87) 立原翠軒「祭江南先生文」(同『此君堂文集』第四冊、成立年不明、国会図書館蔵)。

第四章　遅れてきた「古学」者
——會澤正志齋の国制論

一　はじめに

田中江南の「礼楽」と「神道」をめぐる議論は、彼が水戸を去った後に確立したものであり、水戸の人士に大きな影響は与えなかったと考えられる。しかし、彼の水戸滞在は、彼の地の徂徠学受容を促進し、いわゆる後期水戸学の方向性を規定した。

江南が水戸に来訪した頃、彰考館の学風は守旧に傾いていた。[1] 総裁の名越南溪らは徂徠学の流行に批判的な態度を堅持し、江南と同門の市川鶴鳴は「異学之者」という理由で彰考館への登用を差し止められている。このような状況であったため、田中江南と大内熊耳に師事し、徂徠学派の学統に連なる立原翠軒は、入館後二十年間にわたり雌伏を余儀なくされた。前章の最後で紹介した翠軒の江南への祭文は、彼の不遇時代の作である。

翠軒は諸学兼採を説き、徂徠学に専ら依拠したわけではない。しかし、彼の力によって、水戸徳川家中の講学において徂徠学が排除されなくなったのは、大きな変化であった。青山延于は江南の「餘毒」について語っている。

本藩之学、皆主宋学、文辞樸質、頗有固陋之弊。至是江南首唱古学、府下之士、始聞新奇之説、以為痛快。従遊者甚衆。水府之学、於是乎一変。厥後古学大行、雖一洗当時固陋之弊、而明儒傖薄之風、入人肌骨、至今不可去者、亦江南之餘毒也。[2]

本藩の学、皆 宋学を主とし、文辞樸質、頗る固陋の弊有り。是に至りて江南 古学を首唱し、府下の士、始めて新奇の説を聞き、以て痛快と為す。従遊する者 甚だ衆し。水府の学、是に於いてか一変す。厥《そ》の後古学 大いに行はれ、当時固陋の弊を一洗すと雖も、而れども明儒傖薄の風、人の肌骨に入り、今に至るまで去る可からざる者は、亦た江南の餘毒なり。

ここでいう「明儒傖薄之風」とは明代の古文辞派に影響を受けた徂徠の学風を指している。

寛政七年（一七九五）、史館総裁となった立原翠軒は史料採訪のため関西に向かった。弟子の小宮山楓軒、藤田幽谷も同道した。彼らの関係に深刻な確執（いわゆる立原派・藤田派の対立）が生ずるのは、これより二年後のことである。大坂滞在中、小宮山楓軒は、蔵書家で知られた木村蒹葭堂を訪ねた。彼は蒹葭堂の有する稀覯の徂徠の著作を筆写して持ち帰った[3]。かかる徂徠の著作への関心は、江南の水戸来訪の余波といえるであろう。この片々たる一冊子は、水戸の徂徠学受容において特別な意味を持つことになる。

本章では、一連の「礼楽」論の流れの掉尾を飾る思想家として、會澤正志斎を取り上げる[4]。もっとも、このような正志斎の位置づけには異論があろう。尾藤正英の論考[5]以来、正志斎の学問と徂徠学との関係の有無は大きな論点となってきた。また、近年は、仁齋学の正志齋への影響も注目されている[6]。そこで、まずは正志齋と朱子学の関係について検討したい。この迂回路を取ることで、正志齋と「古学」受容のあり方について明確な見解が得られるからである。

二　正志齋と宋学

水戸出身の史学者、菅政友は、會澤正志齋・豊田天功・藤田東湖に直接学んだ経歴の持ち主である。既に吉田俊純によって紹介されているように、彼は正志齋と東湖との間に生じた軋轢について興味深い証言を残している[7]。それによれば、正志齋が「イタク朱晦菴（朱熹——引用者注）ノ説ヲヤブ」ったため、東湖は彼に書簡を送り、それをたしなめたという。

菅の証言の真偽は不明であるが、東湖とは異なり、正志齋の著作に朱子学への厳しい批判の言が見えるのは確かである。正志齋は『下学邇言』の中で次のように述べる。

宋儒以道学自任、不規々於成説。新立門戸、或於聖経之外、別設一種新説。如其大極無極及守静持敬・主一無適・沖漠無朕・虚《ママ》虚不昧・体用一源・本然気質之性・就物窮理・私欲浄尽、一疵不存之類、皆聖経所不言。而或改易経文或増多経文。若孝経刊誤・大学錯簡補伝等、自信而不信古（『下学邇言』、十八オ〜十八ウ、一八九二年刊、東京大学総合図書館蔵、以後『下』と略称する）。

宋儒　道学を以て自任し、成説に規々たらず。新たに門戸を立て、或いは聖経の外に、別に一種の新説を設く。其の大極無極及び守静持敬・主一無適・沖漠無朕・虚虚不昧・体用一源・本然気質の性・物に就きて理を窮む・

私欲浄尽、一疵存せずの類の如きは、皆聖経の言はざる所なり。或いは経文を改易し或いは経文を増多す。孝経刊誤・大学錯簡補伝等の若きは、自らを信じて古を信ぜず。

正志斎は宋学の主要教説を悉く否定し、さらに朱熹の『孝経刊誤』と「格物補伝」を、「自信而不信古」と非難する。正志斎が「イタク朱晦菴ノ説ヲヤブ」ったとされるのも無稽の言ではない。

ただし、正志斎の朱熹評価は少々複雑である。「心性」の論に対しては徹底して批判する一方で、朱熹が「人心」や「風俗」を正す「大志」を抱き、人々を訓詁偏重の学問から実践躬行へと導いた点は称讃を惜しまない。また、朱熹の著作でも『儀礼経伝通解』・『宋名臣言行録』・「戊申封事」を高く評価する。礼学者あるいは経世論的著作の作者としての朱熹を正志斎は尊敬するのである。

同様の評価は、朱子学者たちにも及ぶ。正志斎が朱熹の「後輩」で、「紫陽之学」（朱子学）の本来の姿を伝えた人物として列挙するのは、次のような人々である。黄榦（『儀礼経伝通解続篇』）、陳祥道（『礼書』）、真徳秀（『大学衍義』）、丘濬（『大学衍義補』）、馬端臨（『文献通考』）、顧炎武（『郡国利病書』）、乾隆帝（『三礼義疏』）、秦蕙田（『五礼通考』）、徐乾学（『読礼通考』）。いずれも礼学と経世論に関する書物の著者である（『下』、二十二ウ）。

このような見地に立てば当然のことであるが、陽明学者に対する正志斎の評価は低い。「王陽明之徒（王陽明の徒）」は、経書を離れ、専ら「心性」を説き、「人各師心（人々各々心を師とす）」というありさまである。正志斎によれば、大塩中斎の「叛乱」は「専師己心（専ら己の心を師とす）」ることの最悪の帰結である（『下』、十八ウ）、ただし朱熹と同じく、王陽明の「事業」には正志斎も敬意を払う（『下』、二十二ウ）。

正志斎の宋学批判は、彼の日本儒学史の捉え方とも関連している。『下学邇言』には「天朝」（日本）の学について論じた幽谷の言が引用されている。幽谷は、藤原惺窩・林羅山・熊澤蕃山の学問の得失を評した後、次のように述べる。

貝原益軒篤行君子、而始有疑於後儒之説。然於大本大経未見明説。伊藤仁斎尚徳修行、為当代儒宗。首発明古学。辯後人之説与聖経有同異、而論拡充長養之旨、日用常行之義、極為詳明。然見道過於平坦、至礼楽刑政運用之妙、与陰陽鬼神造化之蘊、則未得其義矣。荻生徂徠以豪邁之資、大唱古学、排撃後儒、論礼楽刑政之義、講有用之学、而如論時務説用兵、甚為痛快。然以道為先王所造、不知典礼之出於天叙天秩、治教之本於心術躬行、而其於称謂名分、則不知君臣内外之辨。惑亦甚矣（『下』、二十二オ）。

貝原益軒は篤行の君子にして、始めて後儒の説に疑ふこと有り。然れども大本大経に於いて未だ明説を見ず。伊藤仁斎は徳を尚び行ひを修め、当代の儒宗為り。首《はじ》めて古学を発明す。後人の説と聖経と同異有ることを辯じて、拡充長養の旨、日用常行の義を論じ、極めて詳明為り。然れども道を見ること平坦に過ぎ、礼楽刑政運用の妙と、陰陽鬼神造化の蘊とに至りては、則ち未だ其の義を得ず。荻生徂徠は豪邁の資を以て、大いに古学を唱へ、後儒を排撃し、礼楽刑政の義を論じ、有用の学を講じ、而して時務を論じ用兵を説くが如きは、甚だ痛快為り。然れども道を以て先王の造る所と為し、典礼の天叙天秩に出で、治教の心術躬行に本づくことを知らず、而して其の称謂名分に於いては、則ち君臣内外の辨を知らず。惑へるも亦た甚し。

益軒・仁斎・徂徠は、「後儒」や「後人」の説——宋学を指す——を排斥した点で、高い評価を与えられている。これとほぼ同内容の幽谷の発言は、『及門遺範』にも見える。しかし、そこでは益軒の代わりに山崎闇斎が挙げられ、「山崎氏磨礪節義、有益風教。然狭隘多僻説（山崎氏 節義を磨礪し、風教に益有り。然れども狭隘 僻説多し）[8]」とある。また、「後儒」・「後人」の説からの離脱という流れは前面に押し出されていない。『下学邇言』と『及門遺範』のどちらが幽谷の言を忠実に伝えているかは、ここでは問わない。確実にいえるのは、『下学邇言』の説の方が正志齋自身の思想と一致していることである。正志齋は、「明清諸儒」の「以知為旨、一於省察収斂（知を以て旨と為し、省察収斂に一なり）」という傾向を非難した後、次のようにいう。

貝原氏始発明主忠信之義、有見於大和元気天地生々之道〔貝原氏始有疑於太極無極・理気道器・体用一源・天地気質之性等説・主忠信而不取持敬説。詳見大疑録〕。伊藤氏唱古学以天地為活物、其言以仁為旨、発明拡充培殖火然泉達之義、其帰親愛之徳、自内及外、発生長養、活動進徃、実為得先陽後陰之義矣。夫日域生気之所発、太陽之所出、故若二氏論学、亦得聖人貴陽之意、以応東方発生之気。蓋亦天地之気有使之然者歟（『下』、二十四ウ）。

貝原氏は始めて忠信を主とするの義を発明し、大和元気天地生々の道を見ること有り〔貝原氏始めて太極無極・理気道器・体用一源・天地気質の性などの説を疑ふこと有り。忠信を主として持敬の説を取らず。詳らかには『大疑録』に見えり〕。伊藤氏　古学を唱へ天地を以て活物と為し、其の言は仁を以て旨と為し、拡充培殖、火然《も》え泉達すの義を発明し、其の親愛の徳に帰し、内より外に及び、発生長養、活動進徃するは、実に陽を先にし陰を後にするの義を得たりと為す。夫れ日域は生気の発する所にして、太陽の出づる所、故に二氏の学を論ずるが若きも、亦た聖人陽を貴ぶの意を得て、以て東方発生の気に応ず。蓋し亦た天地の気　之をして然らしむる者有るか。

益軒の『大疑録』に示された朱子学への懐疑は、仁斎の「古学」と並び、日本に満ちる「東方発生之気」の思想的結晶なのである。

三 正志齋と仁齋学

1 「拡充」

正志齋と仁齋学の関係は深い。たとえば、正志齋の『論語』注釈である『読論日札』は多くの学者の説を引くが、最も引用回数が多いのは仁齋の六十七回（その説が否定されるのは四回のみ）である。以下、大田錦城の五十五回、高拱（鄭維嶽『論語知新日録』所引の説）の二十一回が続く[9]。

師の幽谷は、『二連異称』で三年服喪を実践した仁齋を「真儒者（真の儒者）[10]」と嘆称しており、藤田東湖も「仁齋の学問に、徂徠の文章、熊澤の経済、新井の敏捷、皆可畏に御座候[11]」という。正志齋は経書解釈の領域でも、仁齋を尊崇していたのであろう。

正志齋は、仁齋の説の中でも「拡充」解釈をとりわけ高く評価する（前引の『下』、二十二ウ、二十四ウ）[12]。『孟子』公孫丑上に見える「拡充」に対する理解は、朱子学と仁齋学とでは大きく異なっている。伊藤東涯『訓幼字義』の説にしたがって説明すれば、次のようになる。

朱子学において「拡充といふは、物欲を払ひさる所の日々に場の広くなる事」である。それは鏡の曇りを取り除くようなものである。万人の心には「性」として完全な道徳性が生来具わっている。よって「人欲」の曇りが消えれば、人は道徳的に完成する。要するに、朱子学において「拡充」とは根源的同一性への回帰を意味する。

一方、仁齋学は根源的同一性を否定する。よって、「拡充」とは「これより彼へうつし、小なるものを大にすること」である。それは、子供が字を学ぶのに「いろは」から始め、「消息こと葉」、「真草行の諸体」に及ぶのに似る。つまり、人の心には「徳」の萌芽である「四端之心（四端の心）」しか具わっておらず、それを養い育て、量の上でも増大させなくてはならないと仁斎学は考えるのである(13)。

正志斎は、仁斎の「拡充」解釈をそのまま取り入れている。正志斎はいう。

余謂、孟子言「尽心知性、存心養性」。蓋心者仁義之良心、性者指其命於天者。存其惻隠羞悪辞譲是非之心、以長養所命於天者。拡充以成就仁義礼智之徳、則「尽心知性」者尽其良心、以知其命於天者如此也（『下』、五オ）。

余謂へらく、孟子「心を尽くして性を知り、心を存して性を養ふ」と言ふ。蓋し心は仁義の良心、性は其の天に命ぜらるる者を指す。其の惻隠羞悪辞譲是非の心を存し、以て天に命ぜらるる所の者を長養し、拡充して以て仁義礼智の徳を成就すれば、則ち「心を尽くして性を知る」とは其の良心を尽くし、以て其の天に命ぜらるる者此の如きを知るなり。

「尽心」及び「存心」の「心」を「仁義之良心」（＝「四端之心」）と見て、「拡充」と結びつけるのは、朱熹と異なる仁斎特有の解釈である(14)。正志斎は仁斎同様、根源的同一性の教説を仏教の影響であるとし、否定する。正志斎はいう。「私欲浄尽、一疵不存者、具足円満之見、其説本於仏氏也（私欲浄尽、一疵不存なる者は、具足円満の見にして、其の説仏氏に本づくなり）」と（『下』、二十オ）。

さらに正志斎は、「仁」についても仁斎と似た解釈を取る。朱子学では「仁」は心に具わった善性の根幹であるのに対し、仁斎は「仁」を「接人」の領域に据え、自己の「慈愛」の心の他者への波及を重視する。

慈愛之心、渾淪通徹、従内及外、無所不至、無所不達、而無一毫残忍刻薄之心、正謂之仁(15)。

慈愛の心、渾淪通徹、内より外に及び、至らずといふ所無く、達せずといふ所無くして、一毫残忍刻薄の心無き、正に之を仁と謂ふ。

正志斎の「仁」の解釈は次の通りである。「其親愛之意、発於心、無遠而不及、是為仁（其の親愛の意、心に発して、遠くして及ばざる無し、是を仁と為す）」（『下』、十一ウ）。その類似は明らかであろう。

もっとも、正志斎は、大田錦城の説に基づき、「親愛之心、対人可見。故其為字二人為仁（親愛の心、人に対して見る可し。故に其の字為るや二人を仁と為す）」（『下』、十一オ）という解釈や、あるいは「人之性、能相群相親相愛（人の性、能く相群し相親しみ相愛す）」（『下』、十一ウ）といった徂徠に依拠したとおぼしき説明も行う。しかし、これらの説も「接人」の領域において「仁」を捉える点では共通している。

根源的同一性から「接人」の領域へ――正志斎は、仁斎学がもたらした転換を的確に理解している。彼は、仁斎に学び、万人の心に同一の完全な道徳性が賦与されているとは見ない。ゆえに、後で見るように、徂徠学から取り入れた、バラバラな人心を一致させる装置を重視するのである。仁斎学の「〈他者〉の発見」[16]から「接人」の制度構想へ展開した江戸儒学史の流れを、彼は忠実になぞっているのである。

2 「異端」

他者への寛容を説いた仁斎も、老仏など「人倫」を棄絶する教えに対しては峻厳な態度で臨んでいる。一つの背景には、世間との交渉を絶ち、心の修養に没頭した過去の自分に対する反省もあろう。彼は「易知易行平正親切（知り易く行ひ易く平正親切）」な聖人の「道」を捨て、「難知難行高遠不可及者（知り難く行ひ難く高遠及ぶ可からざる者）」を追求する「異端邪説」を強い口調で批判する[17]。

このような仁齋の目から見れば、朱熹の「中庸章句序」の「以至於老仏之徒出、則弥近理而大乱真矣（以て老仏の徒に出づるに至れば、則ち弥々理に近くして大いに真を乱る）[18]」という語は、「異端」の影響を自ら暴露したものにほかならない。本来、聖人の「道」と老仏の教えは対照的なもので、「猶水火黒白相反、生死人鬼之相隔（猶を水火黒白の相反し、生死人鬼の相隔たるがごとし）[19]」といった相容れぬ関係にあるからである。

正志齋の「中庸章句序」の一節への非難は、この仁齋の説のほとんど引き写しである。

後儒或謂浮屠之言、近理而乱真。是指其遠理者、為近理。認与真相反皜々不可乱者、為乱真。蓋見其善為高妙之説、而適為此言耳。其実則死之与生、空之与実、無之与有、相反如白黒氷炭、而謂其背馳者為近理可也乎（『下』、四ウ）。

後儒 或いは謂へらく浮屠の言、理に近くして真を乱ると。是れ其の理に遠き者を指して、理に近きと為す。真と相反して皜々乱る可からざる者を認めて、真を乱ると為す。蓋し其の善く高妙の説を為すを見て、適《まさ》に此の言を為すのみ。其の実は則ち死の生と、空の実と、無の有と、相反すること白黒氷炭の如くして、其の背馳する者を謂ひて理に近しと為して可ならんや。

正志齋は、仁齋から多くの「異端」批判の手法を学んでいる。仁齋は、聖人の「道」を、それ無しには人が生きていけない「五穀常膳」にたとえ、「異端邪説」を「珍羞異味」にたとえる[20]。この比喩も正志齋は仁齋から取り入れている。

新奇怪僻、固衆人所喜、然人不能一日離父子君臣夫婦長幼朋友、則道之着実平正者、亦不可以一日離。人雖或嗜異味、而亦不能廃嘉穀。雖或陥邪説、而亦不能離正道。(21)

新奇怪僻は、固より衆人の喜ぶ所、然れども人 一日も父子君臣夫婦長幼朋友を離るること能はざれば、則ち道の着実平正なる者も、亦た以て一日も離る可からず。人或いは異味を嗜むと雖ども、而れども亦た嘉穀を廃すること能はず。或いは邪説に陥ると雖も、而れども亦た正道を離るること能はず。

ただし、正志齋のこの説は、老仏ではなく「西夷」の教えに対し、発せられたものである。正志齋は、仁齋の「異端」批判の論理を西洋批判へ応用しているのである。

このほかに、正志齋は、仁齋の「理学」・「天学」に対する論難を引用し、それを「蘭学」に当てはめる（『下』、八ウ）。そして、仁齋学でよく用いられる「生」（「活物」）と「死」（「死物」）の対立を摂取して、「蘭学」は「天地」を「死物」と見做すと指弾する。さらに彼は、この対立を次のように世界地図の上に展開する。日本と中国など東方の教えは、「生々」を「道」とするのに対し、西方は「寂滅」を「道」とする。「西方」の国でも、「身毒」（インド）はまだ東に近いので、その「輪廻之説（輪廻の説）」は「死道」のうちにわずかに「生意」を残している。しかし、「身毒」以西の国は、西に進めば進むほど、「死道」に偏していく（『下』、三ウ〜五オ）。

正志齋の「異端」批判を、仁齋学の誤った受容と片づけられるだろうか。(22) 仁齋は、「西戎南蛮のはて孔孟の名をだにしらぬ国たりといふとも此道には離るべからず(23)」と素朴に信じることができた。しかし、海外情報の集積から見えてくるのは、「五倫」を全て「友」の間柄と見做し、「造物主」を君父以上に崇敬し、「舐掌接吻（掌を舐め接吻）」して挨拶を交わす西方の国々の姿である（『下』、二十六ウ）。しかも、それらの国々は着々と版図を広げている。まさに世界規模での「人倫」の危機である。仁齋はただ他者に寛容であれと説いたのではない。彼の考える、あるべき人間関係の型は、飽くまで「五倫」である。もし真剣に仁齋学者たろうとすれば、「異端」の進出に対し、正志齋のような激しい焦燥と敵愾心に駆られても不思議はない。

四　正志齋と徂徠学

1　「天」

正志齋は、「道」の内容の基本的な解釈を仁齋学から受け継いでいる。「道」とは「五品」（＝「父子君臣夫婦長幼朋友」）間の「親義別叙信」であり、それは「至易至簡、易知易従（至易至簡、知り易く従ひ易き）」ものである（『下』、一オ～一ウ）。しかし、「天」と「道」との関係についての論には徂徠学の影響が見られる㉔。

正志齋が「天」と「道」との連関について論じる際、『尚書』皐陶謨の次の一節を繰り返し引用する。

天工人其代之。天叙有典、勅我五典。五惇哉。天秩有礼、自我五礼。有庸哉㉕。

天工 人其れ之に代はる。天 有典を叙して、我が五典を勅《ただ》す。五惇《あつ》きかな。天 有礼を秩して、我が五礼に自《よ》る。五庸《もち》ふるかな。

正志齋の『典謨述義』の注は次の通りである。

古者以安民為天工。天行健、日月運行、陰陽消長、四時行百物生、未嘗有瞬息間断。而人代之以行天之叙秩命討者。安得一日傲且逸欲而廃万幾乎。《中略》安民即代天之事、天之所以安民者、則叙秩命討也。有生民則有父子、有君臣、有夫婦長幼朋友、是天所叙、生民之彝、即有典也。有五典則有親疏尊卑等級隆殺、是天所秩、事物之則即有礼也。二者皆天工、而勅之自之者、人代之也。天秩有典、則人有親義別序信之五典。天秩有礼、則人有吉凶軍賓嘉之五礼。天之所叙秩而人勅自之、故曰我也。勅在我之五典、五皆使之惇厚而不偸薄。由在我之五礼、五皆使之有活用而不為死物。是皆所以代天工、而安斯民之人事也。㉖

古は民を安んずるを以て天工と為す。天行 健にして、日月 運行し、陰陽 消長し、四時 行はれ百物 生じ、未だ嘗て瞬息間断有らず。而して人 之に代はりて以て天の叙・秩・命・討なる者を行ふ。安んぞ一日も傲且《か》つ逸欲にして万幾を廃することを得んや。《中略》民を安んずるは即ち天に代はるの事、天の民を安んずる所以の者は、則ち叙・秩・命・討なり。生民有れば則ち父子有り、君臣有り、夫婦長幼朋友有り、是れ天の叙する所、生民の彝、即ち有典なり。五典有れば則ち親疏尊卑等級隆殺有り、是れ天の秩する所、事物の則は即ち有礼なり。二者は皆天工にして、之を勅し之に自る者は、人 之に代はるなり。天 有典を叙せば、則ち人 親義別序信の五典有り。天 有礼を秩すれば、則ち人 吉凶軍賓嘉の五礼有り。天の叙し秩する所にして人は之を勅し自る、故に我と曰ふなり。我に在るの五典を勅し、五は皆之をして惇厚にして偸薄ならざらしむ。我に在るの五礼に由り、五は皆之をして活用有りて死物為らざらしむ。是れ皆天工に代はる所以にして、斯の民を安んずるの人事なり。

天が「安民」のために「典」・「礼」を設け、「聖人」が「五典」を正し、「五礼」にしたがうことで、制度を具体化する。正志齋は、「夫民物生生者、天地之自然也。既生之則欲其治平。是即其天意。是以有君師而治之。代天工耳（夫れ民物生生なる者は、天地の自然なり。既に之を生ずれば則ち其の治平を欲す。是れ即ち其の天意なり。是を以て君師有りて之を治む。天工に代はるのみ）[27]」といったように、「治平」・「安民」が天の意志であったと見る。

これは、「天理」によってこの経文を説明する朱熹とは大きく異なる。朱熹は皐陶謨の一節を引用した後、次のように述べる。

這箇典礼、自是天理之当然、欠他一毫不得、添他一毫不得。惟是聖人之心与天合一、故行出這礼、無一不与天合[28]。

この「典」と「礼」とは天理の当然のことであり、これを少しも減らすことはできないし、これに少しも付け加えることもできない。ただ聖人の心だけは天と一致しているので、この礼にしたがって行動して、全て天と合致するのだ。

朱熹の解釈では、「天」が「典」・「礼」を定めたといっても、それは、「天」と自己の「心」を貫く「理」のことを語っているに過ぎない[29]。

また、朱熹は「天地以生物為心（天地は物を生ずるを以て心と為す）」とも説く。これは一見、正志齋の説と似ている。しかし、それに続けて「所生之物、因各得夫天地生物之心以為心、所以人皆有不忍人之心也（生ずる所の物、各々夫の天地物を生ずるの心を得て以て心と為すに因りて、所以《ゆゑ》に人皆人に忍びざるの心有るなり）[30]」とあるように、朱熹は「天地」の「心」と人の「心」との一体性を説く。『朱子語類』では、より詳細に春夏秋冬という天の運行に対応して、仁義礼智の徳が「心」に具わることが説明される。ここでは、「天地」の「心」と人の「心」との間に、「人便是小胞、天地是大胞（人は小さな胞で、天地は大きな胞である）[31]」といった小宇宙・大宇宙的な照応関係が想定されている。宋学の「心性」論を全面的に否定する正志斎は、当然このような説を採らない。

仁斎の『童子問』では、「古昔王者、法天道以為徳（古昔王者、天道に法りて以て徳と為す）」という説の後、「天工人其代之」が引証される。ここでの「天道」は、あまねく恵みを与える「太陽之気（太陽の気）」を用いて説明されており、おそらく、君主が「天道」の「生々」の働きを代行すると仁斎は考えていたのであろう[32]。

東涯の『訓幼字義』の解釈はより詳しい。「天道」は「善を福し淫を禍する」ものであるが、時にその賞罰が行き届かないこともある。そこで、「古の聖王、天の道をうけ行ふて、善を賞しあくを罰して、天下を太平にす」。しかし、「天下の事」は「千條万端」であるため、「百官有司」に役を割り当て、これを治めさせる。それが「無曠庶官、天工人其代之（庶官を曠しくすること無かれ、天工 人 其れ之に代はる）」の意である。つまり、「天工人其代之」を東涯は、「天道の賞罰」の代行と見るのである[33]。

仁斎や東涯の説は、正志斎の「「天工人代之」トテ、人ノスル事ハ皆天ノ名代ナリト知ベシ[34]」という論に近い。しかし、それらに「安民」への言及は見られない。

「天」は「安民」のために「道」を設けた――このような正志斎の論は、実は徂徠の「道」の「制作」説に近い。徂徠学では、「天」が「安民」の「命」を下し、それを受けた「聖人」が「五倫」や礼楽を制作したとされる[35]。一方、正志斎は、「天」は「安民」を欲し、そのために「五倫」（＝「道」）を設け、「聖人」はその実現のために細かな制度を定めたと見る。要するに、両者の相違は、「天」と「聖人」との作業分担の違いに過ぎない。

このような理解は、「道」を「自然」と見るか、「作為」と見るかの対立を軽視していると批判されるかもしれない。しかし、この対立の解消こそが、正志斎の議論の眼目なのである。正志斎は「道」を「天造之自然（天造の自然）[36]」と呼ぶことがある（『下』六オ）。この「天造之自然」は、『四庫全書』中に一例も用例が見えず[37]、おそらく正志斎独自の語である。また、正志斎は「道」について「天之所建、而人之所由（天の建つる所にして、人の由る所）」あるいは「天造地設」とも説明する（『下』、一オ、六十八ウ）[38]。確かに、人の手になるものではないので「道」は「自然」である。しかし、それは「天」によって造られたものなのである。

もっとも、「天」による「道」の制作といっても、超越的な人格神が泥人形をこねるように「道」を造ったわけではない。大宇宙が人々を生み出し、さらに普遍的な道徳規範を賦与することに、「安民」への意志を見出すに過ぎない。よって、正志斎がわざわざ「天」による「道」の制作という説を唱えるのは不可解に見えるかもしれない。しかし、この説には、大きな利点がある。これによって「職分」概念を洗練させた徂徠の一連の議論の導入が可能になるのである。

徂徠は、「道と申候は、天下国家を平治可被成候為に、聖人の建立被成候道にて候」と述べた上で、次のようにいう。

> 士大夫の君に仕へ候も天下国家を君の御治め候相手手伝をいたし候事故、民之父母と申所より了簡を付不申候へば、それ〴〵の職分も済不申事に候。たとへば鷹野に出候に、鷹を使ひ候人も有之候。犬を牽申候人も御座候。犬を牽申候人は、犬を己が職分に致し候而、鷹には少も構ひ不申候へ共、鷹を助候為之犬と申候事を心付不申候へば、其職分違ひ申候[39]。

「天下国家」の「平治」（「安民」）のために、君主と臣下とでそれぞれ異なる役割を担う。この論に続いて、「満世界の人こと〴〵く人君の民の父母となり給ふを助け候役人に候[40]」というよく知られた徂徠の主張が示される。ここで描かれているのは、「安民」という最終的な目的実現のために聖人が編成した分業体制である。各「職分」ごとに果たすべき任務は異なり、よって要求される資質や能力も異なる。各人は与えられた役割を果たせば充分で、万能である必要はない。「達其財成器以共天職、古之道也（其の財を達し器を成し以て天職に共するは、古の道なり）」(41)と徂徠はいう。

仁斎学に依拠するだけでは、「職分」概念に基づく統治機構の編成を自己の学問に取り込むのは難しい。東涯は「人道」と「職分」、「当務」を区別し、次のようにいう。

五倫之道、人道也。凡天下之人、無不在乎其中、而古今之間、不可変易。故謂之彝倫。謂之達道。而官釐其務、農服其田、工賈伎術無不各有専業、則職分之当為者也。至其当務之随時異宜、則亦不同。仮如官民子弟、游学上都。固有君父之倫、有専門之業。然既有遊学之志、則修贄礼師、靠書冊、講義理。此其当務也(42)。

五倫の道は、人道なり。凡そ天下の人、其の中に在らざるは無くして、古今の間、変易すべからず。故に之を彝倫と謂ひ、之を達道と謂ふ。而して官は其の務めを釐《をさ》め、農は其の田に服し、工賈伎術各々専業有らざる無きは、則ち職分の当に為すべき者なり。其の当務の時に随ひ宜しきを異にするに至るときは、則ち亦た同じからず。仮《たと》へば官民子弟、上都に游学するが如し。固より君父の倫有り、専門の業有り。然れども既に遊学の志有るときは、則ち贄を修め師に礼し、書冊に靠《よ》り、義理を講ず。此れ其の当務なり。

仁斎学における「道」とは、「職分」に左右されない、公約数的な、人間関係のあるべき型（「五倫」）である。ここからは、誰もが「五倫」にしたがうべしという教訓が導き出されても、各人の資質や能力の差異の意義づけは困難である。また、統治者による「天の賞罰」の代行という説も、既に述べた以上の展開は見られない。

正志斎は、「天」が「安民」のために「道」（「五倫」）を設けたと見ることで、「道」（＝「五倫」）は人為に非ずという説と、各人の資質や能力にかなった「安民」への貢献とを一つの思想体系の中で結合させる。正志斎は「君臣」について、「君臣共ニ皆民ノ世話ヤキノタメニ天ヨリ設ケタル役人[43]」であるという。ここでの「民ノ世話ヤキ」とは「安民」の謂いである[44]。臣下はそれぞれの資質にあった形で、君主の「安民」を補佐する。

君ハ人ヲ治ル役人ナリ。臣ハソノ手伝ヒノ役人ナリ。是ヲ天職ト云テ天地自然ノ役割《ワリ》ナリ。《中略》人ニ各各智愚賢不肖アルハ、其人人自然ノ天徳ナリ。是ヲ相応《サウオウ》相応ニ役儀ヲ申シ付ケ、民ヲ治ル手伝《ツダイ》ヲサスルハ君徳ナリ。己ガ智愚賢不肖ニ随テ相応相応ノ手伝ヲスルハ、臣道ナリ[45]。

この論が前引の『答問書』の議論に基づくのは明白である。

「職分」概念に基づいた徂徠学の人材論などは、正志斎にとっても魅力的であった[46]。「安民」実現のための分業体制の制作という議論を自己の学問体系に取り入れる一方で、「五倫」までも「聖人」の制作物とする徂徠の説は斥ける――正志斎は、この難題の解決に苦心したのであろう。

徂徠がいうように「五倫」が「安民」のための人為的な制度だとすれば、「五倫」抜きでも安定した支配を実現している体制があった場合、その否定は難しい。「西夷」の統治体制はその例に当てはまる疑いがある。実際、徂徠学派には前章で見た瀧鶴臺のように、「婆羅門法」・「天主教」・「回回教」・「囉嘛法」（ラマ教）も「国治民安（国治まり民安し）」という状態をもたらしており、「何必中国之独貴而夷教之可廃乎（何ぞ必ずしも中国の独り貴くして夷教の廃す可けんや）」と論ずる者がいた[47]。また、瀧鶴臺と同じく徂徠学派第二世代に属する孔平《くひら》天愚は、『蘭学階梯』の序で次のように述べている。

天地之大無所不覆載、日月之明無所不照耀。何啻四大州方。普天率土、万邦一軌。人各生其間、同受其気。人性雖賢愚不齊、四方各有聖人《中略》利用厚生衆技最詳而略於制度。夫有国則必有政。何国無制度。蓋時王之政、不敢記載也。三代之道時無書編。其情可見矣。仮令僅利用厚生亦是岐農先聖之業、淳朴可貴重也。余観其説、必拠実物以研精。未嘗虚説而空論。大異乎殊庭史悖。蘭書万冊精詳無比、大異乎諸邦無文。蓋喎蘭質而不野。文而不史。不復彼文質彬彬乎。[48]

天地の大 覆載せざる所無く、日月の明 照耀せざる所なし。何ぞ啻《た》だ四大州方のみならんや。普天率土、万邦は一軌なり。人 各々其の間に生まれ、同に其の気を受く。人性 賢愚 齊《ひと》しからずと雖も、四方 各々聖人有り《中略》（オランダの書物は――引用者注）利用厚生の衆技 最も詳らかにして制度に略す。夫れ国有れば則ち必ず政有り。何れの国か制度無からん。蓋し時王の政、敢へて記載せざるなり。三代の道 時に書編無し。其の情 見る可し。仮令《たとひ》僅かに利用厚生なるも亦た是れ岐農先聖の業、淳朴 貴重す可きなり。余 其の説を観るに、必ず実物に拠りて以て研精す。未だ嘗つて虚説して空論せず。大いに殊庭の史悖に異なり。蘭書万冊 精詳比無し、大いに諸邦の文無きに異なり。蓋し喎蘭 質にして野ならず。文にして史ならず。復た彼の文質彬彬たらずや。

天愚は、蘭医書の精密さからオランダに優れた政治制度が存在すると推測している。彼によれば、浮華（「史」）に流れる中国（「殊庭」）よりもオランダ（「喎蘭」）の方が「文質彬彬」であり、勝っている。徂徠学の流れから、中国よりもオランダを高く評価する主張が現れていたのである[49]。

正志齋も、「天」の権威を利用して人心を収攬する点で、「東方」の「道」と「西夷」の教えが似ており、また西夷の教えには「礼楽」の類似物が具わることを認めていた。

今夷之事胡神、瞻礼祝呪、進退起伏、其形於動作者、亦足使愚夫愚婦生敬仰之心。念誦呼号、振鐃撃鑼、其発於声音者、亦足使民濫於耳感於心。而乗其生畏敬之心、以鼓鄙猥奇怪之説、足以蠱民心。故夷之事天、与聖人之事天、雖其意相背馳、而其所施為之事、稍相近似。故亦足竊聖人礼楽之微権也。(50)

今夷の胡神に事《つか》ふるや、瞻礼祝呪、進退起伏、其の動作に形《あらは》るる者、亦た愚夫愚婦をして敬仰の心を生ぜしむるに足る。念誦呼号、鐃を振り鑼を撃ち、其の声音に発する者、亦た民をして耳に濫して心に感ぜしむるに足る。而して其の畏敬を生ずるの心に乗じて、以て鄙猥奇怪の説を鼓し、以て民心を蠱するに足る。故に夷の天に事ふるは、聖人の天に事ふると、其の意相背馳すると雖も、而れども其の施為する所の事、稍々相近似す。故に亦た聖人礼楽の微権を竊むに足る。

両者の違いは、「五倫」にしたがっているかに存する。よって、「東方」の「道」の優位を弁証するために、「五倫」が「自然」であることは絶対に譲れない。こうして編み出されたのが、「天」による「道」（「五倫」）の制作という思想的な離れ業だったのであろう。

2　「国体」

『新論』国体上で、正志斎は、「天祖」（天照大神）が「皇孫」（瓊瓊杵尊）に「天位之信（天位の信）」として三種の神器を授け、さらに「宝鏡」を執り、「視此猶視吾焉（此を視ること猶ほ吾を視るがごとくせよ）」と告げることで、「忠孝」の教えが立ったという。(51)

吉田松陰は『新論』のこの箇所を読み、疑念を抱いた。「宝鏡」の神勅の話は『古事記』に見える。問題はこれに対する正志斎の次のような解釈である。

聖子神孫、仰宝鏡而見影於其中。所見者即天祖之遺体、而視猶視天祖。於是乎盥薦之間、神人相感、不可以已、則其追遠申孝、敬身修徳、亦豈得已哉[52]。

聖子神孫、宝鏡を仰ぎて影を其の中に見る。見る所の者は即ち天祖の遺体にして、視ること猶ほ天祖を視るがごとし。是に於いて盥薦の間、神人 相感じて、以て已《や》む可からざれば、則ち其の遠きを追ひて孝を申《の》べ、身を敬しみて徳を修むること、亦た豈に已むことを得んや。

つまり、鏡に映った自己の体は祖先の遺したものであり、祖先と似た自己の姿から祖先の姿を思い浮かべることで、孝心が湧き起こるというわけである。しかし、「但見遺体于鏡中之義、未得其所出（但だ遺体を鏡中に見るの義、未だ其の出づる所を得ず）[53]」というように、松陰は三宅観瀾（『中興鑑言』か）・頼山陽（『日本政記』か）・栗山潜峰（『保建大記』）・山鹿素行（『中朝事実』）らの著作を参照してみたものの、この説の出処は不明であった。確かに「宝鏡」の神勅と「父母之遺体（父母の遺体）」（『礼記』祭義）とを結びつける正志斎の解釈は特異である。

答えは意外なところに見つかる。徂徠の箚記の残片である『徂徠漫筆』（『忍尊帖』）には次のようにある。

姫大神以鏡授忍尊、謂視此猶対我者、鏡中人即父母遺体、是訓孝也。後世廼謂其象心体、或謂是智、或謂是誠。上古質朴、豈有此哉[54]。

姫大神　鏡を以て忍尊に授け、此を視ること猶ほ我に対するごとくせよと謂ふ者は、鏡中の人は即ち父母の遺体にして、是れ孝を訓《をし》ふるなり。後世は廼《すなは》ち其の心体を象《かたど》ると謂ひ、或いは是れ智なりと謂ひ、或いは是れ誠なりと謂ふ。上古質朴にして、豈に此れ有らんや。

『日本書紀』一書説に基づき、天忍穂耳尊が神勅を受けたと見る点では、正志齋と異なる。だが、「遺体」の語を用い、かつ鏡の授与に「孝」の教えを読み取っており、正志齋の説は、この徂徠の論に由来すると考えられる。

この『徂徠漫筆』こそが、本章冒頭で紹介した、小宮山楓軒が大坂から持ち帰った徂徠の劄記である。楓軒の奥書を有する『徂徠漫筆』（茨城県立歴史館蔵）は、藤田幽谷の弟子である豊田天功の旧蔵書である。また、公益財団法人徳川ミュージアムには、藤田幽谷の「梅巷図書」の蔵書印が押された『徂來漫筆』が伝存している[55]。正志齋が該書を閲読していたことは間違いないであろう。

正志齋は、「上古淳朴の世には、神聖の彝訓を垂れ給へるも、言語を以てせずして、行事に因て其義を示し、教を其中に寓《よ》せ[56]」たという。おそらく、彼は、徂徠の「先王之教、礼楽不言、挙行事以示之（先王の教、礼楽 言はず、行事を挙げて以て之を示す[57]）」といった主張と結びつけて、『徂徠漫筆』の説を理解したのであろう。「宝鏡」の神勅は「孝」について直接は語っておらず、知らず識らずのうちに、人を導く徂徠学的な「ワザノ仕カケ[58]」と解し得る。

ふと見た鏡に映った自分の姿が、かつて見た親の姿と似ているのに驚く――このような経験はないだろうか。作家の高橋源一郎は「死者と生きる未来」と題した文章の中で次のような話を語る。高橋は、「放蕩と無能で家族を何度も路頭に迷わせた」父の死に際し、「なんの感慨も浮かんではこなかった」。それから年月が流れたある日、バスルームで三歳の長男の歯を磨いていると、「異変」が起こる。

バスルームの鏡に父が映り、わたしを凝視していたのである。

わたしは、一瞬、恐怖にかられ、叫び出しそうになった。無視し、忘れようとしたわたしを恨んで、父の亡霊が出現したと思ったのだ。だが、すぐにわたしは自分の間違いに気づいた。そこに映っていたのは、父の亡霊などでなくわたしだった。いつの間にか、わたしの容貌は父と酷似していた。そのことに、うかつにも、そのときまで、わたしは気づかなかったのだ。

わたしは、その愚かしい間違いに、失笑した。なんてことだ。馬鹿馬鹿しい。

その瞬間、わたしは、それまで一度も体験したことのない不思議な感覚を味わったのである。鏡に映っているのが父だとするなら、その父に歯を磨いてもらっている長男は、わたしではないか。そう感じたとき、体が裂けるほどの痛みがわたしを襲った。ほんとうのところ、それは、痛みではなく悲しみだったが、あまりに突然だったので、痛みに感じられたのだ。

《中略》

わたしは父を忘れていたが、父はわたしを忘れてはいなかった。そんな気がした。父はわたしの中で、ずっと生きていたのだ。わたしは、父がその幼児に、すなわちわたしに抱いた、溢れるような感情の放射を、半世紀たって再び、浴びせられたように思った。それは、わたしが、なによりいとおしく思っている子どもへの感情と同じであった。[59]

今なお鏡像（の話）は人々の感情を揺さぶる。鏡を祭祀に取り入れる効果を一笑に附せないであろう。
三種の神器の授与と「宝鏡」の神勅という「天祖」の教えによって、「五倫」の中でも「大倫」に当たる「君臣」

と「父子」の「倫」が明らかになった。正志齋は「皇統」の万世一系自体よりも、それを可能にした「天祖」の教えに、「天朝」の「国体」の卓越性を見出している。

天朝のごとく皇統綿々として、天地と共に窮りなき事は、万国に絶てなき事也。かゝるめでたきためしも、其本は、天地の始めよりして、君臣・父子の大倫、正しくして、人情風気、厚きによりて、斯くのごとく万国に勝れたるなれば、国体も是によりて尊きに非ずや。[60]

また、いわゆる天壌無窮の神勅に関しても、神勅の言葉自体が「天孫」の永遠の支配を約束していると正志齋は見ていない（彼は「宝鏡」の神勅は引用しても、天壌無窮の神勅には言及しないことさえある[61]）。彼が重視するのは、「君臣の義」を示す三種の神器の象徴性である。「上古象教、忠孝並立、而君臣父子大倫以明（上古の象教、忠孝 並び立ち、而して君臣父子の大倫以て明らかなり）」といったように正志齋は、言語による教えではなく、形象による教え（「象教」）であると「天祖」の教えを捉えている（『下』、八十七オ）。また、「尊君敬父之礼与天地始、而与天地同垂於無窮（君を尊び父を敬ふの礼 天地と始まりて、天地と同に無窮に垂る）」といったように、この「天祖」の教えは「礼」ともされる（『下』、二十六ウ）。「天祖」の手によって普遍的な道徳規範が巧みに制度化されたと正志齋は見ているのであろう。

「天祖」の教えをより大規模な礼制に編成したのが大嘗祭である。大嘗祭に対する正志齋の論は徂徠学との関係が注目されてきた。この問題について論ずる際に、徂徠の「旧事本紀解序」の次の一節はよく引用される。

是故道也者、先王所為道也。祀先王、配諸天、後王迺奉天道以行之。爵禄刑賞、降于鬼神。所以一其本也《中略》不佞茂卿、生也晩、未聞我東方之道焉。雖然、窃観諸其為邦也、天祖祖天、政祭祭政、神物与官物也無別、神乎人乎、民至於今疑之、民至於今信之。是以王百世而未易。[62]

是の故に道なる者は、先王の道と為す所なり。先王を祀りて、これを天に配し、後王は迺ち天道を奉じて以て之を行ふ。爵禄刑賞、鬼神より降る。其の本を一にする所以なり。《中略》不佞茂卿、生るるや晩く、未だ我が東方の道を聞かず。然りと雖も、窃かにこれを其の邦たるに観るに、祖を天として天を祖とし、祭を政として政を祭とし、神物と官物と別つこと無く、神か人か、民 今に至るまで之を疑ふ。民 今に至るまで之を信ず。是を以て百世に王たりて未だ易はらず。

念のために指摘しておくと、「天祖祖天」を「天祖は天を祖とす」と訓ずるのは誤りである。「天祖祖天」と「政祭祭政」とは同じ構造の句と見るべきで（『徂徠集』の詳細な注釈である『蘐文談広疏』は「天祖」の間にレ点を附す[63]）、徂徠の議論の画期性を「天祖」概念の再解釈に見るのは正鵠を失している。[64]

重要なのは「祀先王、配諸天」の部分である。徂徠は、「神道」や「吾邦之道（吾が邦の道）」について語る際、「配天」に必ず言及する。[65]「配天」とは、儒教礼制において祖先を天と合わせて祭ることを指す（合わせ祭ることを「配侑」や「配享」という）。それは、たとえば郊祀では、祭壇の最上段に昊天上帝と始祖の神座を並べる形で行われる。徂徠は、「配天」には君主の祖先と「天」とを人々に同一視させ、統治を神秘化する作用があると見る。[66]徂徠のように「配天」を露骨に統治の術策と明言する説は、管見の及ぶ範囲ではほかに見つからない。

徂徠は、君主を太陽神の子孫とする伝承を「配天」の一種と捉え、そして、この神秘化こそが、禁裏の天子の地位を当代まで維持させていると見た。後世、聖人が中国に現れれば、必ずこれを参考にするであろうと徂徠はいう。[67]君主を太陽神の子孫と仰ぎ、「祭政」を区別しない「吾邦」の体制は、優れた統治術の実例なのである。

正志齋の祭祀論は、このような徂徠の議論の延長線上にある。正志齋によれば、幽谷は次のように語ったという。

天祖天孫固与天一矣。世世相襲、号天津日高、謄極謂之日嗣。神天合一、与殷周配天尚不免於与天為二者不同矣。[68]

天祖天孫　固より天と一なり。世世相襲ひ、天津日高と号し、謄極を之を日嗣と謂ふ。神天　合一して、殷周の天に配して尚ほ天と二為るを免れざる者とは同じからず。

「天祖」及び「天孫」が「天」と一体とされることが、「殷周」の「配天」と比較して捉えられている。「天孫」の祭祀を儒教の祀礼になぞらえる例は古くからあるが、「配天」に注目するのは徂徠の独自の見解である。幽谷のこの比較は、徂徠の議論を基礎にして成り立っている。さらに、正志齋は「配天」の効用について次のようにいう。

凡人情莫不敬畏天威。而聖人敬天、其事天如事親、以其祖配天。事祖亦如事天。有其礼、有其楽、所以使民由之之具、可謂備矣。是以民以敬畏天威之心、而尊奉帝王。[69]

凡そ人情　天威を敬畏せざる莫し。而して聖人　天を敬して、其の天に事ふること親に事ふるが如くして、其の祖を以て天に配す。祖に事ふるも亦た天に事ふるが如し。其の礼有り、其の楽有り、民をして之に由らしむる所以の具、備はれりと謂ふ可し。是を以て民　天威を敬畏するの心を以て、帝王を尊奉す。

「配天」は徂徠と同じく統治における神秘的権威の利用と理解されている。

儒教礼制では、郊祀で「祖」（始祖）を「配天」するだけでなく、禘祭で「祖」を「其祖所由出（其の祖の由りて出づる所）」（遡り得る最も遠い祖先）に配侑する。正志齋によれば、民は郊祀によって君主の祖先と天とが一つであることを知り、禘祭によって当代の君主と君主の遠祖とが「一気」であることを知る[70]。「天朝」においては、神武天皇が「祖」に、天照大神が「其祖所由出」に対応する[71]。儒教礼制の枠組に照らして、彼は「天朝」の儀礼を理解しているのである。

ただし、正志齋は「天朝」の礼は「易簡」である点で「西土」（中国）の礼とは異なると見る。大嘗祭は一つの儀礼でありながら、郊祀や禘祭などの複数の儀礼を兼ねる。天皇は、「天」そのものと同一視される遠祖（天照大神）に、「太祖」である神武天皇と同じように奉事する。「天」と王朝の祖との一体性、そして祖先と現君主との一体性が、一つの儀礼の中に明示される。

このような議論から分かるように、正志齋は「天祖」とその子孫を中国の聖人同様の人間と見ている（本当に「天祖」が太陽神であると信じているならば、「天朝」の祭祀と儒教礼制とは、「一天人与祖孫（天人と祖孫とを一にす）」という点で同じであるとは説かないであろう（『下』、三十八オ））。しかし、「天」と王朝の始祖との一体化の持つ統治上の効果を損なわないため、彼は「天祖」が天上の太陽であるかのような「天祖在天、照臨下土（天祖 天に在り、下土を照臨す）[72]」といった表現を用いるのである。詐術めいて見えるかもしれないが、正志齋に疚しさはない。「天」の「安民」の意志は、統治の神秘化によって実現されるからである。ちなみに彼は、聖人が天下を統治するのに用いた「具」——漁における「網罟」・「船舸」に当たる「具」——は「天」と「地」であるといって憚らない[73]。だからといって、彼は「天」を敬していないわけではない。「天意」の遂行である限り、「天」の権威の利用は正当化されると考えるのである。

徂徠学の影響は他にも見られる。正志齋は、大嘗祭によって「民心」は一定し、「異端」の教えの進入を防げると考える。

既有其礼而使民由之、与天下同尽誠敬。不待提耳鼓舌。天下暁然知報本反始之義有所統而不可以苟。専心一志、有孚顒若。奉天祖天孫、不見異物而遷（『下』、三十六ウ）。

既に其の礼有りて民をして之に由らしめ、天下と同に誠敬を尽くす。耳を提げ舌を鼓することを待たず。天下暁然として本に報ひ始に反るの義、統する所有りて以て苟《かりそめ》にす可べからざることを知る。専心一志し、孚《まこと》有りて顒若たり。天祖天孫を奉じて、異物を見て遷らず。

「与天下同尽誠敬」とあるように、正志斎は、大嘗祭に用いる物資の提供や運搬を通じ、民が大嘗祭に参与していることを強調する（『下』、三十六ウ）。祭祀の秘儀性よりも、民が祭祀に参加し、それによって感化を受けることに注目するのである。

これと類似の議論は徂徠の『大学解』に存在する。徂徠は『大学』を「養老礼」の「義」を説いた書であると解釈する。養老礼において天子は、「国人之賤者（国人の賤者）」にかしづき、「古聖人之礼（古聖人の礼）」を行う。これについて徂徠は、「唯大学之礼、以人君世子之尊、而与国人行之（唯だ大学の礼、人君世子の尊を以て、国人と之を行ふ）」(74)という。また、民はこの儀式を「学宮」の周囲を取り巻く池の外側から観覧する。これによって、「民暁然以知孝弟之徳為天下至善（民は暁然として以て孝弟の徳の天下の至善為るを知る）」(75)。さらに徂徠は、「定而后能静（定まりて后能く静かなり）」の句に次のように注する。

定、謂民心志定乎一也。言人観其君躬行養老之礼、以至尊処乎子弟之職、而不復疑焉、厳重之若此其至焉。於是乎以知夫古聖人之道、孝弟之徳、為天下至善矣。夫然後其心志定於一、而不復它求也。静者、謂不擾乱也。民心志定於一、則莫有左道邪説之惑也(76)。

定まるとは、民の心志 一に定まるを謂ふなり。言ふこころは、人 其の君 躬《みづか》ら養老の礼を行ひ、至尊を以て子弟の職に処りて、復た疑はず、厳重の此の若く其れ至れるを観《み》て、是に於てか以て夫の古聖人の道、孝弟の徳、天下の至善為るを知る。夫れ然る後 其の心志 一に定まりて、復た它求せざるなり。静かなりとは、擾乱せざるを謂ふなり。民の心志 一に定まれば、則ち左道邪説の惑ひ有ること莫きなり。

民に開かれた儀礼で天子が「孝弟」を実践することで、民の「心志」が一つに定まり、「左道邪説之惑」がなくなる。正志斎の大嘗祭解釈は、徂徠の「配天」に関する議論とこの『大学解』の説とを主要な素材としている。

正志斎は、「論礼者可不審察聖人制礼深意所在乎（礼を論ずる者は審らかに聖人 礼を制するの深意の在る所を察せざる可けんや）」という（『下』、三十八ウ）。彼は徂徠の「礼」解釈に多くを学び、「天朝」の「礼」の「深意」を探った。その結果、大嘗祭は「忠孝」を鼓舞し、人心を統合する精妙な「礼」として立ち現れたのであろう(77)。

五 「封建」の制

1 もう一つの「土着」論

これまでの分析で明らかになったように、正志斎は、「接人」をめぐる仁斎と徂徠の議論を自己の学問の資源としている。本節では、徂徠と正志斎の「封建」論に注目して、二人の学問の異同を検討したい。これによって徂徠以後の「礼楽」論が辿り着いた一つの帰結の姿がより鮮明になる。

「封建」・「郡県」論については、近年研究が盛んになっており、(78) 二つの統治体制をめぐる論争の歴史に関して、ここでは立ち入らない。「封建」制では世襲の諸侯らが封土を支配し、「郡県」制では中央から派遣された官僚が地方統治を行う――という大枠だけを確認しておきたい。

徂徠は「封建」の制は本来、「土着」と不可分であると考える。そのため、当代の体制は、世襲の統治者を擁する点で「封建」といえるが、彼らが都市に集住し、被治者との緊密な関係を失っている点では、「郡県」に接近していると徂徠は見る。

> 今海内封建、而士鮮有采邑者。自此之後、必有盗賊乱天下之禍也。有采邑而不処、廼聚之一城中。是何異郡県也。何則一敗不可復振也。土著者不可鋤矣。(79)
>
> 今海内 封建にして、而して士 采邑を有する者鮮《すくな》し。此よりの後、必ず盗賊 天下を乱すの禍有るなり。采邑を有して処らず、廼ち之を一城中に聚む。是れ何ぞ郡県に異ならんや。何となれば則ち一敗すれば復た振ふ可からざればなり。土著する者は鋤《す》く可からず。

武士の「土着」は、真の「封建」の確立のためにも必要なのである。

一方、正志齋は、徂徠の説くような武士の知行地への「土着」を複数の観点から批判する（正志齋は、「土着」論は熊澤蕃山に始まり、徂徠が「定論」としたと見る（『下』、八十一オ））。

まず、武士の「土着」は、「王室」衰微によって「我儘」になった武士が割拠したゆえに生じた。(80) つまり、徂徠が懐古的に語る戦国期以前の武士の「土着」は、その来歴からして問題含みである。

加えて、今の武士たちを知行地へ「土着」させた場合、多くの弊害が発生する[81]。武士を農村に移住させれば、彼らやその家族に染みついた都市の繁華な風俗が地方にも波及する。また、武士は百姓に横暴を働き、腐敗した武士への百姓の反感は高まるに違いない。当代の武士に対する正志齋の評価は極めて低い。

さらに、正志齋は、徂徠の「土着」論は経書の裏づけを持たないと主張する。師の藤田幽谷の『周礼』解釈にしたがい、周代において統治階層は、農村を離れて、城下から一定の範囲の地域に居住していたと考えるのである。

『周礼』には、「六郷」・「六遂」という行政区画の名が見える[82]。六郷は「王城ノ四面百里四方ノ地」（「今ノ十里四方程」）にあるのに対し、「六遂」は「六郷ノ外四面二百里」（「今ノ二十里」四方程）にある[83]。二つの地域は、居住者の身分が異なる。六郷に住む「民」は「今ノ平士ヨリ足軽」、つまり下層の武士に当たり、一方、六遂の「甿」は百姓に対応する。六郷の「民」は、五十畝程の屋敷附きの田を授かり、それを耕作しながら、官府の役人として働くことで「扶持米・マカナイノ類」を得る。そして有事の際には「兵」となり、「王ノ旗本備」となる。正志齋はこれを「半農半兵の制」と呼ぶ。一方、「六遂」の「甿」は日頃は耕作に従事する農民で、有事に徴発された場合には輜重要員に充てられる。「世禄」の「封建」の世では、「兵」となる統治者層と農民とは基本的に截然と区別されていたと正志齋は考えるのである[84]。

> 封建の世には公卿・大夫・士皆世禄なれば、兵も皆定人にて、代々六郷に居て兵となる也（六郷は城下より近郊の地にあり）[85]。

つまり、正志齋によれば、周代の制度は、徂徠の説く「土着」よりは、江戸期の兵農分離と武士の城下集住に近似している（もっとも統治身分が田地を保有するため、彼らの居住領域は江戸期の城下町と様相を異にする）[86]。

六郷はより細かな単位に分かれ、五家＝一比、五比＝一閭（二十五家）、四閭＝一族（百家）、五族＝一党（五百家）、五党＝一州（二千五百家）、五州＝一郷（一万二千五家）となっている。各単位の長官は、比長（下士）、閭胥（中士）、族師（上士）、党正（下大夫）、州長（中大夫）、郷大夫（卿＝上大夫）である[87]。このような編成について、「政教号令ヲ施スコト臂ノ指ヲ使フガ如ク手モツレナキ仕カケナリ」[88]と正志齋はいう。

士・大夫も「民」と同じく、五十畝ずつ田（「士田」＝「圭田」）を有しており、収穫を祭祀の費用に充てる[89]。これは、周王朝が人々に耕作を教えた后稷を始祖とし、農業を重んじるためである[90]。士や大夫は知行地を持っているが、それらは六遂よりもさらに遠方の地にある[91]。周代においても、江戸期の多くの武士と同様に、統治者は所領と切り離されているのである。

六郷の各単位の長官は、有事の際に各支配の兵を統率し、平時は中央の官府の役職を務める。これは、「家老・番頭・物頭」がそれぞれの配下の兵卒（「組子」）を統括しながら、奉行職のような「役人ノ職」に「出役」するのと類似する[92]。江戸期の儒者は、公儀や大名家の職制が軍事組織をそのまま踏襲し、文武官が未分化であることをしばしば嘆いた[93]。しかし、正志齋によれば、むしろこれは当代と周代の官制の一致を示していることになる。

以上のような江戸期と周代の統治制度を重ね合わせる解釈は、附会の説に見えるかもしれない。しかし、幽谷や正志齋は、「郡県の世」を生きる中国の注釈者と異なり、周代同様の「封建の世」を生きる自分たちだからこそ下し得た、正しい解釈であると考える。

藤先生謂、「当時封建之制、間有与我当今之法暗合者。漢土儒家在郡県之世、論説封建之迹。往往有失其実者」（『下』、八十一オ）。

藤先生 謂へらく、「当時封建の制、間《まま》我が当今の法と暗合する者有り。漢土の儒家 郡県の世に在りて、封建の迹を論説す。往往にして其の実を失ふ者有り」と。

正志齋の『読周官』は、このような見地に立った『周礼』の体系的な注釈である。

ところで、第一章で見たように、徂徠の「土着」論の狙いの一つは、固定的な人間関係による「徳」の涵養であった。正志齋は、この問題についてどのように考えているのであろうか。

『周礼』地官には、「六郷」の各単位における人材登用の要件が記されている。閭胥（二十五家の長）は「敬敏任恤」を基準に人物を審査する。この四つは他の諸々の「徳」の土台となる。正志齋は次のように解釈する。

敬トハ物ゴト大切ニ念ヲ入レテ粗略ニセザルコトナリ。コレ徳ヲ養フノ本ナリ。敏トハ捷疾ニシテ怠慢遅緩ナラザルコトナリ。コレ諸芸ヲ学ブノ本ナリ。任恤ハ六行ノ中ノ二ツニテ任トハ人ノ事ヲヨク身ニ引受ケ吾身ヲ惜マズ世話ヲヤクコトナリ。恤トハ人ノ事ヲヨク思ヒヤリテ心ヲ尽シテ世話ヲスルコトナリ。(94)

「任恤」の解釈はとりわけ独特である。『周礼』の標準的な注釈である鄭玄の注には「任信於友道、恤振憂貧者（任は友道に於いて信あり、恤は憂貧する者を振《すく》ふ）(95)」とある。「任」は朋友、「恤」は貧苦する者とその対象を限定している。これに対し、正志齋は、広く他者の面倒を見、思いやることを「任恤」の意味であると考える。

この「任恤」解釈の背景には宋学批判がある。

人相任恤、視人之事、猶己之事、其相信如一身、儀気《ママ》滂沛、国有生気。夫子教人主忠信、以恕為可終身行。忠発於中心、信接人以誠、恕視人如己。是亦任恤之本、修己以及人仁也。後世徒言躬行、視他人事如胡越者、将焉知聖人設教厚俗之意也。[96]

人 相任恤し、人の事を視ること、猶ほ己の事のごとくし、其の相信ずること一身の如くすれば、儀気 滂沛として、国に生気有り。夫子 人に忠信を主とするを教へ、恕を以て終身行ふ可きと為す。忠は中心に発し、信は人に接はるに誠を以てし、恕は人を視ること己の如くす。是れ亦た任恤の本なり。己を修め以て人に及ぼすは仁なり。後世徒らに躬行を言ひ、他人の事を視ること胡越の如き者は、将《は》た焉んぞ聖人 教へを設けて俗を厚くするの意を知らんや。

ここで「任恤」の重視と対比される「後世」の説とは、「誠意正心守静持敬ナドバカリヲ説テ人ヲ金仏木像ノ如クニ教へ立ルモノ」[97]、つまり朱子学に代表される宋学である。宋学の説く修養は、「接人」の領域から人々の目を背けさせる——このような批判は、既に見たように仁斎や徂徠が展開したものである。正志斎は、この点でも仁斎と徂徠の流れに連なっているのである。

正志斎によれば、「任恤」を涵養するのは、居住地の固定を基盤とする連帯責任と共同作業である。連帯責任を負わせれば、他者に対し積極的に配慮するようになる。身も蓋もない議論だが、一理あろう。

『周礼』（地官、比長）には「五家相受相和親、有辠奇袤則相及（五家 相受け相和親し、辠奇袤有れば則ち相及ぶ）」とある。[98] つまり、「比」（五人組）は、「患難吉慶」をともにして互いに親しみ合い、罪過に関しては連座する。これに続く『周礼』の経文は、「徙于国中及郊、則従而授之（国中及び郊に徙せば、則ち従ひて之を授く）」以下、移住規定を説いている。近距離の転居の場合には、比長が転居先の官吏まで移住者を送り届けて身元を保障し、遠方への転居の場合には、比長が「旌節」（通行証である旗印）を授ける。勝手な移住は、処罰の対象である。正志齋はこれによって、「浮浪之民（浮浪の民）」はいなくなり、「天下」は「粛清」されるという。

また、郷以下の各行政単位は、儀礼の道具を共有しており、これを「郷器」と呼ぶ。比（五家）は「吉凶二服」つまり、喪祭の衣服を、閭（二十五家）は「祭器」を、族（百家）は「喪器」を共有する。そして、『周官』大司徒に「四閭為族、使之相葬（四閭を族と為し、之をして相葬らしむ）」とあるように、族（百家）は、葬儀を協力して行う。正志齋は、「設郷器以相輔相助、使礼易行、以長任恤之風（郷器を設けて以て相輔け相助け、礼をして行ひ易からしめ、以て任恤の風を長ぜしむ）」（『下』、四十二オ〜四十二ウ）という。つまり、「郷器」の共有を基盤とする喪祭の相互扶助が「任恤」の気風を養うと正志齋は見るのである。

以上の制度は、統治身分の下層（「民」）に対してのものであるが、被治者である「六遂」の「甿」に対しても、同様の「任恤之俗（任恤の俗）」を形成する仕組みは設けられている。

正志齋は武士の所領への「土着」を批判する。しかし、人間関係の固定化が他者のことを思いやり、世話を焼く「徳」を涵養すると見る点では、徂徠の議論を一面で継承しているのである。

正志齋は自説の中で、「地着」（「土着」）の語を肯定的な意味で用いることがある。徂徠のいう「土着」との相違に注意が必要である。

六郷之治教、始於任恤、而世無苟偸無頼之民、使民地着、而国無軽薄暴悪之俗。故比長治五家、以所以任恤之事、而閭胥則書敬敏任恤。[99]

六郷の治教、任恤に始まり、而して世に苟偸無頼の民無く、民をして地着せしめ、而して国に軽薄暴悪の俗無し。故に比長 五家を治め、任恤する所以の事を以てし、而して閭胥は則ち敬敏任恤を書す。

ここで彼が「地着」（「土着」）と呼んでいるのは、統治身分の下層の人々に田地を与え、城下の近郊で五人組を編制することである。武士の所領への定住ではない。実際の政策提言においては、城下の侍屋敷の近くに足軽町を設けることを主張する。

今封建ノ姿ニ相応ズル兵制ヲ立ンニハ、周ノ六郷半農半兵ノ大意ヲ斟酌シテ、城下士屋敷ノ比近ノ地ニ足軽町ヲ置キ、田畠ノ中ヲ幾石也トモ、其給分ニ当ル程ノ年貢ヲ除キ与ヘテ足軽トシ、其中ニテ伍長ヲ立テ、五家ヲ指引キ、十人ヲ一隊トシテ、隊長ニハ郷士或ハ諸士ノ二男三男等、其人物ヲ択ビ田宅ヲ与ヘ、土著セシメ、下士ノ列ニ列シ、戦陣ニハ組下ノ十人ヲ家子・郎党ノ如召連レ、平日ハ共ニ耕ナガラ食ミ、文学・武藝ヲ勤シムベシ。[100]

徂徠の武士「土着」論が知行地型の「土着」論であったのに対し、正志斎のそれは、下層武士を専ら対象とした近郊型の「土着」論といえる。[101] 足軽町に住む軽輩の者たちは、同僚と上司との関係の中で「任恤」といった他者への配慮を身につけるのである。

2　「礼楽制度」の有無

徂徠と正志斎の「土着」論を比べると、後者では相対的に扱いが軽くなった論点がある。武士とその奉公人の関係の問題である。正志斎は、「武士土着を善とする事、先哲の論も有て、譜代の家来を扶助せしむる良法也」[102] というように、徂徠の「土着」論の眼目が、武士の譜代奉公人の安定的再生産にあることを認識していた。また、徂徠の議論を踏襲し、出替奉公人は主従関係を形骸化させるとも述べる（『下』、七十三ウ）。

だが、徂徠と異なり、正志斎は「めんどう」な譜代奉公人を養うことが、統治者の「徳」を涵養するとは説かない。武士の奉公人の問題に対する正志斎の処方箋は、知行地の一部を城下の近くに持たせ、その地の百姓の年貢を減免して「譜代の家来」に充てるというものである（村から城下に通勤する）[103]。高禄の武士は遠方の知行地にも家来を抱え置く。小禄の武士は、城下に近い知行地に次男以下の男子を居住させ、「家の子」としても良いという。主人の屋敷と離れた知行地に住む奉公人・「家の子」とは、徂徠が譜代奉公人との間に考えていたような密接な交渉は生まれにくい。

当然のことであるが、上層の統治者が城下に居住するため、正志斎の考える「封建」の制では、奉公人だけでなく、所領の農民と統治者の関係も疎遠である。これは固定的な人間関係が形成する「徳」のあり方に大きく関わる。

徂徠の「仁」の解釈は「長人安民之徳（人に長となり民を安んずるの徳）[104]」であり、つまり「民」を「苦役介[105]」にする「徳」である。奉公人との関係はこの「仁」の「徳」の涵養のために重視されていた（第一章参照）。

これに対し、正志斎が「仁」を人々に及ぶ「親愛之徳（親愛の徳）」と解釈し（『下』、十一オ）、徂徠と比べて、統治者として被治者に臨む態度が後退している。正志斎は、師の幽谷の説を引き、「仁孝一本」を説く。「孔子の教も孝を徳の本とし、愛敬の心を移して、君に事れば忠となり、事に施して、仁義となる[106]」といったように父母に対する親愛と尊敬の念の延長に「仁義」はある。徂徠と比較すると、正志斎は「仁」を上に在る者の立場ではなく、下に在る者の立場と結びつけて捉えている。

正志斎は『周礼』に依拠して「学制」を構想する。彼の解釈にしたがうと、周代の教育と選抜の機構において、被治者を領導する統治者の「徳」は大して重視されていない。

『周礼』によれば、「民」（下層の統治身分の者）を登用する際の教育と選抜基準は、まず閭（二十五家）の単位（「閭塾」という学校がある）では「敬敏任恤」、族（百家）の単位では「孝弟睦婣有学」である。「任恤」は「吾身ヲ惜マズ世話ヲヤク」といったように徂徠の説く「苦役介」と似ている。しかし、正志齋は「任恤之人、無不孝弟於父兄之理。故任恤者、孝弟之質（任恤の人、父兄に孝弟ならざる理無し。故に任恤なる者は、孝弟の質なり）[107]」と説き、「任恤」は「孝弟」の基礎となると考えている。固定的な人間関係が涵養する「人ノ事ヲヨク身ニ引受ケ」、「人ノ事ヲヨク思ヒヤ」る態度は、親や年長者の尊重と接続しているのである。さらに大きな党（五百家）の単位以上（「党庠」や「郷学」）では、「徳行」と「道藝」とが基準となる。特にこの段階でも、徂徠学が説くような統治者の「徳」は登場しない。

上層の統治者（「公卿大夫」）の子弟は、「門闈之学（門闈の学）」という朝廷内の施設で学ぶ[108]。そこでの教育は、「三徳」と「三行」とが指標となる。「三徳」は「至徳」（「真実無偽ノ徳」）・「敏徳」（「敏捷ニシテ怠慢ノ気ナク万事ニサトキコト」）・「孝徳」（「父母ニ順ナル」こと）である。「三行」は、「孝行以親父母（孝行以て父母に親しむ）」・「友行以尊賢良（友行以て賢良を尊ぶ）」・「順行以事師長（順行以て師長に事ふ）」である。「三行」に顕著であるが、「門闈之学（門闈の学）」は上長への恭順に比重を置いている。「封建ノ世」においては、将来の地位が保障されている「貴人ノ子」は「驕慢」になりやすい。そこで、彼らの「驕慢ノ気ヲ制スル」教育が必要なのだと正志齋は説明する。

このほかに「大学」が存在するが、「大学」は、推挙された「民」の俊才と「貴人ノ子」とが大規模の儀礼を行い、また交流するための施設で、日常的な教育の場ではない[109]。

正志齋は、現在は「封建の世」であり、同じく「封建の世」である周の学制に準拠すべきであると主張する。つまり、被治者を領導する「徳」の養成は、教育階梯に組み込まれないのである。

統治者の「徳」をめぐる徂徠と正志齋の相違は、正志齋の「忠孝」重視に起因するとまずはいえよう。しかし、正志齋は、「天」が「道」を「安民」のために造ったと考えており、また、「君臣共ニ皆民ノ世話ヤキノタメニ天ヨリ設ケタル役人」[110]ともいう。彼が徂徠の議論に通暁していながら、「孝弟」と「安民」の「徳」との間に、媒介の必要性を格別感じていないのは興味深い。

その一方で、正志齋の『周礼』解釈は穏当で、周代の教育と選抜の制度は、人々を「苦役介」にする「徳」を重視していないようにも見える。「仁」は、『周礼』の中では、「六徳」の一つであり、他の「徳」に優越する地位を与えられていない。これは、徂徠にとって経書解釈上、乗り越えるべき問題であったはずである。

この問題について徂徠は解答を示している。[111]彼によれば、孔子が「六徳」の中から「安民」の「徳」である「仁」を「掲」げたのは、春秋時代、「礼」の目的が「安民」にあることが忘却されたためである。当時、「礼」は個人修養に用いられ、統治と切り離され理解されるようになっていた。しかも、「仁」概念に対する誤解も広まっており、「世人」は「仁」を「慈愛」(「慈恵」)の意で捉えていた。[112]孔子はこのような「衰世」に抗して弟子たちに「仁」を強調していたのである。

この徂徠の孔子像は、彼自身の姿と重なる。徂徠は、孔子が歿してから現在に至るまで「仁」忘却の時代が続いたと見做す。宋学などのあやまてる「道」の解釈が登場したことで、事態は一層悪化した。真の意味での「礼楽」は日本はおろか、中国にもない。徂徠は孔子の時代以上の「衰世」を生きているがゆえに、「仁」が「慈悲」ではなく、人々の面倒を見る統治者の「徳」であることを強調したのである(『徂來先生答問書』の冒頭が典型である)。このような観点に立つ徂徠の目には、譜代奉公人の減少による主従関係の変化は、統治者の「器量」を養う貴重な制度的資源の消滅と映ったのであろう。

徂徠とは対照的に正志齋は、当代の統治機構は卓越していると考える。

正志齋は、「太初以来ノ国体」と並行して、「東照宮ノ建基ノ大体」について語る。徂徠と異なり、彼は「東照宮」が「制作」の途中で「御他界」したとは考えない。「東照宮」は「経制」を立てている。

（東照宮は——引用者）天下ノ経制ヲ立ラレ、上ハ皇室ヲ輔翼アリテ尊崇シ給ヒ、下ハ万民ヲ撫育シ、貢賦ノ制、孝悌ノ教アリ。中ハ封建ノ意ニ本ヅキ、国主・城主其ノ他領主・地頭ニ至ルマデ、各其分限ニ応ジテ、国家ノ藩屏トナリ、外ハ異国ノ通聘・市舶等、歴世ノ法制アリテ接遇セラレル、類、是又一定シテ変ズベカラザルモノト云ベシ[113]。

そして、「国体」と「東照宮ノ建基ノ大体」は一致する。

夫方今天下有封建之勢者、固太祖之所以制治也。東照宮以忠孝立基者、天祖之所以垂彝訓也[114]。

夫れ方今天下　封建の勢有る者は、固より太祖の治を制する所以なり。東照宮の忠孝を以て基を立つる者は、天祖の彝訓を垂るる所以なり。

「天祖」（天照大神）は、神器の授与によって「忠孝」の教えを明らかした。それと対応して、「東照宮」は「忠孝」を重んじ、「天下之大憲」（天下の大憲）」（武家諸法度）の筆頭には、「文武忠孝」が掲げられている（『下』、七十二ウ[115]）。また、「太祖」（神武天皇）は「国造」を「封建」しており、これは現今の体制と重なる。もっとも、「天朝」と「幕府」とで、まるで二人の君主がいるかのように見える。しかし、「幕府」は「天朝」を崇敬しており、「太初」に「事代主」が他の神々を率いて天朝を「衛護」したのと「暗合」すると正志斎はいう（『下』、四十三ウ[116]）。

さらに、当代の国制は多くの点で、「西土」（中国）の理想時代の「礼楽制度」と「暗合」する。日本にもかつては

「礼楽制度」があったというのではなく、優れた「礼楽制度」が現に存在する。わざわざ「民」を「苦役介」にすること――徂徠学的な意味での「仁」――を強く意識しなくても、「忠孝」に励み、比類なき「礼楽制度」を機能させれば、「安民」は実現するのである。

もっとも、当代の統治機構には随所に弛緩が見られる。正志斎によれば、それは、太平が続き、「休息過ギテ、尽ク寐入リタル世」となったのが主たる原因である。よって、必要なのは「怠惰」な眠りを醒ます刺戟である。[117]

一つの方策は、不意を突く賞罰で人々を「鼓舞」することである。「東照宮」も、かかる賞罰を行うことがあった。それは『尚書』洪範などに見える「聖人」の刑罰の用い方と合致している。[118]

東照宮英武仁厚、其用賞罰、活動不窮、無所適莫。所以察情実叙彜倫揆時勢者、神機妙用、自与聖人之意暗合。

東照宮 英武仁厚にして、其の賞罰を用ふるや、活動 窮まらず、適莫する所無し。情実を察し彜倫を叙し時勢を揆《はか》る所以の者、神機妙用、自づから聖人の意と暗合す（『下』、七十六オ）。

当代の為政者も「東照宮」にならい「剛断」の賞罰を行うべしと正志斎は主張する。

また、参勤交代を実戦的な行軍演習へと改め、武士に戦場の労苦を経験させる方策もある。[119] 江戸への参勤に代えて、沿岸の防衛拠点に駐屯を命ずるのも妙案であると正志斎はいう。[120] 徂徠は、武士が所領を離れ、城下に居住することを「旅宿の境界」と呼び、それを批判した。[121] これに対して、正志斎は、参勤による「旅宿の境界」を肯定的に評価する。

扨又諸大名・御旗本衆江戸ニ居住シテ、旅宿ノ境界ユヘ、費多キコトヲ物徂徠ノ論ゼシハ卓見ニテ、実ニ其弊モ

> アル事ナレドモ、是亦其一ヲ知テ、未其二ヲ不知ニ似タリ。前ニモ論ゼシ如ク、万物共ニ不用シテ寝セモノニナリテハ、腐敗スル道理ナル故、聖人ハ天下ノ諸侯・大夫・士ヲ常ニモ用テ死物ニナラズ、世ノ中ニ生気アル様ニシテ治メラレタリ。故ニ諸侯其国ニ在テモ田猟モアリ、朝聘モ絶ヘズ。又大諸侯ノ祖トナリタル周公・召公・太公ナドハ、都ニ居テ三公ノ職ヲ勤メ、太公ノ子呂伋モ、周ニテ虎賁氏〔今ノ小姓頭ノ如シ〕ノ役トナリ《中略》是等ニテモ古ヘ天下ヲ旅宿ノ境界ニナシ置、宴安ノ酖毒ニ耽リ、腐敗ニ至シメザリシ深意アル事知ベシ。[122]

周代にも参勤交代に対応する制度があり、「旅宿」は「世ノ中」に「生気」をもたらすと正志斎は見るのである。

このような「礼楽制度」が存在する状況での「腐敗」の防止や、秩序の再活性化といった問題は徂徠の視野の外にあった。徂徠の関心は、飽くまで新たな「制作」に注がれていた。

人々の危機意識を刺戟する正志斎の議論が、現今の「礼楽制度」への信頼と表裏の関係にあることを見逃してはならない。「天祖」や「太祖」、そして「東照宮」の制度設計は傑出している。よって、泰平の持続によって生じた怠惰の風を引き締め、時勢との齟齬を補正すれば、それらは再び本領を発揮する——正志斎はそう信じていたのである。一見、大胆に見える改革案も、「東照宮」らの「深意」に基づいた応変の処置であると彼はいう。統治機構の改革の根拠も「東照宮」の言に求められた。

> 国家ノ法制・禁令モ、東照宮ノ深意ニ於テハ、毫毛モ移動スベカラザレドモ、ヨク時勢ヲ斟酌センニハ、今ノ世ニ当テ、東照宮再生シ給ハヾ必ズ変通更張アルベキ事モ少カラズ。故ニ東照宮モ古法ヲ改ル事ヲバ深ク戒メ給ヒシカドモ、古法ノ中、慥ニ諸人ノ苦ム事アラバ、思案工夫ヲナシ、老功ノ臣ト相談シテ、改ル事モ亦忠孝也ト仰セラレタリ。[123]

正志斎の政策提言は、彼の考える自国の国制の粘り強い再解釈の産物である。彼は、秩序の崩壊に暗い愉悦を覚える類の煽動家では決してなかった。

六 小括

正志斎は、現今の統治体制と古代中国の「礼楽制度」との間に一致を見出し、それらの統治術の「深意」の解明を試みた。言語によらず「道」を明示する「神器」、人々を正しい人間関係の型に組み込む儀礼、神秘的権威の利用、「土着」による他者に対する強い配慮の喚起、「東照宮」の「聖人」への比擬。いずれの議論も本書の読者にとっては、既視感を覚えるものであろう。彼の学問は、仁斎に始まり、徂徠学派が展開した「接人」の領域をめぐる思想の集大成といえる。もっとも、水足博泉や田中江南が正志斎の学問に影響を与えたわけではない。正志斎は、かつて他の論者がそれぞれに開拓した徂徠学の敷衍の途を、自ら発見し、踏破したのである。

当然、正志斎の学問特有の問題領域も存在する。しかし、それも多くは、徂徠の「礼楽」論の延長に切り拓かれた地平であった。徂徠の「礼楽」論の枠組を、禁裏と公儀、そして「西夷」の統治体制に当てはめたがゆえに、西方の「礼楽」まがいの教えに深甚な脅威を感じ、自国の休眠状態にある「礼楽制度」の覚醒に苦慮したのである。

ちなみに、真淵や宣長の「皇国学《みくにまなび》」（「国学」）の後期水戸学への影響を重視する見解もあるが[124]、少なくても正志斎に関しては、わざわざ「皇国学」を持ち出さなくても、その学問体系は充分に説明可能である。徳川光圀以来の禁裏への崇敬心と徂徠の「神道」（「吾邦之道」）論の二つの材料で、彼の「国体」論の基軸は構成可能であり、「国学」に一見似通った排外的な主張も、正志斎は仁斎学の議論から調達している。博泉や江南の例から分かるように、禁裏に対する徂徠学の応用は、真淵や宣長の議論を踏まえることなしに行われていた。
また、宣長の弟子の橋本稲彦は、徂徠の「旧事本紀解序」（本章四節**2**参照）を引用して次のように述べている。

> そも〳〵、本邦に神と申すものは、祀先王配天ぐらゐの作り事にて、いかで宝祚無窮ならん。聖人ごときものゝ人智を以て是に効《なら》ひて、百王一世の基をもひらかるべき事とおもふは、愚昧のいたり捧腹にもたへず。[125]

徂徠や正志斎の用いる「配天」の論理を、「皇国学」の徒は一蹴する。両者の間の溝は深い。

江戸儒学史の流れから見た時、おそらく、同時代に、彼のように仁斎学と徂徠学とを基盤に自己の思想を構築する者は稀であったろう。仁斎学への評価は、徂徠学登場の後は低下しており[126]、徂徠学も既に山本北山や大田錦城の攻撃により、過去の思想となっていた。天保六年序の『当世名家評判記』の「経学者之部」の巻頭は朝川善庵、巻軸は佐藤一斎、極上々吉は柴野碧海（栗山の子）、大上々吉は松崎慊堂である[127]。寛政期以後、再び盛んになった聖堂の「心性」の学と、朝川善庵や松崎慊堂らの考拠の学——そのどちらからも正志斎は隔たっている。仁斎学と徂徠学に深く根差した正志斎の学風は、当時の江戸の学問状況から見れば時代遅れで、むしろ、井上金峨や冢田大峰、あるいは徂徠学と仁斎学とを折衷した富永滄浪[128]といった十八世紀後半の儒者の学風に近い。対外的な危機への認識に関しては先駆的な面はあったかもしれないが、それへの対処を考える際の理論的な道具立ては古いのである（無論、学風の新旧と学問の価値とは別問題である）。

正志斎の宿願は、未完に終わった師の幽谷の学問の大成であった[129]。そのために彼は、師に流れ込んだ思想の流れを遡ったのであろう。膨大な著作に示されているように、正志斎は非常に研究熱心だった[130]。彼は師以上に師の接した諸学説に通暁していた可能性すらある。東湖が正志斎の学問に対して抱いた「（幽谷の——引用者注）晩年の見とは相違の事も可有之歟」[131]という違和感も、彼の学問の奇妙な先祖返りに由来するのではなかろうか。

水戸の地に現れた、遅れてきた「古学」者は、「礼楽」論の枠組の中で現今の国制の卓越性を体系的に説明してみせた。これは、徂徠以後の一連の思潮の偉大な到達点であった。しかし、彼の所説によって当代――すなわち近世日本――の「礼楽」の存在が確証を得たかと思われた時、それを支える「幕府」は既に瓦解へと向かっていたのである。

(1) 彰考館員の「異学」排除については、吉田一徳『大日本史紀伝志表撰者考』(風間書房、一九六〇年、五九三～六〇二頁)参照。

(2) 青山延于『文苑遺談』、安政三年頃成立(関義一郎〔編〕『日本儒林叢書』第三冊、東洋図書刊行会、一九二八年)、八二頁。

(3) 荻生徂徠『徂徠漫筆』成立年未詳、茨城県立歴史館蔵(高橋清賀子家文書)。高橋清賀子家文書の来歴によって、豊田天功の旧蔵書であることが分かる(茨城県立歴史館〔編〕『東京都多摩市高橋清賀子家文書目録――豊田天功・小太郎関係文書』、茨城県立歴史館、一九九五年、八三頁)。荻生徂徠『忍尊帖』(日野龍夫〔編〕『荻生徂徠全集』第十八巻、みすず書房、一九八三年)と本文は同内容である。奥書に次のようにある。「右徂徠漫筆一本寛政七年西遊之日写之大坂蒹葭堂 小宮山昌秀識」。

(4) 立原翠軒や藤田幽谷の徂徠学受容に関しては、本書では扱わない。資料的な制約から両者の徂徠学受容の具体相が見えにくいのが一つの理由である。もう一つは、正志斎は小括で述べるように様々な文献から貪欲に知識を吸収しており、徂徠学に関しても幽谷の受容のあり方に強く規定されたとは考えにくいためである。わずかな示唆から、示唆を与えた当人が想像だにしなかったところまで思索を進めてしまう型の思想家に、正志斎は入るのではないか。後述の東湖の正志斎への違和感を参照。

(5) 尾藤正英「水戸学の特質」(今井宇三郎・瀬谷義彦・尾藤正英〔校注〕『水戸学』、日本思想大系第五十三巻、岩波書店、一九七三年)。

（6）　大川真「後期水戸学における思想的転回――会沢正志斎の思想を中心に」（『日本思想史学』第三十九号、日本思想史学会、二〇〇七年）、吉田俊純「水戸学と伊藤仁斎」（同『寛政期水戸学の研究――翠軒から幽谷へ』、吉川弘文館、二〇一一年）。
（7）　吉田俊純「尊王攘夷思想の成立――「弘道館記述義」の成立とその思想的環境」（同『後期水戸学研究序説――明治維新史の再検討』、本邦書籍、一九八六年）、七八頁、菅政友「雑稿」（『菅政友全集』、国書刊行会、一九〇七年）、六七一頁。
（8）　會澤正志齋『及門遺範』、九ウ、文久元年、東京大学総合図書館蔵。
（9）　會澤正志齋『読論日札』、弘化四年成立、無窮会図書館蔵。
（10）　藤田幽谷『二連異称』、寛政五年跋（菊池謙二郎〔編〕『幽谷全集』、吉田彌平、一九三五年）、四四頁。
（11）　寺門政次郎宛書簡（嘉永五年、七月二日、水戸市教育委員会〔編〕『東湖先生之反面』、復刻版、国書刊行会、一九九八年）、二一一頁。
（12）　吉田俊純は、既に正志齋が仁齋学から「性と道」や「道徳観」などについて学んでいることを指摘している（前掲「水戸学と伊藤仁斎」）。しかし、仁齋学と朱子学の対立点と、仁齋学の正志齋への影響を別個に論じているため、三つの思想の関係が見えにくい。また、田尻祐一郎は、正志齋が宋学の本来性の教説を批判することを論じ、注において「四端」の「拡充」解釈に関して仁齋から示唆を受けていることを指摘する。ただし、徂徠学と朱子学と正志齋の関係に焦点を絞っているため、正志齋と仁齋学の関係が明瞭でない（田尻祐一郎「会沢正志斎に於ける礼の構想」〔『日本思想史学』第十五号、日本思想史学会、一九八三年〕）。
（13）　伊藤東涯『訓幼字義』、宝暦九年刊（井上哲次郎・蟹江義人〔編〕『日本倫理彙編』巻五、復刻版、臨川書店、一九七〇年）、四九七頁。
（14）　伊藤仁齋『孟子古義』、享保五年刊（関儀一郎〔編〕『日本名家四書註釈全書』、東洋図書刊行会、一九二四年）、二八四頁。
（15）　同『童子問』巻上第四十三章、宝永四年刊（家永三郎・清水茂・大久保正・小高敏郎・石濱純太郎・尾藤正英〔校注〕『近世思想家文集』、日本古典文学大系第九十七巻、岩波書店、一九六六年）、二一六頁。
（16）　田尻祐一郎「「四端」と「孝悌」――仁斎試論」（『日本漢文学研究』創刊号、二松学舎21世紀ＣＯＥプロジェクト、二〇〇六年）。

(17) 前掲『童子問』巻上、第五章、二〇四頁。仁齋の異端批判の峻烈さについては、片岡龍「伊藤仁齋の異端批判の形成」(『東洋の思想と宗教』第十七号、早稲田大学東洋哲学会、二〇〇〇年)に詳しい。

(18) 朱熹「中庸章句序」(朱熹〔著〕・徐徳明〔校点〕『四書章句集注』、上海古籍出版社・安徽教育出版社、二〇〇一年)、一八頁。

(19) 伊藤仁齋『語孟字義』巻上、理4、宝永二年刊(吉川幸次郎・清水茂〔校注〕『伊藤仁斎 伊藤東涯』、日本思想大系第三十三巻、岩波書店、一九七一年)、一二五頁。

(20) 伊藤仁齋「論堯舜既没邪説暴行又作」(前掲『伊藤仁斎 伊藤東涯』)、一六六頁。

(21) 會澤正志齋『豈好辯』、文政十一年跋(関儀一郎〔編〕『日本儒林叢書』第四冊、東洋図書刊行会、一九二九年)、一一頁。

(22) 大川真氏は前掲論文(一二二頁)において、正志齋の「活物」論は「西洋列国への強い敵愾心」を持つ点で、「「愛」の拡充によって日常の人間関係の充実を説いた仁斎の活物的人心観とは相貌を異にする」と説く。しかし、正志齋は、仁齋と同じく「日常の人間関係」を重視するゆえに西洋へ「敵愾心」を抱くのである。

(23) 伊藤仁齋「送防州太守水野公序」(『仁齋先生文集』、成立年不明、天理図書館蔵)。同様の説は前掲『訓幼字義』、三〇九頁にも見える。

(24) 正志齋の「天」と「道」に関する理解は、『中庸釈義』(天保十年序)と『下学邇言』(弘化四年起筆とされる)とでは異同がある。「中庸釈義序」で正志齋は、同書が「三十年」前の原稿に修訂を加えたものであることを述べる(『中庸釈義』、無窮会図書館蔵)。よって本書では、『下学邇言』に拠った。

(25) 正志齋は幽谷説にしたがい「教」を「傲」に改め、「有邦」を下句に属す。また「有庸」の「有」を『経典釈文』所引の「馬本」にしたがい、「五」に改める。

(26) 會澤正志齋『典謨述義』巻四、皐陶謨、天保十一年序、無窮会図書館所蔵。

(27) 前掲『豈好辯』、三頁。

(28) 黎靖徳(編)・王星賢(校点)『朱子語類』巻八十四、中華書局、一九九四年、二一八四頁。

(29) 前掲「会沢正志斎に於ける礼の構想」は、「天」が「叙秩」した「礼」といっても、正志齋が「人間が各々の実践に際してその内的根拠を自ら心の側に置く事については注意深く否定」することを論じている（五七頁）。
(30)『孟子集注』公孫丑上（前掲『四書章句集注』）、二七七頁。
(31) 前掲『朱子語類』巻五十三、一二八一頁。
(32) 前掲『童子問』巻中、十八章、二二五頁。
(33) 前掲『訓幼字義』、三二〇頁。同様の議論は、伊藤東涯「天道論上」にも見える（同『経史博論』、元文二年刊〔関儀一郎（編）『続日本儒林叢書』第二冊、東洋図書刊行会、一九三一年〕、六七頁）。
(34) 會澤正志齋「人臣去就説」、成立年不明（前掲『水戸学』）、三五五頁。
(35)『辨名』天命帝鬼神6、二三六頁、『太平策』、四六六〜四六七頁。
(36) 前掲『豈好辯』、四頁、六頁にも見える。
(37) 文淵閣『四庫全書』電子版、上海人民出版社・迪志出版有限公司、一九九九年。
(38) 會澤正志齋『江湖負暄』、嘉永元年成立（福田耕二郎〔校注〕『神道大系』論説編十五、神道大系編纂会、一九八六年）、五四二頁、前掲『豈好辯』、二頁などにも見える。
(39)『徂來先生答問書』巻上、六ウ。
(40) 同右、巻上、七ウ。
(41)『学則』、二五八頁。
(42) 伊藤東涯『東涯漫筆』巻下、十一ウ〜十二オ、寛政十二年序、甘雨亭叢書、早稲田大学図書館蔵。
(43) 前掲「人臣去就説」、三五五頁。
(44)「君子以安民為心、事君以其正、佐其安民之志、而不阿私意（君子 民を安んずるを以て心と為し、君に事ふるに其の正を以てして、其の民を安んずるの志を佐けて、私意に阿《おもね》らず）」（『下』、七十七ウ）。
(45) 前掲「人臣去就説」、三五四頁。
(46) 正志齋によれば、幽谷は短所を責めず、各人の長所を伸ばす人材教育を説いていた。「聖人教人、従其才所長、以成其器、而不責全於人々。故有徳行、有言語、有政事、有文学、有達者、有果者、有藝者（聖人 人を教ふるに、其の才の長ずる所に従ひ、以て其の器を成し、而して全きを人々を責めず。故に徳行有り、言語有り、政事有り、文学有り、達者有り、果者有り、藝者有り)」(『下』、十九ウ)。この幽谷の論は『辨名』徳1(二一二頁)に見える議論にそっくりである。

(47) 瀧鶴臺「朝鮮南秋月・成龍淵・元玄川　稟問数條附」(『鶴臺先生遺稿』巻十、十五オ、安永七年刊、慶應義塾大学図書館蔵)。前章参照。

(48) 孔平天愚「題蘭学階梯首」(大槻玄澤『蘭学階梯』、天明三年序、早稲田大学図書館蔵)、三ウ～四オ。

(49) 天愚は「喎蘭喜思。利用厚生思而不已。世世相承必尽其善(喎蘭 思を喜ぶ。利用厚生 思ひて已まず。世世相承けて必ず其の善を尽くす)」と説く(同書、三オ)。徂徠学では、「安民」という一大目的のために、まずは伏羲や神農といった「聖人」が「利用厚生之道(利用厚生の道)」を建て、その後に堯舜が「礼楽」が制作したとされる(『辨名』聖1、二一六頁)。また徂徠は、諸制度の設計にめぐらされた「聖人」の深い思慮(「思」)を説く(『論語徴』乙、二十四ウ、辛、八オなど)。天愚が、医術の「精詳」さの延長に優れた政治制度の存在を予想しているのは、徂徠学に基づき、医術のような民生安定の「術」と統治の「術」の間に、深い思慮(「思」)という共通性を見出しているからである。

(50) 前掲『豈好辯』、七頁。

(51) 會澤正志齋『新論』、文政八年成立、安政四年刊(前掲『水戸学』)、三八二頁。

(52) 同右。

(53) 吉田松陰「与赤川淡水書」(同『丙辰幽室文稿』、安政三年成立(山口県教育会(編)『吉田松陰全集』第三巻、岩波書店、一九三五年))、四四～四五頁。

(54) 前掲『徂徠漫筆』。鏡中の影に父母を思うといった趣向は謡曲「松山鏡」などにも見られる。徂徠と正志齋がともに「宝鏡」の神勅と『礼記』の「父母之遺体」の語を連結させていることが重要である。

(55) 『徂來漫筆』(内題「徂來先生漫筆」)、公益財団法人徳川ミュージアム蔵、目録番号一八六三一。

(56) 會澤正志齋『退食間話』、天保十三年序(前掲『水戸学』)、二三七～二三八頁。

(57) 『辨道』15、二〇五頁。

(58) 『太平策』、四七三頁。

(59) 高橋源一郎「死者と生きる未来」（ポリタス、二〇一五年八月一八日、http://politas.jp/features/8/article/452　二〇一五年八月一八日閲覧）。インターネットでの反応を見る限り、この話に「感動」する人々は多くいたようである。
(60) 前掲『退食間話』、二四〇頁。
(61) 前掲『江湖負暄』、四四一頁。
(62) 「旧事本紀解序」（『徂徠集』巻八、十六オ〜十六ウ）。
(63) 亀井昭陽等『蕿文談広疏』、成立年不明（亀井南冥・昭陽全集刊行会〔編〕『亀井南冥・昭陽全集』第六巻、葦書房、一九七九年）、一一九頁。
(64) 子安宣邦『国家と祭祀――国家神道の現在』（青土社、二〇〇四年）、八八〜八九頁。
(65) 前掲『太平策』、四五二頁、及び前掲『論語徴』戊、十三ウ。
(66) 前掲『辨名』礼2、二二〇頁。
(67) 前掲「旧事本紀解序」、十七ウ。
(68) 前掲『及門遺範』、二オ。
(69) 前掲『豈好辯』、六頁。
(70) 前掲『読論日札』巻一、「禘之説」。
(71) 「謹挙天朝之礼、以論之、太祖即如所謂祖者、而天祖即所由出也（謹んで天朝の礼を挙げて、以て之を論ずれば、太祖は即ち所謂祖なる者の如し、而して天祖は即ち由りて出る所なり）」（『下』、三十八オ）
(72) 前掲『新論』、三八二頁。
(73) 會澤正志齋「作洛論上」（同〔著〕・名越時正〔編〕『會澤正志齋文稿』、一八九一年序、国書刊行会、二〇〇二年）、六八〜六九頁。
(74) 荻生徂徠『大学解』、六二五頁。
(75) 同右、六二六頁。
(76) 同右。

(77) 正志斎が読み取った大嘗祭の精妙な仕組みに関しては、次の論考参照。三谷博「「新論」覚え書き――〈「忠孝」の多重平行四辺形〉を中心に」（『歴史学研究報告』第二十二号、東京大学教養学部歴史学研究室、一九九四年）。

(78) 代表的な論考集としては、張翔・園田英弘（共編）『「封建」・「郡県」再考――東アジア社会体制論の深層』（思文閣出版、二〇〇六年）。明治期の「封建」・「郡県」論の諸相については、河野有理『田口卯吉の夢』（慶應義塾大学出版会、二〇一三年）参照。

(79) 『蘐園十筆』七筆30、四六七頁。

(80) 前掲『江湖負暄』、四九八頁。

(81) 武士の知行地への「土着」の弊害については、會澤正志齋『対問三策』、天保八年成立（福田耕二郎〔校注〕『神道大系』論説編十五、神道大系編纂会、一九八六年）、一七〇～一七三頁、及び『下』、八十一オ～八十二ウ。

(82) 正志齋の「六郷」・「六遂」解釈に関する研究には以下のものがある。今井宇三郎の研究は、経学的な観点からなされたもので、先行注釈と正志齋の『読周官』の関係について詳しい。ただし、江戸期の制度との対応関係への言及はない。ケイト・W・ナカイの研究は「知行地」への「土着」を正志齋が批判していたことを明確にしている。本書はこれらの研究を踏まえ、正志齋においても「土着」論が「接人」の制度構想の枠内で論じられていることを明らかにする。今井宇三郎「水戸学における儒教の受容――藤田幽谷・会沢正志斎を主として」（前掲『水戸学』所収）、同「会沢正志斎における儒教経伝の研究」（山岸徳平〔編〕『日本漢文学史論考』、岩波書店、一九七四年）、Kate Wildman Nakai, "Tokugawa Approaches to the Rituals of Zhou: the Late Mito School and "Feudalism"," Benjamin A. Elman and Martin Kern, eds., *Statecraft and Classical Learning: the Rituals of Zhou in East Asian History*, Leiden: Brill, 2010.

(83) 以下の「六郷」・「六遂」の説明は、會澤正志齋『学制略説』、天保元年頃成立、無窮会図書館蔵、『江湖負暄』（四九八～五〇二頁）に拠る。前掲「水戸学における儒教の受容」も併せて参照。

(84) 「基本的に」と附言したのは、「丘乗ノ兵」の問題があるからである。六遂の「餘地」及び卿大夫・王の子弟の所領（六遂の外にある）の農民は、「領主」の「手勢」の兵となる。これを「丘乗ノ兵」と呼び、「丘乗ノ兵ハ農ヲ世業トシテ、真ノ農兵也」と正志齋はいう（前掲『江湖負暄』、五〇〇頁）。

(85) 前掲『対問三策』、一七三頁。前掲『江湖負暄』（四九八頁）にも「郡県ノ世ニハ官人モ農ヨリ出ル事自然ノ勢也。封建ノ世ニハ士大夫皆世禄ナレバ、兵モ世業ノ様ニナル事、是亦勢ノ自然也」とある。

(86) 磯田道史は、岡山藩・津山藩の事例から、次のように論じている。「近世大名の家中は、城下町に集住する「武家」と城下近村から出る「奉公人」の二重構造をもっていた。家中の上半分は、「武家」とよばれる世襲集団であったが、家中の下半分（主に足軽以下）は、城下近村の百姓などを「奉公人」として抱え入れる仕組みであった。家中の下半分が「農」と密着している点から言えば、近世社会の「兵」は「農」から完全に分離されていたとはいえない。しかし、戦国大名の家臣団に比べれば、兵農分離の度合いは高い」（磯田道史『近世大名家臣団の社会構造』、東京大学出版会、二〇〇三年、三〇四頁）。後述するように正志齋は、城下近郊に足軽町の設置を建言する。城下（「武家」）・近郊（足軽層）・農村（百姓）という居住区分を構想する点で、正志齋の議論は空間的な次元では「兵農分離」をより徹底させている。

(87) 以上の「六郷」に関しては、前掲『江湖負暄』、四九九頁。

(88) 前掲『学制略説』。

(89) 前掲『江湖負暄』、四九九頁。

(90) 「周后稷之後、尤重農耕。故天子諸侯有籍田、郷大夫士有圭田、庶人在官、亦受田耕之（周は后稷の後、尤も農耕を重んず。故に天子諸侯 籍田有り、郷大夫士 圭田有り、庶人 官に在るも、亦た田を受けて之を耕す）」（『読周官』巻一、総論、安政元年成立、無窮会図書館蔵）。

(91) 前掲『江湖負暄』、五〇〇頁。

(92) 同右、四九九頁。

(93) 太宰春臺『経済録』、享保十四年序（滝本誠一〔編〕『日本経済叢書』第六巻、一九一四年）、七一頁。

(94) 前掲『学制略説』。

(95) 前掲『周礼』地官、大司徒。

(96) 前掲『読周官』巻二、郷三物。

(97) 前掲『学制略説』。

(98) 以下の解釈は、前掲『読周官』巻二、比閭族党州郷、巻三、族師閭胥比長。
(99) 前掲『読周官』巻三、族師閭胥比長。
(100) 前掲『江湖負暄』、五〇一頁。
(101) 近郊型「土着」論は、郡奉行をめぐる任地在勤制論（立原派）と城下在勤制論（藤田派）の対立と関係している。この問題に関しては別の機会に論じたい。天保改革期の郡制改革については、水戸市史編さん委員会『水戸市史』中巻（三）（水戸市役所、一九七六年、五七四〜五八二頁）参照。
(102) 前掲『対問三策』、一六九頁。
(103) 同右、一七四頁。「通い奉公人」については、前掲『近世大名家臣団の社会構造』（二四九〜二七七頁）参照。
(104) 『辨名』仁1、二一三頁。
(105) 『太平策』、四六六頁。
(106) 前掲『対問三策』、一九三頁。原文は「愛敬」を「愛教」に作るが、明白な誤字なので改めた。『下』、十オ、ウを併せて参照。
(107) 前掲『読周官』巻三、族師閭胥比長。
(108) 以下、「門闌之学（門闌の学）」については、前掲『学制略説』。
(109) 同右。
(110) 前掲「人臣去就説」、三五五頁。
(111) 『蘐園十筆』五筆5、四三五頁、『辨名』心2、二四三頁。
(112) 『論語徴』丙、三ウ、十二オ。
(113) 前掲『江湖負暄』、四四七頁。慶應義塾大学図書館所蔵本にしたがい、「建封ノ意」を「封建ノ意」に改めた。
(114) 前掲『新論』、三八六〜三八七頁。
(115) ただし、天和令以降である。
(116) 同様の「事代主」と「将軍家」を重ね合わせる説は、平田篤胤『霊能真柱』にも見える。これについては、三ツ松誠

「「みよさし」論の再検討」(藤田覚(編)『史学会シンポジウム叢書　十八世紀日本の政治と外交』、山川出版社、二〇一〇年)参照。ただし、正志斎がこの説明を用いることは稀である。大抵、「幕府」が「忠孝」と「天朝」(禁裏)を重んじていることを強調し、この問題への深入りを避けている。

(117) 前掲『江湖負暄』、四五一頁。

(118) 同右、四五二頁。

(119) 前掲『江湖負暄』、四七〇~四七一頁。

(120) 同右、四七三、五〇七頁。

(121) 『政談』、一〇九~一一六頁。

(122) 前掲『江湖負暄』、四七二~四七三頁。

(123) 同右、四五〇~四五一頁。

(124) 前掲「後期水戸学における思想的転回」など。

(125) 橋本稲彦「辨読国意考」(賀茂真淵『国意考』、三十七ウ、文化四年刊、早稲田大学図書館蔵)。

(126) たとえば井上金峨は仁齋学を評して次のようにいう。「要之草昧之業、創造之言、其有不及、固其所已。不足深責此(之を要するに草昧の業、創造の言、其の及ばざる有るは、固より其の所のみ。深く此を責むるに足らず)」(井上金峨『経義折衷』、宝暦十四年序(井上哲次郎・蟹江義丸(共編)『日本倫理彙編』第九巻、金尾文淵堂、一九一三年)、三五七頁)。

(127) 悟免庵主人『当世名家評判記』、天保六年序、慶應義塾大学図書館蔵。

(128) 富永滄浪『古学辨疑』、天保五年刊。同書は、龍草廬『名詮』・『典詮』(安永四年刊)とほぼ同内容であり、滄浪と草廬のどちらが真の作者かという議論があるが、本書ではこの問題には立ち入らない。

(129) 寺門謹「會澤先生行実」、五ウ、(『下』附録)。

(130) たとえば、『読論日札』は様々な注家の説を引くが、並河天民や片山兼山の説なども参照している。また服部蘇門(天游)『赤倮倮』への言及も見える(『下』、十九オ)。

(131) 豊田天功宛書簡(嘉永四年か、七月十一日、前掲『東湖先生之反面』)、九〇頁。

＊『徂來漫筆』（公益財団法人徳川ミュージアム蔵）は、水戸徳川家旧蔵儒学関係史料調査（二〇一五年八月）の際に閲覧の機会を得た。公益財団法人徳川ミュージアム理事長徳川斉正氏、同館長徳川眞木氏、調査団のリーダーである国立台湾大学教授徐興慶氏に深く感謝申し上げたい。

第二部　「修辞」

「修辞」の語は、『易経』文言伝の「脩辞立其誠（辞を脩めて其の誠を立つ）」に由来する。徂徠は、この一節の「脩辞」を「詩書古之法言也。学古之法言、以美己之言。是謂脩辞（詩書は古の法言なり。古の法言を学びて、以て己の言を美にす。是を辞を脩むと謂ふ）[1]」と解釈する。徂徠学における「修辞」とは、単に文彩を凝らすという意味ではない。「詩書」（今日『詩経』・『書経』として残る）などの古代から伝わる金言佳句にならい、自己の言葉を美しくする（時にはそれらの語をそのまま引用する）ことを指す。徂徠はさらに敷衍して広く典故表現を指して「修辞」の語を用いる。徂徠学派の詩文を非難する際の常套句である模擬剽窃こそが、すなわち徂徠学でいう「修辞」なのである。本書は、近世日本における広義の「修辞」——文彩や表現技法——の問題も分析の俎上に載せるが、飽くまで徂徠学における「修辞」を端緒とすることを確認しておきたい。

「修辞」に用いられる「詩書」は、「礼楽」と並び、「聖人」が統治者の教育のために定めた「四術」に数えられる。「詩書」に依拠した統治者間の会話や議論という言語活動の様式も、「聖人」が天下の安寧のために設計したものである。つまり、「修辞」は「接人」の制度構想の一部分を占めている。

このような「聖人」の言語活動への介入にならい、徂徠は文学の制度の再編を企図した。彼は、詩文の典範となる作品の選集を編纂し、それらを組み込んだ新たな教養体系の樹立を試みる。徂徠の弟子の鷹見爽鳩は、「先王之教礼楽以陶鋳焉。習以成性（先王の教 礼楽以て陶鋳す。習ひて以て性を成す）」と述べた上で、「二李之選功侔礼楽（二李の選功 礼楽に侔《ひと》し）」という[2]。選集編纂が「礼楽」制作になぞらえられているのである。徂徠の詩文選集の編纂にもかかる側面はあったに違いない。

第二部では最初に、徂徠の文学論を検討し（第五章）、続いて徂徠学派の詩の鑑賞法を検討する（第六章）。その後に、『滄溟先生尺牘』を手がかりに古文辞の流行について見る（第七章）。最後に、文彩と統治の問題について、賀茂真淵・本居宣長・富士谷御杖などのいわゆる「国学者」たちと比較する（第八章）。この三人は、徂徠と問題関心を共有しており、彼らと比較することで、徂徠の「修辞」論の射程がより明確になるからである。

第五章 「人情」理解と「断章取義」
——荻生徂徠の文学論

一 はじめに

徂徠学派の文学を論ずる際に、「雅俗」と「人情」の二つはよく用いられる概念である。通説的な理解をまとめると次のようになろう[3]。

徂徠やその弟子たちは徹底的な擬古を説き、「雅俗」を峻別した。彼らの文芸は、擬古ゆえの窮屈さをともないつつも勧懲主義的な文学観の桎梏を脱しており、「人情」の解放に繋がった。徂徠学派の文芸は「雅」への強い志向を持つという点で、風雅論的文学観の典型であり、また「人情」の解放は、文学の道徳からの自立を促したという点で、近代文学への橋渡しとなった。

このような「雅俗」や「人情」という概念は、近世文学史の見取り図を描くのに一定の有効性を持っている。しかし、同時にそれらは、議論を混乱させる危うさを有していないだろうか。

1　「雅俗」

「雅俗」については、次の二種類の「雅俗」概念が区別されないまま用いられてきた(4)。近世の人々の著作に現れる史料用語としての「雅俗」と、今日の研究者が対象を評価し、整理するための分析概念としての「雅俗」の二つである。

徂徠は、『論語』述而の「子所雅言詩書。執礼皆雅言也（子の雅言する所は詩書。執礼も皆雅言するなり）」の「雅」を「不避諱（諱を避けず）(5)」の意であるとして、次のようにいう。

> 或説、雅与俗対、謂不用土音也。亦通。然雅俗昉自楽。及後世乃用之一切。孔子時所無。故不可従(6)。
>
> 或ひと説くに、「雅と俗と対し、土音を用ひざるを謂ふなり」と。亦た通ず。然れども雅俗は楽より昉《はじ》まる。後世に及びて乃ち之を一切に用ふ。孔子の時、無き所なり。故に従ふ可からず。

「雅俗」の二項対立は「雅楽」・「俗楽」の別に始まるものであり、それをあらゆる対象に当てはめるのは後世的な用法であると徂徠は見る。彼は古代の「雅俗」の用法にしたがい、「雅俗」の対立を詩文を論じる際に用いない(7)。これは「其雅俗ノ内ニ、事ノ雅俗アリ、字ノ雅俗アリ、趣ノ雅俗アリ(8)」といったように、詩にまつわるあらゆる局面に「雅俗」の対立を設ける祇園南海の詩論などとは大きく異なっている。つまり史料用語としての「雅俗」は徂徠の文学論で重要な位置を占めておらず、徂徠自身が「雅俗」の対概念を中心に議論を展開したと見るのは誤りである(9)。

では、分析概念としての「雅俗」はどうであろうか。「雅俗」を分析概念として用いる場合には、それらがいかなる概念なのかを明確に定義することが必要となろう。だが、それには大きな困難がともなう。清田儋叟《たんそう》は『藝苑談』において、「雅」の本義が「正」の意味であるのにもかかわらず、「気随・我儘・無礼・不行義・異風・異相」を「雅」と心得ている者が多いことを嘆いている。[10] 儋叟によればそれらの行動は「俗悪甚だし」きものである。このように何を「雅」と見做すかについては、近世において既に正反対の見解が存在していた。さらに厄介なのは、「雅」に固執することが「俗」に堕し、「俗」を受け入れる洒脱さがかえって「雅」と評価されるといった反転が見られることである。多義的で、しかもしばしば逆転する「雅俗」の意味内容を固定し、分析概念に洗練させることは容易ではない。

「雅俗」を分析概念として定義する一つの方法として、「雅」は和歌や漢詩文、「俗」は戯作や俳諧——といったように「雅俗」を特定の文芸領域と対応させる方法がある。[11] 近世和歌や漢詩文の研究が軽視されていた時代に、それらの重要性を強調するのに、「雅俗」という指標は便利であった。しかし、「雅俗」という文字は、史料用語としての「雅俗」と直接結びつけられやすく、概念上の混乱という代償は大きかった。

以上のような考察を踏まえ、本書では徂徠の文芸論を分析する際に、「雅俗」の対概念を用いないことにする。[12]

2 「人情」

「人情」についても「雅俗」と同じような概念上の混乱が見られる。多くの研究において「人情の解放」や「人情主義」といった際の「人情」が、分析対象の作品に見られる「人情」の語を受けたものなのか、それとも研究者の分析概念なのか、判然としない。本書では、「人情」を分析概念としては用いないことにする。

これに付随し、さらに問題なのは、「人情の解放」や「人情主義」について語る論者が、詩は「人情」を述べたものであるという主張と、詩には自己の心情を吐露すべきであるという見解とを区別していないことである。たとえば徂徠は後で詳しく見るように、『詩経』として今日伝わる古代の「詩」は、「人情」をよく表したものであると考えていた。しかし、その一方で徂徠は、個人特有の心情の表現には格別価値を見出していない。

然二三子猶且不能学焉者、辞有限也。辞有限而志不得而酬。所以苦也。亦唯言其可言、而不言其不可言。久之後、不復欲言不可言。是謂之化。故其言肖唐、而其志亦肖唐。猶何有不酬之志哉。吾得諸先王礼楽之教、而施於詩[13]。

然れども二三子猶ほ且つ焉《これ》を学ぶこと能はざる者は、辞に限り有ればなり。辞に限り有りて志 得て酬ひず。苦しむ所以なり。亦た唯だ其の言ふ可きを言ひて、其の言ふ可からざるを言はず。之を久しくする後、復た言ふ可からざるを言ふことを欲せず。是れ之を化と謂ふ。故に其の言 唐に肖《に》て、其の志も亦た唐に肖たり。猶ほ何ぞ酬ひざるの志有らんや。吾 これを先王礼楽の教へに得て、詩に施す。

唐詩で用いられる言葉には限りがあるので、自分の表現したいことを表現できないと苦しむことがある。徂徠は唐詩で表現可能なことだけを詩に詠んでいるうちに、やがて発想法自体が唐人と同じようになり、言葉の不足に困らなくなるという。表現に合わせて心の働きの方が変化するのである（「礼楽」と「詩」が同じ枠組で語られていることにも注意したい）。このような徂徠の説と彼の『詩経』論の間に矛盾はない。

（『詩経』は――引用者注）古の人のうきにつけうれしきにつけうめき出したる言の葉に候を、其中にて人情によく叶ひ言葉もよく、又其時その国の風俗をしらるべきを、聖人の集め置き人に教へ給ふにて候。是を学び候とて道理の便には成不申候へ共、言葉を巧にして人情をよくのべ候故、其力にて自然と心こなれ、道理もねれ、又道理の上はがり（ママ）にては見えがたき世の風儀国の風儀も心に移り、わが心をのづからに人情に行わたり、高き位より賤き人の事をもしり、男が女の心ゆきをもしり、又かしこきが愚なる人の心あはひをもしらるゝ益御座候。《中略》

後世之詩文章は皆是を祖述いたし、殊に時代近候故会得成安き筋多候故、右の心持にて学候へば其益多御座候。[14]

詩に詠まれた特定の個人の心情と「人情」とは一致しないこともある。そのため聖人は「人情」にかなった詩を選んだ。選択の基準は、詩を学ぶことの効果から考え、「賤き人」や「女」、「愚なる人」などの人々の「心ゆき」や「心あはひ」が典型的にその詩に表れているか否かにあろう。ここで徂徠のいう「人情」とは、特定の立場や状況にある人間の典型的な感情を指すものなのである。[15] 立場や状況ごとに、典型的な感情のあり方は当然異なっている。徂徠が「詩書者、義之府也トアルハ、天下ニアリトアラユル人情義理ヲ納メタル府庫ト云フコトナリ（傍点引用者）」[16]と説くのは、このためである。

太宰春臺は師説に基づいて、次のように説く。

三百篇の詩には、天下のあらゆる事、天子より庶民までの、外内公私の所作、天下のあらゆる人情、あらゆる義理、皆こと〴〵く此中に在て、おほかた遺ること無し。凡人情は、天子国君より庶民に至まで、其居る所の位によりて、それ〴〵にかはる者なり。其故いかにといふに、人情といふは、約ていへば好悪の二字なり。好はこのむ、悪はにくむと訓ず。このむとは心にすくなり、にくむとは心にきらふなり。然れば好悪はすききらひなり、人のすききらひは、其の身の居る所にてかはる者なり。[17]

徂徠は、このような「人情」からはみ出るような〈個性〉には関心を持っていない。彼が重視するのは、『詩経』を読み、唐詩を模倣することで、それぞれの立場や状況にある人間の典型的な感情のあり方を理解することである。なぜ後世の詩の中でも、宋詩ではなく唐詩を学ぶのかといえば、宋詩は「理窟」に堕し、「人情」を表現できていないからである。[18]

仮に徂徠学的な意味での「人情」が全面的に「解放」されたとしても、近代文学の特徴とされてきた〈個性〉や〈自我〉の尊重には繫がらない。したがって、徂徠の『詩経』論に見える「人情」への言及を、安易に近代文学の階梯に位置づけるのではなく、どのような議論の文脈の中で発せられたものなのか再検討する必要がある。

二　「人情」理解

1　朱子学の「勧善懲悪」説

徂徠の『詩経』論が批判対象に想定しているのは、『詩経』を「勧善懲悪之設（勧善懲悪の設け）[19]」とする朱熹の論である。朱子学の「勧善懲悪」説に対し、徂徠や伊藤東涯が「人情の様々を理解」する『詩経』論を唱えたことは、大谷雅夫氏の論考において既に言及されている。[20]本書では、大谷氏が「やや強引ではある」と評した朱子学の「勧善懲悪」説の論理をまず分析することで、二つの異なる『詩経』論の対立点をより明確に浮かび上がらせることにしたい。

今日、「勧善懲悪」の語は、善玉が悪玉に勝利するといったように、作品の中で善を勧め悪を懲らしめるという意味で用いられる。しかし、朱子学における「勧善懲悪」は、そのような意味を持っていない。

朱熹の「勧善懲悪」説として知られるのは、「詩集伝序」と『論語集注』為政「詩三百」章に見える議論である。「詩集伝序」には次のようにある。

詩者人心之感物而形於言之餘也。心之所感有邪正。故言之所形有是非。惟聖人在上、則其所感者無不正、而其言皆足以為教。其或感之之雑、而所発不能無可択者、則上之人必思所以自反、而因有以勧懲之。是亦所以為教也。(21)

詩は人心の物に感じて言に形《あら》はるるの餘なり。心の感ずる所 邪正有り。故に言の形はるる所 是非有り。惟だ聖人 上に在れば、則ち其の感ずる所の者正しからざる無くして、其の言は皆 以て教へと為すに足れり。其の或いは之に感ずるの雑にして、発する所 択ぶ可き者無き能はざれば、則ち上の人 必ず自反する所以を思ひて、因りて以て之を勧懲すること有り。是れも亦た教へを為す所以なり。

心の動きの「邪正」が詩の言葉には表れる。「聖人」が為政者であった時代には、その徳化によって人々の心の動きは正しく、彼らの詠んだ詩は教えとなるものばかりであった。しかし、時には、乱れた心の動きが表れた詩が作られることもある。そのような際に聖人は、自分の修養が足りないため、教化が至らなかったことを反省し、その上で「勧懲」を行った。ここでの「勧懲」は、『詩経大全』に引かれる劉瑾の説が「於己則益脩其治教、於人則有勧懲之政（己に於いては則ち益々其の治教を脩め、人に於いては則ち勧懲の政有り）」(22)というように、実際に賞罰を行うことを指す。

右の引用に続く部分で朱熹は、周の時代には巡行の際に国々の詩を観ることで、「黜陟之典（黜陟の典）」が行われていたと述べる。しかし、周の東遷以降、この「勧懲黜陟之政（勧懲黜陟の政）」は断絶してしまった。そこで、孔子は詩を刪定して、それを読む者が「善者師之而悪者改焉（詩の――引用者注）善なる者は之を師として悪なる者は焉《これ》を改む）」ようにした(23)。これが今日伝わる『詩経』である。

「善者師之而悪者改焉」については、『論語集注』為政「詩三百」章に詳しい。「子曰、「詩三百、一言以蔽之、曰

「思無邪」」（子曰く、「詩三百、一言以て之を蔽へば、曰く「思ひ邪無し」と」と）」の「思無邪」について、朱熹は次のように註する。

凡詩之言、善者可以感発人之善心。悪者可以懲創人之逸志。其用帰於使人得其情性之正而已。

凡そ詩の言ふこと、善き者は以て人の善心を感発す可し。悪しき者は以て人の逸志を懲創す可し。其の用は人をして其の情性の正しきを得しむるに帰するのみ。[24]

朱熹のこの解釈の根底にあるのは、『詩経』に鄭衛の国の淫乱な内容の詩が採録されているという問題である。朱熹はこの問題に対し、「聖人当来刊定、好底詩便要吟咏興発人之善心、不好底詩便要起人羞悪之心（聖人は詩経を刊定するに当たって、（道徳的に）よい詩は、吟詠して人の善なる心を奮い立たせるようにし、（道徳的に）よくない詩は、人の羞悪の心を呼び起こすようにしたのだ[25]）」という論理で応じている。人間には誰でも生まれつき「義」の徳が具わっており、それは己の不善を羞《は》じ、人の不善を悪《にく》む「羞悪之心（羞悪の心）」として発動する。[26]よって人は、鄭衛の「詩」を読み、「羞悪之心」を喚起させることで、淫欲などの自己の「逸志」を懲らしめることができるのである。

朱熹は「思無邪」を「詩」の作者の「思」に「邪」がなく純粋だという意味に解しているのではない。「詩」の力によって、善の心や不善に反発する心を起こすことで、「詩」の読者の「思」に「邪」がなくなると解釈するのである。『論語大全』所引の饒魯の説はこの点について次のように述べている。

諸家皆謂作詩者如此。独集註以為詩之功用能使学者如此。[27]

> 諸家皆 詩を作る者 此の如し（「思無邪」――引用者注）と謂へり。独り集註は以為《おもへ》らく詩の功用 能く学者をして此の如からしむと。

『集注』は『論語』泰伯「興於詩」章においても同様の議論を展開し、そこで朱熹は「学者之初、所以興起其好善悪悪之心而不能自已者、必於此而得之（学者の初め、其の善を好み悪を悪むの心を興起して自ら已《や》むこと能はざらしむる所以の者、必ず此（『詩経』を指す――引用者注）に於いて之を得たり）[28]」と述べている。『集注』のこの章の言葉を用いて、「善」の「詩」が善の心を奮い起こし、「悪」の「詩」が邪な心を懲らしめさせるという作用を、「詩」の「興起」作用と呼ぶことにしたい。

浅見絅斎は、「興起」作用について次のように明快に解説している。

> 昔ノアシイコトヲ、詩ニ歌ツテアルヲミレバ、サテ〱アシイコトヂヤト思ウテ、コレガ人ノスルコトカ、アサマシイコトヂヤト、身ニヒヘ身ニシミワタリテ止ネバオラレヌ様ニナリテ、懲創スル様ニナルゾ[29]。

たとえば、それほど高い道徳心を持っていない人間でも、残虐な殺人の映像を見せられれば、吐き気とともに義憤を感じるであろう。人は『詩経』の淫奔な内容の詩に対しても、かかる生理的な嫌悪をもよおし、「興起」すると朱子学では考えるのである。

近世日本の儒者が朱熹の「勧善懲悪」説としてまず思い浮かべたのは、「詩集伝序」の「勧懲之政（勧懲の政）」より、この「興起」作用の方である。徂徠は朱子学の「勧善懲悪」説を批判する際に、第一に「興起」作用の存在を否定する。

詩にて勧善懲悪之教を施すといふ事さりとては聞え不申事に候。古聖人之智にて、左様のつまり不申事可有之様無御座候。詩経は淫奔之詩多く有之候。朱注には悪を懲しむる為と有之候へ共、却て淫を導く為に成可申候。[30]

淫奔の「詩」は、淫欲を懲らしめるどころか、火に油を注ぐだけではないか。徂徠は、鄭衛の「詩」は「興起」作用を発生させないと考えるのである。徂徠と同じように、伊藤東涯や堀景山も「興起」作用の存在を否定している。[31]

2 「興起」作用と「人情」理解

朱子学の「勧善懲悪」＝「興起」作用論と対比させることで、徂徠の「人情」に対する言及も明確に理解できるようになる。徂徠は、「詩」を学ぶことの意義の一つに、「道理の上はが《(ママ)》りにては見えがたき世の風儀国の風儀も心に移り、わが心をのづからに人情に行わた[32]」ることを挙げる。『集注』の中には、「人情」と「風俗」について述べた、徂徠の論と一見よく似た説がある。

詩本人情、該物理、可以験風俗之盛衰、見政治之得失。[33]

詩は人情に本づき、物理を該し、以て風俗の盛衰を験し、政治の得失を見る可し。

これに対して徂徠は次のようにいう。

朱子之解詩以義理。故此曰「本人情」。言主人情而教義理。是其所以下本字也。《中略》如「験風俗之盛衰、見政治之得失」、豈不可乎。然亦異於知詩者所験見已。(34)

朱子の詩を解するは義理を以てす。故に此れ「人情に本づく」と曰ふ。人情を主として義理を教ふるを言ふ。是れ其の本字を下す所以なり。《中略》「風俗の盛衰を験し、政治の得失を見る」が如き、豈に可ならざらんや。然れども亦た詩を知る者の験見する所に異なるのみ。

徂徠のこの批判を理解するのに、次のような類比は有効かもしれない。朱熹のいう「興起」作用は、生得的な機能を基盤とする反応という点で、生物学のいう反射に似ている。たとえば人は脚気にかかっていなければ、膝を木槌で叩かれると、下腿が跳ね上がる。このような反射が起こるのに、小槌を深く理解する必要はないであろう。小槌によって膝に一定の刺戟を与えれば、反射は生じる。これとほぼ同様のことが「興起」作用についてもいえる。人は「善」の「詩」には善の心を起こし、「悪」の「詩」には「羞悪之心」を起こす。これは自然な反応であり、「詩」に表れている「人情」や「風俗」に対する立ち入った理解は要求されない。「人情」や「風俗」は、「興起」作用を起こし、「義理」を教えるための発条《ばね》に過ぎないのである。もっとも「興起」作用の過程でも、盛世の「風俗」や「人情」について、これは好ましいものだ、衰世の「風俗」や「人情」について、これは恥ずべきものだ——といった理解は生じよう。しかし、徂徠にとってそれは理解とは到底呼び得ないものであった。

朱子以起其好善悪悪之心解之。是理学者流所見、不越是非二者。可謂不知詩已。可謂不知学已。

（「興於詩」の「興」字について――引用者）朱子 其の善を好み悪を悪むの心を起こすを以て之を解す。是れ理学者流の見る所、是非の二者を越えず。詩を知らずと謂ふべきのみ。学を知らずと謂ふべきのみ。(35)

徂徠の考える「人情」や「風俗」の理解とは、「心に移り」、「わが心が行きわた」るといった言葉から分かるように、対象に深く入り込んで、その感情のあり方をわが身に引き受け、内在的に理解することである。「興起」作用を軸とする朱熹の論は、このような理解への経路を持っておらず、「知詩者（詩を知る者）」と大きな隔たりがあると徂徠は見るのである。

「人情」の内在的な理解を説く徂徠の『詩経』論に、近世日本社会の「思いやり」の思潮の影響が見られることは既に指摘されている。(36) 大谷雅夫が論じているように、他者の立場を想像するという「思いやり」の発想には、他者と自己とが異なっているという彼我の断絶の認識が先行する。(37) 人々は根源的に同一であるという前提に立つ朱子学では、「思いやり」に類する他者への配慮は重要視されていない。自己の欲することと他者の欲することは本来同一であり、修養を積み、同一な地点（「本然之性（本然の性）」）へと立ち返れば、他者にとっても好ましい行動が自ずとできるようになる。朱子学ではこのように考えられていた。伊藤仁齋や荻生徂徠は朱子学のこのような教説に反撥し、経書に見られる「恕」という概念を「思いやり」と近似の意味に解釈した。他者の立場を推しはかり、理解することは倫理的に価値ある行為であると彼らは考えたのである。

朱子学では、「詩」に表れる「性情」には結局のところ「邪正」の二種しかない。(38) 人の「性情」の正しいあり方は同一であり、残りは全てそれからの逸脱である。人々が根源的に同一であるという朱子学の理念は、他者の感情のあり方の理解という考えと結びつきにくい。

「思いやり」の思想の『詩経』論への適用は仁齋の著作には見られず、徂徠や東涯の世代によってそれは全面的に展開された[39]。東涯は『読詩要領』において、「詩」を読み「世間の人情に通ずれば」、他人の「無理」な発言や「不届き」な行いに対し、寛容になれるという[40]。その理由を東涯は次のように説明する。

詩のことばはさま〴〵なれども、「人情を道《い》ふ（道人情）」といふの一句にてつゞまることなり。世上の事に、表向へ出して法律・義理を以てせむれば、いなの言わけならざることあり。よく内証を察すれば、やむことなき事にて法を犯し罪を得、世間の誚を得ることあり。このわけを心得ざれば、世間に交りて人に付合、政に従てしおきをするにも、物ごと木おりにして、人心を得ることなし[41]。

中村幸彦の論考で著名な「人情を道ふ」という語が、自己の感情の解放ではなく、他者の感情の理解の文脈で発せられていることに注意したい。この東涯の説が仁齋の「恕」についての議論を受け継いだものであることは明白である。

苟待人忖度其所好悪如何、其所処所為如何、以其心為己心、以其身為己身、委曲躰察思之量之、則知人之過毎出於其所不得已、或生於其所不能堪、而有不可深疾悪之者。油然靄然毎事必務寛宥、不至以刻薄待之。

苟も人を待するに其の好悪する所如何、其の処る所為す所如何を忖《はか》り度《はか》り、其の心を以て己が心と為し、其の身を以て己が身と為し、委曲躰察して之を思ひ之を量るときは、則ち人の過ち毎に其の已むことを得ざる所に出で、或ひは其の堪ふること能はざる所に生じて、深く之を疾《にく》み悪《にく》む可からざる者有ることを知る。油然靄然として毎事必ず寛宥に務め、刻薄を以て之に待するに至らず[42]。

徂徠と東涯は、朱熹の説を否定し、ほぼ同じ見解に到達していた。彼らは、朱熹の「勧善懲悪」説を、「人情」の流露を制約するものとして批判したのではない。淫奔な詩が『詩経』に採録されていることは、朱熹にとっても覆しようのない事実である。対立点は、人が生来具えた倫理的向上の機構（「羞悪之心」）を信頼するか否かと、立場によって異なる人々の感情のあり方を理解すべき対象として重視するか否かとにあったのである。

服部南郭は、「人情」理解の文学論を「封建」の世に結びつけて論じている[43]。南郭によれば、世襲制を軸とする古代中国の「封建」の世においては、統治階層の出身者は世慣れておらず、「詩」を通じて自分と異なる地位や立場にある人々の心情を理解していた。

命士以上、夫既不賤、肉食之家、生貴之習、人情好悪、不易通知。若不学詩、不啻面牆、事上令下、何以能尽其纖悉[44]。

命士以上、夫れ既に賤しからず、肉食の家、生貴の習、人情の好悪、通知し易からず。若し詩を学ばざれば、啻《た》だ面牆のみならず、上に事《つか》へ下に令する、何を以て能く其の纖悉を尽くさん。

しかし、「郡県」の世に移行すると、地位の流動性が高まり、世故に長けた庶民出身の人物が登用される機会が増えた。そこで、「詩」を通じて様々な感情を理解する必要性はなくなり、「人情」理解の文学論は忘却された。そこで、後代の中国の学者は「勧善懲悪」によって「詩」を学ぶ意義を説明するようになった。一方、当代の日本は「封建之制（封建の制）」であり、「詩」を介した「人情」理解は重要である。

この南郭の論は示唆に富む。序章で見たように、近世日本の人々は身分制下の分業体系ゆえに人間の資質や能力の多様性を肯定的に捉えていた。様々な立場や地位の感情の型への関心も近世日本の身分制と関係していよう。「職分」や「家」が異なれば、物の感じ方に相違があるのは当然であり（西鶴のいわゆる「武家物」「町人物」や其磧の「気質物」を想起したい）、相手の立場に身を置いて、それを理解することは美徳であると認識されていたのである。

「人情」理解は、東涯の論に典型的に表れているように、人柄が良くなる（丸くなる？）という道徳的な意味を持っており、「道徳からの文学の自立」に寄与したと見るべきではない。徂徠も「詩」を学ぶことの効果に、「矜持之心（矜持の心）」が生じなくなることを挙げており[45]、この点でも東涯と相似る。ただし徂徠学の場合には、「人情」理解が『書経』の語の運用に関係していることには注意が必要である。

蓋先王之道、縁人情以設之。苟不知人情、安能通行天下莫有所窒碍乎。学者能知人情、而後書之義神明変化。故以詩為義之府者、必併書言之已。是先王之教所以為妙也。豈浅智之所能知乎[46]。

蓋し先王の道は、人情に縁りて以て之を設く。苟も人情を知らざれば、安んぞ能く天下に通行して窒碍する所有ること莫からんや。学者 能く人情を知りて、而して後、書の義 神明変化す。故に詩を以て義の府と為す者は、必ず書を併せて之を言ふのみ。是れ先王の教の妙為《た》る所以なり。豈に浅智の能く知る所ならんや。

「帝王大訓（帝王の大訓）」である『書経』は「其片辞隻言、足援以断事（其の片辞隻言、援《ひ》きて以て事を断ずるに足る）」とされ[47]、「古之君子」たちは建言や議論の際に、『書経』の言葉を引用して、自己の判断の根拠とした。『書経』の語は、「詩」を学び、「人情」を理解していることによって、的確で円滑な運用が可能になる。なぜなら、『書経』もその中に含まれる「先王之道」は、「人情」にしたがって設けられたものなので、『書経』の語も「人情」に配慮しながら用いなくてはならないからである。このように徂徠は、「古之君子（古の君子）」つまり古代の統治者たちの言語空間の中に「人情」理解を位置づけるのである（第八章参照）。

以上見てきた「人情」理解の議論は、主として詩を読む段階に焦点を当てたものである。創作の段階との関係が問題として残る。これについて徂徠ははっきりした見解を示していない。参考になるのは彼の弟子の入江南溟の論である。南溟は、唐詩の「詩題」について次のように述べている。

凡自冠章韋帯至宮姫閨秀、而朝野辺塞廊廟軍旅、偏題以窮、取之楽府、以尽物態。物態尽焉、人事在其中、詩教其可知也。古之采而観政、亦庶乎《中略》故題称従軍、則曰、「我未嘗有従軍也」。称閨怨、則曰、「何吾事也」。其所称花鳥風月目前語已。不雨不題雨。不霽不題霽。要充之茗飲之興。而不知詩教之所由、則宋人之毒入膏肓也。悲哉㊽。

凡そ冠章韋帯より宮姫閨秀、而して朝野辺塞廊廟軍旅に至るまで、偏《あまね》く題して以て窮め、之を楽府に取り、以て物態を尽くす。物態 焉《ここ》に尽き、人事 其の中に在り、詩教 其れ知る可きなり。古の采りて政を観るも、亦た庶《ちか》いかな。《中略》（人々は「宋人」の悪弊に染まっているため――引用者注）故に題 従軍と称すれば、則ち曰く、「我未だ嘗て軍に従ふこと有らざるなり」と。閨怨と称すれば、則ち曰く、「何ぞ吾が事ならんや」と。其の称する所は花鳥風月目前の語のみ。雨ふらざれば雨と題せず。霽《は》れざれば霽と題せず。要するに之を茗飲の興に充《あ》つ。而して詩教の由る所を知らざるは、則ち宋人の毒 膏肓に入ればなり。悲しいかな。

題詠を通じて様々な立場の感情のあり方を理解し、そして再現する。たとえば「従軍行」や「子夜呉歌」といった楽府題の詩を、兵士や夫の帰還を待つ女性になりきって詠むといったように。これは「人情」理解に根差した詩作についての有力な説明であろう。徂徠学派が楽府題の詩を好んで作る理由も、このような論理が背景にあると考えられる。

三 「断章取義」

1 「詩」の「断章取義」

「詩」は、「古之君子」の言語空間の中で、「人情」理解のほかにもう一つ別の重要な役割を担っていた。

『論語』陽貨「詩以可興」章の注釈において、徂徠は「詩」について「其義無窮、大非它経之比焉。然其用在興与観已（其の義窮まり無きこと、大いに它経の比に非ず。然れども其の用は興と観とに在るのみ）」と説く。徂徠によれば「観」とは、「黙而存之、情態在目（黙して之を存し、情態目に在り）(49)」の意であり、異なる立場や時代の人々の姿をありありと思い浮かべ、「人情」や「風俗」などを内在的に理解することを指す。

> 凡諸政治風俗世運升降、人物情態、在朝廷可以識閭巷、在盛代可以識衰世、在君子可以識小人、在丈夫可以識婦人、在平常可以識変乱。天下之事、皆萃于我者、観之功也。(50)
>
> 凡そ諸々の政治風俗世運升降、人物情態、朝廷に在りて以て閭巷を識る可く、盛代に在りて以て衰世を識る可く、君子に在りて以て小人を識る可く、丈夫に在りて以て婦人を識る可く、平常に在りて以て変乱を識る可し。天下の事、皆 我に萃《あつま》る者は、観の功なり。

「観」と並ぶ「詩」の「用」である「興」について徂徠は、「従其自取、展転弗已（其の自ら取るに従ひて、展転已まず）」と解釈し、次のように述べる。

> 及於興以取諸、則或正或反、或旁或側、或全或支、或比或類、不為典常、触類以長、引而伸之、愈出愈新。辟如繭之抽緒、比諸燧之傳薪。取自我者可施天下焉。是興之功也(51)。
>
> 興して以てこれを取るに及びては、則ち或いは正、或いは反、或いは旁、或いは側、或いは全、或いは支、或いは比、或いは類、典常を為さず、類に触れて以て長じ、引きて之を伸し、愈々出でて愈々新し。辟《たと》ふれば繭の緒を抽くが如く、これを燧の薪に傳《つ》くに比す。我よりする者を取りて天下に施す可し。是れ興の功なり。

「詩」の語は連想にしたがって様々に用いることが可能であり、窮まることがない。「古之君子」は「詩」の言葉を使うことで、自己の意見を天下に示すことができた。「興」とは徂徠の別の言葉でいえば、「断章取義」を指している。「断章取義ト云テ、イカヤウニモ用ヒラル、コトナリ。自由自在ニ用ヒラルルト云カ、詩ノ本旨ナリ(52)」と徂徠は考えていた。徂徠によれば、「詩」には、「定義」つまり定まった意味はなく、それぞれの「詩」が作られた具体的背景を述べたものと伝えられる「詩序」も解釈の一例に過ぎない(53)。よって「詩」の語に通常とは異なる意味を持たせて用いることは、「詩」句の誤用ではなく、称讃されるべき活用である。

たとえば徂徠は『論語』学而の「始可与言詩已矣（始めて与《とも》に詩を言ふ可きのみ）」について、「学問之事（学問の事）」に対して通常使われていた「如切如磋、如琢如磨（切するが如く磋する如く、琢するが如く磨するが如し）」の「詩」句を

「化民之道（民を化するの道）」に対して用いた子貢を歎称した言葉であると解する。[54]「古之取義於詩者、亦唯心所欲（古の義を詩に取る者、亦た唯だ心の欲する所）」、つまり古代において「詩」は自己の考えに合わせ思い通りに「断章取義」されていたのであり、ただ「奇巧」に走り、「先王之道」を踏み外してしまうことだけが避けられていた。[55]「古之君子」たちは、「詩」句を引用することで当意即妙のやり取りを展開したのである。

「詩」の「断章取義」によって意見を交わすためには、「詩」を暗誦していることに加え、相手の「断章取義」を読み解く力も必要となろう。徂徠は『論語徴』の中で「詩学」を知らない後世の注釈者は「言語之道（言語の道）」を知らず、また「微言」を解読できていないとしばしばいう。[56]

詩学不伝、人不知言語之道故也。

詩学 伝はらず、人 言語の道を知らざるが故なり。[57]

後世詩学弗伝、則人莫知孔子多微言也。

後世詩学 伝はらざれば、則ち人 孔子の微言多きを知ること莫し。[58]

孔子の「微言」の例には次のようなものがある。『論語』公冶長の「道不行、乗桴浮于海。従我者其由与[59]（道 行はれず、桴に乗りて海に浮ぶに、我に従ふ者は其れ由か）」という孔子の語は、徂徠の説によれば「微言」である。徂徠は『易経』の「利渉大川（大川を渉るに利《よ》し）」という語が「渉艱難（艱難を渉る）」という意であることを根拠に、「乗桴浮于海」を、「事之至難（事の至難）」をたとえたものであると解釈する。『論語徴』の説にしたがい孔子の語を訳すと、「道が行われておらず、桴に乗り海に浮かぶ（ように大変難しい事業を行うのに）、協力してくれるのは子路ぐらいだろうか」となる。孔子は、難事業――おそらく革命にともなう「制作」であろう[60]――にともに取り組んでくれる人がいないことを嘆いたのであり、子路をほめたわけではないと徂徠は解する。

子路はその含意を汲み取ることができなかった。そこで孔子は「由也好勇過我、無所取材（由や勇を好むこと我に過ぐ、材を取る所無し）」といった。朱熹の『集注』は「無所取材」を「不能裁度事理以適於義（事理を裁度して以て義に適することを能はず[61]）」と解釈する。朱熹の解釈にしたがった場合は、「無所取材」は「取り材《はか》る所無し」と訓読される。これに対し徂徠は、「興大事渉艱難、非勇之所独能、亦必有其具廼可為也。無経済之材則不能也（大事を興し艱難を渉るは、勇の独り能くする所に非ず、亦た必ず其の具有りて廼《すなは》ち為す可きなり。経済の材無ければ則ち能はざるなり）」という意味であるとする。孔子は「海をいかだで渡る」＝「艱難」という比喩を生かし、大事をおこすのに必要な「経済之材（経済の材）」すなわち経世済民の才を桴の材料にたとえたのだと徂徠は見るのである。「材」と「才」とは古代において同音なので孔子の言葉は掛詞ともいえよう[62]。この章の孔子の語は「詩」の直接の引用ではないが、比喩を使った「詩」的な言葉であり、孔子の「微言」を理解するには、「詩学」を身につけ、「海」が「艱難」の比喩だと即座に気づけなくてはならない。

比喩の解読については、『経子史要覧』の和歌を例に「断章取義」を説明した箇所が参考になる[63]。「ヨソニノミ見テヤヤミナン葛城ヤ高間ノ山ノ峯ノ白雲」という歌は「恋歌」とも「隠者」の歌とも、あるいは単に「雲」を詠んだ歌とも「取義」できる。「詩」もこれと同様であると徂徠はいう。

詩ハ常ニ誦記スレハ、イツトナク其意モ領解スヘシ。注解ハイラヌナリ。文外ノ意ヲ推テ、タトハ、白雲トイヘハ、目ニハ見レト手ニトラヌコト、葛城トイヘハ、岩橋ノ縁ノ事、高間トイヘハ、高フテ及ハヌコトト見テ行ヘシ[64]。

「詩」を学ぶとは、それぞれの語が何を連想させ、どのようなことの比喩に用いられるかを知ることなのである。

「詩学」に対する無知によって起こった誤読と徂徠が考えるものには、これ以外にも次のような例がある。『論語』公冶長「子曰、孰謂微生高直。或乞醯焉。乞諸其隣、而与之（子曰く、「孰《たれ》か微生高を直と謂ふ。或ひと醯《す》を乞ふ。これを其の隣に乞ひて、之を与ふ」と）」について、朱熹の『集注』は次のように解釈する。

人来乞時、其家無有。故乞諸隣家以与之。夫子言此、譏其曲意徇物、掠美市恩、不得為直也。

人 来りて乞ふ時、其の家に有ること無し。故にこれを隣家に乞ひて以て之に与ふ。夫子 此を言ひ、其の意を曲げ物に徇《したが》ひ、美を掠め恩を市《う》り、直と為すことを得ざるを譏るなり[65]。

朱熹の解釈によれば、隣家から「醯《す》」を借りてきて人に貸すようなことをして、恩を売り、美名を得ようとする人間は「直」ではないと孔子は微生高を非難したことになる。

一方、徂徠は孔子の言葉を「戯言」であると見る。徂徠の解釈にしたがえば、微生高は孔子の近所に住んでいた「直」で知られた人物で[66]、孔子は微生高が「直」であることを認めながらも、わざと逆のことをいってからかったことになる。このような冗談は最高度の親しさの表れである。

微生高、蓋孔子郷人、以直見称於郷。孔子亦愛之。「孰謂微生高直」似謂非直者。蓋反言以戯之耳。親之至也。

微生高は、蓋し孔子の郷人、直を以て郷に称せられ、孔子も亦た之を愛す。「孰か微生高を直と謂ふ」は直に非ずと謂ふ者に似たり。蓋し反言して以て之に戯むるのみ。親しみの至りなり。[67]

徂徠は「戯言」がわざわざ『論語』に採録された理由を二つ挙げる。第一には、このような冗談は、孔子が郷里において堅苦しいところがなく、周囲と打ち解けていたことを示している。『論語徴』では「愷悌親人（愷悌人に親しむ）」と穏やかな表現になっているが、定稿前のこの章の注釈において徂徠は、「聖人温良善戯也（聖人温良善く戯るなり）」[68]とさえいっている。第二には、この「戯言」はたくみな「教誨」でもあったからである。微生高は「以直自持、亦悻悻自好（直を以て自持し、亦た悻悻として自ら好む）」つまり「直」であると自負し、得意になっていた。そこで孔子は、微生高をからかうことで、「凡事不可徒直（凡そ事徒《た》だ直なる可からず）」ということを、それとなく諭したのである。孔子の言葉は、親しみのこもったからかいであり、冗談めかした忠告なのである。後世の儒学者は、「詩」を学んでいないため「戯言」を字面通りに受け止めてしまったと徂徠はいう。徂徠の考えでは「詩」は比喩だけでなく、この「戯言」のような屈折に富んだ表現を行う際にも「断章取義」されていたのであろう。

徂徠学において「詩」の「断章取義」と近い関係にあるものに「古言」の引用がある。[69]「古之君子」は、「古言」と称される古くから伝わる格言を引くことで、自己の見解を述べていたと徂徠は考える。

蓋古之君子、非先王法言不敢道也。所言皆誦古言。

蓋し古の君子、先王の法言に非ざれば敢へて道《い》はざるなり。言ふ所 皆古言を誦す[70]。

『論語徴』は、孔子の語を「古言」の引用であるとしばしば解釈する。その一つに、『論語』学而の「子曰、君子不重則不威、学則不固。主忠信、無友不如己者、過則勿憚改（子曰く、「君子は重きにあらざれば則ち威せず、学は則ち固ならず。忠信を主とし、己に如かざる者を友とすること無かれ、過ちては則ち改むるに憚ること勿れ」と）」がある。徂徠はこれを孔子自身が考えた言葉ではなく、二種類の「古言」を孔子が並べたものであると解する[71]。「君子不重則不威、学則不固」の二句とそれ以下の句との間に切れ目がある。「孔子多誦古言以誨門人。或並引以相発（孔子は多く古言を誦して以て門人を誨ふ。或いは並び引きて以て相発す）[72]」といったように、既存の格言を組み合わせることによって、孔子は独自の意味を引き出したと徂徠は見るのである。

徂徠の説にしたがえば、孔子を含む「古之君子」たちは典故表現を多用し、言葉の背後の意味を相互に解読しながら対話していたことになる。第二部冒頭で述べたように、徂徠学における「修辞」とは、このような「詩書」や「古言」を用いた典故表現の謂いである。「古之君子」のこのような言語活動の様式は、言々句々古人の語を踏まえる古文辞の詩文の理論的な後盾になるものであった。徂徠学派の宮瀬龍門は、李攀龍の書簡文について、「余閲其掊擷於古言、亦猶周人賦詩断章（余 其の古言を掊擷するを閲するに、亦た猶ほ周人 詩を賦して章を断つがごとし）[73]」と説く。「古言」を綴り合わせた李攀龍の文章を周代の人々の「断章取義」に比しているのである。

2 徂徠学派の文芸の「断章取義」的性格

徂徠が古文辞の模範となる五つの文章に傍注を施した『古文矩』という本がある。徂徠学派の中で古文辞に否定的であった太宰春臺は、この『古文矩』の巻首に置かれた李攀龍の「比玉集序」について次のように述べている。

已上四節、並用故事為喩。言真玉難知。世人亦莫知真玉、非徒莫知、又且忌之、以明今二子之詩又猶是也。然所引故事、皆学者所記。故文中未始出一玉字、而読者知其言玉也。向使無卞和・田父・宋人之事、則于鱗如何措辞。又試使不記故事者読此序、則必曰是何言歟。

已上の四節、並びに故事を用ひて喩と為す。真玉 知り難く、世人 亦た真玉を知ること莫し、徒《た》だに知ること莫きのみに非ず、又且つ之を忌むことを言ひ、以て今の二子の詩又猶ほ是のごときことを明らかにするなり。然れども引く所の故事、皆 学者の記する所。故に文中未だ始めて一玉字を出さずして、読者 其の玉を言ふを知るなり。向使《もし》卞和・田父・宋人の事無ければ、則ち于鱗如何ぞ辞を措かん。又試みに故事を記せざる者をして此の序を読ましめば、則ち必ず是れ何を言ふかと曰はん。(74)

「比玉集序」は、玉を詩の比喩として一貫して用い、玉にまつわる「卞和・田父・宋人」の「故事」を次々に引いて議論を展開する。このような古文辞の文章は「故事」の知識がないと絶対に読み解けない。古典中国語文は多かれ少なかれこのような性質を持つが、古文辞はその程度が甚だしい。文だけでなく、詩についても同様のことがいえる。徂徠学派の漢詩において『蒙求』故事が盛んに使われたことは知られている。(75)

また、古文辞の文章は、「比玉集序」のように一つの比喩を基礎に、連想によって表現を積み重ねていく。徂徠学派の文章にもこのようなものがいくつもある。(76) 共通の知識を読解の前提とする比喩や婉曲な表現の使用——徂徠学派の文学は、古代の「断章取義」の再現といえるのである。(77)

「断章取義」的な言辞を用いた交流は、徂徠学派の紀行文の中に描かれている。徂徠の「峡中紀行」には次のような場面がある。寒がりの徂徠は道中、「外套」を頭からかぶっていた。茶店に着いてもそのままでいると、籃の外から同行者の田中桐江（省吾）の声が聞こえた。

予尚坐轎中蒙頭。忽聞冢上高哦「日出三竿」詩。識為省吾声口。推外套出轎、則誠已三竿矣。

予 尚ほ轎中に坐し頭に蒙る。忽ち聞く冢上に「日は出でて三竿」の詩を高哦するを。識りて省吾の声口と為す。外套を推して轎を出づれば、則ち誠に已に三竿なり。(78)

「日出三竿」は劉禹錫の「竹枝詞」の句である。このような古典を踏まえた機知に富んだやり取りは「峡中紀行」の随所に登場する。

徂徠の弟子たちの紀行文にも同様の描写が見られる。太宰春臺・安藤東野・山井崑崙の三人は、享保二年（一七一七）九月二十三日、相模国の名勝を訪ねる旅に出た。春臺の「湘中紀行」は出発の朝の出来事を次のように記す。

及期、藤生先至、与山生已発。待余於橋上。藤生曰、「与人期後何也」。余曰、豈孺子視我邪。共笑、遂行。

期に及びて、藤生 先づ至り、山生と已に発す。余を橋上に待つ。藤生 曰く、「人と期して後るる何ぞや」と。余 曰く、「豈に孺子もて我を視るか」と。共に笑ひ、遂に行く。(79)

安藤東野は、張良と黄石公の著名な故事――『蒙求』標題でいえば「子房取履」――を踏まえ、春臺の遅刻を責めた。

春臺は即座に故事を解し、それに応じた。彼らの笑いには、知識を共有する者同士の連帯感が溢れている。

このような交流は徂徠学派の尺牘にも見ることができる。徂徠は弟子の安藤東野に送った書簡に次のようなものがある。全文を挙げる。

陣未成邪、師何未渡也。吾非撃半渡者矣。膠鬲之期、何可失哉。将無辟兊乎。巾幗之遺、当従後進耳。

陣 未だ成らざるか、師 何ぞ未だ渡らざるや。吾 半渡を撃つ者に非ず。膠鬲の期、何ぞ失ふ可けんや。将た兊を辟《さ》くること無きか。巾幗の遺、当に後より進むべきのみ[80]。

『孫子』・『呂氏春秋』・『晋書』を典拠とする表現が使われており、言葉通りに解すれば、徂徠は東野が出兵するよう挑発していることになる。この書簡の前後、徂徠と東野は互いを「大国」と呼びあって、戦争の比喩を何度も用いている。徂徠の書簡の中の一つは、中野撝謙の詩が優れていることを述べ、「大国救援（大国の救援）」を願っている[81]。戦争は詩の応酬をたとえたものなのである。よって前引の書簡は、東野に詩会に参加するよう促したものと解される。詩の応酬を戦争にたとえる比喩を用いて徂徠は五通、東野は三通の手紙を書いている[82]。

この種の「戯言」は、徂徠学派の尺牘の中に無数に見つけ出すことができる。別の例を『徂徠集』の中から引くことにしたい。「戯言」の趣を失わせないために訓読ではなく、今回は現代語訳を附すことにする。

正爾左手執笙、右手把杯、且吹且飲也。独奈別無下酒、酒不能下矣。忽接華牘。賜以佳螯。輒投笙而持之、果然畢卓哉。深謝足下之賜[83]。

ちょうど左手に笙を持ち、右手に杯を持って、吹きつ飲みつしておりました。しかし、肴がないもので、酒が美味くありません。そこに突然、あなたの手紙が届いて、おいしそうなカニを頂きました。すぐに笙を放り投げ、カニのはさみを手に取れば、まさに（右手に杯、左手にカニのはさみで、酒を満たした船に浮かぶのを夢見た）晋の畢卓のようでした。贈り物、本当にありがとう。

この文章は大袈裟で滑稽味を帯びている。(84) しかし、徂徠学の立場からいえば、滑稽だからといって、格の低い文学であるということにはならない。既に見たように徂徠によれば、孔子も「戯言」を弄したのであり、何ら引け目を感じることはない。むしろ知識と読解力を要する表現が用いられており、「君子」に相応しい文章である。また格式ばった返礼の挨拶より、弟子に対する親愛の情のこもった手紙であるということにもなろう。(85)「品格」を「雅文芸」の特徴とし、「人情味」と「滑稽」を「俗文芸」の特徴と見做すような「雅俗」の図式に徂徠学派の文芸は収まるものではない。

四 小括

徂徠は、道徳的な制約から自己の感情の表現を解放しようとしたのでも、「雅俗」を峻別しようとしたのでもない。徂徠によれば、個人特有の感情は、古の詩文を学ぶことによって消し去られるべきであり、「雅俗」を音楽以外の領域に用いるのは、後代の陋見である。徂徠の議論の主眼は、詩を通じて立場や状況ごとに異なる典型的な感情のあり方を理解し、共通の知識を踏まえた表現（「修辞」）を用いて交流を行うことにあった。

徂徠の説く「人情」理解と「断章取義」は、近世日本の文化史を俯瞰する上でも有効な手がかりとなる。本居宣長の「物のあはれを知る」の説は、「人情」理解の文学論の一種に数えられよう。宣長は、人は和歌を学び、「人情」を理解すれば「あしきわざ」をしなくなると説く。東涯と徂徠が『詩経』を学ぶと人柄が良くなると論じたのと同じである。

世の人のをのがさま〴〵ほどにつけつゝみのうへにおもふ心は、みなよくくみてしられるれば、みづから其事にふれねども、其事の心ばへをおもひしるは歌也。人の情《ココロ》のやうを深く思ひしるときは、をのづから世のため人のためにあしきわざはせぬ物也。これ又物のあはれをしらする功徳也。(86)

宣長は、『源氏物語』を『詩経』よりも優れた「人情」の一覧表であると考えており、もし孔子が『源氏物語』を見たならば、『詩経』の代わりに該書を「六経」に入れるに違いないと説いている。(87)

ところで、徂徠の弟子の宇佐美灊水は、「水（粋）」と「野父（野暮）」という言葉を用いて、次のように述べる。

聖人ハ今世上ニイヘル至極ノ水《スイ》ト云物也。人情万事ニ通達シ少シモヌケメナキ人ナリ。此人国ノ治カタニ一生心ヲ用ヒ至極ノ道ヲ立テタリ。因テ此道ニ従テ国ヲ治レバ、智慧モ才覚モ不入、無造作ニ穏便ニ治ルナリ。ソノ事ドモハ委細六経論語等ニ載セテアリ。因テ人君卿大夫ハ学バデハ不叶コト也。学バザレバ大ニ野父《ヤボ》也。野父ナル故ニ却テ自分ノ小智ヲ上モ無キモノト思フ故ナリ。(88)

「聖人」＝「至極」の「粋人」説である。もしそうであるとすれば、「人情」理解の場を書物の上に限定する必要はあるのだろうか。当時、「遊女町」は「人情」を学ぶ格好の空間であると広く信じられていた（落語の「明烏」の発想である）[89]。小難しい古典を読むより、実地で経験を積んだ方が手っ取り早いということにもなろう。

世の中に遊女町ほど善所はなし。人の情を覚へ、情をしり、恋の切なるより実をわきまへ、人を和らげ、物毎やさしくして、自由なる所を悪所とは何ゆへいふやらんとおもひしが、金がほしくなるより慾心出て、身を損ふ人多し。故に悪所とはいふなるべし。[90]

「人情」理解は、王朝の雅びとも「悪所」とも繋がっていたのである。[91]

一方、「断章取義」は、戯作や狂詩は近い関係にある。読者と共有している知識を巧みに用い、難解な比喩や見立てで仲間意識を掻き立てる——古文辞の詩文も戯れの文芸もその制作に要求される能力は同じである。さらに、戯作などにおいても古典知識は、当世の流行や遊里の風俗と並び、主な笑いの源泉であった。

古文辞と戯謔の文芸との繋がりを示すものとして、林家門人でありながら古文辞の信奉者であった井上蘭臺の『唐詩笑』は重要である。井上金峨の手になる該書の「旧序」は、師の戯著の意義を「断取之義（断取の義）」によって説明する。

詩有断取之義。纔有断取之義、斯有縦横無碍無所不解者。《中略》余已知詩有断取之義、又知教主断取之而告後之学詩者。[92]

詩に断取の義有り。纔《わづ》かに断取の義有れば、斯に縦横無碍解せざる所無き者有り。《中略》余 已《すで》に詩に断取の義有るを知り、又教主（玩世教主すなわち井上蘭臺——引用者注）の之を断取して後の詩を学ぶ者に告ぐるを知る。

この論がどの程度真剣なものなのかは定かではない。しかし、次のように唐詩の句に好色な意味をこじつけることも、確かに「断章取義」である。

夫妻皆読唐詩選。及雲雨時微吟曰、樹揺金掌露、庭接玉楼陰。妻和之曰、寧思窃抃者、情発為知音(93)。

夫妻　皆唐詩選を読む。雲雨の時に及びて微吟して曰く、「樹は揺《うご》かす金掌の露、庭は接す玉楼の陰」と。妻　之に和して曰く、「寧ろ思はんや窃かに抃《てう》つ者、情　発するは知音の為なり」と。

連想が放恣になれば、徂徠学派の「戯言」はこの種の笑いに容易に転化する(94)。「人情」理解は色町に通じ、「断章取義」の先には戯謔の文芸があった。徂徠学派が、かの戯作文芸の大立物、大田南畝を輩出することになったのも、何ら奇となすに足らないのである。

（1）『蘐園十筆』十筆30、五二五頁。『辨名』忠信3には「脩辞謂学詩書也（辞を脩むとは詩書を学ぶを謂ふなり）」とある（二一四頁）。

（2）鷹見爽鳩「詩筌序」（同『詩筌』、享保七年刊）。「二李之選」の「二李」は李攀龍（『唐詩選』）と誰を指しているかが不明である。『詩筌』凡例には「高李之選」という語が見える。前七子の李夢陽と高棅（『唐詩品彙』の編者）を混同したものか。

（3）近世文学研究における徂徠学派の文学についての理解は、基本的には中村幸彦の説をそれぞれの論者が継承発展させていったものであると見ることができる。中村の論に見える「雅俗」の対立を軸に徂徠学派の文芸を位置づけたのが中野三敏であり、中村の説く「人情」の解放あるいは「自我」の解放に力点を置いて徂徠学派の詩文を論じたのが日野龍夫や揖斐高である。中村は近世文芸の「表現」をめぐる研究において、彼の文学史の枠組からはみ出すような徂徠学派の文学の側面に触れている。中村の「表現」論の可能性については次章で論じる。また近年、宮崎修多の「通説」批判についても同章で扱うことにする。中村の説については、「風雅論的文学観」・「文人服部南郭論」（『近世文芸思潮論』〔中村幸彦著述集第一巻、中央公論社、一九八二年〕）などの諸論を参照。中野三敏の徂徠学派に対する見解は、『十八世紀の江戸文芸——雅と俗の成熟』（岩波書店、一九九九年）九頁や九五〜九六頁などに見える。日野龍夫の所説については、『江戸の儒学』（日野龍夫著作集第一巻、ぺりかん社、二〇〇八年）所収の論考などを参照。揖斐高の説は『江戸詩歌論』（汲古書院、一九九八年）一八〜二四頁、同「擬古論——徂徠・春台・南郭における摸擬と変化」（『日本漢文学研究』第四号、二松学舎大学21世紀COEプログラム、二〇〇九年）を参照。

（4）このような指摘は既に亀井秀雄によってなされている。中野三敏・亀井秀雄・興膳宏・佐佐木幸綱・ロバート・キャンベル「《座談会》雅俗文芸の解体」（『「文学」増刊　明治文学の雅と俗』、岩波書店、二〇〇一年）、八頁。

（5）『論語徴』丁、十三オ。『論語』経文の書き下しは徂徠の解釈に拠る。

（6）同右、丁、十三ウ。

（7）「答崎陽田邊生」では「有古今雅俗種種語（古今雅俗種種の語有り）」といったように、言葉を「雅俗」に区別している（『徂徠集』巻二十五、六ウ）。しかし、この書簡は、徂徠がいまだ朱子学者であった正徳二年の成稿と推測され、徂徠学の文芸論を分析する際の基準とならない。徂徠の伝記的事項に関しては、平石直昭『荻生徂徠年譜考』（平凡社、一九八四年）参照。

（8）祇園南海『詩学逢原』、宝暦十三年刊（中村幸彦〔校注〕『近世文学論集』、日本古典文学大系第九十四巻、岩波書店、一九六六年）、二四九頁。

（9）服部南郭も同様である。『南郭先生燈下書』の議論は、南郭の「雅俗」論として引かれることがある。しかしこれは「文章はすへて、中華の語に候へとも、其内俗語雅語とわかれたる品心得へきなり」とあるように、経書などの「雅語」と、

「演義・小説」の「俗語」の区別を知らない初学者に発せられたものである。南郭が「雅俗」の別を説くのはあくまで「語」の次元に止まることに注意しなくてはならない。（『南郭先生燈下書』、一ウ、享保十九年刊、国文学研究資料館蔵）。

(10) 清田儋叟『藝苑談』、明和五年刊（池田四郎次郎編『日本詩話叢書』巻九、文会堂書房、一九二一年）、十一頁。儋叟と同様の主張は、趙陶齋『陶齋先生日記』、安永八年成立（森銑三・野間光辰・中村幸彦・朝倉治彦〔編〕『随筆百花苑』第五巻、中央公論社、一九八二年、二七八～二七九頁）、広瀬臺山『文武雅俗涇渭辨』（寛政九年刊〔栗原直（校注）『文武雅俗涇渭弁』、三樹書房、一九九三年〕）に見える。

(11) 前掲『十八世紀の江戸文芸』、一九～二六頁。

(12) 徂徠学派の著作にも「風雅」の語は見えるため、徂徠学派は「風雅論的文学観」の代表と位置づけられるという見方もあろう。しかし、揖斐高が明らかにしているように、林家や木門の朱子学者も「風雅」を重視しており、「風雅論的文学観」という概念によって朱子学と異なる徂徠学の文芸論の特徴を浮かび上がらせるのは難しい。揖斐高「風雅論――江戸期朱子学における古典主義詩歌論の成立」（前掲『江戸詩歌論』）を参照。

(13) 「跋詩筌」（『徂徠集』巻十八、十三ウ）。

(14) 『徂來先生答問書』巻中、二十七オ～二十八オ。『辨道』にも同様の議論がある（『辨道』22、二〇七頁）。

(15) 徂徠は、立場を問わず人ならば誰しも持っている感情という意味で「人情」を用いることもある。「華美を好むは人情の常なるゆへ、制度なき故に、世は次第に奢に成行也」（『政談』、一〇三頁）。しかし「詩」をめぐる議論で問題になるのは、立場ごとの感情のあり方の差異である。

(16) 『経子史要覧』巻上、十一ウ。

(17) 太宰春臺『六経略説』、延享二年序（井上哲次郎・蟹江義丸〔編〕『日本倫理彙編』第六巻、育成会、一九〇二年）、三〇九頁。

(18) 『徂來先生答問書』巻下、十ウ～十一ウ。

(19) 『辨道』22、二〇六頁。

(20) 大谷雅夫「歌人は居ながら名所を知る」（『古典学の再構築』第十三号、平成十年度～十四年度文部科学省科学研究費特定領域研究「古典学の再構築」ニューズレター、二〇〇三年）。

(21) 朱熹「詩集伝序」（胡広〔等撰〕・葉向高〔参補〕『古今大方詩経大全』、一ウ～二オ、万暦三十三年刊、東京大学総合図書館蔵）。

(22) 同右、二オ。

(23) 同右、二ウ～三オ。

(24) 朱熹『論語集注』為政（同〔著〕徐徳明〔校点〕『四書章句集注』、上海古籍出版社・安徽教育出版社、二〇〇一年）、六二頁。

(25) 黎靖徳（編）・王星賢（点校）『朱子語類』巻二十三（中華書局、一九九四年）、五四二頁。同様の言葉が『論語大全』にも引かれている。

(26) 朱熹『孟子集注』公孫丑上の「四端之心」をめぐる議論を参照（前掲『四書章句集注』、二七七頁）。

(27) 胡広（等撰）・鵜飼石斎（付訓）『論語大全』巻二、五ウ、刊年不明、東京大学総合図書館蔵。

(28) 前掲『論語集注』、一二一頁。

(29) 浅見絅斎『論語師説』、成立年不明（木南卓一『論語集註私新抄』、明徳出版、二〇〇一年）、一〇四頁。

(30) 『徂來先生答問書』巻下、三十二オ。

(31) 伊藤東涯『読詩要領』、成立年不明（清水茂・揖斐高・大谷雅夫〔校注〕『日本詩史　五山堂詩話』、新日本古典文学大系第六十五巻、岩波書店、一九九一年）、一八～一九頁。同「詩論」（『経史博論』、元文二年刊〔関儀一郎編『続日本儒林叢書』第二冊、東洋図書刊行会、一九三一年〕）、三頁。堀景山『不尽言』、寛保二年頃成立（植谷元・水田紀久・日野龍夫〔校注〕『仁斎日札　たはれ草　不尽言　無可有郷』、新日本古典文学大系第九十九巻、岩波書店、二〇〇〇年）、二〇六頁。

(32) 『徂來先生答問書』巻中、二十七ウ。

(33) 前掲『論語集注』、一六八頁。

(34) 『論語徴』庚、四ウ。

(35) 『論語徴』丁、三十三オ～三十三ウ。

(36) 田中道雄「〝思いやる心〟(想像)の発達――二元的な主客の合一」(同『蕉風復興運動と蕪村』、岩波書店、二〇〇〇年)。
(37) 大谷雅夫「恕とおもいやりとの間――伊藤仁斎の学問、その一端」(『国語国文』第四十八巻第三号、京都大学文学部国語学国文学研究室、一九七九年)、同「人心不同如面――成語をめぐる和漢比較論考」(和漢比較文学会〔編〕『和漢比較文学叢書』第七巻、汲古書院、一九八八年)。本書序章参照。
(38) 「詩本性情、有邪有正(詩は性情に本づく、邪有り正有り)」(前掲『論語集注』、一二一頁)、及び前引の「詩集伝序」の「心之所感有邪正。故言之所形有是非」を参照。
(39) 東涯の『詩経』論については、大谷雅夫「近世前期の学問――契沖・仁斎」(久保田淳・栗坪良樹・野山嘉正・日野龍夫・藤井貞和〔編〕『岩波講座 日本文学史第八巻　十七・十八世紀の文学』、岩波書店、二〇〇〇年)に既に詳しい。『読詩要領』の「人情を道ふ」という語が、しばしば誤った解釈をされているので再説した。仁斎の『詩経』論については、清水徹「伊藤仁斎における『詩経』観」(『東洋文化』復刊第百号、財団法人無窮会、二〇〇八年)を参照。
(40) 前掲『読詩要領』、一三頁。
(41) 同右、一六～一七頁。
(42) 伊藤仁斎『語孟字義』忠恕1、仁斎生前最終稿本、元禄十二年～宝永二年成立、天理大学附属天理図書館蔵。
(43) 服部南郭「与巖邑侯」(『南郭先生文集』四編、巻十、宝暦八年刊〔日野龍夫(編集・解説)『南郭先生文集』、近世儒家文集集成第七巻、一九八五年〕)。
(44) 同右、十七ウ。
(45) 『辨道』22、二〇七頁。
(46) 『辨名』義5、二二二頁。
(47) 同右。
(48) 入江南溟「題苑序」(成島錦江『題苑』、元文元年刊、早稲田大学図書館蔵)。徂來にも『詩題苑』(安永八年刊)の著がある。
(49) 『論語徴』壬、八ウ。

(50) 『論語徴』壬、九オ。
(51) 同右、壬、九オ。
(52) 『経子史要覧』巻上、十一ウ。
(53) 『辨道』22、二〇六頁。
(54) 同右、甲、二十六オ。
(55) 同右、甲、二十八オ。
(56) 同右、乙、二十八ウ、同四十オ、丙、十七ウ、己、十九オ、壬、四ウなど。「微言」の例は己、十四ウにもある。
(57) 同右、辛、二十五オ。
(58) 同右、壬、四ウ。
(59) 「道不行、乗桴浮于海。従我者其由与」。此孔子之微言也（「道行はれず、桴に乗りて海に浮ぶに、我に従ふ者は其れ由か」。此れ孔子の微言なり）」（『論語徴』丙、四ウ）。以下の解釈は『論語徴』丙、四ウ～五オに見える。
(60) 徂徠は、孔子は新たな礼楽制度の「制作」を当初志していたが、「明王」が現れなかったため、それは成し遂げられなかったと見る（『論語徴』丁、五オ）。
(61) 前掲『論語集注』、八九頁。
(62) 「才材同、人之有材、譬諸木之材（才材同じ、人の材有る、これを木の材に譬ふ）」（『辨名』性情材７、二四二頁）。
(63) 『経子史要覧』巻上、十二オ～十三オ。
(64) 同右、巻上、十三オ～十三ウ。
(65) 前掲『論語集注』、九五頁。
(66) 徂徠は「醯《す》」を乞うたのは「孔子家（孔子の家）」であると見る。つまり微生高と孔子の家は隣近所の関係だったのである（『論語徴』丙、十七オ）。
(67) 『論語徴』丙十六ウ～十七オ。以下の徂徠の解釈は該書、十六ウ～十七ウに拠る。
(68) 『蘐園十筆』三筆166、四〇六頁。

(69)「詩」も「古言」と同様、「先王之法言」の中に含まれる。『辨名』智1、二一五頁。
(70)『辨名』物、二五四頁。
(71)『論語徴』甲、十八ウ。
(72)同右、甲、十八ウ。
(73)宮瀬龍門「滄溟尺牘考証序」(同『龍門先生文集』初編、巻七、六オ、宝暦六年刊、東京大学総合図書館蔵)。
(74)太宰春臺「読李于鱗文」(同『春臺先生紫芝園稿』後稿巻十、二十三オ、宝暦二年刊〔小島康敬(編集・解説)『春臺先生紫芝園稿』近世儒家文集集成第六巻、ぺりかん社、一九八六年〕)。
(75)池澤一郎「大田南畝の漢詩と『蒙求』――近世漢詩における『蒙求』」(同『江戸文人論――大田南畝を中心に』、汲古書院、二〇〇〇年)。
(76)たとえば徂徠の「桃源藁序」は、伏見桃山＝桃花源という見立てを軸にする(『徂徠集』巻八、三オ～五オ)。安藤東野「蘐園随筆序」(『東野遺稿』中、三オ～五ウ、寛延二年、嵩山房、東京大学総合図書館蔵)は徂徠を富士になぞらえ、服部南郭は「送玄海師序」において「玄海」にちなんで「海」の比喩を多用する(『南郭先生文集』初編、享保十二年刊、十三ウ～十五ウ〔日野龍夫(編集・解説)『南郭先生文集』、近世儒家文集集成第七巻、一九八五年〕)。
(77)徂徠とその門人の明代古文辞派を範とする文学活動は、徂徠学の確立に先行する。経書の中に自己の文学活動の根拠を求めることで、理論的正当化が後から図られたのであろう。
(78)「峡中紀行」(『徂徠集』巻十五)、十三ウ。三十ウでも桐江は杜牧の詩句を「断章取義」している。
(79)太宰春臺「湘中紀行」(『春臺先生紫芝園稿』前稿巻四、二オ～二ウ、宝暦二年刊〔前掲『春臺先生紫芝園稿』〕)。二十六オ)では、山井崑崙が『論語』を踏まえた冗談を言っている。
(80)「与滕東壁」第十七書(『徂徠集』巻二十一、七ウ)。「擊半渡」は『孫子』行軍、「辟宂」は同書、軍争に基づく。「膠鬲之期」は、『呂氏春秋』貴因に見える故事を踏まえる。「巾幗之遺」は『晋書』宣帝紀が原拠であるが、『蒙求』にも「亮遺巾幗」として採録されている。
(81)「与滕東壁」第五書(『徂徠集』巻二十一、三ウ)。

(82) 『徂徠集』巻二十一、三ウ、七ウ～八オ。前掲『東野遺稿』下、二十一ウ、三十四ウ～三十五オ。
(83) 「復岡仲錫」(『徂徠集』巻二十二、十一オ～十一ウ)。
(84) 文章を書いている当人も、読者の笑いを誘うものであることに自覚的である。典拠を踏まえた大袈裟な表現や機知を互いに笑っている姿が紀行文にたびたび描かれている。「峡中紀行」(『徂徠集』巻十五、一ウ、五オ～ウ、三十ウ)参照。
(85) 前掲『十八世紀の江戸文芸』。
(86) 本居宣長『石上私淑言』、宝暦十三年成立(大久保正〔編〕『本居宣長全集』第二巻、筑摩書房、一九六八年)、一六八頁。
(87) 本居宣長『紫文要領』、宝暦十三年成立(大野晋〔編〕『本居宣長全集』第四巻、筑摩書房、一九六九年)、一〇七頁。
(88) 宇佐美灊水「輔儲劄記」、宝暦十年成立(澤井啓一〔編集・解説〕『灊水叢書』近世儒家文集集成第十四巻、ぺりかん社、一九九五年)、五四頁。
(89) 「人情」に「通達」することと「通人」の「通」は深く関係している。「通」の諸相に関しては次の論考参照。小林勇「武士と通人」(『国語国文』第五十九巻第八号、一九九〇年)。初期宣長の議論と「通」談義の類似については、高山大毅「「物のあはれを知る」説と「通」談義――初期宣長の位置」(『国語国文』第八十四巻第十一号、京都大学文学部国語学国文学研究室、二〇一五年)において詳論した。
(90) 作者不明『大通伝』、安永年間刊(江戸吉原叢刊刊行会〔編〕『江戸吉原叢刊』第六巻、八木書店、二〇一二年)、三四頁参照。
(91) 渡辺浩は、近世日本の女性観を検討した中で、公家の女性と遊女とは、どちらも「やさしい「情け」」の象徴であるという点で「両者のイメージは融合」しており、「「情け」を知り、「物のあはれを知る」ことは、禁裏の文化の教えであり、「悪所」の道徳でもあった」という。渡辺浩「徳川日本における「性」と権力」(『政治思想研究』第一号、政治思想学会、二〇〇一年)、一九頁。
(92) 玩世教主(井上蘭臺)『唐詩笑』、宝暦九年刊(浜田啓介・中野三敏〔校注〕『異素六帖 古今俄選 粋宇瑠璃 田舎芝居』、新日本古典文学大系第八十二巻、岩波書店、一九九八年)、七五～七六頁。
(93) 同右、五六～五七頁。詩句は、張九齢の「和許給事直夜簡諸公」から引く。

（94）　南畝の漢詩と狂詩は、同一の故事を趣向の中心とすることがあり、古文辞と戯謔の文芸の近さを示している。池澤一郎「漢詩と狂詩――大田南畝における雅俗意識」（前掲『江戸文人論』）参照。

第六章　古文辞派の詩情
——田中江南『唐後詩絶句解国字解』

一　はじめに

本章では、徂徠学派の詩の鑑賞法を検討することで、彼らが「修辞」に見出した興趣に内在的に迫ることにする。具体的な作品とその解釈を取り上げることで、前章で行った文学論の分析とは異なる角度から、徂徠学派の文学の魅力を明らかにしたい。

従来、徂徠学派の詩の読解を考える際に分析の対象となったのは、徂徠の高弟、服部南郭の「辯」（講説）に拠るとされる『唐詩選国字解』であった。しかし、村上哲見の論考が明らかにしているように、『唐詩選国字解』は宇野東山『唐詩選解』に若干の改変を加え、南郭の名を借りて出版したものである(1)。東山が南郭の講説の席に連なり、そこで聴いた説を自著に用いた可能性は残るものの、『唐詩選国字解』の所説を徂徠学派の標準的な漢詩解釈と見做すことはできない。

では、『唐詩選国字解』に代わる書物はないかといえば、それは存在する。徂徠自身が李攀龍や王世貞などの詩を注解した『絶句解』・『絶句解拾遺』である。しかし、該書は、難解であるためか、これまで江戸漢詩文の研究において充分に活用されてこなかった。

本章では、まず、徂徠の学問体系の中で『絶句解』が占める位置を検討し、その後、『絶句解』の注釈書である田中江南『唐後詩絶句解国字解』を手がかりに、古文辞派の詩情について考えたい[2]。

二　『絶句解』

1　『絶句解』の成立経緯

徂徠は、学習法や教授法が学者に与える影響に対して極めて自覚的であった。彼の出世作である『訳文筌蹄』の「題言」においては、訓読や講釈に対する仮借のない批判が展開されている。漢文の正確な読解を妨げる訓読を排して、その代わりに、「華音」による直読、「訳」、そして、「口耳」によらず「心目」で書物を読む「看書」を徂徠は主張する。さらに、講釈に対しては十箇条の弊害を挙げ、講釈に頼らず独力で無点本が読めるようになる「学問之法」（学問の法）」を提示する[3]。

徂徠学確立以後になると、「学問之法」の問題は「習」概念を用いて論じられるようになる。「学問ノ道ハ、習ハシ熟シテクセニシナスコトナリ[4]」と考える徂徠は、「宋文」・「宋学」の「習」を斥け、「聖人の道」にかなった「習」の醸成を企図する[5]。そのために彼は、初学者の必読書目を一新しようとした。

学問の仕形宋朝に至候て別に一流出来候て、古聖人の教法と各別に罷成候。依是宋朝の窠窟に落候ては、学問の進候事曽而有之間敷候。四書五経の新注大全等、宋儒の語録類、詩文にては東坡・山谷・三体詩・瀛奎律髄之類、歴史にては通鑑綱目の書法発明等、皆損友と可被思召候。経学は古注、歴史は左伝・国語・史記・前漢書、文章は楚辞・文選・韓・柳迄は不苦候。惣而漢以前の書籍は、老・荘・列之類も益人之知見候。是も林希逸解は悪敷候。詩は唐詩選・唐詩品彙、是等を益友と可被思召候。明朝の李空同、何大復・李于鱗・王元美詩文宜敷候得共、是は遠境書籍有之間敷存候。先有増右之通と可被思召候(6)。

新たな「学問之法」は、宋学の悪しき「習」の排除だけでなく、冗漫に流れがちな日本人の文章の悪癖を克服することが狙いとなっている(7)。このような徂徠の新たな教養体系の構築は、人間や事物の傾向性や法則性を洞察した上で、「詩書礼楽」を建てた「聖人」の「制作」と対応している(8)。いうなれば、文学の制度設計である。

右の引用にもあるように、明代の古文辞派の詩文集は当時入手困難であった。次章で取り上げる『四家雋』や後述する『唐後詩』は、この欠如を埋めるために徂徠が編纂した詩文集である。

では、明詩の注釈書である『絶句解』は、徂徠の考える教養編成の中でどのような位置にあるのだろうか(9)。『絶句解』が刊行されたのは徂徠の歿後である。従来伝存が確認されていた『絶句解』の最古本は延享三年（一七四六）板である。しかし、『割印帳』の享保十七年の項には、「同壬子ノ夏、唐後詩絶句解三冊 作者徂徠先生 板元冨士屋弥三右衛門 大和屋孫兵衛」と記載されていることなどから初刻本の存在が推測されていた(10)。

ちなみに田中江南は、この初刻本の存在に言及している。

此書単《タヽ》絶句解ト称《イフ》ベカラズ、唐後詩ノ中ノ絶句ノ解ナレハ、唐後詩絶句解ト称ヘシ、故ニ最初刊《ホリ》ノ本ニハ、爾有リ（『唐後詩絶句解国字解』巻一、一オ、安永六年刊、以下、引用の際は『国』と略す）

架蔵の『絶句解』は、「富士屋弥三右衛門／大和屋孫兵衛」の奥付を有し、また巻頭の荻生金谷の序は「唐後詩絶句解叙」と題しており、享保十七年の初刻本と見て間違いない[11]（左画像参照）。

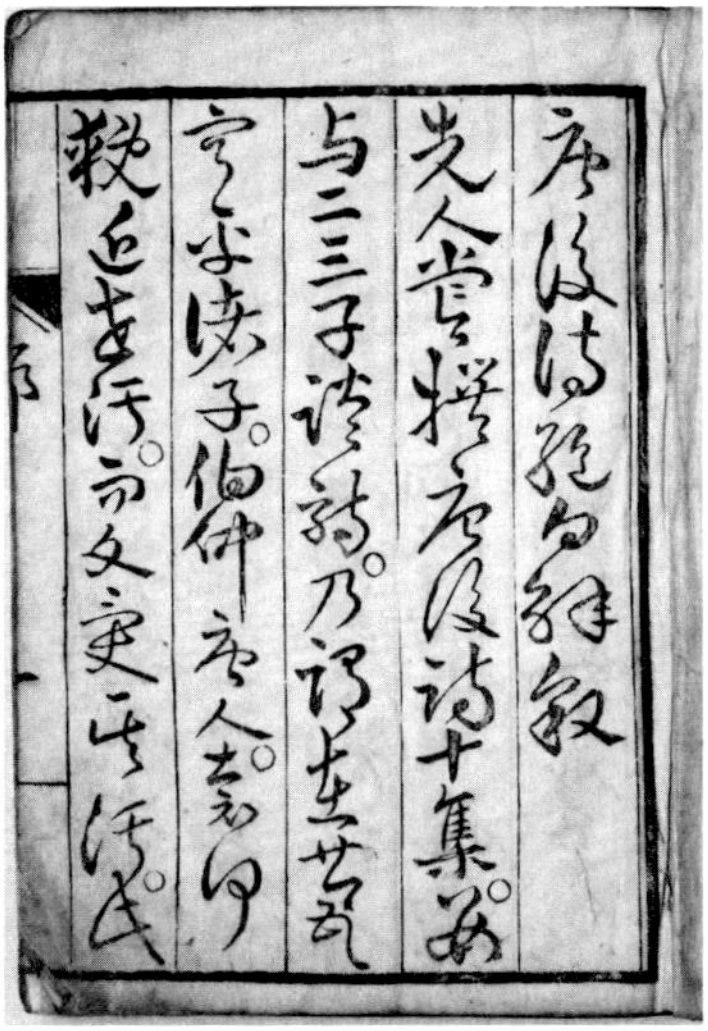

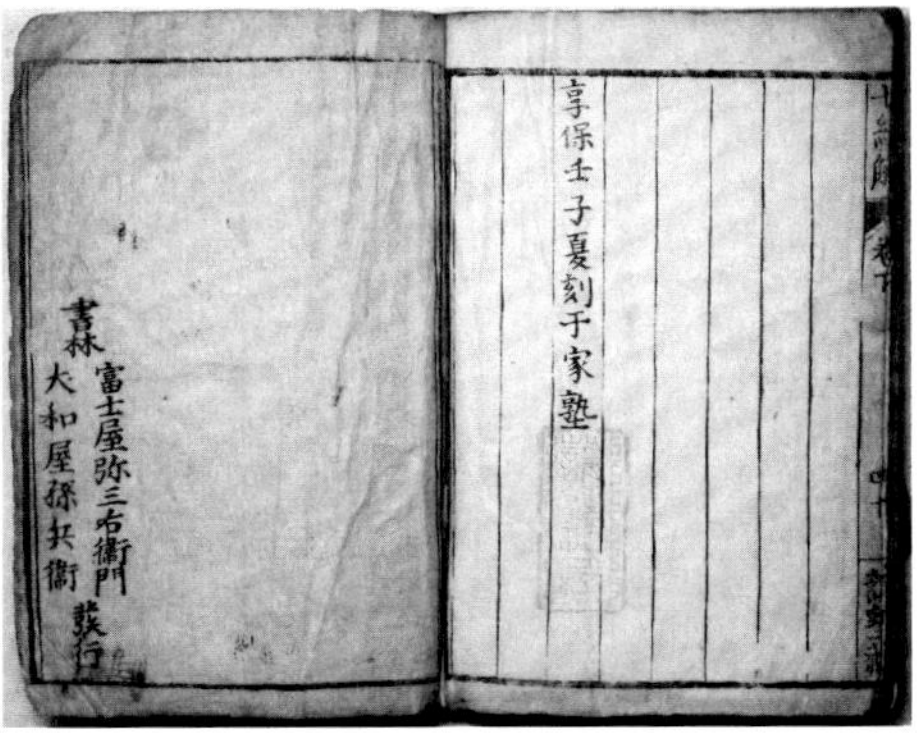

「唐後詩絶句解叙」という呼称に示されているように、『絶句解』は、『唐後詩』と密接な関係にある。『唐後詩』は、明人及び「本邦」の模範となる詩を徂徠が選定した書で、江南が指摘するように絶句の部分は『絶句解』の収録詩と重複する。『唐後詩』は、徂徠学派の理想の詩風を示した一大総集となるはずであった。しかし、享保五年（一七二

〇）頃に刊行されたのは、序目総論及び丁（五律）・庚（五絶）・辛（七絶）の三編（合計七冊）のみである。見返しには、費用不足のため他巻は追って公刊する旨が記されている。しかし、結局、実現しなかった。徂徠門の根本武夷の素人板であり、資金面の問題は切実であったろう。未刊行部分に関して、服部南郭「物夫子著述書目記」には「餘乃本未成（餘は乃ち本未だ成らず）[12]」とあり、田中江南は「享保中火災ニ罹《カ》リテ過半焼失シ」たという（『国』巻一、オ）。「本邦」の部の稿本に関しては、その残片が『皇朝正声』（明和八年刊）として刊行されている。

『絶句解』の続編に当たる書物に『絶句解拾遺』がある。これは徂徠が生前、『絶句解』から削除した原稿を輯成したものである。

『絶句解』の校訂者の荻生金谷は、『絶句解』の成立経緯に関して次のように述べる[13]。徂徠は、『唐後詩』十集を編纂し、続いて、そのうちの「五言絶句一百首」・「七言絶句三百首」に注釈を施した。その後、火災に遭い、七絶の部分は焼亡したが、徂徠はこれを「撰補」した。また、金谷は、『絶句解拾遺』の序において、徂徠は『唐後詩』の全注釈を計画していたと述べる[14]。「唐後詩絶句解」という書名は、このような『絶句解』の成立の理解に基づいて金谷が名づけたものと推測される。

宇佐美灊水の見解は、金谷の説と若干異なる[15]。灊水によれば、徂徠は、「明詩」の「諸体」を選び、注釈を施そうとした。しかし、「五七言絶句律詩選漸成（五七言絶句律詩の選 漸く成る）」という段階に至ったところで、他の著述に時間を取られ、未完成のまま徂徠は歿した。この選集は「唐詩典刑」と題され、後に「唐後詩」とその名を改められた。「五言絶句滄溟七言解（五言絶句滄溟七言の解）」は先に完成し、これを『絶句解』といい、徂徠が「刪去」した部分を門人が輯めて「弇州七言絶句解」を附したのが『絶句解拾遺』である。

金谷の説にしたがえば、『唐後詩』十集の完成後に、その部分的な注釈として『絶句解』が撰述されたことになる。一方、灊水の説では、徂徠はもとから明詩の注釈書の編纂を計画しており、『唐後詩』と『絶句解』とはその計画の産物ということになる。両説の是非を考えてみたい。

正徳元年（一七一一）の山県周南宛の書簡において、徂徠は李攀龍・王世貞の「近体若干首」の「箋釈」がほぼ完成していることを述べる。

予間者又為髦生苦唐詩選大寥寥不足以広其思、故手汰二公近体若干首、一取其合盛唐者、略加箋釈行将問梓。

予間者《このごろ》又髦生 唐詩選の大いに寥寥として以て其の思を広むるに足らざるを苦しむが為に、故に手づから二公の近体若干首を汰して、一に其の盛唐に合する者を取り、略《ほ》ぼ箋釈を加へ行くゆく将に梓に問はんとす。[16]

『唐詩選』だけでは物足りない初学者のために、徂徠は李王の詩の注釈書を編纂した。また、同年の十月二十日附の周南宛の書簡には、「文罫及唐詩典刑即選王李詩者、以予小築殺俸者不少、故不能刊也（文罫及び唐詩典刑は即ち王李の詩を選ぶ者、予の小築 俸を殺ぐ者 少なからざるを以て、故に刊すること能はざるなり）[17]」とある。

荻生家資料には、「滄溟七絶三百首解」「五言絶句百首解」の手稿本が伝存している（修訂の形跡から徂徠の自筆であると推測される[18]）。これらは『絶句解』『絶句解拾遺』の草稿である。「滄溟七絶三百首解」と「五言絶句百首解」はどちらも、「唐詩典刑初集」を見せ消ちにした後、当該の題名が記されている。

灊水は、徂徠が「明詩諸体」の注釈を計画していたと述べる。荻生家資料の手稿本に「唐詩典刑初集」とあることから、徂徠は当初、五絶・七絶部分の刊行の後、他の詩体の注釈の出版を企図していた可能性が高い（周南宛の書簡にあるように五絶七絶の段階で計画は蹉跌したのであろう）。

『唐後詩』の編纂については、京都に住む入江若水宛書簡に、「九大家詩選奉返。唐後詩脱稾、足下与有力哉（九大

家詩選 奉返す。唐後詩の脱藁、足下 与《あづか》りて力有るかな[19]」と、資料（『九大家詩選』）提供への謝辞が見える。この書簡の中で徂徠は、大潮宛ての手紙の転送を依頼している。大潮の京都到着は、享保二年（一七一七）のことであり、享保三年（一七一八）の大潮宛ての書簡には入江若水から大潮の近況を聞いた旨が見える[20]。また、荻生家資料の『徂徠先生手沢九大家詩選抄』は「享保戊戌秋九月」の識語を有する。よって、享保三年まで、『唐後詩』の編集が続いていたことが分かる[21]。金谷の文章は、『唐後詩』の完成の後に、『絶句解』は著されたかのように記す。しかし、『唐後詩』は「唐詩典刑」（『絶句解』『絶句解拾遺』の原型）が執筆された時期にはいまだ脱稿していない。

もっとも『唐後詩』の編纂自体は以前から行われていたと考えられるので、注釈無しの明詩の選集（『唐後詩』の原型）をある程度作成した後（あるいはそれと並行して）、「唐詩典刑初集」が執筆された可能性は残る。

金谷は、『絶句解』の七絶の一部が焼失する事件があったと述べる。平石直昭の考証によれば、徂徠の家が罹災したのは享保八年（一七二三）であり、金谷は既に徂徠の養子となっているので、この証言の信憑性は高い。荻生家資料の「滄溟七絶百首解」は、上下巻で体裁が異なっている。

以上を総合すると、正徳元年には李攀龍・王世貞らの近体詩の注釈書（「唐詩典刑初集」、すなわち『絶句解』・『絶句解拾遺』の原型）が作られ、ほぼ刊行可能な段階に到達していた。注釈抜きの選集である『唐後詩』は、享保三年に至っても編纂作業が続いている。享保五年頃に『唐後詩』の一部は上梓された。享保年間に入ると、徂徠は大きな思想的な転機を迎える。しかし、『絶句解』の稿本は廃棄されなかった。享保八年の火災で『絶句解』の七絶は失われたものの修補された。

徂徠の考える文学の制度確立はなかなか進捗しなかった（この問題は次章でも取り上げる）。本来、『唐詩選』（あるいは『唐詩品彙』）と『絶句解』・『唐後詩』を組み合わせて学ぶのが、徂徠の考える望ましい漢詩学習のあり方であった。しかし、出版資金の不足が原因で、「唐詩典刑」は上梓に至らず、『唐後詩』の刊行は中断した。『唐後詩』が未完の状況で、『絶句解』も失われてしまうと、詩に関する「学問之法」の構想は頓挫したに等しい。享保六年から、徂徠は公儀の下問を受けるようになり、多忙であった。その合間を縫って『絶句解』の補綴がなされたのは、このような危惧が背景にあったからではなかろうか。

2　注釈法

『絶句解』の注釈法は独特である。巻頭第一首の「寄殿卿」の注を挙げる。

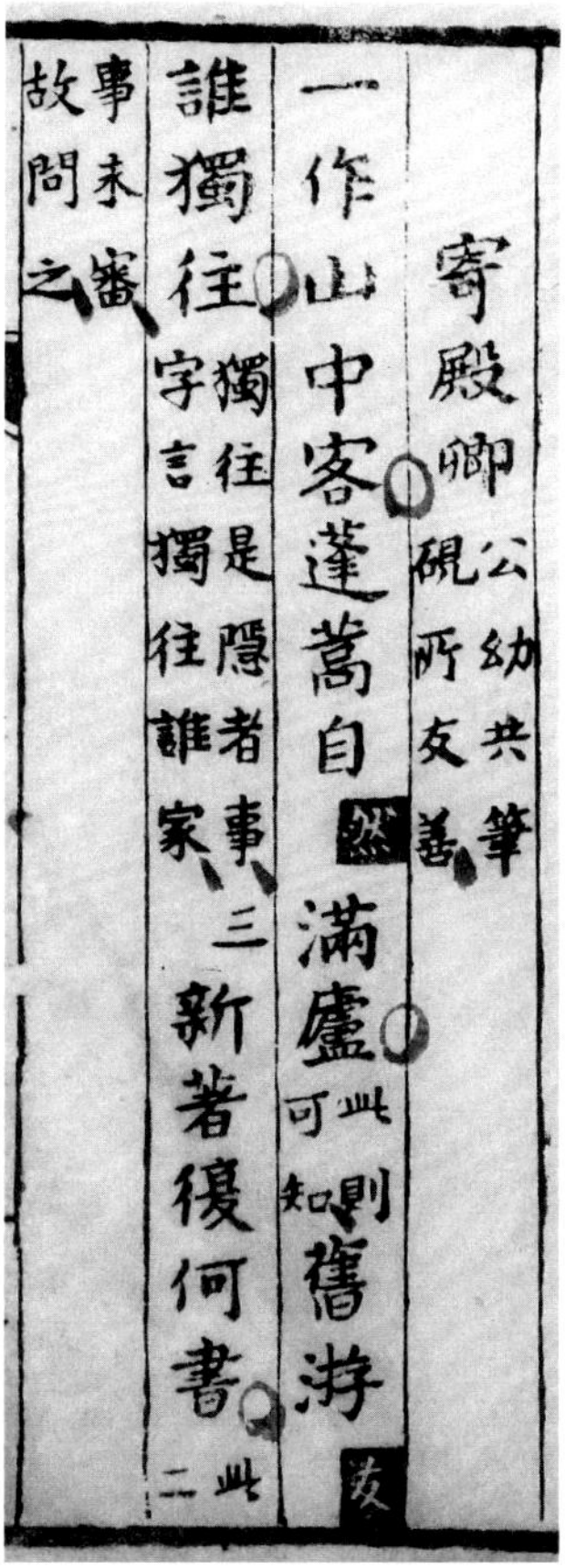
寄殿卿公幼共筆硯所友善
一作山中客蓬蒿自然滿盧此則可知舊游
誰獨往獨往是隠者事字言獨往誰家三新著復何書此二
事未審故問之

寄殿卿〔公幼共筆硯。所友善〕
一作山中客
蓬蒿自〔然〕満盧〔此則可知〕

（『絶句解』、享保十七年刊）

旧游（友）誰独往〔独往是隠者事。三字言独往誰家〕
新著復何書〔此二事未審。故問之〕
（『絶句解』五絶、一オ、延享三年刊。参照しやすい延享三年刊本の丁数を挙げた。以下、『絶』と略す）

殿卿に寄す〔公 幼にして筆硯を共にす。友とし善き所〕
一たび山中の客と作りて
蓬蒿自ら（自然にして）廬に満つ〔此れ則ち知る可し〕
旧游（旧游友）誰れにか独往す〔独往は是れ隠者の事。三字言ふこころは独往誰か家ぞ〕
新著復た何の書ぞ〔此の二事 未審なり。故に之を問ふ〕

原書では（ ）内は白抜きの字で書かれ、〔 〕は細注となっている（以下、『絶句解』の引用はこれにしたがう）。「俗語」（白話）的表現がしばしば用いられ、典拠の指摘も最小限の情報に止まっている。
宇佐美灊水は、徂徠手沢の「唐詩典刑」の「例言」を所蔵しており、それには次のようにあったという。

古来箋詩、其拠引則学歩李善、解釈借吻考亭。一詩所詮延蔓数帋。武庫森矗、反碍電目、理窟勃窣、酒翳金心。雖誇富贍、安資諷詠。今澌旧套、特剏新規。事唯標用某事、而使之自考。意不必説何意、而導其独思。時添一字、躍如言下。此是程明道説詩方、忽発数語、冷然意外。亦為劉辰翁評詩法。(22)

古来詩を箋する、其の拠引は則ち歩を李善（『文選』李善注――引用者注）に学び、解釈は吻を考亭（朱熹『詩集伝』

――引用者注）に借る。一詩の詮する所数帋に延蔓す。武庫の森矗、反りて電目を碍《さ》へ、理窟の勃窣、迺《すなは》ち金心を翳す。富贍に誇ると雖も、安んぞ諷詠に資《と》らん。今旧套を漸《すす》ぎて、特に新規を刱《はじ》む。事は唯だ某の事を用ふと標して、之をして自ら考へしむ。意は必ずしも何の意と説かずして、其の独思を導く。時に一字を添へて、言下に躍如たり。此れ是れ程明道が詩を説く方、忽ち数語を発して、意外に冷然たり。亦た劉辰翁が詩を評する法と為す。

「程明道」云々は、「伯淳常談詩、並不下一字訓詁、有時只転却一両字、点掇地念過、便教人省悟（伯淳〔程顥〕は『詩経』を語るときはいつも、一文字も解釈することなく、詩の一二文字を変えて、うまく調整して読み上げて、人にその意味を理解させた）」という話を指す。[23] 劉辰翁は元人で、唐宋の詩に多くの評点を残したことで知られる。[24] これらの人物から示唆を受けながら、徂徠は注釈法の「新規」を設けたという。[25] この注釈法の根幹にあるのは、徂徠が繰り返し説く「自得」の重要性である。学習者が自ら考える余地を残すためにあえて不親切な注になっているわけである。

この「凡例」は程顥を肯定的に評価しているので、朱子学から離脱した後、徂徠はこれを削除したのであろう。徂徠の独創的な注釈法は、「師友」がおらず、「書冊」に乏しい環境の読者には難解であった。[26] そこで、宇佐美灊水『絶句解考証』（宝暦三年序）・中川南峰『絶句解辨書』（宝暦十三年刊）・福奚処（望駒山人）『絶句解評釈』（明和五年刊）などの注釈書が編纂された。田中江南『唐後詩絶句解国字解』（安永六年刊）も、その一つである。

三 『唐後詩絶句解国字解』

1 「趣向」

『唐後詩絶句解国字解』（以下、『国字解』と略称する）は、第三章で取り上げた「投壺先生」田中江南の著作である。江南は、本書以外にも『六朝詩選俗訓』を撰している。該書は、六朝時代の楽府に俗語による「訳」を左訓で附した著作である。弟子の言によれば、江南はこのほかにも、「六経、論語、左国史漢、二伝、諸子語説、文選、詩集以下、凡当世児童の切磋すべき者は悉く訓訳を作(27)っていた。『国字解』も同様の形式で「訳」を附す。ただし、『六朝詩選俗訓』と異なり、『国字解』は「訳」に加えて、典故表現に関しては出典を示し、解釈の過程を詳細に説明している。『国字解』は、服部南郭「五七絶句解序」に対しても長大な注釈を施す。これは、注釈というよりも、むしろ「五七絶句解序」を敷衍した江南の詩論と見なした方が適当かもしれない。

南郭の「五七絶句解序」は次のように始まる。

夫詩之道汎兮其可左右。比興相移、情文惟微。言之者寓意匠於妙用、聞之者合心契於象外。必也吾逢其原然後可以説詩也（『絶』、「五七絶句解序」、一オ〜一ウ）。

夫れ詩の道 汎兮として其れ左右す可し。比興 相移り、情文 惟れ微なり。之を言ふ者は意匠を妙用に寓し、之を聞く者は心契を象外に合す。必ずや吾れ其の原に逢ひて然る後に以て詩を説く可きなり。

詰屈とした、いかにも古文辞派の文章である。『国字解』と比較するために、中川南峰の『絶句解辨書』の注釈を先に挙げておこう。

詩ハ遠ク云フモノ故トチラエモ了簡カツク。比ニモナリ、興《ケウ》ニモナル。情モ文モ知レカネル。ツクル者ハ心ヲツクシ、妙ニフカク云フチヤ。聞人ハ見ヘタ形ノ外ニ心ヲ求ム。必其本ヲ尋ネテ後ニ詩ヲトクヘキナリ[28]。

これは『絶句解辨書』全体に当てはまる特徴であるが、直訳的でたどたどしい。

一方、江南の注釈は、この発端部のみで三丁に及び、彼の考える詩の鑑賞法が示されている。江南は、「夫詩之道汎兮其可左右」の句を次のように解する。

汎ハ舟ヲ中流ニ汎メシ也。詩経ニモ汎彼柏舟、復（ママ）汎其流ト有リ。左ヘモ右ヘモ流レ旋《メク》リテ一定セルコト無ヲ云。凡詩歌ノ本意ハ一定セサルヲ本意トス（『国』巻一、二オ）

江南の念頭にあるのは『詩経』である。「詩経ノ詩」は、古代から諸家で解釈が分かれ、『春秋左氏伝』には「古詩ヲ賦スル者、亦古詩ノ句ヲ取来リテ、己々ノ意ヲ託」す例が見られる。また、「経伝及諸子百家」で「詩」を引く場合には、「古伝ノ解ニ不依、自己ノ説ニ附会セルモ多」い（『国』同巻、同丁）。

江南の解釈は、前章で見た徂徠の「断章取義」説を踏まえている。徂徠学では、「詩」は「定義」（定まった意味）がなく、新たな意味を賦与して引用する――つまり「断章取義」を行う――ことは積極的に肯定される。江南は、徂徠の「詩」論の文脈の中で、「夫詩之道汎兮其可左右」の句を読み解くのである。

これに続けて『国字解』は次のようにいう。

然リトテ其ノ詩ヲ作ル時、作者ノ了簡ニ、当《アテ》モナキコトヲバ、ツト云ヘキコト無シ。何レモ、其主トスル所ハ有リテ云ナレトモ、詩ハ本微言トテ、其指ス所ヲ世人ニ屹ト知ラスヘキニ非ス。唯己カ志ヲ述ルマテ也。然ルヲ聞ク人、其詩ヲ聞キ、其何ト云コトヲ知ラサレトモ、是ハ此コトヲ言ナリト知ルヲ、真ノ詩ヲ解ス人トスルコト、彼子期カ琴ヲ聞テハ、伯牙カ志ヲ知ルカ如シ（『国』巻一、二ウ）

江南は特にことわっていないが、これは明らかに、荻生徂徠（口授）・三浦竹渓（筆受）『経子史要覧』の「毛詩」の項の文章を襲用している。(29)『経子史要覧』が刊行されたのは文化元年（一八〇四）であるが、天明元年（一七八一）の奥書を有する写本が伝存しており、江南も写本を入手していたのであろう。(30)以下の部分の注釈においても『経子史要覧』の説は注釈中に組み込まれている。『経子史要覧』と照らし合わせながら、「五七絶句序」を解釈する手法を江南は採用しているのである。

内容に戻ると、徂徠学の基本的な考えでは、「詩」は「断章取義」して自在に用い得る。しかし、だからといって、作者が特定の意図を持って、詩を作ったことは否定できない。よって、詩歌の活用ではなく、詩歌の解釈の局面では、言外に隠された作者の真意を探らねばならない。江南（そして徂徠）が例に挙げるのは、「余所ニノミ見テヤ止ミナン葛城ヤ高間ノ山ノ峯ノ白雲」の歌である。様々な意味を託し得るこの歌を恋歌の巻頭に置いた『新古今』の撰者（徂徠は藤原定家とする）を彼らは作者の意図を的確に把握したものとして称讃する。(31)

ここで疑問が浮上しよう。「断章取義」と作者の本意にかなった読みとを弁別する基準は何なのか――という疑問である。これについては後で取り上げる。

南郭の「五七絶句序」の本文は「比興相移、情文惟微」と続く。江南はまず「比」と「興」を次のように説明する。「比ハ其事ヲ云ントスルニ、刺《サシ》アルヨリ、他ノ事ニ比諭《ナソラヘ》テ云フ」、「興ハ一起（興起――引用者注）也、此事ヲ感興（ヲモイタス）スルヨリ云フ」(32)。つまり、「比」は婉曲表現としての比喩、「興」は想起に基づく表現の謂いである。「比興相移」とは、「比カト思ヘハ興、興カトスレハ比ニナルコト有リテ、アチラコチラヘ移リカワルコト」を指す（『国』巻一、三オ）。

では、比喩と連想が次々用いられ、「情文惟微」とはどういう事態なのであろうか。江南の説明は次の通りである。

凡情ハ実情トテ、七情ノ実ノ所也。人ノ人ト遇フ、各其己ノ情有リト云トヘ《（ママ）》トモ、其情ノ通ニナス則《トキ》ハ直情トテ夷狄ノ道也。下戸ノ酒ヲ嫌、上戸ノ酒ヲ好ムハ直情ノ免カレサル所ナレトモ君酒ヲ好テ、酒ヲ賞スレハ、臣下タル者、己酒ヲ好マズト云ヘトモ、亦酒ヲ賞セスンハ有ヘカラス。是礼也。然ルヲ己好マストテ、君ニ対シテ酒ノ悪ヲ説クハ、情ニ於テハ直也ト云ヘトモ、礼ニ於テ不敬ノ甚シキ田夫野人ノ道也。故ニ好マスト云ヘトモ、苟《カリ》ニ表《オモテ》ヲ文《カサ》リテ、酒ノ美ヲ賞ス、是ヲ文ト云。凡詩歌ハ己ノ本情ヲ云フモノナレトモ、其言必其実情ヲ顕《アラハ》ニ云ワス、詞花言葉ヲ以テ文《カサ》リテ云フニ、其文辞ノ内ニ情有リテ、隠微ニシテ見ヘ難キコト、彼葛城《カツラキ》ノ歌ノ如シ（『国』巻一、三ウ）。

「実情」をそのまま表すのは「夷狄ノ道」である。主君が酒を飲んでいる時に、自分が酒が苦手だからといって酒の弊害を説くのは「不敬」で「礼」にそむく。ここで江南が「礼」を持ち出すのは、「実情」の吐露に対する抑制が文彩を生むと考えるからである。たとえば、「不義」にわたる「恋情」が「礼」によっても抑えられない時、人は詩歌を作る。しかし、その時には自己の感情をそのまま述べることはできないので、「実情ヲ隠シ、詞歌言葉ヲ文《アヤ》ナシテ云フ」。江南はこのように「文」を説明する（『国』巻一、三ウ～四オ）。

「情文惟微」に続く「言之者寓意匠於妙用、聞之者合心契於象外」の部分は、文彩の発信と受信の過程の説明に当たる。

寓スルトハ、荘子ニ寓言ト云コト有リ。彼ヲ借リテ是ヲ云フ為《タメ》ニセルヲ云。和歌ニ云寄鏡恋、寄花恋、ナト云フ、寄ノ字ト同シ。意匠ハ此コトヲ斯《カク》云ントスル趣向也。妙用ハ上手ニツカイトリマハス也。譬ヘハ、及ハヌ恋ノ心ヲ詠ムニ、雲ニ梯、霞ニ衝ト云ヘハ、高上ノ雲ヲ見ルコトニシテ詠マントスルハ意匠也。扨其雲ヲ見ルニ、余所ニノミ見テヤ休《ヤミ》ナント思ハカリニテ、口ニモ云レヌト云コトヲ、上手ニツカイマワシタルヲ、妙用ト云。及ハヌ恋ノ心ヲ雲ニカケ寄テ詠ム故、寓ト云。是葛城モ高間モ雲モ、借リ物ニテ、彼ヲ仮リテ、我意ヲ述ル也。合心契ハ、心ノ字ヲトリテ、合契ト看ヨ。互ノ心ノ契《ワリフ》ノ合フト云フハ、目ト目ヲ見合セテモ、其コトハ此コトト合点シテ、シクト都合スルヲ云。象外、象ハ今ノスカタト云コト。歌ノスカタハ、葛城高間ハ形象《スカタ》（ケシキ）ナリ。実情ハ其形象《スカタ》ノコトニテハ無ク、象ハ仮リ物ニテ、其外ニ実意アルト云コトヲ、此コトナリト、心ニ合点シテ、シクト都合スルヲ心契ヲ合スト云。（『国』巻一、四オ～四ウ）。

江南は詩の制作と解釈の具体相を描き出している。ある感情を詩に詠むに際しては、起点となる「趣向」（「及ばぬ恋」＝「高上の雲」）を定め、それを展開していく。読者の方は、この経路を逆に辿りなおす必要がある。江南によれば、南郭のいう「必也吾逢其原然後可以説詩也」とは、このような手順を踏まえ、「趣向」の向こうにある「根源」の意図に到達して、はじめて「詩」について語り得るという意味である。

江南の説にしたがえば、「実情」を隠し、「趣向」を立てることに詩歌の本質はある。そして、『絶句解』所収の古文辞派の詩はかかる本質をそなえる。このような江南の詩歌観は、「浪漫的」な感情の横溢に力点を置いて徂徠学派の文学を理解する立場からは意外に見えるかもしれない[33]。しかし、このような見解の論拠としてよく引用される『南郭先生燈下書』の一節を再度見直すべきであろう。

> 益なき事は我もしりて思ひかえし〳〵すれとも、ひたと心にかゝり、悲しみ憤りも出候餘り、其情を詠歌して、せめて君親の万一も思ひかへし、人もあはれと感する様に、諷諫にも用ひ候事、是則風雅の情にて候。又たとへは友なとに別るゝ時、平生の好《よし》みを思ひ出、別後の恨うさをなけき、共に涙を流してあはれを述るなと云様の事、宋以後理学計の目よりは、手ぬるき児女子の様に見え候事なれとも、その（ママ）すなはち風人の情にて候。古三百篇も、詩の教は温柔敦厚をもとゝする事にて、必竟君子の志を述る物にて、ものことに温和に、人をも浅く思ひすてす、言出ること葉も婉曲にして、何となく人の心を感せしむるを専一と仕事故、自ら風雲花月に興をよせ、詞の上にあらはれさる事とも多く有之候。詩経を六経の内に入、古聖人の教も詩書と並へ称して、人に御教候も、此渾厚の情を失さるを君子の徳となし候事と相見え候。然されは夷狄の径直情行（ママ）（情ヲ径《タヾチ》ニシテ直《タヾ》チニ行フ）小人の態に成候[34]。

確かに、「手ぬるき児女子の様」な感情を詠ずるのが詩歌である――と南郭はいう。だが、それを直接的に吐露せよと彼は説かない。「君子」の言語は「婉曲」で、「詞の上」に表現されないことが多い[35]。江南は、このような「君子」間の詩歌のやり取りを具体的に説明したわけである。

2 「反ニカヘス」

江南は言外の「実情」を探る過程について次のように述べる。

反三隅ト云フ論語ノ語ハ、一ヲ聞テ三ヲ覚ルコト。方角ニテ東ノ一方ヲ聞ケハ、餘ノ三方ハ自然ト知ル也。反ハウラ也。東ノ反《ウラ》ハ西、南ノウラハ北ト知ルヲ、三隅ハ反《ウラ》ニカヘシテ知ルト云。詩歌ハ皆実ヲ隠シ、文ヲ以テ云フ故、三方ノ端ヲ見テ、象外ノ意ヲ推スコト白雲ト云ヘハ目ニ見テ手ニ取ラレヌコト、葛城ト云ヘハ、岩橋ノ縁ノコト、高間ト云ヘハ、高クテ及ハヌト云如ク、反《ウラ》ヘ〱トカヘシテ解セネハ叶ザルコトナルニ《以下略》（『国』巻一、五ウ）。

引き続き例に用いられているのは、「余所ニノミ見テヤ止ミナン葛城ヤ高間ノ山ノ峯ノ白雲」の歌であり、「白雲ト云ヘハ」から「高クテ及ハヌト云」までの部分は徂徠の『経子史要覧』に依拠している[36]。ここで「葛城ト云ヘハ岩橋ノ縁ノコト」とあるのに注目したい。「岩橋」とは葛城の一言主の故事を指している。役の行者が一言主神を使役して葛城山から金峰山に岩橋をかけようとしたが、一言主神が夜しか働かなかったため橋は未完成に終わったという説話である。この話を踏まえ、「葛城や久米路に渡す岩橋のなかなかにても帰りぬるかな[37]」といったように、成就せぬ恋の歌が詠まれる。徂徠は、このような一連の形象に結びつけ、「余所ニノミ」の歌を理解しているのである。

この「岩橋」の故事を引証する解釈は一般的ではないようであるが[38]、徂徠がそれに触れた理由は分かりやすい。「詠み人知らず」のこの歌は、作者の経歴を知ることで、歌の真意に迫ることは不可能である。よって、『新古今』の撰者がこの歌を恋歌と認定した際には、いずれかの言葉を端緒としたはずである。徂徠（と江南）はその端緒を、「岩橋」の故事に関わる「葛城」の語に求めたのである。

江南のいう「反《ウラ》へ〳〵トカへ」すとは、このように言葉の連想の糸を次々と手繰っていくことの謂いである。いうまでもなく歌語や詩語の惹き起こす連想には伝統的な型があり、この探索は限定された範囲に絞られる。かくして得られた解釈は、「断章取義」とは一線を画し、作者の真意を獲たものとなる。

もっとも江南は、どのような場合でも詩の解釈が完全に一つに収束させられるとは考えていなかった。『国字解』は複数の解釈を併記する場合がある（『国』巻一、十五オ～十五ウ。同巻、三十四ウ～三十五オ）。江南は、解釈の最後に「カヤウニイクヘモカヘシ〳〵テ看ネバ、真ノ味カ見ヘヌ也」という（『国』巻一、三十五オ）。複数の読解の可能性を模索することが、詩の鑑賞には欠かせないと考え、次々と「反ニカヘス」過程をそのまま読者に示すのである。

四　注釈の実例

1 「比興」の解読

詩に対する江南の注釈を検討することにしたい。王世貞が都から帰郷する途上に作った「衛河八絶」第七首を例に取ろう。江南によれば、この詩は南郭の「五七絶句解序」でいう「比興相移」の表現が用いられている。

青青河畔柳〔瑟調曲名〕
蕭索半無枝
為是軽攀折〔故也〕
非関贈別離〔男児生有四方志。只是不堪摧折〕（『絶』五絶、六ウ）(39)

青青たり河畔の柳〔瑟調曲の名〕
蕭索として半ば枝無し
是れ軽々しく攀折するが為なり（の故なり）
別離に贈るに関はるに非ず〔男児生れて四方の志有り。只だ是れ摧折に堪へず〕

江南の訳は次の通りである。

先年京へ始テ上ル時ミシ、アヲ〳〵タリシカハベノヤナギ、今日見レバ、サミシクナリキリ半分枝ガナクナツテ、コレハ子共ナドカムサトヒキオリ（ユヘシヤ）、ワカレニオクリシニカ、リテノコトデハナイ（『国』巻一、二十九ウ～三十オ）。

離別の際に柳の枝を折る習慣を知っていれば、字義的な意味——いわば言内の意——を理解することはさほど困難ではない。ただし、なぜ無残な状態の柳を詩に取り上げ、かつ送別と無関係であることをわざわざ述べるのか——違和感が残る。

徂徠は第四句に注して「男児生有四方志、只是不堪摧折」という。これもなかなか解釈が難しい。中川南峰『絶句解辨書』は、次のように訳す。

男児ハ四方ノ志アリト云テ、男ノ子ト生レテハ、四方他国へ出テ、功ヲ立テル志ナクテハナラヌ者ヂヤ、因テ其時ニコノ柳ヲ折テ別ヲ送ルハヅノ者ヂヤ、只是用モ無ヒニ折ルトハ、アマリ心ナヒ事ヂヤ、ソウハナラヌモノヂヤト云フ心デヤ。[40]

「只是不堪摧折」以下の解釈に相当苦しんでいることが分かる。

では、江南は徂徠の「解」及びこの詩をどう理解しているのであろうか。

まず、江南は徂徠の注釈を「オトコユヘウマルト天下ヲアルクコ、ロカケハモツテモ、トカクキノクジケニハコタヘヌ」[41]（『国』巻一、三十オ）と訳している。「摧折」の主語を明確に作者自身と見るのである。その上で、彼は次のようにいう。

此詩六義ニハ興而比也。上二句柳ヲ見テ感セルハ興也。下攀折ヲ以摧折ヲ云ハ比也。下ヲ比ニ云シヨリ、直ニ下ノ首ノ人ハ言フ風波悪ノ興ヲ生ズ。是序ニ謂比興相移ル也。又後世ニ云フ詠物寓懐也。柳ト云物ヲ詠《ヨミトリ》テ、我懐《オモイ》ヲ寄スル。和歌ノ題ニスレハ寄《ヨル》衰柳述懐ト云コト也。（『国』巻一、三十オ）。

「下ノ首」は「衛河八絶」第八首の「人言風波悪（人は言ふ風波悪しと）」を指している。[42] 枝を半分失った柳を見て、自己の境遇を想起し（第一句、第二句）、自己を柳と見立てた上で隠喩としてそれを展開（第三句・第四句）、さらにそれが、船路の「風波」よりも故郷を離れた境涯が容貌を衰えさせるという次の詩を導き出す。南郭の「比興相移」という語を通じて江南が捉えたのは、このような詩想の展開の軌跡である。

第三・四句の「比」を解きほぐすことで、江南は次のような「実意」を導き出す。

実意吾モ初メ故郷ヲ出シ時ハ、青柳《アオヤキ》ノ緑《ミトリ》ノ髪ノ厚鬢ノ色盛ナリシニ、今帰ルトキニナリタレハ、頭《カシラ》モ兀《ハゲ》、髪モ半分ニ薄クナリテ、殊外憔悴シタ。是ハ妻子ニ別レ、他郷ニ居ル故カヤウニ、衰タカト云フニ、中々サヤフノコトテハナヒ。男子タル者ハ、生ル、ヤ否ヤ、立身功名ノ為ニ、東夷西戎ヘモ行《ユキ》、戦場異域ヘ往ベキハ、兼テノ志《コヽロカケ》ナレハ家ヲ忘レ、妻子ヲ忘レテ、奉公スルガ、士ノ習ジヤカラ、親属故郷ニ別レタトテ、悲キコトモ、患《クラウ》ノコトモ、少モナヒカ、但気ノ毒ニテ憔悴スルト云ハ、世ノ中思フヤウニナラス、思ヒツキテ、一功立ント思フ謀モ、半途ニテ打毀《コホ》タレ、我志ヲ摧《クシ》折カル、故、夫デカヤフニ衰ヘタノジヤ。何ノ別離ノ瑣細ノコトニ、関《カヽ》ワリテノコトデハナヒ。桓温事別考外伝ニ出（『国』巻一、三十オ～三十ウ）

江南は、柳を憔悴した作者の「比」であると判断している。これは何を根拠にしているのであろうか。鍵となるのは、『国字解』末尾の「桓温事別考外伝ニ出」という附記である。「外伝」は、『絶句解』に関する江南の別の注釈書の名である（残念ながら伝存は確認されない）。そして、「桓温事」とは、庾信「枯樹賦」の一節、「桓大司馬聞而歎曰、昔年移柳、依依漢南。今看揺落、悽愴江潭。樹猶如此。人何以堪（桓大司馬 聞きて歎じて曰く、「昔年 柳を移し、漢南に依依たり。今揺落を看る、江潭に悽愴たり。樹すら猶ほ此の如し。人何ぞ以て堪へん」と）[43]」を指すと考えられる。江南は、徂徠の「只是不堪摧折」という注は、「樹猶如此。人何以堪」を踏まえていると見たのであろう。そして、王世貞の詩は、樹木の「悽愴」たる様子と自己の零落を重ね合わせる「枯樹賦」と同「趣向」であると捉え、江南は右のような解釈を展開したわけである。

桓温の故事は、服部南郭も詩材に用いている[44]。もっとも、典拠の指摘は正しいとしても、柳の葉と髪を擬する解釈は行き過ぎに見えるかもしれない（柳と髪の取り合わせは日本でこそありふれた表現となっているが、中国ではそれほど一般的ではない[45]）。しかし、徂徠の弟子の安藤東野の詩には次のような表現が見られる。

頭髪如蓬簪不堪
且看楊柳乱毿毿
可将秋色悲揺落
馬首年年夢未南㊻

頭髪　蓬の如く簪に堪へず
且つ看よ楊柳　乱れて毿毿たるを
秋色を将《もっ》て揺落を悲しむ可し
馬首年年夢にも未だ南せず

「枯樹詩」の「揺落」の語を用い、髪と柳を対比している。詩の本意を捉えているかはともかく、江南の説は徂徠学派の解釈の枠組の中に収まっている。

「比興」に関して江南は、「後世ノ詩ニ至リ、故事故語ヲ以テ潤色セルニ及ンテハ、比カトスレハ興ナリ、興ト見レハ比トナリ、アチラヘモツキ、コチラヘモツキテ比興別チ難シ」（『国』巻一、三ウ）といったように、典拠表現と「比興」を連続的に捉えている。これは古文辞派の表現の実態に即している。

たとえば、「陽春白雪」は『文選』対問の宋玉「対楚王問」に見える高尚な歌の名で、格調高い詩文の喩に用いる。㊼これが古文辞派の詩文では、現実の雪と結びつけ用いられる。李攀龍「答殿卿問疾」の「斜陽残雪照楼中、忽枉新詩字字工（斜陽残雪　楼中を照らす、忽ち新詩を枉《ま》げて字字　工《たくみ》なり）」の第一行に徂徠は「疑是新詩光輝（疑ふらくは是れ新詩の光輝）」と注している（『絶』七絶下、十三ウ）。「斜陽残雪」は（おそらく）実景であり、同時に優れた詩（「陽春白雪」）

の「比」である。もし「残雪」から「新詩」（あるいは「新詩」から「残雪」）を想起したとすれば、それは「興」である。いずれとも定め難い。

もう一つ「白雪」の例を挙げると、「留別子与子相明卿元美」の「倏然落日離歌起、忽爾燕山白雪寒（倏然として落日離歌 起こり、忽爾として燕山白雪 寒し）」がある（『絶句解』七絶上、九ウ）。江南は、「ニワカニ大勢ガ別レノ歌ヲ、ウタヒ出セハ、其調本ヨリ高妙ナルコト、彼白雪ノ曲ニモ劣ルマジキユヘ、ソレニ感シテ、忽爾《ヤニワニ》燕山ニゾツト白雪フリ来ルト也」と解する（『国』巻三、二十オ）。対句の構造から見ても、江南のいうように「離歌」と「白雪」とには関連があろう。ここまで凝った表現になると、発想の起点を求め、「比興」の区別を当てはめるのは、江南のいう通り不可能である。

2 和歌表現との類似の指摘

古文辞派の「修辞」はいたずらに難解で、詩情を損なっているように見えるかもしれない。だが、和歌――とりわけ新古今――の巧緻な表現技巧を考えれば、そう決めつけられるであろうか。徂徠は「藤定家開和歌門庭、亦前王李而得王李奥矣（藤定家 和歌の門庭を開き、亦た王李に前んじて王李の奥を得たり）」[48]という語を残している。藤原定家を和歌における古文辞派であると徂徠は見る。徂徠学の「復古」の主張は、賀茂真淵らに影響を与えたため、徂徠学派の詩文と万葉ぶりの歌文とを類比的に捉えがちであるが、それは妥当ではない。

江南は、和歌の技巧と古文辞の表現を重ね合わせて理解していた。現に彼は「余所ニノミ」の歌を例に取って、詩の解釈法を説明していた。さらに彼は個々の詩の注釈においても「縁語」や「カケ」（言い掛け、掛詞）を指摘する（次の例に見るように江南は「カケ」と「縁語」とを区別していない[49]）。

「再別子与」第一首の「握手燕山春草色、緘書西省白雲多（手を握る燕山春草の色、書を緘するとき、西省白雲多からん）」（『絶』七絶上、六ウ）の句は、「縁語」の例である。徂徠は「白雲」に注して、「子与為刑部、刑部号西省。古白雲氏（子与は刑部為り。刑部は西省と号す。古の白雲氏）」という。これを踏まえて江南は次のようにいう。

春草《ワカクサ》ニ手ヲ握テ契ヲ結ヒ雲ノ通路ニ書ヲ封シテ送ラント云テ、今カヤウニ別レテ書ハ秋ナラデハ、トヾクマジト云ヲ、刑部ノ異名ノ白雲ニカケタル処、和歌ノ縁語ト同シ（『国』巻三、十五オ）

「白雲」は、白い雲と刑部の異名の「白雲（司）」の二つの意味が掛かっている。もう一例、李攀龍「答右史秋懐見寄」の解釈を見たい。

河上秋風雁影開
樽前明月夜還来
兎園一望渾如雪
人在梁（孝）王古吹台〔即平臺〕（『絶句解』七絶下、三十一ウ）

河上秋風雁影　開く
樽前明月夜　還《ま》た来る
兎園一望すれば渾《すべ》て雪の如し
人は梁（孝）王の古吹台に在り〔即ち平臺〕

『国字解』には次のようにある。

開ク樽ト云カケ、雁モ来レハ月モ還《マタ》来ルト云月ヨリ兎トカケ梁園ノ雁池兎園トカケ、月ヲ雪ト看ナシテ月ノ賦雪ノ賦ヲ合セ、古吹台ト云テ、今ハ明ノ周王府ナレトモ処ハ古ノ梁王ノ園ト云ヒ《以下略》（『国』巻八、九オ）。

ここまで来ると過剰な読み込みかもしれない。しかし、「白雲」の例のように、徂徠は、古文辞派の詩に故事を媒介とする「カケ」や「縁語」と呼び得る表現を見出しているのは確かである。

江南の指摘するような和歌と古文辞の類似に着目すると、本歌取りと見紛う技法も古文辞派の詩で用いられていることに気づく。李攀龍「過殿卿山房詠牡丹」第二首である。

国色〔蘭是国香、牡丹是国色〕宮妝〔花之富貴者〕倚檻新〔清平調意態〕
一樽（何）堪（独）自対（此）残春（乎）〔此一句憶殿卿自是公心事、下二句乃牡丹心事〕
即〔訓設〕令解語（則）応相笑〔我此語耳〕
何必看花定（得一）主人（乎）〔来看的総是主人〇与不改清陰待我帰、正自相反。定知殿卿聞之、急忙帰来〕（『絶』七絶下、十二オ）

国色〔蘭は是れ国香、牡丹は是れ国色〕宮妝〔花の富貴なる者〕檻に倚りて新たなり〔清平調の意態〕。
一樽自ら残春に対するに堪へんや〔一樽何ぞ独り自ら此の残春に対するに堪へんや〕〔此一句は殿卿を憶ふ、自づから是れ公の心事。下の二句は乃ち牡丹の心事〕

即《も》し〔設と訓ず〕語を解せしめば応に相笑ふべし（即し語を解せしめば、則ち応に我が此の語を笑ふべきのみ）何ぞ必しも花を看るに主人を定めん（何ぞ必ずしも花を看るに一主人を定め得んや）〔来りて看る的総《もの》て是れ主人〇清陰を改めず我が帰るを待つと正に自ら相反す。定て知る殿卿 之を聞けば、急忙に帰り来らん〕

詩意はおおむね次の通り。みやびな美しい女性のような牡丹。酒は有っても、あなたが不在では、この晩春の景色を眺めていられようか。もし牡丹が私の言葉を理解できるのならきっと笑っていうだろう。「誰だって私を見てくれる人が私の主人です」——と。第一句は李白の「清平調」の句を踏まえ、牡丹を女性にたとえる。注目したいのは第四句である。この句は徂徠が注するように、銭起「暮春帰故山草堂」を受けたものである。

谷口春残黄鳥稀
辛夷花尽杏花飛
始憐幽竹山窓下
不改清陰待我帰(50)

谷口春 残して黄鳥 稀なり
辛夷花は尽きて杏花は飛ぶ
始めて憐む幽竹山窓下
清陰を改めず我が帰るを待つ

貞節な竹に対し、浮気な牡丹――この対比を指摘した後、徂徠は、「殿卿はこれを聞いて慌てて帰ったに違いない」と洒落た注を付けている。この詩は、「本歌」を反転させた趣向に気づいてこそ面白さを増す。これを模擬剽窃であると批判しても、それは的外れであろう[51]。

従来、徂徠学派の詩風は徹底した中国模倣で、反古文辞の機運が高まるにつれ、日本的な題材や発想が積極的に詠み込まれるようになったとされてきた。確かに徂徠学派は中国古典詩の忠実な模倣を目指した。そのため和歌・和文的な題材を直接用いることは少ない。しかし、表現の手法は、和歌の伝統と共鳴していたのである。

江南の注釈が示す和歌の技巧と古文辞の親和性は、徂徠学派の文学を理解する上で示唆に富む。たとえば、服部南郭はもともとは歌人で、本格的に漢学を学び始めたのは二十代末からであった。それにもかかわらず、彼は短期間のうちに古文辞を習得している。南郭の才能と努力も当然あったであろうが、和歌の素養は古文辞の理解を容易にしたに違いない[52]。

五 小括

江戸文学全体を見渡したならば、『国字解』の説く詩歌の鑑賞法は、格別奇異なものではない。むしろ見慣れたものである。「趣向」の重視や言葉遊び的な表現は、和歌に限らず、俳諧や戯作に広く見られる。江戸期の文芸作品を読む作業のかなりの時間は、判じ物めいた趣向や文飾を「反へ〳〵トカへ」す解読にあてられる。つまり、『国字解』が明らかにしているのは、徂徠ら江戸期の古文辞派の詩は、俳諧や和歌に対するのと同様の姿勢で鑑賞されるべきであるということである（徂徠の見立てを借りれば、藤原定家の和歌を読む時のように――となろう[53]）。つとに中村幸彦は、「近世的表現」の特徴を論じた中で、徂徠学派の文章について次のように語っていた。

一つの意味を持った文章の中に、『論語』や『史記』の語句が隠してあって、読者がそれを見つける所に面白味が生ずるとも解されます。謎の面白さは、出題者のみならず、解答者の側にもあります。否、解答者あって初めて生れる面白さです。古文辞の如きは読者の参加によって面白味が完成する文学だと言ってもよいようでありま す。これを別の言い方で示せば、作家と読者の中に約束があって、その約束の部分は暗黙の裡にあって、外へは出ていない。よって約束がわからなければ、十分に鑑賞が出来ないことになるといった風な文学であります。(54)

これは徂徠学派の詩にも当てはまる。徂徠学派の特質は、道徳からの文学の解放――これも中村の説である（前章参照）――にあるのではなく、前章で見たように、儒学の経典に依拠しながら、「約束」や「型」といった中村のいう「近世的表現」の価値を説明したことにある。そして、『国字解』は「暗黙の裡」の「約束」を示す点で貴重なのである。

本章で紹介した例の示すように、『国字解』の説はしばしば深読みに過ぎる傾向がある。しかし、これはいわば見巧者の穿った解説のようなもので、斟酌しながら用いれば得るものは多い。たとえば、柳の比喩の例のように一見強引な説明も、徂徠学派の詩文と照合するとそれなりに根拠がある場合もある。

最後に、『国字解』の解釈法にならい、古文辞派の詩を読んでみたい。平野金華が歿した際の瀧鶴臺と服部南郭の唱和である。

瀧鶴臺は金華の訃報を聞き、次の詩を寄せた。

平生裘馬結交深

共説中原二子心
白雪無論難和者
朱絃何処問知音。(55)

平生の裘馬 結交深し
共に説く中原二子の心
白雪 和者の難きに論ずること無し
朱絃 何れの処か知音を問はん

第一句は、「送子相帰広陵」第三首（『絶』七絶上、五ウ）の「少年裘馬結交場（少年の裘馬結交場）」の句に基づき、第二句の「中原二子」は、李攀龍と王世貞を指す。第三句は、前述した「陽春白雪」の故事を用い、第四句は、伯牙が高山を想って琴を弾くと鍾子期が泰山の如しと評し、流水を想って弾くと江河の如しと評したという「高山流水」の故事を用いている（「知音」の語源である）。つまり、南郭と金華は当世の李攀龍と王世貞を自任するような盟友関係であったので、金華の歿後、詩を唱和する相手がおらず嘆いておられよう——といった内容である。

服部南郭は鶴臺に次の詩をもって応じた。

朱絃不許謾相知
和罷由来此調悲
只将白雪餘双鬢

悵望高山彼一時[56]。

朱絃 許さず謾《みだ》りに相知ることを
和し罷《や》んで由来此の調 悲しむ
只だ白雪を将《もっ》て双鬢に餘《あま》して
高山を悵望すれば彼も一時

本歌に当たる詩（李攀龍「寄元美」第二首）が『絶句解』に見える。一読してその類似は明らかである。

憑将白雪〔見上〕写朱糸〔瑟〕
総是人間此調悲〔謂公詩〕
縦使霑裳君莫管
古来能得幾鍾期〔知音古来稀、莫厭調悲〕（『絶』七絶上、三十一オ）。

白雪〔上に見ゆ〕を憑り将《もち》ひて朱糸〔瑟〕に写せよ
総て是れ人間此の調悲しむ〔公の詩を謂ふ〕
縦《たと》使ひ裳を霑すとも君 管すること莫れ
古来能く幾鍾期を得たる〔知音 古来稀なり。調の悲しきを厭《いと》ふこと莫かれ〕

これは李攀龍が失意の王世貞に寄せた詩で、自分の詩の調べが悲しいとしても、知音の友人は君しかいないので、その調べを聴いてほしい――と述べる。鶴臺の詩と重なる内容を有し、「李王」の友誼が示されている詩なので、南郭は下敷きとしたのであろう。

さらに、南郭は、二つの故事を「カケ」のように使う。「白雪」は「陽春白雪」のような優れた詩文と白髪、「高山」は文字通りの高い山と「高山流水」の交わりの二つの意味が重なっている。つまり、この詩は、起承句では、「李王」に似た孤高の詩人の友誼を描き、転結句は、「陽春白雪」といっても「白雪」のような白髪が増えるばかりで、山を眺めると、金華との「高山流水」の交わりが思い出される――と詠じていると解釈できる。南郭の詩は、鶴臺の詩と素材を共有しながら、その織り合わせ方がより巧緻である。

「高山流水」も「陽春白雪」も古文辞派の詩では頻用の故事であり、陳腐とさえいえる。南郭は鶴臺の詩に応じて、この二つの故事をそのまま用いた。「高山流水」の故事は、鍾子期の死後、伯牙は琴の演奏を止めた――と終わる。実際の友人の死に際して詠まれた南郭の詩は、周知の典故に生気を与えている。このような詩の応酬こそ、ともに「修辞」に生きた友人への手向けに相応しいと南郭は考えたのではなかろうか。

(1) 村上哲見『唐詩選』と嵩山房――江戸時代漢籍出版の一側面」(日本中国学会創立五十年記念論文集編集小委員会〔編〕『日本中国学会創立五十年記念論文集』、汲古書院、一九九八年)。この論考は同『中国文学と日本 十二講』(中国学芸叢書、創文社、二〇一四年)にも収録されている。

(2) 日野龍夫「江戸時代の漢詩和訳書」(同『江戸の儒学』、日野龍夫著作集第一巻、ぺりかん社、二〇〇五年)は、中川南峰『絶句解辨書』を近世の漢詩翻訳の例に取り上げる。藍弘岳「荻生徂徠の詩文論と儒学――「武国」における「文」の探求と創出」(東京大学大学院総合文化研究科学位論文、二〇〇八年)第五章は、徂徠の古文辞受容との関連で『絶句解』の編纂について言及する。『唐後詩絶句解国字解』に関する研究はこれまでない。

(3) 荻生徂徠「訳文筌蹄題言十則」(同『徂徠集』巻十九、一オ〜十四ウ)。「看書」に関しては次の論考を参照。田尻祐一郎「〈訓読〉問題と古文辞学――荻生徂徠をめぐって」(中村春作・市來津由彦・田尻祐一郎・前田勉〔共編〕『「訓読」論――東アジア漢文世界と日本語』、勉誠社、二〇〇八年)。

(4) 『太平策』、四七三頁。

(5) 「与藪慎庵附答問」(前掲『徂徠集』巻二十三、一オ〜五ウ)。

(6) 『徂来先生答問書』巻下、十オ〜十一オ。

(7) 荻生徂徠「題唐後詩総論後」(同書『徂徠集』巻十九、十五ウ〜十八ウ)、「四家雋例六則」(同書、同巻、十九オ〜二十二ウ)。和習の克服に関しては、前掲「荻生徂徠の詩文論と儒学」の第五章参照。

(8) 「制作」については、荻生徂徠『辨名』聖1、理1(二一六〜二一七頁、二四四〜二四五頁)、同『太平策』(四六〇頁)参照。

(9) 前掲「荻生徂徠の詩文論と儒学」(一一八〜一一九頁)は『絶句解』の成立について論じる。ただし、『唐後詩』と『絶句解』の成立の順序に関しては立ち入った検討がなされていない。

(10) 『割印帳』享保十二年〜文化十二年成立(樋口秀雄・朝倉治彦『享保以後江戸出版書目』未刊国文資料別巻一、未刊国文資料刊行会、一九六二年)、二七頁。第二の根拠については、市古貞次・野間光辰(監修)『日本古典文学大辞典』第三巻(岩波書店、一九八四年)の「絶句解」の項(日野龍夫執筆)で既に指摘されている。

(11) 享保十七年初刊本、架蔵。本書の初刊本は長らく伝存不明であった。参考のために書誌を記す。(編著者)「東都　物茂卿著/男　道濟挍」(寸法)縦十四・五×横一〇・〇糎(巻数)三巻一冊、(内題)「五言絶句百首解」・「七言絶句百首解上」・「七言絶句百首解下」、(序一)「唐後詩絶句解叙」・「享保壬子秋八月書/物道濟識」、(序二)「五七絶句解序」・「享保壬子秋九月/平安服元喬序」、(刊記)「享保壬子夏刻于家塾」・「書林　富士屋弥三右衛門/大和屋孫兵衛　発行」。

(12) 服部南郭「物夫子著述書目記」(同『南郭先生文集』四編、巻六、六ウ、宝暦八年刊〔日野龍夫(編集・解説)『南郭先生文集』、近世儒家文集集成第七巻、一九八五年〕)。

(13) 荻生金谷「絶句解序」（前掲『絶句解』）。「先人嘗撰唐後詩十集、毎与二三子談詩。乃謂「在昔寧平諸子、伯仲唐人。奈何輓近世汚而文受其汚。此非李献吉輩、勃然崛起之日耶」。五言絶句一百首、七言絶句三百首、尋為之訓詁。将循々二三子也。後罹災七絶亡、則復撰補之。其黽勉不倦若是乎（先人 嘗て唐後詩十集を撰び、毎に二三子と詩を談ず。乃ち謂へらく、「在昔寧平諸子、唐人に伯仲す。奈何せん輓近世 汚して文 其の汚を受くるを。此れ李献吉の輩、勃然として崛起するの日に非ずや」と。五言絶句一百首、七言絶句三百首、尋いで之が訓詁を為す。将に二三子を循々せんとするなり。後災に罹り七絶亡ぶれば、則ち復た之を撰補す。其の黽勉倦まざること是の若きか）」。

(14) 前掲『絶句解拾遺』。

(15) 宇佐美灊水「絶句解拾遺考証序」（同『絶句解拾遺考証』、明和七年刊、臼井市立臼井図書館蔵）。「曩徂徠先生欲選明詩諸体、遍為之解。五七言絶句律詩選漸成。著述多端、未及終而歿。初命曰唐詩典刑、首載例言数條。後改曰唐後詩、而不載例言。其五言絶句滄溟七言絶句解先成。後有刪去。命曰絶句解。其刪去者、門人以其解之可惜也、輯之、且附弇州七言絶句解。摠題曰絶句解拾遺云（曩《さき》に徂徠先生 明詩諸体を選びて、遍く之が解を為さんと欲す。五七言の絶句律詩の選 漸く成る。著述多端、未だ終るに及ばずして歿す。初め命じて唐詩典刑と曰ひ、首に例言数條を載す。後改めて唐後詩と曰ひ、而して例言を載せず。其の五言絶句滄溟七言絶句の解 先づ成る。後に刪去有り。命じて絶句解と曰ふ。其の刪去する者、門人 其の解の惜しむ可きを以て、之を輯めて、且つ弇州七言絶句解を附す。摠じて題して絶句解拾遺と曰ふと云ふ）」。

(16) 「与県次公」第三書（『徂徠集』巻二十一、十九オ）。

(17) 「与県次公」第四書の文言。『徂徠集』の稿本である『徂徠集稿』のみに見える（平石直昭『荻生徂徠年譜考』、平凡社、一九八四年、八三頁）。

(18) 荻生家資料に関しては東京女子大学図書館丸山文庫の写真複製本を参照した（二〇一五年九月閲覧）。それぞれの資料の巻頭は左のようになっている。「滄溟七絶百首解」上は「滄溟七絶百首解上」とあるのみで修正は見られない。これは、上巻のみ後で修補されたためであると推測される。上巻と下巻は文字の大きさや体裁に大きな違いがある。

（五言絶句百首解）

五言絶句百首解

唐詩典刑初集巻十
徂徠
由東　物茂卿茂卿甫　選釈
東野　滕壁図東野甫
同校
須渓

（滄溟七絶三百首解下）
唐詩典刑初集巻十
滄溟七絶三百首解下
徂徠先生著　門人　竹渓平義質子彬
灊水于恵子迪輯校
男　金谷物道濟太寧

（19）「与江若水」第十一書（『徂徠集』巻二十六、十二オ〜十二ウ）。

（20）「与大潮」第五書（『徂徠集』巻三十）。前掲『荻生徂徠年譜考』、一一二頁参照。

（21）ちなみに、享保六年頃の本多猗蘭宛の書簡には、「唐後詩于鱗絶句門人借去。尋当討還奉上（唐後詩于鱗絶句門人借り去る。尋《っ》いで当に討還して奉上すべし）」とある。「唐後詩于鱗絶句」は、『唐後詩』中の李攀龍の絶句（辛集上は一巻全てが李攀龍の七絶三百首である）を指すと考えられる。ただし、「箋釈」が附された写本である可能性もある。「与猗蘭侯」（第二十五書）（『徂徠集』巻二十一）。

（22）宇佐美灊水「絶句解拾遺考証序」（前掲『絶句解拾遺考証』、二オ〜三オ）。

（23）程顥・程頤『河南程氏外書』（程顥・程頤〔著〕・王孝魚〔点校〕『二程集』、中華書局、二〇〇四年）、四二七頁。この言

は、『詩経大全』綱領にも引用されている。

(24) 劉辰翁については、奥野新太郎「劉辰翁の評点活動と元朝初期の文学」(『中国文学論集』第三十七号、九州大学中国文学会、二〇〇八年)、同「劉辰翁の評點と「情」」(『日本中國學會報』第六十二号、日本中國學會、二〇一〇年)を参照。

(25) 南郭は『四書文林貫旨』の影響があったと見る。「徂徠ノ絶句解ノ字ヲ添タシテ、ヨクスムヤウニ注ヲセラレタルハ、モト四書ノ文林貫旨ニ大学的之書ナド、、俗語ヲモ入レテ、サラリト通ズルヤウニ注ヲナシタルヲ、モトタテニシテ解サレテリ、ト南郭語ラレケル」(湯浅常山『文会雑記』、寛延二年～宝暦三年成立〔日本随筆大成編集部(編)『日本随筆大成』第一期一四、吉川弘文館、一九九三年〕、二六九頁)。

(26) 前掲「絶句解拾遺考証序」、三ウ～四オ。

(27) 田中江南『六朝詩選俗訓』、安永三年刊(都留春雄・釜谷武志〔校注〕、東洋文庫、平凡社、二〇〇〇年)、三九七頁。

(28) 中川南峰『絶句解辨書』、六オ、明和六年刊、臼井市立臼井図書館蔵。

(29) 『経子史要覧』巻上、十一ウ～十二オ。

(30) 島田虔次「解題・凡例」(同〔編〕『荻生徂徠全集』第一巻、みすず書房、一九七三年)、六三六頁。

(31) 『経史子要覧』巻上、十二ウ。

(32) 〔 〕内は左訓。

(33) 中村幸彦「風雅論的文学観」(同『中村幸彦著述集』第一巻、中央公論社、一九八二年)、日野龍夫「徂徠学派の役割」(前掲『江戸の儒学』)。

(34) 服部南郭『南郭先生燈下書』、享保十九年刊、十七ウ～十八ウ、国文学研究資料館蔵。

(35) 宮崎修多は引用した『南郭先生燈下書』の記述にふれながら、「すべてを言いきってしまうのは卑しいという美意識のようなものが、彼(服部南郭――引用者注)にはありました」という。その通りであろう(宮崎修多『江戸漢詩史再考――格調詩に盛り込みうるもの』、教育研究プロジェクト特別講義第十八号、総合研究大学院大学文化科学研究科、二〇〇九年)。

(36) 前掲『経史子要覧』巻上、十二ウ。

(37) 『後撰和歌集』巻十三恋五、985(『新編国歌大観』編集委員会〔編〕『新編国歌大観』第一巻、角川書店、一九八三年)、五三頁。

(38) 加藤磐斎『新古今増抄』（寛文二年刊、新古今集古注集成の会〔編〕『新古今集古注集成』近世旧注編二、笠間書院、一九九九年、三七三頁）は、「青柳のかづらき山にゐるくもの立てもゐても君をこそおもへ」を例歌に挙げている。「岩橋」に言及する注釈書もあるが（平間長雅『新古今七十二首秘歌口訣』、元禄十六年跋〔新古今集古注集成の会〔編〕『新古今集古注集成』近世旧注編四、笠間書院、二〇〇一年、二九頁〕）、稀である。

(39) 宝暦本は、「瑟調曲名」の注を欠く。

(40) 『絶句解辨書』巻上、六ウ。

(41) 「オトコユヘ」の部分は原書では「オーフユ「」」と見えるが意をもって改めた。

(42) 「人云風波悪。風波信自悪〔自字可見其与旅況没交渉〕。生長在家郷。（則）那得容華落〔旅況摧人顔。何関風波悪〕（人は云ふ風波悪しと。風波 信に自ら悪し〔自の字見る可し其の旅況と没交渉なることを〕。生長して家郷に在らば、（則ち）那んぞ容華落ることを得ん〔旅況 人の顔を摧く。何ぞ風波の悪しきに関らん〕」（『絶』五絶、六ウ）。

(43) 欧陽詢（撰）・汪紹楹（校）『藝文類聚』巻八十八、木部上、上海古籍出版社、新版、一九八二年、一五〇九～一五一〇頁。

(44) 服部南郭「挿柳生未数歳已合抱矣聊作謾興」（同『南郭先生文集』三編、巻三、九オ、延享二年刊〔日野龍夫〔編集・解説〕『南郭先生文集』、近世儒家文集集成第七巻、一九八五年〕）。ただし、南郭は、柳の成長に時の移ろいを感じる『世説新語補』の話を用いる。劉義慶（撰）・王世貞（刪定）『世説新語補』巻三、十五オ、万暦十四年序（早稲田大学図書館服部文庫蔵、南郭書入れ本）。

(45) 日本では『和漢朗詠集』早春の「気霽風梳新柳髪、氷銷波洗旧苔鬚（気 霽れては風 新柳の髪を梳り、氷 銷えては波 旧苔の鬚を洗ふ）」（都良香）以来、「柳」と「髪」の取り合わせは定型化し、頻繁に用いられる。一方、中国の詩文ではこのような趣向は日本ほど一般的ではない。この問題については別の機会に論じたい。

(46) 安藤東野「同賦折楊柳其二得堪字」（同『東野遺稿』巻上、二十七ウ、寛延二年刊）。

(47) 徂徠学派の「陽春白雪」の使用については次の論考参照。ただし、「白雪」が掛詞のように用いられることは検討されていない。池澤一郎「蘐園漢詩における「陽春白雪」詠の展開」（同『江戸文人論』、汲古書院、二〇〇〇年）。

(48)『蘐園十筆』二筆30、三四一頁。
(49)古文辞派が地名を漢語風に改め（染井を「蘇迷」とするなど）、その語と関連する表現を縁語的に用いたことについては、胡正怡「地名表記から見る漢詩の作り方――古文辞派を中心に」（『国語国文』第八十二巻第十一号、京都大学文学部国語学国文学研究室、二〇一三年）。
(50)高棅（編）・服部南郭（考訂）『唐詩品彙』、七言絶句巻四、五ウ、享保十八年刊。
(51)前引の「衛河八絶」第七首にも「本歌」に当たる詩がある。王之渙の「送別」である。「楊柳東風樹。青青夾御河。近来攀折苦。応為別離多（楊柳東風の樹。青青として御河を夾む。近来攀折苦《はなはだ》し。応に別離の多きが為なるべし）」（前掲『唐詩品彙』五言絶句巻三、十ウ）。
(52)日野龍夫『服部南郭伝攷』（ぺりかん社、一九九九年）、九一～九二頁。宮崎修多は、南郭が親しんだ「堂上家風の花鳥風詠」と彼の「擬古の姿勢」との間には「婉曲表現」という共通項があることを示唆している。『国字解』はそれを裏づけるといえよう（宮崎修多「江戸中期における擬古主義の流行に関する臆見」〔笠谷和比古（編）『一八世紀日本の文化状況と国際環境』、思文閣出版、二〇一一年〕）。
(53)宮崎修多は洒落風俳諧と古文辞の婉曲表現の類似を指摘している（前掲「江戸中期における擬古主義の流行に関する臆見」）。
(54)中村幸彦『近世的表現』、中村幸彦著述集第二巻、中央公論社、一九八二年、四九～五〇頁。
(55)瀧鶴臺「聞金華訃弔南郭先生」第二首（同『鶴臺先生遺稿』巻三、六ウ、安永七年〔一七七八〕刊、慶應義塾図書館蔵）。
(56)服部南郭「答彌八聞子和訃見寄」（『南郭先生文集』二編、巻五、十八オ、元文二年刊〔日野龍夫（編集・解説）『南郭先生文集』、近世儒家文集集成第七巻、一九八五年〕）。

第七章　『滄溟先生尺牘』の時代
――古文辞派と漢文書簡

一　はじめに

徂徠学が近世日本の学芸の世界を席巻していた時代、今日ほとんど顧みられることのない一冊の書物が漢文入門書として盛んに読まれていた。それは、徂徠が考えていた文学の制度設計からすれば逸脱であった。前章において、徂徠の漢詩学習の刷新の試みがなかなか進捗しなかったことに触れた。詩だけでなく、文章に関してもこれと似た現象が起こっていたのである。本章では、複数の要因によって、徂徠の企図が頓挫し、それによって意想外の文学の潮流が発生し、展開した様相を明らかにしたい。

まずは、その一冊の書物――『滄溟先生尺牘』――の流行の証言を見ることにしよう。

服部南郭の門人である石島筑波の講釈には、次のような話が伝わっている。

筑波、駒込にて舌耕したる時、書物はなし。唐詩選滄溟尺牘をば空にて説き、見臺の上には浄瑠璃本艸紙《ママ》をのせて説きたり。又た諸侯方に出講するに、大概書はいつも滄溟尺牘を見臺に載せ空にて講ぜり。[1]

筑波はとかく型破りな人物であった。太宰春臺の名を騙って「見ごと」な文章を贋作し、京へ上る初代中村富十郎に与えた。武蔵野で追い剝ぎにあえば、四人の賊をたった一人で取り押さえてみせた[2]——といった話が彼については伝わっている。無頼の徂徠学者の典型である筑波は、『唐詩選』に加えて、『滄溟尺牘』を暗誦していたのである。

また、闇斎学派の稲葉默齋は講説の席で苦々しげに語っている。

徂徠カ出タレハ日本モ文華ガ開ケタ抔云ハ片腹痛イコト。何文華カ開ケルコトゾ。コヒタ人ガ酒ニ酔タコトヲ酩酊致之タト書キ、境丁《ママ》ヤ悪所ノ行灯ヲ唐用（唐様——引用者注）テカキ、シツホコ屋（卓袱屋——引用者注）テ唐メイタコトノアルヲ文華ト云ハレヌコト也。マタモ古文三体詩ハ殊勝ラシキガ、ソレハヤミテ世説唐詩選滄溟尺牘トクル。ヒトツ葉モ役ニ立タヌコトゾ。[3]

初学者の必読書は、『古文真宝』・『三体詩』から『世説新語補』・『唐詩選』・『滄溟尺牘』に変わってしまった。

この「世説唐詩選滄溟尺牘」とほぼ同じ組み合わせは、渋井太室の『読書会意』にも見える。太室はいう。「古以経立家。今以世説・蒙求・滄溟尺牘・于鱗唐詩選・明七才詩立家（古は経を以て家を立つ。今は世説・蒙求・滄溟尺牘・于鱗唐詩選・明七才詩を以て家を立つ）[4]」。さらに、『寝惚先生文集』の「寄古文辞（古文辞に寄す）」には、「滄溟尺牘七才子、文集初編奈少何（滄溟尺牘七才子、文集の初編少なきを奈何）[5]」という句も見える。江村北海の言によれば、京に遊学している若者たちは、「その業をこふも、唐詩明詩李王が尺牘などの書に出ず[6]」というありさまであった。ここでいう「李王が尺牘」とは、李攀龍とその盟友の王世貞の尺牘を指している。山県周南の弟子である三浦瓶山も、「李王ノ尺牘」を読んだだけで、文章を分かった気になっている者を指弾している。

近頃李王ノ尺牘、盛ニ世ニ行ハレ、黄口ノ児輩、其一斑ヲ窺ヒ見テ、是ヲ文章ト心得、纔ニ二家ノ尺牘ヲ読テ李王ノ文、カクノ如シト思ヘル者アリ。甚拍笑スベキノ事ナリ(7)

このような流行は地方にも及んでいた。

近き頃東都に一士あり。はじめの程は文章軌範を売講《バイコウ》せしに、こゝかしこに文章軌範の売講の人多くなりて利を得ること少きにより、珍らしく滄溟《サウメイ》尺牘を講し出けり。本より新奇《キ》を好むの俗情に応して大に世に行《ヲコナ》はる。惣して尺牘といふは吾日本にて近処隣家など事を通ずる手紙の類なり。今片田舎此あたりの者を見るに、尺牘を真の文章なりと心得て、少し素読にてもすれば滄溟尺牘を持たぬ者なきこそおかしけれ(8)。

『滄溟先生尺牘』は陳所敬の編、古文辞派の領袖である李攀龍の書簡を集めたものである。日本では田中蘭陵の考訂で、享保十五年（一七三〇）に嵩山房小林新兵衛から刊行された。巻頭の序文は服部南郭の手になる。宝暦元年（一七五一）には再刊され、延享三年（一七四六）には続編を名乗る大神景貫（校）『続滄溟先生尺牘』が出版されている(9)。一体、なぜ、『滄溟尺牘』は初学者の必読書となったのであろうか。

二 流行の要因

1 「作文の捷径」

『滄溟尺牘』の流行にはいくつかの要因が考えられる。

第一に、短文の尺牘は比較的に容易に書けるので、初学者の作文学習に向いているという見方があった。「書翰は作文の捷径也、尺牘双魚の類にて、入用の字をとり覚え、総体は欧蘇手簡を法とするがよし」[10]。おそらく往来物からの類推であろう。古文辞の書簡の見本は、『滄溟尺牘』ということになる。

文章ヲ学ブハ先ヅ尺牘ノ如キ易スキモノヨリ入ルベシ。長崎の高彜（高階暘谷——引用者注）尺牘ハ滄溟ノ外ニ出テズト云ヘリ。モットモノ説ナリ。[11]

2 出版機構

第二の要因は、当時の出版機構にある。

荻生徂徠は『古文真宝』や『文章軌範』に代わる選集として『四家雋』を編纂した[12]。『四家雋』は、「理」に秀でた韓愈・柳宗元の文と、「辞」の模範である李攀龍・王世貞の文を、文体別に配列した均整の取れた構成になっている。『滄溟尺牘』の地位は、本来この『四家雋』に占められるはずであった。しかし、享保五年（一七二〇）に基本的な編集を終えた該書は[13]、宝暦十一年（一七六一）まで刊行されなかった。徂徠が李王の文の内三十余編に評語を附していなかった事情があるとはいえ、その増補は南郭に遺嘱されており、不審である[14]。刊行が遅れた根本的な原因は、南郭の門人である望月三英の『鹿門随筆』に見える。

徂徠先生韓柳李王の文を撰びて四家雋といふ、徂徠の作也（ママ）。先年嵩山房に申付板行させんとする時に、韓柳の板本より突て公事となりて止申候。近年に成て板行に出たり、此書われら蔵本にもあるなり。[15]

『四家雋』は「韓柳の板本」から類板（類似出版）であると訴えられ、出版中止に追い込まれたのである。三英の言は本屋側の史料からも確かめられる。京都書林仲間の紛争記録の目次である『上組済帳標目』に次のようにある。

韓柳選ト中書江戸須原屋新兵衛板行願被申ニ付、通り町中間より京都元板難儀ニ成候旨、達て御願被申候ニ付、相止候処、又々当度古来在板之抜書類書卅七品之例書上ケ、再往願被申ニ付、通り町中ヶ間御召被成、仲ヶ間法義御尋被遊候ニ付一々返答有之候へ共、為念、京大坂之法義書付下シ申様ニ申参候、則相談之上、相認メ下シ申候へハ其書付江戸表ニて御役所へ被差出候由ニ候　享保十一年午八月也委細帳面ニ有[16]

須原屋小林新兵衛（嵩山房）が板行を願い出た「韓柳選」とは、『四家雋』前半の韓愈・柳宗元の巻（「韓柳雋」）を指すと見て間違いない。

一度刊行が頓挫した『四家雋』は、宝暦十一年、素人蔵板（餐霞館蔵板）で出版される。『上組済帳標目』の同年の項には「柳韓雋　蔵板之噂有之ニ付、秋田屋平左衛門被申出候事」、「韓柳雋ニ付、秋田屋平左衛門より口上書被差出候ニ付、江戸表へ指下し候書状之事」とある。[17]『唐柳河東集』と『唐韓昌黎集』の板元であった秋田屋平左衛門は『四家雋』の刊行を警戒していた。明和三年（一七六六）には、京都書林仲間は『四家雋』を「売止メ」（販売禁止）としている。[18]『四家雋』が広く流通するようになるのは、安永六年（一七七七）に小林新兵衛・秋田屋平左衛門を含む三都書林の相合板（複数書肆の共同出版）で刊行されて以降のことである。既に徂徠が歿してから五十年に近い歳月が流れていた。

これほどまで『四家雋』の出版が難航した背景には、上方の書肆（及びその江戸の出店）と江戸の新興書肆――小林新兵衛ら須原屋一統はその典型である――との対立がある。そして、その対立の根幹にあるのは、板株（出版権）の問題である。[19]

板株の確立は海賊版の横行を防ぎ、出版業の安定的な発展に貢献した。しかし一方で、たとえば韓愈や柳宗元の文集のような古典的な著作であっても、板木を手放さない限りは最初にその本を出版した書肆に板株が帰属する仕組になっており、新規参入者には不利な制度であった。しかも、類板と認定されるものの範囲が広く、選集内の詩文や注釈書内の本文にも、当該作品の板株所有者は「差構」（出版権侵害）を訴えることができた。江戸中期以降、本文抜きの注釈書という読者に不便な書物が増えるのは、これが一因となっている。板株問題は、上方の老舗書肆と江戸の新興書肆の間の最大の火種であった。

享保十一年（一七二六）八月の『四家雋』の紛議に先立ち、同年二月、京都の書肆の田原勘兵衛は、小林新兵衛刊の『唐詩選』を『唐詩訓解』の類板であると訴え、公事沙汰となっていた。[20]『四家雋』の一件は、東西の書肆の関係をさらに険悪にしたに違いない。これらの衝突が契機になったのであろう。享保十二年、須原屋一統を中核とする江戸の地店は、中通組を離脱し、新たな書物屋仲間の南組を作る。これによって江戸の書物問屋仲間のうち、通町組及び中通組は上方系列の本屋、南組は江戸の地店――という基本図式ができ上がる。

両勢力の抗争は寛延三年（一七五〇）に再燃する。寛延三年の訴訟において南組は、板元にとって明らかな営業妨害となる「類板」と、同一書でも注釈などの異なる「類書」とを区別し、「上方出店」らが振りかざす「類書」規制は本来江戸で通用しないと主張した。訴訟の詳しい経緯については先行研究に譲り[21]、結果のみを述べれば南組は敗訴し、上方同様の類板規制が江戸でも公認されることになった。

以上のような東西の本屋の激しい紛争に巻き込まれ、『四家雋』の刊行は停滞した。徂徠学派の視点に立てば、『唐詩選』に関して小林新兵衛との提携が効果的であったことが、『四家雋』に関しては裏目に出たといえる。『唐詩選』の板株をめぐる田原勘兵衛と小林新兵衛との争いは、小林新兵衛が勝利し、『唐詩選』は『三体詩』や『瀛奎律髄』を圧倒していった。同じ過ちを文章選集において繰り返すことは、京都の書肆たちにとって絶対に避けねばならぬことであったろう。彼らが『四家雋』の刊行に神経を尖らせたのも頷ける。かくして、文章の刷新は徂徠の計画通りにはいかなかった。

もっとも、古文辞の文集は『四家雋』の李王の巻に限られていたわけではない。『滄溟先生集』や『弇州山人四部稿選』などの書もある。しかし、これらの本も類板規制に翻弄された。

『滄溟先生集』は、宇野明霞の訓点で出版が計画され、享保十四年（一七二九）、南郭は「重刻滄溟集序」を書いている。理由は不明であるが、この企画は実現しなかった。その後、延享元年（一七四四）に、『補注李滄溟先生文選』が刊行される[22]。しかし、この本は六篇の文章の本文が削り取られている。他書との重複を避けたものと推測される。延享五年（一七四八）には関南瀕（校訂）『滄溟先生集』が上梓されるが、詩の巻のみである。

『弇州山人四部稿選』は延享五年に芥川丹丘の校訂で刊行されている[23]。ただし、『上組済帳標目』延享三年（一七四六）に「丸屋市兵衛板行御願候ニ付、四大家文抄文範ニ差構、抜キ被申相済則証文有之」[24]とあるように、次に見る『四大家文抄』・『四先生文範』に載る文章を削除している。

大潮元皓（編）『四大家文抄』は元文三年（一七三八）の刊。四大家とは李夢陽・李攀龍・王世貞・汪道昆の四人を指す。本書は各種の文体を採録するものの、「碑」・「墓誌」・「解」・「祭文」・「行状」・「書」には李攀龍と王世貞の文を採らず、李王の文を求める読者からすれば物足りない選集である。また、徂徠は「四家雋例六則」において、李夢陽と汪道昆に高い評価を与えていない[25]。この「四家雋例六則」は、『四家雋』が入手できなくても、『徂徠集』に載録されているので比較的容易に読むことができた（『徂徠集』巻八から巻十九は元文二年〔一七三七〕刊）。この文章を知っている者は、『四大家文抄』の編集に一層不満を抱いたに違いない。

寛保元年（一七四一）刊の焦竑（編）・大内熊耳（点）『四先生文範』は、『四大家文抄』と同じ四人の文章を収める。しかし同書は、施訓した大内熊耳自身も疑っているように焦竑の名を借りた偽撰の可能性が高い。それにもかかわらず、熊耳が同書を刊行したのは、「今夫明文之乏於采擷、人思服以求之、而不可得也、則有菜色者矣《中略》（今夫れ明文の采擷に乏しき、人思服して以て之を求めて、而れども得可からざれば、則ち菜色有る者なり）[26]」という深刻な「明文」（明代の文章）不足への応急処置のためであった。

以上のように、『四家雋』以外の本にはどれも欠点があり、古文辞の模範文集とするのは難しい。『四家雋』の刊行が遅れれば、早くから刊行され、入手も容易な『滄溟尺牘』に人気が集まるのは当然の流れであった。

3　南郭の序文

流行の第三の要因は、巻頭に附された南郭の「重刻滄溟尺牘序」である。南郭は、この文章においてまず尺牘の歴史を次のように述べる。

尺牘は「古人」もこれを用いた。しかし、それは文章としての体裁は具えていても、微小なものであると見做されていた。そのため大事に関しては、「尺牘」を用いず、「書疏」の二文体を用い、長文を雄弁に代え、文彩に心を砕いた。もし相手から尺牘が送られてきた場合には、返信はするが、それらを後世に残し、尺牘を「一不朽之具（一不朽の具）」になそうという考えはなかった。古の尺牘が今日まで伝わっているのは、「唯以人以筆（唯だ人を以てし筆を以てす）」――「筆」は王羲之などが念頭にあろう――という理由からである。しかし、明代に至って変化が起こる。

明人始多用巧於此、作者維競。片玉必取諸崑岡、一枝必取諸桂林。斯可称創体矣。創体則滄溟其選也

明人 始めて多く巧を此に用ひ、作者 維《こ》れ競ふ。片玉 必ずこれを崑岡に取り、一枝 必ずこれを桂林に取る。斯れ創体と称すべし。創体は則ち滄溟 其れ選《すぐ》れたり。

明人は、尺牘に技巧を凝らし、その妙手を競い合い、わずかな表現も古典に材を取った。これは事実上、新たな文体《ジャンル》の創始である。この新たな文体に取り組んだ人々の中で、李攀龍は最も優れている。

明代になって尺牘は本格的な文芸に生まれ変わったという南郭の説は非常に重要である[27]。この説は、以後の尺牘関係の著作の序で繰り返し唱えられる。後に詳しく見るように、古文辞派の文人たちは尺牘を熱心に作ったが、彼らの多くは、このような認識のもと、他の文体同等の真剣さでその制作に取り組んでいたのである。

南郭は李攀龍の尺牘の基づく所を四つ挙げる。この四つについて、南郭は「我思古人、実獲我心（我 古人を思ひ、実に我が心を獲たり）」と述べており、それらは同時に南郭自身の尺牘観と一致している。

第一に、『春秋左氏伝』である。

夫敬於幣之未将、寓其実於赫蹏之間。非辞命以為潤色、何以厳如端章甫見大賓。蓋取諸左氏。

夫れ幣の未だ将《たてまつ》らざるに敬し、其の実を赫蹏の間に寓す。辞命以て潤色を為すに非ざれば、何を以てか厳たるこ

と端章甫して大賓を見るが如くならん。蓋しこれを左氏に取る。

尺牘と「辞命」——すなわち外交の際に使者が語る言辞——とを結びつける論は、王世貞「尺牘清裁序」の「夫書者、辞命之流也（夫れ書は、辞命の流なり）[28]」を踏まえている。

また、「修辞」と「端章甫見大賓」といった「礼」の威儀とを類比的に捉える発想は、徂徠学に特徴的なものである。序章で見たように徂徠は「修辞」と「礼楽」とを密接な関係にあると考えていた[29]。南郭は徂徠の説を受け継ぎ、「夫礼楽皆得、謂之有徳。有徳必有言。得之礼楽之旨。故辞約而旨微。得之礼楽之観、故言文而観美（夫れ礼楽 皆得るを之を有徳と謂ふ。有徳は必ず言有り。之を礼楽の旨に得。故に辞 約にして旨 微なり。之を礼楽の観に得。故に言 文にして観美なり）[30]」という。南郭にとって、技巧を凝らした李攀龍の尺牘は、燦然たる「礼楽」を想起させるものなのである。

第二に、曹植と建安七子の劉楨である。

親交不薄、言期断金、蔚矣其文。概略其人、則鄴中之八斗、或助之才。蓋取諸曹劉。

親交 薄からず、言 断金を期す。蔚たる其の文。其の人を概略すれば、則ち鄴中の八斗、或いは之が才を助く。蓋しこれを曹劉に取れり。

「親交不薄」は曹植の五言詩「贈丁儀」の「親交義不薄（親交、義 薄からず）[31]」の句による。おそらく「曹劉」に限らず、建安期の詩文に描かれている友誼が南郭の念頭にあろう。李攀龍の友人宛の書簡には、「握手」や「傍若無人」（友人と熱く語り合い、周囲を気にしない）といった言葉が頻出する[32]。このような友情の表現は建安文学に遡ると南郭は見るのである。南郭自身も平野金華らと「断金」の交わりを結んでいた。彼らは詩文の中で自らを建安七子になぞらえている。[33]

第三に、「二王」すなわち王羲之・王献之である。

知己其聴、何必繁音。小言詹詹若有若亡、則二王之唯墨是存。適足以効其真率。

知己 其れ聴かん。何ぞ繁音を必せん。小言詹詹、有るが若く亡きが若きは、則ち二王の唯だ墨のみ是れ存する（ママ）。適《まさ》に以て其の真率を効ふに足る。

省略の多い王羲之の書簡は難解である。たとえば草書の典範とされる法帖「十七帖」には、包世臣『十七帖疏証』や津田鳳卿『新訂十七帖説鈴』など数種の注釈が存在する。[34] 李攀龍の尺牘も同様であり、次章で取り上げる『滄溟尺牘』の注釈書は、難読箇所には二つの解釈を併記することも少なくない。

ここで南郭が「真率」というのは、王羲之が、「比者悠々、如何可言（比者《このごろ》悠々たり。如何ぞ言ふ可けんや）[35]」――このごろ心が晴れず、この気持ちをどう言い表せばよいだろうか――といったように自己の心境を繕わず述べていることをおそらく指している。李攀龍は、尺牘の中で好悪どちらの感情も、かなり明け透けに吐露する傾向があり、確かに「真率」である。[36]

第四に、『世説新語』である。

正始之旨、莫逆於彼此。雋永於短詞、俾人一唱而三嘆、則二劉之富清言、亦可以仮之尺一之技。

正始の旨、彼此に莫逆す。短詞に雋永にして、人をして一唱して三嘆せしむるは、則ち二劉の清言に富むも、亦た以て之を尺一の技に仮す可し。

「正始之旨」は、何晏や王弼らの玄学を指し、「二劉」は『世説新語』の編者の劉義慶と注釈者の劉孝標とを指す。「清言」は、『世説新語』言語篇や文学篇に見える寸鉄人を刺す名言が念頭にあろう。『世説』には及ばないかもしれないが、『滄溟尺牘』にも警抜な表現は見える（たとえば「平生善臥。是称病隠。造化其奈我何（平生善く臥す。是れを病隠と称す。造化も其れ我を奈何せん）」といった語）。南郭自身も『世説』風の機智に富んだ表現を好んだ。一例を挙げれば、「懐仙楼」での会合の欠席を告げる書簡に次のようにある。[37]

不佞喬雖有忝属仙籍、時乃不得厠三清之坐列、飽沆瀣之餘酌。故応見嗤凡骨未化耳[38]。

不佞喬（南郭の名——引用者注）忝《かたじけな》く仙籍に属する有りと雖も、時に乃ち三清の坐列に厠《まじは》り、沆瀣の餘酌に飽くことを得ず。故より応に凡骨の未だ化せざるを嗤はるべきのみ。

「懐仙楼」にちなみ、自分たちを「仙人」になぞらえているのである。

『滄溟尺牘』についての南郭の論には、彼の詩文一般に対する好尚が強く反映している。南郭の序を読み、『滄溟尺牘』を学べば古文辞の精髄を理解できると考えた読者は多かったに違いない。

三　注釈書

『唐詩選』の注釈書が多く編纂されたように、『滄溟尺牘』も多くの注釈書が編纂された。渋井太室は「関東之学（関東の学）」の特徴について語った中で、次のように述べる。

相伝曰、「某精唐詩。某熟世説。某嫻于鱗尺牘」。進聴其講説、退捜其訓詁。童習白粉、以求一語之所出、与一字之所拠。有不得則不惜時日、不憚行露、必窮而止矣。以此成家。[39]

相伝へて曰く、「某は唐詩に精し。某は世説に熟す。某は于鱗尺牘（『滄溟尺牘』――引用者注）に嫻《なら》ふ」と。進みて其の講説を聴き、退きて其の訓詁を捜る。童習白粉、以て一語の出づる所と、一字の拠る所とを求む。得ざること有れば則ち時日を惜しまず、行露を憚らず、必ず窮めて止む。此を以て家を成す。

このような講説と熱心な典拠探しの中から注釈書が生み出されていった。『文会雑記』には「仲竜云、李滄溟尺牘、南郭ノ講ヲ聞書ニシタルヲ、或僧写蔵ス。カリテカスベシトナリ」[40]とあり、南郭の講義の聞書も伝写されていたようである。

　これは「関東」に限られた現象ではなかった。既に紹介した江村北海の言にあったように、関西でも『滄溟尺牘』は流行していた。たとえば、『難波土産』の著者で近松との関係で有名な大坂の儒者、穂積以貫は、『滄溟尺牘国字解』[41]（写本）を残している。伊藤東涯の門人である以貫も、時流に応じ、『滄溟尺牘』を講説の席で取り上げたのであろう。

最も早く公刊された注釈書も、関西の儒者の手になる。武田梅龍の『李滄溟尺牘便覧』（宝暦二年刊）である。[42] 板元は山田三郎兵衛・河南四郎右衛門・上坂勘兵衛・中西卯兵衛ら京都の本屋である。『滄溟尺牘』の板元は小林新兵衛であるため、『便覧』は本文を有さず、注釈のみで構成されている。『便覧』の注釈のほとんどは典拠を引くのみであるが、「五斗」の注には徂徠の『度量衡考』の説を挙げ[43]、「風塵」の注には、宇野明霞の考証を引用している。[44] 梅龍は、徂徠学を上方に導入した宇野明霞に師事しており、彼の学統が表れた注釈といえよう。

続いて出版されたのは、村井中漸（閲）・有馬玄蔵（著）『李滄溟尺牘国字解』（明和二年刊）である。村井中漸は、算学に秀でた京都の学者で、有馬玄蔵は彼の弟子である。ただし、『上組済帳標目』（明和元年九月～明和二年正月）には「滄溟尺牘国字解　山田三郎兵衛、加賀屋卯兵衛方作者替並写本願下ケ之事[45]」とあり、本書の作者には疑念が残る。「国字解」と銘打つ通り、その注釈はカナ交じり文で著されており、典拠を挙げるとともに、訳文に類した説明が随所に入る。『便覧』同様、注釈のみからなり、本文はない。板元は、『便覧』と同じであるが、『上組済帳標目』（宝暦十三年五月～九月）に「同国字解、山田三郎兵衛、かゝや卯兵衛、両人相合之一件[46]」と見え、本屋間で揉め事があった可能性がある。

明和五年（一七六八）には、『滄溟尺牘』の板元である小林新兵衛も注釈を刊行する。高橋道齋『滄溟先生尺牘考[47]』である。『便覧』の板元は本書の出版に危機感を抱いたらしく、明和六年に江戸の本屋仲間に本書に関して問い合わせている。[48] 同様のことは、次に見る『滄溟尺牘児訓』出版の際にも行われている。[49]『尺牘』本文は無理でも、せめて注釈の利益を確保したいという思惑であろう。小林新兵衛の側も、京都の書肆の思惑を熟知していたに違いない。『尺牘』の板株を有する小林新兵衛は、本文附きの注釈書を刊行することが可能であったが、『考』は注釈のみの構成になっている。『尺牘』自体の売り上げの維持しながら、注釈書の利益を奪取する意図があったと推測される。

著者の高橋道齋は、上毛下仁田の素封家で、井上蘭臺に師事した[50]。井上蘭臺は、林家員長を務めた後、備前岡山の池田家に仕えた儒者である。その学風は徂徠学に接近し、本章の冒頭で紹介した石島筑波など徂徠学派の人士とも交際があった。また洒脱な人柄で、『唐詩笑』や『小説白藤伝』の戯著をものした。蘭臺の門下には、いわゆる折衷学の泰斗として知られる井上金峨や、書法における「復古」の主唱者であった澤田東江がいる。道齋は、金峨及び東江と莫逆の仲であった。蘭臺門周辺――とりわけ蘭臺と筑波の間の人脈――には、尺牘に深い関心を持った人物が多い。

まずは井上金峨である。『金峨山人考槃堂漫録』には、『滄溟尺牘』中の「王舎城二頃種秫」という一節を考証した条がある。金峨は、その末に次のように述べる。

二十年前、講帷家奉李王二家集以為詩書、謬以伝謬。近来此風少衰。可為後生賀之。可不謂純卿与有力焉哉[51]。

二十年前、講帷家 李王二家の集を奉じて以て詩書と為し、謬《あやま》り以て謬りを伝ふ。近来此の風 少しく衰ふ。後生の為に之を賀す可し。純卿 与《あづか》りて力有りと謂はざる可けんや。

かくいう金峨自身も、若い頃はこのような「風」に染まっていた。彼が徂徠学派の文人と交わり、古文辞に夢中になっていたことは、『病間長語』で「懺悔ばなし」として語られている[52]。また、彼の蘭臺に宛てた書簡は、典型的な「李王」風の尺牘である[53]。かつて親しんだ『滄溟尺牘』の語句は、反古文辞に転じた後にも、金峨の脳裏を去来していたのである。

次に鈴木澶洲《せんしゅう》である。『逢原記聞』によれば、澶洲はもとは浪人学者であったが、感応寺の富籤に当たり、旗本与力の株を買ったという[54]。金峨は彼の著作に序文を寄せており、澤田東江とも交流があったと伝わる。彼の随筆『撈海一得』には、『滄溟尺牘』の難語（「致暦」・「于浙」・「投枚記里」）を論じた三条がある[55]。「投枚記里[56]」の考拠において彼は『中山伝信録』の一節を引き、同書の挿絵の「玻璃漏」（砂時計）と「針盤」（羅針盤）をあわせて掲載する。『中山伝信録』には、船首から木片を投げ、それが船尾に至るまでの時間を計る（その際に西洋人は砂時計を用いる）ことで、船速を測定する技術が記されており、それが「投枚記里」であると澶洲は説く。これと同じ『中山伝信録』の部分と「玻璃漏」の絵とが、道齋の『滄溟先生尺牘考』巻上附録にも載る。直接的な影響関係の有無は不明であるが、二人が同じ語に不審を抱き、『中山伝信録』に明拠があると考えたのは確かである。また、澶洲は、尺牘語集の『尺牘筌』を著しており、これについては次章で検討する。

高葛陂《こうかつは》もこの列に加えて良いであろう。葛陂は、大坂の人。明末に日本に逃れた唐人の子孫という。江戸に出て、始めは篠崎東海の門に入り、東海が卒すると石島筑波に師事した[57]。澤田東江と親しく、東江を介して金峨とも交際が開けている[58]。明和年間以降は、京都に居を移し、その地では田中江南と交友している。彼には、『弇州先生尺牘選』の注釈『弇州尺牘国字解[59]』の著がある。跋によれば、越後滞在中にその地の弟子に与えたもので、尺牘流行の地方波及の一証となる。

さらに武田梅龍の『便覧』の序を撰した木村蓬萊も、この交友圏の中にいる。蓬萊は尾張の人、勝山の酒井家に仕えた。幼くして徂徠に師事し、京で下帷の後、再び江戸へ行き、南郭の弟子となった。石島筑波とも親しく、また、井上金峨は彼を「亡友」と呼んでいる[60]。

これら一群の人士は、厳格な儒者なら眉をひそめる振る舞いが多かった。井上金峨は若い頃「客気《ウワキ》にまかせてさわぎ立ち[61]」、無頼の日々を過ごした。鈴木澶洲は「若キ時ハ放蕩ノ人」で、定期的に刊行される『吉原細見』を終生集めていたという[62]。高葛陂は、十八大通の一人、「女郎買の稽古所[63]」と呼ばれた大和屋の文魚と交わった[64]。

彼らにとって『滄溟尺牘』は、文章だけでなく、文人生活の模範でもあったのであろう。「与宋子相」の次の場面などは、宴席での「意気慷慨」の良き見本である。

帰復雷雨。乃歌黄楡諸篇、以敵其勢、則響振大陸、秋色漂颯。頽乎就酔、遂極千載、品物五子於中原[65]。

帰れば復た雷雨す。乃ち黄楡諸篇を歌ひ、以て其の勢に敵すれば、則ち響 大陸に振ひ、秋色 漂颯たり。頽乎として酔に就きて、遂に千載を極め、五子（王世貞ら五人の同志――引用者注）を中原に品物す。

「答子与」によれば、李攀龍の友人の徐中行は、「左擁呉娃、右抱燕姫（左に呉娃を擁し、右に燕姫を抱く）[66]」生活を送っている。ならば吉原通いもそう憚る必要はないということになろう。

また、「夫玩世之為大於辟世也邈矣（夫れ世を玩ぶの世を辟《さく》るより大なりと為《す》ること邈《はる》かなり）[67]」と李攀龍はいう。ここでの「玩世」は俗世を見下しながらあえて官途に就くことを指すが、江戸の文人はあえて時流に迎合し、俗世を楽しむことも「玩世」と呼んだ[68]。自己の才知を認めぬ世の中へ不満を抱き（あるいはそのふりをし）ながら、無頼の日々を送るのは、隠棲よりも風流だと思った人々も少なくなかったであろう。

話を注釈書に戻すと、道齋の『尺牘考』が出た翌年、明和六年（一七六九）に新井白蛾『滄溟尺牘児訓』[69]が同じく嵩山房から刊行された。新井白蛾は易学者として知られ、徂徠学の影響を受け、「古易」を唱えた人物である。『国字解』が部分訳であったのに対し、『児訓』は、一部分節略はあるものの、ほぼ全訳である。本文は、『尺牘考』と同様、掲載しない。

該書には、偽板と呼ぶべき本がある。北越山人『滄溟尺牘諺解』（明和四年刊）[70]である。両書の関係は複雑である。細かな異同はあるものの両書の巻上・巻中はほとんど同じ内容である。しかし、巻下は大きく異なる。また、『諺解』

の柱題は「滄溟児訓」とあるが、刊行された『児訓』とは板面が全く違う。さらに不審なのは、安永二年（一七七三）には、『児訓』の巻下のみが別に刊行されていることである[71]。

『上組済帳標目』の宝暦十三年（一七六三）の項に、「滄溟尺牘児訓と申書　江戸須原屋新兵衛殿方板行催ニ付[72]」云々とあるところを見ると、『児訓』の企画はかなり早い時期から始まっていた。おそらく刊行に至る前に、『児訓』の原稿が流出し、『諺解』の板元の庭川庄左衛門の手に渡るといった事件があったのではなかろうか。その間、巻下の原稿だけは、他の巻と異なる経緯を辿ったのであろう。

庭川庄左衛門は「割印帳」に一度も名の見えない本屋で、『唐詩選国字解』の偽板の一つ『唐詩選諺解』を出版している。『唐詩選』と『滄溟尺牘』はしばしば並称されたが、それらは海賊版でも一対となっていたのである。

四　尺牘の制作

1　指南書

『滄溟尺牘』の流行は尺牘の実作へと人々を駆り立てた。尺牘制作の手引きとなる書物が和刻され、あるいは編纂されている。

もっとも、この種の書籍は、『滄溟尺牘』流行以前から既に出版されていた。王宇（撰）・陳瑞錫（注）『翰墨全書』（寛永二十年刊）や熊寅幾（編）『尺牘双魚』（承応三年刊）がその代表である。また、『尺牘諺解』（延宝八年刊）・『名公翰墨便蒙書』（延宝九年刊）のようにカナ交じり文の解説書も刊行されている。しかし、これらの本は点校者や撰者の名が不明であることが多い。これに対し、『滄溟尺牘』以後は、点校者や撰者の名が明示される。また、唐本の翻刻であっても、新たに日本人の序を付すことが増える。尺牘に対する認識の変化がこのようなところにも見て取れる。

尺牘作成の手引書は、その内容から数種に分かれる。仮に分類すれば、①尺牘で用いられる語彙や定型的な表現を集めた尺牘語集、②架空の文例を集めた文例集、③封筒や便箋の体裁、あるいは宛名書の作法などを記した作法書の三つに分けることができよう。今日の手紙の文例集がそうであるように、一書が二つ以上の内容を具えることもある。まず、『滄溟尺牘』以後の日本の学者の手になる尺牘語集（①）で、今日伝存するものを年代順に見ていくことにしたい。類似の内容でも構成や内容にそれぞれの編者の見識や工夫が表れている。

最も早い時期に出版された尺牘語集には、上柳四明『尺牘活套』（寛延二年刊）がある。四明は、木下順庵門の向井滄洲に師事した人物である。「発端」・「結尾」・「叙疎濶」といった項目別に見本となる語句を挙げる。ただし、同書の中には、李王の尺牘への言及が見られず、『滄溟尺牘』の流行とは関係のない可能性がある。

これに対し、宝暦五年（一七五五）に刊行された田中道斎『尺牘称謂辨』は明らかに『滄溟尺牘』を意識している。田中道斎（仲道斎）は、若い頃から徂徠・春臺の学問を好み、無相文雄に師事した。[73] 文雄の唐音の師は春臺であり、道斎は春臺の影響を強く受けている。

『尺牘称謂辨』は書名の通り、自他の呼称や進物・文房具の別称がその内容のほとんどを占める。道斎の編纂意図については、義端の跋に次のようにある。

先生好学敦朴。常病童学作牘不得其称謂而漫勦詭辞以為巧也。故今著此一冊子使夫人識其称謂[74]。

先生　学を好み敦朴、常に童学の牘を作り其の称謂を得ずして漫《みだ》りに詭辞を勦して以て巧みと為すを病むなり。故に今此の一冊子を著して夫の人をして其の称謂を識らしむ。

「漫勧詭辞以巧」は、李王の尺牘の模倣が念頭にある。道齋はいう。

世之為李王所謬者、漫用不近人意語。是以言不達心、書不達言、可謂悖夫子辞達之意矣。(75)

世の李王の為に謬る（ママ）者は、漫《みだ》りに人意に近からざるの語を用ふ。是を以て言 心を達せず、書 言を達せず、夫子辞達の意に悖《もと》れりと謂ふ可し。

このように道齋は古文辞に対し批判的である。しかし、その一方で彼は『弇州尺牘紀要』（宝暦六年刊）及び『滄溟尺牘辨疑』（未刊）を著している。このような李王の尺牘への相反する態度の奇妙な並立は、これから取り上げる本の著者にも見られる。

明和六年（一七六九）には、大典（梅荘）顕常『尺牘式』が刊行される。本書の第一巻と第二巻は「尺牘語式」と題し、第三巻は「尺牘写式」と題す。「尺牘語式」は①に入り、「尺牘写式」は③に入る。

大典顕常は、大潮元皓及び宇野明霞に就いて学んだ当代随一の文人僧であり、その学問は古文辞派の詩文研究の集大成という側面を持つ。『唐詩選』注釈における『唐詩集註』・『唐詩解頤』、助辞研究における『文語解』・『詩語解』、『世説』注釈における『世説新語鈔撮』――いずれも傑出している。また大典は、入門書類の編纂にも力を入れており、『学語編』・『初学文軌』などの著がある。広い学識に裏づけられた解説書の作成は、大典の得意とするところで、『尺牘式』にもそれは遺憾なく発揮されている。

「尺牘語式」の上巻は尺牘を構成要素に分かち（今の手紙でいうなら「頭語」・「時候の挨拶」・「安否の挨拶」といった要素に当たる）、それぞれの構成要素について語例を挙げる。下巻は「称呼」と頻用の表現の語例を補足する。説明は簡潔で要を得ており、本書にしたがって言葉を拾っていけば、機械的にある程度の尺牘は書ける。

「尺牘写式」は、便箋の用い方や封筒の様式など尺牘の体裁について解説する。冒頭に、『朱氏談綺』の朱舜水の説に基づき、高泉和尚や陳元贇、あるいは「近代華人華僧」の説を斟酌して編纂したとある。この種の本では、小宮山謙亭（昌世）の『発蒙書束式』が宝暦五年に既に刊行されている。[76]『発蒙書束式』は、中国の書式のみならず、日本の古来の書式についても検討し、野宮定基や伊勢祐和に有職故実を質している。また、中井履軒『束稽』は、『朱氏談綺』の「書束式」の疑問点を考証した上で、唐宋の書式を斟酌し、当代の日本に相応しい書簡の様式を提唱している。[77]『発蒙書束式』と『束稽』が考拠の書の色彩が強いのに対し、「尺牘写式」の内容は簡潔で、実用に特化している。

大典は、さらに天明四年（一七八四）に「語式」未収の語と「儀物雅称（シンモツノ名）」などを集めた『尺牘式補遺』を上梓している。

「投壺先生」田中江南も尺牘関係書を熱心に編纂した。江南の『書簡啓発』（安永九年刊）は、序に代えて「答列子栄」を載せ、漢文の横に同内容の候文を配する。同書の特徴は、漢文尺牘と候文書簡とを対比させることにある。その「答列子榮」で江南は、「舌講家挑標、售媿王李、椌《ママ》生徒、可則可也（舌講家　標を挑《かか》げて、媿を王李に售《う》り、生徒を椌く、可は則ち可なり）」[78]と述べた上で（ちなみに対応する候文には「講釈師共李王尺牘と看板掛入ヲ取も尤可宜候へ共」とある）、初学者がいきなり李王の尺牘を学ぶことの困難を説き、同書に集められた尺牘の「常語」[79]にまず習熟すべきであるという。

このような主旨で編纂された『書簡啓発』は九部門にわたり、候文書簡の常套句とそれと同義の尺牘の「常語」を挙げる。たとえば「未御目見仕」の項には「未展望塵之拝（未だ望塵《トオリガケ》の拝《メミヘ》を展せず）」・「雖未挹龍光（未だ龍光《オメドサル》を挹まざれども）」・「未奉謁（未だ謁を奉ぜず）」の三つが載る。[80]この例からも分かるように、適宜傍訓が附され、読者の理解を助けている。これは、陸九如（纂輯）・田中江南（訳）『新刻簡要達衷集時俗通用書柬』（安永五年刊、外題『尺牘簡要』[81]）

にも共通した特徴である（該書は②の文例集に属す）。前章で述べたように、江南は、『六朝詩選俗訓』・『唐後詩絶句解国字解』で、「俗言」の傍訓を施し、本文を「訳」している。彼はこの手法を尺牘手引書に対しても用いているのである。

江南は、これら以外にも尺牘関係の著作があったようで、『新刻簡要達衷集時俗通用書柬』の巻末には「江南先生編集尺牘類書」として、「尺牘簡要」・「尺牘啓発〔前編 後編〕」（『書簡啓発』）のほかに「尺牘綿《（ママ）》裁」・「尺牘軌物」・「助字例」の書名が見える。

前節で紹介した鈴木澶洲は『尺牘筌』（天明二年刊）(82)を著している。自序に「余因就明嘉隆諸子及此方諸老尺牘中、抄出一二套語便於日用者（余 因りて明の嘉隆諸子及び此方の諸老尺牘中に就きて、一二の套語日用の便なる者を抄出す）(83)」とあるように、『尺牘筌』は李王だけでなく、日本の学者の尺牘中の語も採録している。興味深いのは、「時令風雨類」などと並び「雑事語笑類」の項があることで、「舞掌絶倒《フシヤウセツトウ》（テヲウツテワラヒタヲレル）」や「鬨倒一路《キヤウトウイチロ》（ミチ〳〵サワギアルイタ）」といった語が見える(84)。この種の放埒な行動は、本書の読者に模倣されたに違いない。

天明四年（一七八四）には、岡崎廬門（閲）・岡崎元軌（輯）『尺牘断錦』(85)が刊行されている。岡崎廬門は、龍草廬の門人で初学者向けの解説書や詩語集を多く編纂している。岡崎元軌は、廬門の子である。本書は、「函書〔ハコニ入タル書簡〕辱――之賜〔王百谷〕(86)」といったように、語・解説・用例の三つを具え、簡便ながら行き届いた編集がなされている。

天明七年（一七八七）に刊行された岡鳳鳴（閲）・山呉練（輯）『和漢尺牘解環』(87)は、尺牘頻用の故事の原典を引き、続いて尺牘中のその故事を用いた表現を示すという構成になっている。具体的にいえば、「龍門」（登竜門）の項目では、まず典拠の『後漢書』李膺伝を引き、その後、「儼然龍門也（儼然たる龍門なり）」（王世貞）、「今因足下得託姓名於龍門、是何幸也（今足下に因りて姓名を龍門に託することを得たり、是れ何の幸ぞや）」（太宰春臺）、「聊記登竜之欣云（聊か登竜の欣を記すと云ふ）」（服部南郭）といった用例が列挙される。日本人で採録されているのは、服部南郭・大潮・大典・荻生徂徠・太宰春臺・梁田蛻巖の尺牘である。[88] この本は、故事の自在な活用が尺牘執筆の上で不可欠であったことを端的に示している。

②中心の著作には、岡崎盧門『尺牘道標』（安永九年刊）がある。[89]『尺牘道標』は「尺牘大意」・「作例諺解」・「熟語諺解」・「写式諺解」・「称呼諺解」の五部門からなる。「尺牘大意」は尺牘を学ぶ意義や注意点を説く。「作例諺解」は、「元旦」・「上巳」・「端午」といった時節や「賀人寿旦（人の寿旦を賀す）」・「謝人餽遺（人の餽遺を謝す）」・「邀人遊賞（人を邀《むか》へて遊賞す）」といった場面ごとに、往信と返信の模範となる文例を載せる。「熟語諺解」は、「未識瞻仰（未だ識らずして瞻仰す）」・「拝訪不遇（拝訪して遇はず）」・「奉書達否（奉書達するや否や）」といった、「作例」よりもっと細かい単位の表現の見本を挙げる。「写式諺解」は③の内容で、「称呼諺解」は、称謂と時節の別称とをまとめている。

この本の最大の特徴は、それぞれの文例に典拠の説明まで含む丁寧な訳解を付すことである。『翰墨全書』や『尺牘双魚』などの和刻本と比べると『尺牘道標』の分かり易さは際立っている。

一連の指南書の総決算といえるのが戸崎淡園『尺牘彙材』（寛政元年刊）である。[90] 淡園は、水戸徳川家の分家筋である守山松平家の武士である。守山松平家は、三代松平頼寛（頃公、号は黄龍）以来、徂徠学を尊崇し、淡園もその学風を守った。歴代当主の信任が厚く、寛政十年には老中職に昇っている。田中江南は守山松平家に一時期仕えていたので、淡園と江南とは親交があった。[91]

同書は五巻から成り、一巻と二巻は①の尺牘語集に属する。三巻は「布置」と題され、候文書簡と漢文尺牘の構成上の異同を示すため、同内容の候文と漢文を二十八組併載する（この部分は②に入る）。また末尾に「書束箋式」を附し、簡略ではあるが③を載せる。四巻は「歴代名家尺牘」、五巻は「蘐園諸家尺牘」であり、小規模な尺牘選集となっている。

天保年間には、『手簡裁制』が刊行されているものの、カナの解説附きの尺牘語集で、『尺牘道標』や『尺牘彙材』に比べると見劣りする内容になっている(92)。

以上検討した多種多様な尺牘指南書は、主に十八世紀後半に出版された。この時期になると古文辞派も全盛を過ぎており、尺牘指南書にもその変化が見て取れる。前述したように、田中江南は李王の文章を尊崇しながらも、「常語」の習得を優先すべきであると説いていた。このような平明さへの配慮は、容易に反古文辞へと転化する。岡崎廬門は「尺牘道標自序」で次のようにいう。

夫尺牘也、古之折簡而已。及至明人用巧于茲、採片玉一枝於崑山鄧林、唯啄彫維競。卒為一種之体也。逮于近世、彼厭常搆奇好勝誇多之徒、亦頗傚之、有屹崛嫯牙険渋而難通暁者。余謂若欲為童蒙則可採平易之文而教之(93)。

夫れ尺牘や、古の折簡のみ。明人に至るに及びて巧を茲《ここ》に用ひ、片玉一枝を崑山鄧林に採り、唯だ啄彫をのみ維《こ》れ競ふ。卒《つひ》に一種の体と為るなり。近世に逮《およ》びて、彼の常を厭ひ奇を搆へ勝を好み多を誇るの徒も、亦た頗る之を傚ひ、屹崛嫯牙険渋にして通暁し難き者有り。余 謂《おもへ》らく若し童蒙の為にせんと欲せば則ち平易の文を採りて之を教ゆ《ママ》可し。

この廬門の議論と大典の「欧蘇手簡序」の次の論をあわせて見ると、時代の趨勢が浮かび上がってくる。詩における宋詩再評価に対応する変化が、尺牘にも起こっているのである。

夫明文之郁々、工尺一者亦多。務在菁華、動失核実。妝飾之辞溢而宛転之致乏。所不取也。今夫操觚之士、稍有達者、嘐嘐然曰秦漢、曰古文。使其日用状態展楮写之、則錯乱艱渋率不能西而之華。尚何能遡而之古乎哉。秦漢也、古文也、雖多亦奚以為。皆以其不求於切近故已。[94]

夫れ明文の郁々たる、尺一に工《たく》みなる者も亦た多し。務むるは菁華に在りて、動《やや》もすれば核実を失ふ。妝飾の辞溢《あふ》れて宛転の致 乏し。取らざる所なり。今夫れ操觚の士、稍々《やや》達する者有れば、嘐嘐然として秦漢と曰《い》ひ、古文と曰ふ。其をして日用の状態 楮を展して之を写せしめば、則ち錯乱艱渋 率《おほむ》ね西して華に之《ゆ》くこと能はず。尚ほ何ぞ能く遡りて古に之かんや。秦漢や、古文や、多しと雖も亦た奚《なに》を以て為さん。皆 其の切近に求めざるを以ての故のみ。

明人の尺牘の装飾過剰な傾向を補正するために、欧陽脩や蘇軾らの書簡を学ぶのも有益であると大典はいうのである。

2　尺牘集

指南書に加え、尺牘執筆の上で参考になるのは名家の実作である。

古文辞系統の尺牘の総集は、顧起元（彙選）・李之藻（校釈）・三浦瓶山（考訂）『盛明七子尺牘註解』（延享四年刊）や、王世貞（編）・王世懋（校）・林東溟（校訂）『尺牘清裁』（寛延四年）の明人の部が出版されている。また良野華陰は『過雁裁』（寛保三年刊）、岡島竹塢は『古尺牘』（明和二年序）を刊行している。

興味深いのは別集である。

『滄溟尺牘』に続き、王穉登・王世貞・李夢陽・汪道昆・徐中行などの尺牘集が刊行されている。[95] 彼らは広義の古文辞派に属する人物たちであるが、王世貞以外は、個人文集も個人選集も和刻されておらず、尺牘のみが出版されている。しかも、文集の尺牘の巻を切り出し、尺牘集として刊行したものが多い。『弇州先生尺牘選』は沈一貫（編）『弇州山人四部稿選』の一部であり、『李空同尺牘』（延享五年刊）は序文で文集の全書刊行を謳っていながら、結局尺牘以外の巻は上梓されていない。また、村瀬櫟岡の校訂になる『明徐天目先生尺牘』（天明七年刊）は、櫟岡の有する某氏秘蔵の文集の写本から、尺牘の部分を抄出し、注釈を施したものである。櫟岡は、跋で「蓋自物夫子祖尚李王、而李王之文、昭昭乎掲日月而行也。尺牘亦各孤行。而至於天目之話言希見也（蓋し物夫子 李王を祖尚してより、李王の文、昭昭乎として日月を掲げて行はるるなり。尺牘も亦た各々孤行す。而して天目の話言に至りては見ること希《まれ》なり）[96]」という。李王の尺牘の盛行が念頭にあった彼は、稀覯の徐中行の文集の中でも、尺牘を真っ先に公刊すべきであると考えたのである。

反古文辞の人々も当初は尺牘を重視していた。尺牘という文体は、古文辞排撃のためにいち早く確保すべき橋頭堡だったのであろう。山本北山の門人の宮川崑山・鳥居九江・山本北皐は、古文辞批判の序を冠した『袁中郎先生尺牘』を安永十年（一七八一）に校訂出版している。[97] さらに、北山の弟子たちは天明四年（一七八四）に、韓愈の書簡を集めた『韓文公書牘』を刊行している。[98]

日本の文人騒客でも、文集とは別に尺牘集が上梓されている例がある。順を追ってみていくと、宝暦四年（一七五四）に、無隠道費の書簡を集めた『金龍尺牘集』が刊行されている。[99] 無隠道費は、曹洞宗の僧で、大潮元皓と交流があった。道費は『心学典論』において徂徠学を論難しているが、[100] 詩文の好尚は徂徠学派と極めて近い。『金龍尺牘集』は、一連の尺牘集を受けたものであろう。宝暦六年には、田中道齋『道齋先生尺牘』、宝暦七年には同『道齋先生承論篇』が刊行される。[101] 道齋は李王の古文辞を否定するが、彼は尺牘を優先して出版するという発想の枠内にいたのである。宝暦十一年には、徂徠学派と関係の深い大潮元皓の『西溟大潮禅師魯寮尺牘』が出版されている[102]。

大典顕常は、自分の尺牘集を次々と世に送り出した。『小雲棲手簡』は四編に及ぶ（初編安永六年刊、二編天明七年刊、三編寛政六年刊、四編寛政七刊）。序文には、初学者が尺牘を書く際の見本となることを目的とするとあるが、それだけに止まるとは思えない熱の入れようである。しかも、本の紛失の連絡や依頼した文章の催促など公刊をためらってもおかしくない内容の書簡を含んでいる。

『小雲棲手簡』で面白いのは、少々不謹慎と見えるような場面でも、大典が機智に富んだ表現を用いることである。たとえば、借りた本が見当たらない際には「未嘗出諸戸外、豈有翼而飛（未だ嘗てこれを戸外より出さず、豈に翼ありて飛ぶこと有らんや）[103]」と詫び、便箋が墨で汚れてしまうと、「林風一陣、毛生衝突楮生、塗抹白面（林泉一陣、毛生（筆の擬人化――引用者注）楮生（紙の擬人化――引用者注）に衝突し、白面を塗抹す）[104]」と記す。おそらく当時は、凝った表現の背後に書き手の心づくしを読み取り、その才智を称嘆しながら、過失を笑ってゆるす――といった感覚があったのではなかろうか（これは漢文尺牘が可能にする親密な交際の問題と繫がる）。

日本人の尺牘集の出版は、寛政九年（一七九七）刊の龍草廬の『艸廬尺牘』を最後に跡を絶つ。重野成齋は、「尺牘双魚約解叙」において次のようにいう。

我邦学漢文之士、攻束牘者、独諼園之徒為然。而其餘多遺焉。豈謂無用於我歟、将為不足習歟[105]。

我邦　漢文を学ぶの士、束牘を攻《をさ》むる者、独り諼園の徒を然りと為す。而して其の餘は多く焉《これ》を遺す。豈に我に無用と謂へるか、将《は》た習ふに足らずと為すか。

尺牘の流行は徂徠学派と消長をともにしたのである。

五 小括

『滄溟尺牘』の流行は、複数の要因が偶然的に重なり、起きたものである。書簡を文章学習の導入と見る当時の通念と、出版業者の対立、さらに南郭の力の入った序文の三つがたまたま組み合わさったことで、この流行は起こった。中でも『四家雋』刊行の際の板株をめぐる紛糾は決定的であったといえよう。

『滄溟尺牘』がこれほどまで読まれるようになるとは、徂徠学派の学者も書肆も、当初予想していなかったはずである。しかし、それによって尺牘の文体中の地位は上がり、尺牘の制作は盛んになった。

『滄溟尺牘』を入口に文章を学んだ読者は、交遊こそが文学の根幹であると考えたに違いない。尺牘を書くこと自体が交流を志向するのはいうまでもないが、古文辞の尺牘で頻用される表現（「吾党」・「握手」など）は、人々を交流へ強く誘う。また、第二節**3**で見たように南郭が「重刻滄溟尺牘序」で力説するのは、李攀龍の尺牘が「古人」の交遊に淵源することである。このような交遊へ傾斜した文学観は、十八世紀後半、各地で詩社が結成され、詩の唱和が盛んに行われたのとも対応している。

古文辞の尺牘を介した交際とは、およそ次のような類のものであった。

吾党・攘臂・扼腕・側目・睥睨など、明七子輩の詩文に多く用るとて、吾国の人もこれを用るは軽薄ぞ《中略》平生親昵する友にてもなく、唯時節に宴会し、其席散じては、路人同然の交なるをも、吾党とい丶、書生仲間、師家の講席にて、面を見おぼへたるまでの輩まで、吾党々といふこと、軽薄にあらずや。[106]

これは「軽薄」かもしれないが、古文辞の定型表現によって、親密な交流が形の上であっても実現しているともいえる。仮に内実がともなっていなかったとしても、型から入ることで、このような表現は実際の交遊を支援する力となったであろう。

さらに考えれば、内実の有無は副次的な問題といえるかもしれない。人は個々の友人関係の親疎をどれほど正確に把握できているであろうか。友情の一方通行や不均衡はしばしば発生する。かといって、親しさの度合や上下関係を逐一確認すれば、交際の心理的負担は増大する。ならば、いっそのこと、相互を親しい仲間と見做す擬制が存在した方が、活発で、安定した交際が可能になるのではなかろうか。古文辞派の詩文、とりわけ尺牘の修辞はこのような擬制の機能を果たしていた。古文辞の尺牘を用いれば、「路人同然」の間柄でも、双方が過度な警戒心を抱くことなく、「吾党」の一員であるかのようにつきあうことができる。新たな交遊の可能性は広がり、文人社会の拡大は促進された。

徂徠は「修辞」を介した交際を重んじていた。また、『四家雋』にも李攀龍・王世貞の尺牘は収録されている、尺牘を通じた交遊の活性化は、徂徠が文学の領域に築こうとした「接人」の制度を一部分ではあるが実現したものであったといえよう。むしろ、その激しい効果ゆえに暴走が始まったともいえる。

もっとも、徂徠は『四家雋』の初学者に「韓柳李王」の諸体の文章を広く学習させる構想を立てていた。よって、尺牘に特化した古文辞の文章の流行は彼にとって不本意なものであったに違いない。古文辞に対する批判者は、それに代わる模範に韓愈や柳宗元を担ぎ出すことがある。[107]『四家雋』が順調に刊行され、「韓柳李王」兼学の枠組が維持されていれば、ある程度はこのような批判を抑止できたであろう。また、古文辞末流の文学活動の軽薄さも幾分かは縮減されたかもしれない。

出版業者内の類板規制が主たる要因となって、徂徠の「接人」の制度構想は、文章の領域においても蹉跌を余儀なくされた。江戸期の出版文化の隆盛を称揚するだけでは見えてこない問題がここには横たわっている。

(1) 著者不明『蘐園雑話』、成立年不明(森銑三・北川博邦〔編〕『続日本随筆大成』第四巻、吉川弘文館、一九七九年)、七六～七七頁。
(2) 同右。
(3) 稲葉默齋(講)・篠原惟秀等(筆録)『小学筆記』第七冊、嘉言、天明九年筆録、東京大学総合図書館蔵。
(4) 渋井太室『読書会意』巻中、四十オ、寛政六年刊(長澤規矩也〔編〕『影印日本随筆集成』第五輯、汲古書院、一九七八年)。
(5) 大田南畝「寄古文辞」(『寝惚先生文集』、明和四年刊〔中野三敏・日野龍夫・揖斐高(校注)『寝惚先生文集・狂歌才蔵集・四方のあか』、新日本古典文学大系第八十四巻、岩波書店、一九九三年〕、二五頁)。
(6) 江村北海「藝苑談序」(清田儋叟『藝苑談』、明和五年刊〔池田四郎次郎(編)『日本詩話叢書』第九巻、文会堂書店、一九二一年〕)、四頁。この他にも、那波魯堂『学問源流』(寛政十一年刊、慶應義塾大学図書館蔵)は、「延享ノ初年、京都ニテ講師ノ教ユル書」として「滄溟尺牘」「絶句解」「明ノ七才子詩集」「唐詩選」を挙げている(二十四オ～二十四ウ)。
(7) 三浦瓶山『閑窓自適』、二十九ウ、安永五年刊(前掲『影印日本随筆集成』第五輯)。
(8) 塚田旭嶺『桜邑問語』巻二、成立年不明(長澤規矩也〔編〕『影印日本随筆集成』第四輯、汲古書院、一九七八年)、一九〇頁。
(9) 王世貞の尺牘は、沈一貫(編)『弇州山人四部稿選』の書牘の部分だけを抜き出し、王世貞(著)・沈一貫(編)『弇州先生尺牘選』(寛保二年刊)という名で出版されている。また、王世貞(著)・玉宣(選定)『弇州摘芳』(寛保二年刊)、王世貞『王元美尺牘』(寛保二年刊)も刊行されている。これらの書物から王世貞の尺牘をめぐっても書肆間に対立が存在したことが窺われるが、別の機会に論じたい。

(10) 梁田蛻巖『答問書』、成立年不明（池田四郎次郎・浜野知三郎・三村清三郎〔編〕『日本芸林叢書』第二巻、鳳出版、一九七二年復刊）、二〇頁。皆川淇園『淇園文訣』（寛延四年刊、国立国会図書館蔵）にも「（議論と紀事とでは——引用者注）紀事ヲ書ナラフヲ、先トスベシ、サレドモソレモ難クバ、先ツ尺牘ヲ書習フベシ」（巻上、十六ウ）とある。

(11) 平賀中南『日新堂学範』下、十一ウ、安永八年刊（長澤規矩也〔編〕『江戸時代支那学入門書解題集成』第三集、汲古書院、一九七五年）。

(12) 荻生徂徠「四家雋例六則」（『徂徠集』巻十九、二十二オ）。

(13) 平石直昭『荻生徂徠年譜考』（平凡社、一八八四年）、一二四頁。

(14) 「評語」の未完と南郭への「遺嘱」は宇佐美灊水「刻四家雋序」、四ウ（『四家雋』、安永六年刊、東京大学総合図書館蔵）に見える。評語の中途断絶自体が、『四家雋』の刊行中止に起因する可能性がある。晩年の徂徠は、残された時間を刊行が頓挫した『四家雋』より、他の著作に充てたのではなかろうか。

(15) 望月三英『鹿門随筆』、成立年不明、国立国会図書館蔵。

(16) 『京都書林仲間上組済帳標目』（彌吉光長『出版の起源と京都の本屋』、未刊史料による日本出版文化第一巻、ゆまに書房、一九八八年）、二一一頁。

(17) 同右、二七二、二七三頁。

(18) 同右、二九〇頁。京都書林三組行司の『禁書目録』（明和八年刊）では、「素人板幷他国板売買断有之部」に『四家雋』の名が見える（長澤規矩也・阿部隆一〔編〕『日本書目大成』第四巻、汲古書院、一九七九年）、十六ウ。

(19) 板株に関しては、次の論考を参照。今田洋三『江戸の本屋さん——近世文化史の側面』（NHKブックス299、日本放送出版協会、一九七七年）、市古夏生「近世における重板・類板の諸問題」（『江戸文学』第十六号、ぺりかん社、一九九六年）、柏崎順子「江戸出版業界の利権をめぐる争い——類板規制の是非」（『インテリジェンス』第三号、二〇世紀メディア研究所、二〇〇三年）。

(20) 村上哲見「『唐詩選』と嵩山房——江戸時代漢籍出版の一側面」（『日本中国学会創立五十年記念論文集』、汲古書院、一九九八年）、同「江戸の本屋・京の本屋」（『東方』第二一二号、東方書店、一九九八年）、有木大輔「江戸・嵩山房小林新兵衛による『唐詩訓解』排斥」（同『唐詩選版本研究』、好文出版、二〇一三年）。

(21) 前掲『江戸の本屋さん』及び前掲「江戸出版業界の利権をめぐる争い」に詳しい。

(22) 宋光廷（校閲）・宋祖駿・宋祖驊（補注）・山田蘿谷（点）『補注李滄溟先生文選』、延享元年刊、東京大学東洋文化研究所蔵。

(23) 沈一貫（編）・芥川丹丘（校）『弇州山人四部稿選』、延享五年刊（長澤規矩也〔編〕『和刻本漢籍文集』第十九輯、汲古書院、一九七九年）。

(24) 前掲『京都書林仲間上組済帳標目』、二三四頁。

(25) 「四家雋例六則」（『徂徠集』巻十九、二十二オ）。

(26) 焦竑（編）・大内熊耳（点）『四先生文範』題尾、一オ～一ウ、寛保元年刊（長澤規矩也〔編〕『和刻本漢籍文集』第十五輯、汲古書院、一九七八年）。

(27) 同様の見解は、今日の研究にも見られる。陳鴻麒「晩明尺牘文學與尺牘小品」（國立暨南國際大學中國語文學系碩士論文、二〇〇六年）参照。

(28) 王世貞「尺牘清裁序」（『弇州山人四部稿』巻六十四、十一ウ、明代論著叢刊、偉文図書出版社有限公司、一九七六年）。

(29) 「与平子彬」（第三書）（『徂徠集』巻二十二、十三オ）。序章参照。

(30) 「送江文伯」（『南郭先生文集』二編、巻六、十七ウ、元文二年刊〔日野龍夫（編集・解説）『南郭先生文集』、近世儒家文集集成第七巻、ぺりかん社、一九八五年〕）。

(31) 『文選』巻二十四、贈答。

(32) 「握手」は巻上、十ウ、十五オ、十六ウ、巻中、四ウ、十二オ、「傍若無人」は巻上、十四ウ、十八オ、十九オ、巻中、十一ウなどに見える。

(33) 平野金華「詞賦相携坐暮天。満堂賓客建安年（詞賦相携へて暮天に坐す。満堂の賓客建安の年）」（「同滕東壁服子遷陪西臺侯冬日登楼二首」其一〔『金華稿刪』巻二、十三オ、享保十三年序、東京大学総合図書館蔵〕）。

(34)　福原啓郎「王羲之の『十七帖』について」(『書論』第二十八号、書論研究会、一九九二年)。
(35)　王羲之「積雪凝寒帖」(同右、一二三頁)。
(36)　妻の葬儀について語った「与余徳甫」(『滄溟尺牘』巻上)や出廬の後ろめたさを述べた「与劉希皐」(同右、巻中)が好例である。
(37)　「与徐子与」(『滄溟尺牘』巻上、十七オ)。
(38)　服部南郭「報越雲夢」(『南郭先生文集』三編、巻十、十六オ、延享三年刊〔日野龍夫(編集・解説)『南郭先生文集』、近世儒家文集集成第七巻、一九八五年〕)。
(39)　前掲『読書会意』巻中、三十八ウ。
(40)　湯浅常山『文会雑記』、寛延二年～宝暦三年(日本随筆大成編集部〔編〕『日本随筆大成』第一期第十四巻、一九九三年)、三〇九頁。
(41)　穂積以貫『滄溟尺牘国字解』、成立年不明、無窮会図書館蔵。後に見る同名書とは異なる本である。本居宣長記念館所蔵の『滄溟尺牘聞書』も、「関西」での『滄溟尺牘』研究の遺産であろう。
(42)　武田梅龍『李滄溟尺牘便覧』、宝暦二年刊、見返し題『滄溟尺牘解』、早稲田大学図書館蔵。
(43)　同右、巻上、二オ。荻生徂徠『度量衡考』量考、享保十九年刊、四十一ウ(川原秀城・池田末利〔編〕『荻生徂徠全集』第十三巻、みすず書房、一九八七年)。
(44)　前掲『李滄溟尺牘便覧』巻上、一ウ。ほぼ同内容の考拠は、宇野明霞(纂)『唐詩集註』巻二、三十一ウ(安永三年刊)にも見える。
(45)　前掲『京都書林仲間上組済帳標目』、二八五頁。
(46)　同右、二八二頁。
(47)　高橋道齋『滄溟先生尺牘考』、明和五年刊、東北大学附属図書館狩野文庫蔵。
(48)　前掲『京都書林仲間上組済帳標目』、二九七頁。
(49)　同右、二八二頁。

(50) 高橋道齋の伝記については、市河三陽『高橋道齋』(楽墨会、一九一八年)参照。井上蘭臺及び澤田東江については、中野三敏『近世新畸人伝』(岩波現代文庫、岩波書店、二〇〇四年)、同「沢田東江初稿」(一)〜(三)(一)は、暉峻康隆『近世文芸論叢』(中央公論社、一九七八年)、(二)は『近世文芸研究と評論』(第十四号、早大文学部神保研究室、一九七八年)、(三)は『江戸時代文学誌』(第八号、柳門舎、一九九一年)所収)。
(51) 井上金峨『金峨山人考槃堂漫録』巻十一、天明二年序(前掲『影印日本随筆集成』第五輯)、三三七〜三三八頁。
(52) 井上金峨『病間長語』、成立年不明(岸上操〔編〕『近古文芸温知叢書』、博文館、一八九一年)、五〜六頁。
(53) 井上金峨「蘭臺」第一書(『金峨先生焦餘稿』、天明五年序〔関儀一郎(編)『続続日本儒林叢書』第三冊、東洋図書刊行会、一九三七年〕)、一四二頁。
(54) 岡野逢原『逢原記聞』、成立年不明(多治比郁夫・中野三敏〔校注〕『当代江戸百化物 在津紀事 仮名世説』、新日本古典文学大系第九十七巻、岩波書店、二〇〇〇年)、一六三〜一六四頁。
(55) 鈴木澶洲『撈海一得』巻上、十八オ〜二十一オ、明和八年刊(前掲『影印日本随筆集成』第四輯)。
(56) 「報劉都督」(『滄溟尺牘』巻上、八オ)。
(57) 三村清三郎「葛陂山人」(同『三村竹清集』第六巻、日本書誌学大系二十三(六)、青裳堂書店、一九八四年)、松本節子「高葛陂著『漱石斎小艸録』」(『あけぼの』第三十巻六号、あけぼの社、一九九七年)。
(58) 井上金峨『金峨山人考槃堂漫録』巻四、成立年不明、国立公文書館蔵。田中江南との関係については高葛陂「刻六朝詩選序」(田中江南『六朝詩選俗訓』、安永三年刊〔長澤規矩也(編)『和刻本漢詩集成』総集第一輯、汲古書院、一九七八年〕)。
(59) 高葛陂『弇州尺牘国字解』、明和七年刊、京都大学附属図書館蔵。
(60) 石島筑波「送木君恕赴勝山序」(『芰荷園文集』初稿補遺、自筆本、成立年不明、早稲田大学図書館蔵)、前掲『金峨山人考槃堂漫録』巻六(国立公文書館蔵)。
(61) 前掲『病間長語』、五頁。
(62) 前掲『逢原記聞』、一六四頁。
(63) 三升屋二三治『十八大通』、成立年不明(森銑三・野間光辰・朝倉治彦〔監修〕『続燕石十種』第二巻、一九八〇年、中央公論社)、三九七頁。
(64) 三村竹清「葛陂山人」、二九~三〇頁。
(65) 「与宗子相」(『滄溟尺牘』巻上、十四ウ~十五オ)。
(66) 「答子与」(同右、巻中、十七オ)。
(67) 「与余徳甫」第二書(同右、巻上、十五ウ)。
(68) 「好色」に溺れることを「玩世」と呼んだ例は次の文参照。千葉芸閣「好色論」(『芸閣先生文集』巻七、一オ~四ウ、安永六年刊〔佐野正巳(編)『詩集日本漢詩』第十五巻、汲古書院、一九八九年〕)。
(69) 新井白蛾『滄溟尺牘児訓』、明和六年刊、東京大学総合図書館蔵。
(70) 北越山人『滄溟尺牘諺解』、明和四年刊(波多野太郎〔編・解題〕『中国語学資料叢刊』尺牘・方言研究篇第一巻、不二出版、一九八六年)。
(71) 樋口秀雄・朝倉治彦(校訂)『享保以後　江戸出版書目』(未刊国文資料別巻一、未刊国文資料刊行会、一九六二年)、一九九頁。
(72) 前掲『京都書林仲間上組済帳標目』、二八二頁。
(73) 田中道齊の伝記事項に関しては、竹治貞夫『近世阿波漢学史の研究　続編』(風間書房、一九九七年)。
(74) 田中道齊『尺牘称謂辨』、二十二ウ、宝暦五年刊、都立中央図書館蔵。
(75) 同右、二十オ。
(76) 小宮山昌世『発蒙書柬式』、宝暦五年刊。同書については鈴木淳「続小宮山木工進昌世年譜稿」(『国文学研究資料館紀要』第二十一号、国文学研究資料館、一九九五年)参照。
(77) 中井竹山『柬稽』、明和五年成立か、国文学研究資料館蔵。該書については、田世民「『朱氏舜水談綺』所収朱舜水「書柬式」と中井竹山『柬稽』」(『季刊日本思想史』第八十一号、ぺりかん社、二〇一四年)に詳しい。
(78) 田中江南『書簡啓発』、三オ、安永九年刊。
(79) 同右、三ウ。

(80) 同右、十オ、傍訓は原書では左訓である。
(81) 陸九如(纂輯)・田中江南(訳)『新刻簡要達衷時俗通用書柬』、安永五年刊(前掲『中国語学資料叢刊』尺牘篇第一巻)。
(82) 鈴木澶洲『尺牘筌』、天明二年刊(前掲『中国語学資料叢刊』尺牘篇第一巻)。
(83) 同右、序。
(84) 同右、三十一ウ。括弧内は左訓。
(85) 岡崎廬門(閲)・岡崎元軌(輯)『尺牘断錦』、天明四年刊、龍谷大学図書館蔵。
(86) 同右、巻一、一オ。〔 〕内は細注。
(87) 岡鳳鳴(閲)・山呉練(輯)『和漢尺牘解環』、天明七年刊、東北大学附属図書館蔵。
(88) 同右、二十三ウ~二十三オ。
(89) 岡崎廬門『尺牘道標』、安永九年刊、東北大学附属図書館蔵。
(90) 『翰墨蒙訓尺牘筌』(文政元年)、市原青霞『消息文鑑尺牘楷梯』(文政七年)が刊行されているが、これは『翰墨蒙訓』(貞享五年刊)を一部改変したものである。
(91) 司馬光(更定)・田中江南(補正)『投壺新格』跋、明和六刊。
(92) 野崎藤橋(閲)・安達文龍(編)『手簡裁制』、天保五年刊。文化二年の序を有する。「尺牘」ではなく、『欧蘇手簡』を思わせる「手簡」を題とすることに注意したい。
(93) 岡崎廬門「尺牘道標自序」(『尺牘道標』巻一、二ウ~三オ)。
(94) 大典顕常「欧蘇手簡序」(同『北禅文草』巻一、六ウ~七オ、寛政四年刊、東京大学総合図書館蔵)。
(95) 王穉登(撰)・田中蘭陵(刪定)『謀野集刪』、享保二十年刊、王世貞『弇州先生尺牘選』、寛保二年刊、李夢陽『李空同尺牘』、延享五年刊(長澤規矩也〔編〕『和刻本漢籍文集』第十四輯、汲古書院、一九七八年)、汪道昆(著)・皆川淇園(輯注)『汪南溟尺牘』、宝暦四年、早稲田大学図書館蔵、村瀬櫟岡(校)『明徐天目尺牘』、天明七年刊(長澤規矩也〔編〕『和刻本漢籍文集』第十五輯、汲古書院、一九七八年)。『書籍目録』(明和九年刊)には、後七子の宋臣の「宋子相尺牘」の名も見える(慶應義塾大学附属研究所斯道文庫〔編〕『江戸時代書林出版書籍目録集成(三)』、斯道文庫書誌叢刊之一、井上書房、一九六三年）。

(96) 前掲『明徐天目尺牘』、二十二ウ、天明七年刊。櫟岡には『南郭先生尺牘標注』（寛政七年刊）の著もある。

(97) 宮川崑山・鳥居九江（編）、山本北皐（校）『袁中郎先生尺牘』、安永十年刊（長澤規矩也〔編〕『和刻本漢籍文集』第十五輯）。

(98) マーク・ボーラー「山本北山年譜稿」（『成蹊国文』第三十号、成蹊大学文学部日本文学科、一九九七年）、一〇七頁。

(99) 無隠道費『金龍尺牘』、宝暦四年刊、国立国会図書館蔵。無隠道費の伝記については小川霊道「無隠道費傳の一考察」（『駒澤史学』第四巻、駒澤大学史学会、一九五四年）。

(100) 無隠道費『心学典論』巻三、外魔、二十二ウ～三十四ウ、寛延四年刊、東京大学史料編纂所蔵。

(101) 田中道齋『道齋先生尺牘』、宝暦六年刊、龍谷大学図書館蔵、同『道齋先生承諭篇』、宝暦七年刊、龍谷大学図書館蔵。

(102) 大潮元皓『西溟大潮禅師魯寮尺牘』、宝暦十一年刊、国立国会図書館蔵。

(103) 大典顕常『小雲棲手簡』初編、巻上、八オ、安永六年、国立国会図書館蔵。

(104) 同右、初編、巻下、二ウ。

(105) 重野成齋『成齋文集』二集、巻二、五十六オ、冨山房、一九一一年。

(106) 前掲『藝苑談』、三～五頁。

(107) 田中道齊は柳宗元の文章を模範にしている（前掲『道齋先生承諭篇』）。前述のように山本北山門下の人々は『韓文公書牘』を刊行している。

第八章　説得は有効か
――「直言」批判と文彩

一　はじめに

徂徠学派の文学は、彼らの考える「古人」の「修辞」の再演であった。しかし、前章でも触れたように、時にそれは放蕩無頼の茶番に堕した。

為徂徠派者髻如金魚体如棒鱈。以陽春白雪為鼻歌、以酒樽妓女雑会読、呼足下答不佞。其果欲出文集而比肩享保先生之列也(1)。

徂徠派を為す者は髻は金魚の如く体は棒鱈の如し。陽春白雪を以て鼻歌と為し、酒樽妓女を以て会読に雑へ、足下と呼べば不佞と答ふ。其の果ては文集を出して肩を享保先生の列に比べんと欲す。

一人称の「不佞」と二人称の「足下」は徂徠学派の常套表現である。『間合早学問』は、「今時の学者は、常にむつかしき詞をもてあつかふゆゑ、たまさかに、学者に出あひて、物語など聞に、常に聞なれぬ詞おほければ、合点ゆかぬことおほし」と述べ、「学者卮言《がくしやのことば》」を列挙し、解説する。(2) そこには、「足下（そなたといふこと）」、「不佞（われはといふこと）」に始まり、「高陽徒（大さけのみ）」、「風塵（せけんづとめ）」、「阿堵物（ぜにのこと）」といった語が見える。(3) このような「古言」の使用は、通人たちが遊里特有の語である「通言」を用いるのと大差ないであろう。

だが、そもそも「修辞」は、統治者（「君子」）の言語について述べたものである（序章参照）。楽屋落ちに類した表現にも見える「修辞」に関しても、徂徠は、統治上の何らかの効用を考えていたに違いない。

また、近世日本の思想を見わたすと、徂徠以外にも道理をそのまま語ることに疑念を抱き、別種の言語活動の可能性を模索した学者たちがいたことに気づく。彼らは、文学領域における「接人」の議論の延長に、興味深い統治構想を描いている。

第二部の締め括りとして、本章では、徂徠に加えて、賀茂真淵・本居宣長・富士谷御杖を取り上げ、近世日本における文彩――いわば広義の「修辞」――と統治をめぐる議論について検討したい。

二　「君子」の討議――荻生徂徠

1　「信」・「習」

「言語を以て人を喩さんとする事大形はならぬ事にて候」(4)――荻生徂徠は説得の有効性について非常に懐疑的であった。統治に関して徂徠が、「道理ヲ人々ニトキ聞セ」ることを否定し、「礼楽制度」の「仕カケ」によって「風俗」

や「習」の次元に働きかけることを説いたことは良く知られている。[5] 統治の領域だけでなく、個別的な対話の次元でも徂徠は「道理」による説得を無益であると考えていた。[6] 徂徠によれば、説得に訴えることは、聞き手が自発的にその事を理解する可能性を奪い、むしろ反発を呼び起こす行為である。仮に聞き手が納得したように見えても、それは「ツケヤキバ」[7] の理解に過ぎない。「是非」を争うことは、感情の対立を招くだけであり、君主への諫言も大抵は無益で、ただ「諫臣」という「名」が得られるだけである。このような徂徠の説得に対する懐疑は、実際の書簡の遣り取りにおいても貫かれている。

本居宣長の漢学の師である堀景山は、古文辞批判の内容を含む質問の手紙を徂徠に送っている。徂徠は返書において、具体的な回答に入る前に、通例「師友之素（師友の素）」のない相手の「問難」には返答しないようにしていると述べる。[8]「問」は「弟子之事（弟子の事）」、「発難相切磋」は「朋友之事（朋友の事）」であり、「師友」の間柄でないのに「問難」するのは「争之道（争ひの道）」であると徂徠はいう。徂徠によれば、「争」は「訟之事（訟への事）」であり、聖人という裁定者がいない今日において学問上の「訟」を解決するすべはない。「天下」の人々の判断を仰ぐという方法もあろうが、それは自説の妥当性を証するために、相手の説の誤りを人々に広めることになり、「不情之甚（不情の甚だしき）」ことである。また、この方法は、人々の一般的な知見を上回る優れた見解を評価することができない。徂徠が通常と異なり、景山の「問難」に応じたのは、徂徠の父が景山の曽祖父の堀杏庵を常々称嘆していたというよしみと、景山の手紙に「無争心（争心無し）」という言葉があったという理由からである。

このように徂徠が学問上の討議を避けた背景には、彼の「理」に対する見解がある。朱子学者は、「討論」によって「私欲」や「気習」を斥け、同一の「理」に到達可能であると考える。これに対し、徂徠は「理也者無窮者也。天下之事、以理言之、則莫有不可言者矣（理なる者は窮まり無き者なり。天下の事、理を以て之を言へば、則ち言ふ可からざる者有ること莫し）」[9] と考える。「理」を引き合いに出せば、どのような主張もできると徂徠は見るのである。徂徠は次のようにいう。

理者無適不在者也。而人之所見、各以其性殊。辟則飴一焉。伯夷見之而曰、「可以養老」。盗跖見之而曰、「可以沃枢」。是無它、人各見其所見、而不見其不見。故殊也。(10)

理なる者は適くとして在らざること無き者なり。而して人の見る所、各々其の性を以て殊なり。辟《たと》ふれば則ち飴は一なり。伯夷 之を見て曰く、「以て老を養ふ可し」と。盗跖 之を見て曰く、「以て枢に沃《そそ》ぐ可し」と。是れ它無し、人各々其の見る所を見、而して其の見ざるを見ず。故に殊なるなり。

同じ飴を見ても、伯夷のような優れた人物なら老人を養うことを考え、盗跖のような悪人なら盗みに使うことを考える。これと同じく「理」に関しても人の見方は様々であり、自分の「性」に合致した「理」に専ら目を注ぎ、それを利用する。徂徠のこのような見解からすれば、「理」に訴える議論は、自説に都合の良い「理」を互いにぶつけ合うだけで、無意味である。

では、「争」を避け、実りある討議を行うにはどのようにすれば良いのであろうか。第一に徂徠は、聞き手が語り手を「信」じることが重要であると説く。

兼而われを深く信仰したまはんには諌も行はれ可申候。惣じて諌に限らず、われを信ぜざる人に向ひて道理を説候事何之益も無之事に候。(11)

徂徠は、「信」や「信仰」という語を「聖人」に対して用いることが多い。たとえば徂徠は、「古聖人を信ずる事薄き」宋儒などの人々は、「聖人の道」を自己の知見に合わせて取捨するので、「聖人の道」とはいっても結局「己が臆見」と変わらないものになっていると述べている[12]。これに対し徂徠自身は、「只深く聖人を信じて、たとひかく有間敷事と我心には思ふとも、聖人之道なれば定めて悪敷事にてはあるまじと思ひ取りて、是を行[13]」ったという。このような態度は、討議一般においても肝要であると徂徠は考えていたのであろう。たとえ不審に思うことがあっても、相手を信じ、その議論にじっくり付き合うことが、互いの知見を広める生産的な討議を可能にするのである。

　第二に徂徠は、討議者が同じ「習」に身を置くことが必要であると説く。徂徠は「習慣」や「習俗」が人々の思考や感情を強く規定していると考えており、異なる「習」に染まった人間同士では対話は上手くいかないと見ていた。堀景山に宛てた二通目の書簡において徂徠は「習」について集中的に論じている。

夫人心如面。然必有同然者焉。何以其所見独殊也。以習故也。凡人能知其所習、而不能知所未習。辟諸夏虫不知氷、不重誣已。夫人心如面者、性也、亦習也。性与習、不可得而別者久矣。故曰、「習成性」。

夫れ人心 面の如し。然れども必ず同じく然る者有り。何を以て其の見る所 独り殊なるや。習ひを以ての故なり。凡そ人 能く其の習ふ所を知りて、而れども未だ習はざる所を知ること能はず。これを夏虫 氷を知らざるに辟ふるも、重くは誣ひざるのみ。夫れ人心 面の如き者は、性なり、亦た習ひなり。性と習ひとは、得て別つ可からざる者久し。故に曰く、「習ひ 性と成る」と[14]。

これに続き、徂徠は次のような比喩を用いて「習」と「性」との関係を説明する。「倭人」の子供を「華」で育てれば、「性気知識言語嗜好」はみな「華」になって「倭人」を見れば「夷」と罵るであろう。逆に「華人」の子供を「倭」で育てた場合にも同様のことが起こる。このように「習」と「性」は不可分のものなのである。既に見たように徂徠は、「理」についても「人之所見、各以其性殊」と考える。「習」の差異は、「性」に影響し、異なる「理」を人々に見させる。よって同一の「習」を持たない者が「理」を説いて討議しても、合意に達するとは到底考えられない。

徂徠は、異なる「習」に親しんだ質問者の問いかけに対しては、自分との間に「習」の違いが存在することにまず目を向けさせる。朱子学を奉じる藪慎庵への返簡には次のようにある。

今観於足下所習、宋学而宋文也。以是其所習、而告之以不佞之所見、則必不信矣。以非所習也。

今　足下の習ふ所を観るに、宋学にして宋文なり。是の其の習ふ所を以てして、之に告ぐるに不佞の見る所を以てすれば、則ち必ず信ぜず。習ふ所に非ざるを以てなり。[15]

徂徠は、「風俗ハナラワシナリ。学問ノ道モ習シ也[16]」といったように、学問も「風俗」と同様に「ナラワシ」として人々の思考を規定するものであると考えていた。「宋学」や「宋文」の「習」の中で思考している慎庵は、徂徠の意見を拒絶することは明らかである。そこで徂徠は議論の前に、自分と同じように「古之辞（古の辞）」に「習」うことを勧める。[17] 相手に「習」の一致を求めること以上の回答は、本来するべきではないというのが、質疑に対する徂徠の基本姿勢である。[18]

徂徠の助言にしたがい、「古之辞」に「習」うかどうかは、質問者に委ねられている。「信」の問題と「習」の問題とはこの点で結びつく。相手を「信」じ、その人物が染まっている「習」に身を置く覚悟があってはじめて、討議は成立する[19]。もしその覚悟がないならば、議論をしても「争」を招くだけなので、相互に距離を置く方が良いと徂徠は見ている。

これまで自分が属していた「習」を捨て、新たな「習」に身をひたすことは少なからぬ抵抗をともなうものであろう。徂徠の所説から浮かび上がるのは、討議を可能にする条件の難しさである。

2 「書」・「詩」

「礼楽制度」の存在した唐虞三代の治世においては、「君子」はそれらの生み出す理想的な「習」の中で生きていた。よって「習」が分裂している後代と異なり、共通の「習」が存在した時代の「君子」たちの討議は、はるかに容易なものであったろう。しかし、古の「君子」は「理」の説得に直接訴えたのではないと徂徠は考える。古代には今日失われた優れた討議の作法があったのである。

古の「君子」たちは、「帝王大訓（帝王の大訓）[20]」である「書」（『書経』）の文言を引いて、議論や建言を行った。『書経』の語は、「其片辞隻言、足援以断事（其の片辞隻言、援きて以て事を断ずるに足る）[21]」と考えられていた。「書」に代表される古から伝わる格言は「先王法言（先王の法言）」と総称される。「先王法言」の権威は、「車ヲ横《ヨコ》ニオサントスル程《ホド》ノ無理ナル者ニテモ、先王ノ法言ヲ以テ証《シャウ》トスレバ、聞ク者コレヲ破《ヤブ》ルコトヲ得ズ[22]」というほどであった。

「先王法言」は、「詩」を通じて学んだ「人情」を考慮しながら論拠に用いられる（第五章二節参照）。さらに、その引証の方法に関しては、古代の学校において考査されていた。『礼記』学記の「比年入学、中年考校、一年視離経（比年学に入り、中年考校し、一年経に離《つ》くるを視る）」を解釈して、徂徠は次のようにいう。

法律家以罪名与律相比附。学者亦然。義各随其所取、与経相比附。是謂之「離経」。視其善用古法言也。

法律家　罪名と律とを以て相比附す。学者も亦た然り。義　各々其の取る所に随ひ、経と相比附す。是れ之を「経に離く」と謂ふ。其の善く古の法言を用ふるを視るなり。[23]

『明律国字解』によれば、「比附」とは、律令に明文のない犯罪に対し「律意を以て律の文の似よりたるを引て合はす」[24]ことを指す。それぞれの事案に対し、「似寄りたる」事例としてどの「法言」を準拠とすべきかには、試験可能な一定の基準があったのである。「法言」運用の訓練を受けた者同士の討議が水掛け論に陥ることは稀であろう。[25]

「書」のほかに、「詩」（『詩経』）も古の「君子」の議論において用いられていた。徂徠は「詩」には二つの大きな効用があると説く。[26]既に第五章で検討したが、統治との関係に注目して再説したい。

第一に「観」である。「黙而存之、情態在目（黙して之を存し、情態目に在り）」[27]といったように、「詩」に描かれた「世変邦俗、人情物態」[28]をありありと思い浮かべ、それを深く知ることができる（「人情」理解）。

第二に「興」である。「詩」の一節を「断章取義」することで、自分の考えを人々に示すことができる。「詩」には決まった意味はなく、「自由自在」に新たな意味を附与して、それを用いることが許されている。[29]『論語徴』には次のような例が見える。「巧笑倩兮、美目盼兮、素以為絢兮（巧笑倩たり、美目盼たり、素 以て絢を為す）」という「詩」句は、字面通りに解すれば「可愛いえくぼの笑顔、ぱっちりとした美しい目、おしろいをつけるとまばゆいばかり」といった意味である。徂徠によれば、この「詩」句を「断章取義」して、美人ではないと化粧をしても見栄えがしないように、「忠信」の「美質」がなければ「礼」を学んでも意味がないと説くことができる。[30]

「観」と「興」とは、議論の場においても重要な働きをする。徂徠は『論語』陽貨の「詩可以興、可以観、可以群、可以怨（詩 以て興る可し、以て観る可し、以て群す可し、以て怨む可し）」の「可以群、可以怨」について次のように解釈する。

「可以群、可以怨」、皆所以用詩之方也。群、孔安国曰、「群居相切磋」。怨、孔安国曰、「怨刺上政」。蓋此二者、皆以興観行之。無事則群居相切磋。諷咏相為、則義理無窮、黙而識之、則深契於道。此非群乎。有事則主文譎諫。或唱酬相承以引之者、興也。或不言而賦以示之者、観也。言者無罪、聞者不怒、此非怨乎。

「以て群す可し、以て怨む可し」は、皆詩を用ふる所以の方なり。群は、孔安国 曰く、「群居相切磋す」と。怨は、孔安国 曰く、「上の政を怨刺す」と。蓋し此の二者は、皆興・観を以て之を行ふ。事無ければ則ち群居相切磋す。諷咏相為せば、則ち義理 窮まること無く、黙して之を識れば、則ち深く道に契す。此れ群するに非ずや。事有れば則ち文を主として譎諫す。或いは唱酬相承けて以て之を引く者は、興なり。或いは言はずして賦して以て之を示す者は、観なり。言ふ者は罪無く、聞く者は怒らず、此れ怨むに非ずや(31)。

学問上の議論の際には、「詩」句を用いて互いの意見を示し、「世変邦俗、人情物態」を思い起こす。また諫言を行う時には、直言を避け、「断章取義」による自在な表現で君主とやり取りし、考慮すべき「人情」や「風俗」を君主に提示する。

「詩」によって「人情」や「風俗」を示すことの有効性は、比較的に理解しやすい。たとえば、外征の中止を提言する際に、出征兵士の妻の「詩」を詠じる――といった事例を想像すると良い。「理」による説得と異なり、相手は外征が引き起こす問題を自発的に理解する。一方で、「断章取義」の有効性については、より詳しく検討する必要があろう。

既に見た「巧笑倩兮、美目盼兮」の例のように、「断章取義」は多くの場合、隠喩的な表現となる。徂徠が注目するのは、この種の表現の婉曲さである。「断章取義」などを用いた婉曲な諫言を指す「諷諫」について、徂徠は次のように述べる。

諷諫之道、不必斥其過焉、不必挙其事焉、不必尽其方焉、孫以出之、長於比興。辟諸風之入物、物不覚其入也。微言中竅、忽然有喩。喩者彼之喩也。何有於我哉。故我無功伐、則言者無辜焉。彼無有所争、則聞者欣欣然謂自取諸其衷焉。而况得諸己者之与得諸人者、其所以知之、豈可同年而語邪。故不啻諫已、教之道亦爾。

諷諫の道、必ずしも其の過ちを斥《さ》さず、必ずしも其の事を挙げず、必ずしも其の方を尽くさず、孫して以て之を出だし、比興に長ず。これを風の物に入るに、物　其の入るを覚えざるに辟ふるなり。微言　竅に中り、忽然として喩ること有り。喩る者は彼の喩るなり。何ぞ我に有らんや。故に我に功伐無ければ、則ち言ふ者辜《つみ》無し。彼争ふ所有ること無ければ、則ち聞く者欣欣然として自らこれを其の衷に取ると謂ふ。而して况んやこれを己に得る者のこれを人に得る者と、其の之を知る所以、豈に同年にして語る可けんや。故に啻《た》だに諫めのみならず、教の道も亦た爾《しか》り。[32]

直諫が全てを言い尽くしてしまうのと異なり、「諷諫」は聞き手に考える余地を残す。聞き手は比喩を読み解きながら、思考をめぐらす。しかも、真意に到達した時には、それは語り手に強いられた認識ではなく、自分自身の発見であると聞き手に感じられる。

このような「諷諫」・「諷喩」の作用に対しては、聞き手が比喩を解読できなかったり、誤解したりした場合はどうなるのか――という疑問が生じよう。徂徠学の見地からすれば、その心配は無用である。なぜなら「詩」句がどのような連想と適合的なのかは、古の「君子」の共通の教養だったからである（第五章、第六章参照）。それは、和歌の学習において、「飛鳥川」といえば無常、「橘の香」といえば懐旧――といった定型を習得するのと相似る。つまり、比喩の解読の基本的な型は、「君子」の間で共有されているのである。

そのため、「断章取義」によるやりとりは、「君子」を結ぶ教養の紐帯を再確認することにもなる。徂徠は「君子」同士でしか解読できない文彩を好んだ。古典教養に基づいた機智に富んだ表現は、連帯感と親密さを生み出す。統治者同士――とりわけ君臣間――の関係は緊張を孕んでいる。感情的な衝突（「怒」を契機とする「争」）は死にも繫がる。それを防ぐために、表現の次元での連帯感の確保が重要であると徂徠は考えたのである。

このような「断章取義」のやりとりを、「直言」に比べ閉鎖的であると批判するのはたやすい。しかし、「直言」のもたらす緊張に人々は常に耐えられるのだろうか。対立を避けるために根回しなどの策を弄したり、あるいは沈黙したりする者がしばしば現れる。彼らを「直言」へと鼓舞するよりは、緊張を緩和する方法を事前に「制作」した方が優れた制度設計といえないだろうか(33)。たとえそれが、古典を暗誦するだけの記憶力を、統治に参与する者に要求するとしても(34)。

本節で検討した徂徠の討議をめぐる議論をまとめると次のようになる。第一に、討議は、それに参加する者が互いを「信」じ、同じ「習」に染まっていない限り、有益ではない。ただ「理」を説くのみならば「争」を招くだけである。第二に、古代中国のように共通の「習」の中に「君子」が生きていた時代であっても、「君子」たちは「理」を雄弁に語ることはなかった。古の「君子」はまず「書」に代表される「先王法言」を引証して議論を行った。これに加えて彼らは、「詩」句を「断章取義」した婉曲な表現を用い、また「詩」に描かれた「人情」や「風俗」を聞き手に想起させるようにしていた。このような「詩」の引用は、討議の相手を自発的な理解へと導くという点で優れている。

徂徠学において「詩」の引用が説得より有効な言語活動とされたことは、後代の論者に大きな影響を与えた。

三　「歌」の優位——賀茂真淵・本居宣長

1　賀茂真淵

寛保二年（一七四二）八月、田安宗武の下問に応じ、荷田在満は『国歌八論』を撰述する。この書に対し田安宗武は『国歌八論余言』を著し、『国歌八論』論争と称される一連の議論が始まることになる。この論争に加わった賀茂真淵は、『国歌八論余言拾遺』・『国歌論臆説』・「再奉答金吾君書」の三編を著している。既に指摘されているように、この三編の真淵の議論は、徂徠学からの強い影響が見られる[35]。たとえば『詩経』についての次のような真淵の説は、徂徠の説のほとんど引き写しである。

君子も、おほかたの時にはかの国風の様々なるをも用ふべし。いかにとなれば、おのづから用あることなればなり。用あるとは、君子政をなし給ふに、人情をしらではなしがたし。大かたのやんごとなき人是にわたり給ひがたし。況や上一人の御事をや。国風人情の様々なるも、鳥獣草木の名もしらるゝものは詩なり。又楽記の注に、利欲を少くすといふ。しかのみならず、理にいひ募れらん争ひを和ぐるも詩にしくものなし。また自らいひ出すのみならず、或は賦し或は引きて、人の心を興し事の様を徴せるなど限なきことなり[36]。

『礼記』楽記の注の説は徂徠の議論に見られないが、「詩」を通じて「人情」や「国風」を理解し、「理にいひ募れらん争ひを和」ぎ、「或は引き或い賦」すというのは、徂徠の「詩」論の「観」と「興」とに基づいている。

真淵は、中国の聖人たちは歌（「から歌」）を用いて「大いなる政」を行っていたと説く。歌による「政」と対比されるのは「理」を説く「政」である。「理のいやちごなるには、あを人ぐさの靡くものながら、頓に出だして靡くものは頓にうらかへらずしもあらず[37]」、つまり「理」を説く統治は、人々の表面的な服従しか得られない。「理」によって直ちに服従する者は、また直ちに裏切る。そこで聖人は人々に「おのづから行はれんこと」をなした。

もろこしの聖の世をまつりごつに、理り掟の及ばぬことしもあるを慮りて、歌を本として楽てふものを作りたまひ、家に用ひ国に用ひ、この風をもて民の風を移し、心を和らげしめぬかし。そのかみはたゞ志をいふのみなるを、昔のから人の常として、道ある意をのべたるも侍らんを、聖の取りて教としたまふなるべし[38]。

この真淵の論は、徂徠の「詩」論と「礼楽」論とを組み合わせたものであろう。ここで注目したいのは、教化に採用されるのが、「道ある意」を述べた「歌」である点である。この時期の真淵の議論においては、「理」を語る説得と「人情」を述べた歌との間に、詩的な表現によって教訓を説く歌という第三項が存在している。このような第三項を設ければ、歌と「政」との関係は容易に説明できる。

しかし、これは真淵にとって両刃の剣であった。真淵は、「まのあたり教ふまじきはやまと歌の劣れるなるべし[39]」といったように、「から歌」と異なり、「やまと歌」は「教」に向かないことを認めている。なぜなら、「やまと歌」――とりわけ「短歌」――は、多くの内容を盛り込むことができず、「教」を述べるのには適していないからである。よって、従来通りの和歌を詠んでいる限り、「大いなる政」は実現できない。そこで真淵は、「教ともなれる古のから歌の心もてやまと歌をもよまんぞ、めでたきことなるべき」[40]と説く。一種の和歌改良論である。いうまでもなく、このような議論では、和歌が漢詩以上の地位を占めることは難しい。

このような議論の一方で、真淵は、「理をいふ」歌よりも、「幼き児」がひたすら物をねだるように素直に感情を吐露した歌の方が、相手の共感を得られると見ていた[41]。次節で検討するように、宣長は、共感の喚起に着目することで、真淵が陥った困難を回避している。しかし、真淵はこのような方途を発見できなかった。そこで真淵が最終的に持ち出すのは、次のような論理である。

> から国の人のさまを推し考ふるに、ことがらの厚き国にし侍れば、いと善くいと悪しきことあり、物に愛で物に背くにも随ひて甚しければ、教とすることも一ふし深くぞ侍るらん。やまと人は、善し悪しもきはことならず万なだらかなれば、さる歌のやはらかなる意になつくめるを思ふに、さるべきにてこのあめ地のなすことなれば、国ぶりにとりてはいたく劣れりともいふべからずやあらん[42]。

これは、服部南郭の次のような説を踏まえたものであろう。

> （中華は——引用者注）人柄ノ甚ワルキ国ト覚ユ。ソレユヘ礼楽ニテ聖人治メタマヘリ。日本ハ礼楽ナシニ治マルヲ見レバ、華人ヨリハ人柄ヨキナリ[43]。

「国ぶり」を引き合い出せば、「やまと歌」の権威は確かにまもられる。しかし、人柄の良い「やまと人」には、そもそも歌による教化自体が不要ということになりはしないか。実際、真淵は後年、「此国はもとより人の直き国にて、少しの教をもよく守り侍るに、はた天地のまに〳〵おこなふこと故に、をしへずして宜き也[44]」と語っている。この時期になると、真淵の議論の中で、歌は教化の手段として取り上げられることはなくなり、「直き心」の発現としてその価値が説かれることになる。

2 本居宣長

宣長は、和歌の漢詩に対する優位を説く際に、「風俗」の優劣を第一の論拠とする。宣長によれば、人の「実の情《マコト》」は「女わらはべ」と変わらず「物はかなくめゝしき」ものであり、道理を語り「さかしらがる」のは「いつはれるうはべの事」である。[45]「唐《もろこし》」は「いさゝかなるわざにも人のよしあしをこちたく論《アゲツ》らひ、なに事もわれがしこに物いふ国のならはし」[46]であるため、「詩」も教訓めいたものになってしまった。これに対し、「御国の人心は、人の国のやうにさかしだちたることなく、おほとかにやはらびたるならはし[47]」なので、「歌」は「物はかなくめゝしき」感情の素直な表現であり続けた。「まこと」と「偽り」という二項対立の中に彼我の詩歌と「ならはし」とを配置することで、「歌」と「御国」の優位は証される。ここまでは真淵の『国歌論臆説』の論法と大きな差はない。

さらに宣長は、漢詩は人の心を動かすことはできないという。そして、次のような「たとひ」を用いる。[48]

全く罪のない二人の人間が、捕らえられ殺されそうになっていた。彼らを見て同情した人間が、「さなせそ」といって刀を奪い取ろうとしたが、聞き入れられなかった（①）。そこで別の人間が、殺人が悪事であることについて「物によそへなどして事の心をいとのどやかにとききか」せた。相手は納得したような様子は見せたが、結局は思い止まることがなかった（②）。いよいよ斬ってしまおうとすると、捕えられた二人のうち一人が、潔く覚悟を決めた様子で、「何事もみなさるべきにこそと思へば、かくてしなんも命は露おしからず、たゞ横さまに人ころす人のゆくゑこそいとおしけれ。まさによき事有なんや」といった。彼はかえって相手の怒りを掻き立てることになり、切り殺されてしまった（③）。もう一人は、ひたすら泣き惑い、額づいて、「あが君命たすけ給へ〳〵」とのみ叫び続けた。彼の様子を見て相手もさすがに「あはれ」と思い、刀を捨て許してやった（④）。

①は、「から書《ブミ》」の直接的な教訓、②と③は漢詩、④は和歌を指す。直接的に「理」を語る説得に加え、「道理」を比喩によって示す方法も反発を招く。聞き手の心に真に訴えかけるのは、和歌のように感情を「ありのまま」に示す方法だけなのである。

この「ありのまま」の心情の詠出が起こす次のような作用に宣長は着目する。例に挙げられているのは、「人の親の心は闇にあらねども子を思ふ道にまどひぬるかな」という歌である。

この歌はかの人の親のとよめるやうに、親のめぐみのふかきよしをもいはず、孝をつくすべきことはりをものべざれども、只子をおもふ心のゆくゑを、物はかなく有のまゝにながめ出たるにて、親の心のあはれに思ひやらるゝ故に、たれさとさねどもをのづからそのめぐみの深き事をも思ひしり、孝をつくすべき理をもさとるぞかし。これをのが心からじねんに思ひとる事ゆゑに、心にしむことあさからず。かくてぞ何事のだうりをもよく明らめてふかく物の心はしる事なりける。[49]

「ありのまま」の心情の吐露は共感を呼び起こし、自発的な「道理」の理解へと相手を導く。歌を通じて、あらゆる異なる立場の人々の心情を「をしはか」り、「をのづからあはれと思ひやらるゝ」ようになれば、人は「世の人のためにあしかるわざはすまじき物」と思うようになる。[50] 当然、治者と被治者の間にも「思ひやり」の調和は生まれる。

かみなる人は下が下の有様までくはしくおもほしやり、下なる者もかみざまのやうをつまびらかにうかゞひしりて、かたみに其身のうへにあづかりしらぬ事も、をしはかられ思ひしらるゝ歌の徳にはあらずや[51]。

「民のいたつき、奴のつとめを、あはれとおもひし」[52]る君主とお上の事情を斟酌する民との間には、ことごとしい説得などなくても、うるわしい秩序が形成されるわけである。

宣長の読書箚記には『論語徴』の「観」・「興」解釈が抄出されている[53]。既に見たように徂徠によれば、古の「君子」たちは、「詩」を介して「人情」に通じ、「詩」を誦することで「人情」を対話の相手に示した。宣長は、これを「君子」に限らず万民の間に行われるべき言語活動へと拡張したのである。

その一方で宣長は、婉曲な表現こそが相手を自発的な理解へと促すという徂徠の説にはくみしない。間接的な表現に思いをめぐらすことは、「ありのまま」の心情の発露を阻むからである。

宣長の文彩の発生についての説明は次のようなものである。人は感極まると、「自然」と言葉を長く引き伸ばしてそれを表現する。たとえば、「かなし〳〵」というだけでは堪えられないと、「あらかなしやなふ〳〵」と長く声を延ばして悲哀を表現する。このような変化から「文」が生じる。和歌には物に仮託して自己の心情を述べたものもある。これに関して宣長は、感情の高ぶりから、自己の見聞に触れたものが「自然」に表現の中で用いられたと説明する。宣長は表現における「巧み」の介在を極力排するのである[54]。

もっとも宣長も、「神代の歌とても、おもふ心のありのまゝにはよまず。必ことばを文《アヤ》なして、声おかしくあはれにうたへる物也」と、一見、心情の「ありのまま」の表現を否定するかのような説を述べることがある。しかし、宣長は、意識的な文彩も、相手の共感を得たいと思う心情に基づいた「自然」のことであるという。また、「其あやによりて、かぎりなきあはれもあらはるゝ」といったように、自己の感情をより明確に伝達するために「ことばの文」が必要であると宣長は見る[55]。文彩によって真意を言外に隠し、ほのめかすといった発想は宣長にはない。

後年の著作であるが、『古今集』を「俗語」(当代の日本語)に訳した『古今集遠鏡』の「例言」の中に次のようにある。

(俗言《サトビゴト》には──引用者注)うるはしくもてつけていふと、うちとけたるとのたがひあるを、歌はことに思ふ情《ココロ》のあるやうのまゝに、ながめ出たる物なれば、そのうちとけたる詞して、訳《ウツ》すべき也。うちとけたるは、心のまゝにいひ出たる物にて、みやびごとのいきほひに、いますこしよくあたればぞかし。又男のより、をうなの詞は、ことにうちとけたることの多くて、心に思ふすぢの、ふとあらはなるものなれば、歌のいきほひに、よくかなへることおほかれば、をうなめきたるをも、つかふべきなり。(56)

このような見地から宣長は、「郭公なくやさつきのあやめ草あやめもしらぬ恋もするかな」という歌を、「ドノヤウナワケナ物ヤラマダシラズニ、ワシヤマアムチヤナ恋ヲスル事カナ(57)」と訳す。「みやびごと」に奥ゆかしい趣を感じるのは、後世の錯覚なのである。

「うちとけた」語調の歌が人々の間を行き交い、深い「思ひやり」によって万民が和合する──宣長の歌論が描き出すのはこのような「直くみやびやかな(58)」秩序像である。(59)

和歌の漢詩に対する優位は、人柄や風俗を論拠に持ち出せば、容易に説明したことになる。しかし、徂徠学の磁場の中にいた初期の真淵と宣長は、相手の自発的な理解を得られる最善の言語活動は何か──という徂徠に由来する問題関心にとらわれていた。

「歌」を軸とする「政」を構想した真淵は、和歌と教化との関係づけに苦しみ、この問題に対し不鮮明な解答しか示せなかった。一方、宣長は、他者への共感こそが「道理」の深い理解へと人々を導くという論理を用いることで、「ありのまま」の心情の吐露である歌の優位を証した。宣長の議論は、統治や道徳に対する和歌の寄与を明らかにした点でも、真淵の議論よりも洗練されている。

だが、「ありのまま」の感情を伝えれば、共感が生まれるというのは楽観的過ぎないだろうか。命乞いの哀願は確かに「あはれ」を誘う。しかし、共感困難な感情を相手からぶつけられることも時にあろう。宣長は答えを用意している。

> 人のおもきうれへにあひて、いたくかなしむを見聞て、さこそかなしからめとをしはかるは、かなしかるべき事をしるゆへ也。是事の心をしる也。そのかなしかるべき事の心をしりて、さこそかなしからむと、わが心にもをしはかりて感ずるが物の哀也[60]。

ある出来事に対する規範的な感受の仕方は、「事の心」の次元で定まっている。よって心が正常な働きをしている限り、彼我の間に感動のずれは起こらないと宣長は見るのである。

四　説得批判の極北——富士谷御杖

1　「倒語」

宣長や真淵と同じように歌論から出発しながら、「理」を説くことも、「情」を「ありのまま」に吐露することもともに否定した人物がいる。富士谷御杖である[61]。

御杖の父は、古典日本語の語法について卓越した研究を残した富士谷成章であり、伯父は、難解な言語論で知られる儒者、皆川淇園である。父や伯父同様、彼の主要な関心は言語とその作用にあった。御杖は「直言」について次のようにいう。

もしうちみにやがて心えられんやうに、いはまほしき理をつくして詞とせば、そのきかむ人思慮をもちふるに及ばざるべし。人の思慮を労せしめざるは、いとめでたき事のやうなれど、その人の心には悦ばしくは思はざるもの也。これ人の思慮をいたづらにするわざにて、おのれひとりさかしがる詞づくりなればなり。[62]

おほよそ言はわが情のまゝをいふ時は直言なれば、其情すなはち其人に通ずべき事なれどしからず。[63]

このように「直言」を否定する御杖が、「人をわが情に同意せしめむ為の妙法[64]」と考えるのは「倒語」である。御杖の修養論や統治論を分析する前に、まずその「倒語」説について見ることにしたい。

御杖によれば、歌は本来、感情を「ありのまま」に表す「直言」ではなく、「倒語」によって詠まれていた。「倒語」は大きく二種に分かれる[65]。一つは「比喩」である。御杖のいう「比喩」は「事物」を「仮り」た表現で、今日の言葉でいえば、比喩というより仮託や寓言に近い。もう一つは狭義の「倒語」である。これには「うれしき」を「かなし」というような表現と「妹」を「妹が家」と呼ぶような「かたはら」をいう表現とが含まれる。どちらも「思ふすぢをいはずしておもはぬすぢを詞とする」点では共通している。御杖は『万葉集』の歌を全て「倒語」であると考える。御杖の『万葉集燈』から、いくつか具体例を見ることにしたい。

第一に、「比喩」の例である。「過近江荒都時柿本朝臣人麻呂作歌（近江の荒都を過ぎし時柿本朝臣人麻呂の作る歌）」の反歌、「さざなみの志賀の辛崎幸くあれど大宮人の船まちかねつ」について、御杖は次のように解釈する。

此歌、表は、おのれはさきくはあれど、大宮人の舟まちかねたるいかにさぶ〳〵しかるらむと辛崎が心をあはれみたるに詞をつけられたる也。されどから崎もと有情の物にあらぬがうへに、それが心をあはれむなど歌としもよむべき情にあらず。必別に情あるべき事ならずや。されば思ふに、これ非情の物をもて有情のうへをおもはする法にて、もはら人麻呂ぬしの此大宮の荒廃をかなしまれたる也。しかるにあらはにかなしむ時は、猶この天皇をあはめ奉るにもあたり、又おのがさかしらにも落てかなしむ情かへりてさかしらぐさのやうになるべきが故に、かくから崎のうへに詞をつけられたる也。此大宮の荒廃をかなしむ情をだに、かく詞にあらはさぬ上古の人のつゝしみの深さ詞づくりの至妙おもふべし。(66)

この歌で人麻呂は、「辛崎」を「有情の物」にわざわざたとえ、それを「あはれ」んでいる。この文彩の意図について御杖は、近江に遷都した天智天皇を直接批判するのを避け、また悲嘆が「さかしら」と受け取られるのを防ぐためであったと見る。感情の直接的な表現に対する自制が和歌の修辞を生むと御杖は考えるのである。

また、君主の非難に渉るような大事でなくても、「上古」において「つつしみの深」い表現は尊ばれていた。「長皇子与志貴皇子於佐紀宮倶宴歌(長皇子 志貴皇子と佐紀宮に倶に宴する歌)」という端作を持つ「秋されば今も見るごと妻恋ひに鹿鳴かむ山ぞ高野《たかや》原《はら》の上」に対する御杖の解釈は次の通りである。

この御歌、表は、秋ふかくならば、此高野原のあたりは妻ごひに鹿なくべき山なればその声きゝにこむとの心なり。されどしかおぼしめさばたゞ御心のうちにてやみぬべく、曾《ゾ》もじをおき給ふべき事ならぬを、古人ことさらに歌とよむものにあらず、必言外に御情あるべき事明らか也。されば思ふに、けふ賓の志貴皇子と遊びたまふがあかずおもしろさに再会をちぎり給へる御歌なり。しかれども大かた人を来《コ》よといはむはしひ言なれば、志貴皇子のその声きゝにこむとおぼしたち給はむやうにとの倒語也。古人はかく興あるべき事に誘ふだに深くつゝしみて詞をつけたり[67]。

「秋になったら必ず来てください」というよりも、「秋になったらここでは鹿が鳴くのですよ」と婉曲に相手を誘った方が、優れた再会の約束であると御杖は考える。御杖は「鹿鳴かむ山ぞ」の「ぞ」が、「里言」の「ジャゾ」の意であることに注意を促す。「秋になればここでは鹿が鳴きます」と「秋になればここでは鹿が鳴くのですよ」とでは後者の方が、聞き手に訴えかける力を持つ。御杖が、助詞や助動詞に当たる「脚結《あゆひ》」の解釈に心を砕くのは、このような精妙なはたらきのためである。

第二に、「本情」とは反対の感情を詠んだ「倒語」の歌には、額田王の「茜さす紫野ゆき標野ゆき野守は見ずや君が袖振る」がある[68]。御杖によれば、「袖振る」は、額田王とは別の「御思ひ人ありて、それが御心にまかせねば鬱悶」としている皇子（後の天武天皇）の様子を表し、「野守」は、その「御思ひ人」をたとえたものである。よって「野守は見ずや」とは、「袖ふり給ふを御思ひ人のみたらむには、必なぐさめまゐらすべきに、さもなきはみぬゆゑにや、又はみながらなぐさめまゐらせぬにや」という意味になる。つまり、この歌から御杖は次のような状況を思い描いている。男（皇子）は恋人（額田王）がいるにもかかわらず、他の女性に心惹かれている。しかし、その女性は男の好意を受け入れてくれず、男は悶々としている。そこで恋人は男に歌を詠じる。「そんなに苦しそうなあなたの様子を見たら、（あの方――他の女性――も）きっとあなたのことをかわいそうに思うはずなのに」――これは男の「くるしさをいとをしみ」、自分から身を引こうとしているように見える。だが、彼女の真意は別のところにある。

此比皇太子つらくまし〱ければ必別に御思ひ人あるが故なるべしとふかくうらみたまへる也。大かた人をうらむは直言すまじき事なるが故に、いとをしみたるに詞をつけさせ給へる、めでたしともよのつね也。[69]

「うらみ」をこらえて「直言」せず、あえて相手を「いとをし」んだ言葉をかける。御杖はこのような表現を最上であると評価するのである。

以上のような御杖の和歌解釈は牽強付会かもしれない。しかし、「倒語」的な表現は日常生活においてしばしば用いられていないだろうか。「例の映画面白いらしいよ」といって人を誘い、「慎重に検討させて下さい」といって相手の意見を拒否する。重要なことは、この種の表現が、時に「直言」より、好ましいと感じられることである（後者の例も慣用化されていることには何らかの理由があろう）。

御杖は、この理由について『古事記』解釈において論じている。

2 「渾発」

御杖によれば、『古事記』や『日本書紀』などの「神典」の多くの部分は「倒語」である。天皇の祖先の母親がサメであったり、動物が人語を解したりといったことは、現実ではありえない。それらは言外に真意を隠しているのだと御杖は見るのである。彼は、「渾沌」状態にあった「天地」が「発《ひら》」け、「葦原中国」が生ずるという「神典」の記事を、次のような心の修養を述べたものであると解釈する。

人は「天地尊卑の二性」を受け、「身内」に「淑（アカキ心）」と「慝（キタナキ心）」の「二性」を具える。[70]「淑」は「心」に由来する「善心」を指し、「慝」は「身」に由来する「人欲」（「悪念」・「慾念」）を指す。「渾沌」とはこの二つの性が入り混じって「善悪」を正しく認識できない状態を指す。彼が最も危惧するのは、本当は「人欲」に過ぎない行動を「善事」と思い込み、それに懸命になることである。御杖によれば、「御国人」は、「まけじ心」（「まけをしき心」）が強く、「いさゝかにても人に非なりといはれんことを好まず、いかにもして是とのみいはれむとおも」う。[71] このような道徳上の競争心は、かえって誤った「善事」の暴走を誘発する。

では、このような状態をどのように打破すれば良いのだろうか。御杖は、通念とは反対に、「悳」を増大させよと説く。[72] 人は自己の「悪念」（＝「悳」）に対し、「さばかりきたなし」とは思わず、「理を憑みて言行にもいづる」のが常である。つまり「悪事」を行う際に、人間は何らかの「理」に依拠して自己を正当化する。そこで御杖は、正当化が困難になるまで、「悪念」を肥やすべきであると考える。

> 悪念の悪事となりいづるは、もとその悪念の分量理の附会せらるゝばかりなるが故に、ともすれば言行にいでゝ身外をけがす事とはなるにぞありける。こゝをもてそのきたなき念のうへに、今ひときはきたなき事をあたへて、きたなさを肥す時はきたなきかぎりの物となりて、みづから身内にてふかく恥ることゝはなりはてぬべし。[73]

このようにして「悳」の輪郭が明らかになれば、「淑」は純粋な形で析出される。御杖は「神典」に記されている天地開闢をこのような「心法」の過程であると解する。「悳」を表す「根の国」（「地」）が「たつ」ことで、「淑」を表す「高天原」（「天」）も「おのづからたつ」。つまり、「悳」と「淑」が分離し、「天地」は「発」けるのである。[74]

単純に考えれば、このようにして「人欲をいさぎよくはなれたる善」[75]が析出されれば、後は「善事」を行えば良いことになろう。しかし、御杖は「善事」の実践を否定する。彼は「善事」を「己を潔くす」と「人のためをなす」の二種に分ける。[76] そして、そのいずれもが結局は挫折すると御杖はいう。

第一の「己を潔くす」に関しては、「我を潔くする時は、たれにかはぢ、何をかはゞからむとおもふ[77]」ようになり、その自己陶酔は人々の反発を買う。御杖は「我心清明」といって暴挙を行った須佐之男に、このような心のあり方が表現されているとし、それを「勝さび」と呼ぶ。

第二の「人のためをなす」は、「己を潔くす」にあるような慢心を免れているが、「ひとりすぐれて人をあはれみたすくる時は、其おとれる人必これをねたく思ふ[78]」という帰結が待っている。御杖は、「人をたすけあはれむはめでたきわざなりといへども、かたはらの人の為には畢竟そのたすけあはれめる人を売て、おのれひとりの栄とするわざな[79]」りという。彼は大穴牟遅（大国主）の善行が「八十神」の怒りを買ったことに、「人のためをなす」の限界を読み取る。

このような「善事」に対する御杖の批判は、その成否に着目したものである。これに加え、御杖は次のように説く。

> 心は天の尊き性をうけたれば、あらゆる善事は心の生ずる所なりとはいへども地の卑しき性をうけたる身を舎としたるのみならず、言行の用みな身の用を借らざれば善事もなす事能はざるなり。いはゆる水は方円の器にしたがふがごとく、身は心の器なるが故に、天の尊き性をうけ得たる心なれども、その器たる身にしたがひて卑しき方に引つけられて、卑をまぬがるゝ事あたはざるが故に、人みなおのれ尊しと思ひ、そのなす事も、げに善事なれども万妖悉発、八十神怒をまぬがれざる真理やむごとなき事なり[80]。

「悪」を肥やすことで純粋な「善」を抽出したとしても、実践の次元では「悪」に引きづられ、「渾沌」に退行する。人はどれだけ努力しても自己の欲望から自由になれず、「善事」は「人欲」の僭称に過ぎない。それは「人欲」の中でもとりわけ「名欲」に結びつきやすい[81]。よって「善」の追求を標榜すれば、人々はそこに慢心を嗅ぎつけ、必ず反発する。御杖によれば、それは「古今和漢の事迹」に明らかである[82]。よって、結論はこうなる。「悪事」とともに、「善事」も「身外」に出してはいけない――御杖は、「神典」に見える「善解除悪解除」や「善悪二祓」をこのような意味に解釈する。「善悪二祓」は歌に対しても当てはまる。

　このふたつ（「天地」のこと――引用者注）歌のうへにていはゞ、よきとあしきの情これ也。よきにかたよる言もあしきにかたよる言ともに罪あるがゆゑに、善祓悪祓はをしへ給へるにて、或はよく或はあしき、これをたゞよふと云。神典これをつくりかたむべき事をむねとしたまへり[83]。

「あしき」情を述べるのが非難されるのはいうまでもない。「よき」情でも、自己の感情の純粋さを盲信すれば、感動の押しつけになる。「人のためを思ふ情」もそのまま表現すれば、他の平凡な人々を道徳的に劣った人間の側に貶める。これは「理」を説く「直言」も同様である。「理」と思って語ることも「人欲」の混入を受けており、また「理」を語ること自体が、語り手を聞き手に対し優位に立たせる。御杖は「理の正しき事は人かならず感服すとおもふは麁なり。それは所詮屈服なるぞかし[84]」という。

　このように御杖は、「直言」が単に情報を伝達するだけでなく、聞き手や他の人々にそれ以上の作用をもたらすと考えている。「倒語」的な表現が好ましく感じられるのは、この作用に対する語り手の配慮がそこに見えるからである。客人に「秋になったらまた来てください」と告げるのは、「よき」の情の表れかもしれない。しかし、この言葉は聞き手に態度選択を迫り、聞き手を拘束する。つまり、語り手は「直言」によって――軽微であっても――聞き手を圧迫しているわけである。圧迫の度合いが高まれば、聞き手は反発する。よって御杖は、圧迫を意識的に減衰した表現である「倒語」の方が、相手の心底からの「同意」が得られると見るのである。

では、「善事」でも「悪事」でもない第三の路が言語においては「倒語」ならば、行動に関してはどうなのだろうか。御杖は、「おほかた人の善事のなさるゝは、みな人欲の中より生ずるもの[85]」であることを徹底的に自覚せよと説く。

その源人欲より生ずる善事は、げにいと心よからぬわざなれど、さならぬ善事はみな渾沌なれば、かへすゞゝ人欲より生ずるをばまことの善事とはしるべき也。しかれども欲心を制してなす善事にはたがひて、おのが欲心の中より生じたる善事なれば、おのが心にもおのづから恥る所あるが故に勝佐備の心いさゝかもなき、これ人欲より生ずる善事をまことの善事とする所謂、心をくはしくし、まけじ心を除きてこの妙理をさとるべし[86]。

御杖は、「わが御教にて善とするはいかなるものをいふぞといふに、別に善事のあるにはあらず。猶よにいふ善すなはちわが御をしへにても善[87]」と語っており、重要なのは「善事」の限界性の認識なのである。純粋な「善」と思っていることも、自己の欲望の実現に貢献している——そのことを明確に意識し、それを「恥」じつつ、「善事」を行う。御杖によれば、このような状態は、「神典」においては「高天原」と「根之国」の間の「葦原中国」に表されており、この境地を目指すのが「神道」の「心術」なのである。

3 「治国平天下」の「密策」

御杖の解釈では、「神」とは「おしなべての理にたがひたる真理[88]」の謂いであり、具体的には前節で見た「倒語」と「心術」の仕組を指す。天皇の祖先が「神」に擬せられるのは、この「真理」の発見が神武天皇による天下の「一統」を可能にしたからである[89]。神武天皇から九代の間は、この「真理」は宮中に秘匿されており、崇神天皇の治世になってはじめて「民間」に広められた[90]。崇神天皇の時代は、「百姓」の「流離」や「背叛」があり、国情が不安定であった[91]。そこで、崇神天皇は豊鍬入姫命に託して、天照大神を笠縫邑に遷座させた。その後、十九度にわたり祭祀の地が移り、最終的に現在伊勢神宮のある五十鈴川のほとりに「斎宮」が設けられる。通常、この遷座は宮中に天照大神を祭祀した「同殿共床」の罪を謝するためであったと解される。これに対し、御杖はこの一連の遷座を「心術」普及のための事業であったと主張する。なぜなら「同殿共床」はかねてから行われていたにもかかわらず、それ以前は全く問題視されていないからである。

　御杖は、『倭姫命世記』や『日本書紀』の記述を根拠に、「斎王」には、「皇女の御年わかく、御かたちすぐれ、さとくかしこくおはしますをえらびて奉られ[92]」ていたと説く。この理由については、「あらはにいふべからねばもらしつ[93]」と詳細は語られない。ただし、「衆人にをしへさとし、道速振荒振あしき人どもをことむけやはさむには男よりは女のいたくまさるべければ也[94]」とあることから、若く美しく、そして聡明な女性は、人心懐柔に相応しいと御杖は考えていたようである。おそらく、理想に燃える反逆者も、彼女の前では意気沮喪するのであろう。また御杖は、古の世において「心術」は、神社の構造や神具、あるいは「六月祓」といった儀式に象徴的に示されていたと考える[95]。「斎王」もこのような手段を用いて、「心術」を人々に広めたのであろう。

　この「斎王」が巡行した土地はいずれも「ことむけ」の必要な地域であったが、とりわけ伊勢はそうであった[96]。御杖によれば、伊勢は「今の長崎」のように「海外の商船」が寄港した土地であったため、「外蕃の人にいざなはれ」、反乱を起こすものがいた。「御国」と異なり、海外の国々は「勝さび」などをそのまま「善事」と見做しており、また「韓語言《カラサヘヅリ》」は、「きく人の情をさふるいひざま」で「御国言」と異なっている[97]。よって海外からの影響は、「御国」の安寧を揺るがす。「斎宮」が伊勢に鎮座しているのは、混乱を抑止するためであったと御杖はいう。

　このように「斎宮」は、「御国人どもの心を流離せしめず、そむかざらしめむがため」のもので、「治国平天下には第一の密策」である。[98]そのため御杖は南北朝時代に断絶した「斎宮」の再興を唱えた。「神道のをしへ」を知らない人々は「混沌にのみくるしみて生を終[99]」え、「上下ともにきそひ、心つよくかたみに非をせむる[100]」ようになっている。また、「さかき者は益さかしく、おろかなる者はますます〱おろかになり[101]」、貧富の差はますます拡大している。御杖はこのような当代の状況に対し、強い危機感を抱いていたのである。

これまで富士谷御杖には「異端」・「異色」といった語が枕詞のように冠されてきた。しかし、御杖の思想は、荻生徂徠、あるいはそれ以前からの説得批判の思想の流れに連なっている。決して孤立したものではない。「直言」による説得が何故反発を招くのかという問題を、彼は前代の学者以上に徹底的に思索したのである。御杖は、各個人の語り得る「善」や「理」の限界性を指摘するとともに、「直言」という行為自体が、他者に対する知的あるいは道徳的優位の表明になったり、聞き手を圧迫したりすることに光を当てた。このような「直言」の生み出す摩擦を軽減する手段として古代には歌が存在し、「倒語」という表現を駆使して、互いの要求や主張を伝え合っていたと御杖は考えるのである。

また御杖は、「直言」同様に「善事」のやみくもな実践も、他者への無配慮を生み、不幸な結果をもたらすと見ていた。所詮、自己の欲望の満足に過ぎないと思いながら、気恥ずかしそうに「善事」を行う――人々をこのような状態へと導くことが、御杖の考える「御国」本来の統治の姿であった。

五 小括

なぜ、人は道理を「直言」するだけではなく、文彩を施した詩歌を詠ずるのか――「接人」の領域における言語の役割を考える上で、これは根本的な問題であろう。文彩をめぐって近世日本の学者たちは、大きく異なる二つの見解に到達していた。本章で取り上げた学者でいえば、それは本居宣長と富士谷御杖に代表される。

宣長によれば、文彩は感情が高ぶって声を伸ばすことから「自然」に発生しており、委曲を尽くした感情の伝達を可能にする。「文」ある歌によって「ありのまま」の心情が伝われば、相手は必ずこちらに共感する。宣長は、「道理」を説くことへの反発はあっても、言語を介した相互理解に楽観的である。

一方、御杖は言語伝達について、透徹した、だが、いささか陰鬱な議論を展開する。彼によれば、「理」であれ、「情」であれ、「ありのまま」に述べる限り、それは自己陶酔や他者への優越感を帯びる。「人欲」と無縁の言葉はまずない。たとえば、自己の悲しみを語る時に人は、必ずどこかで自己憐憫の快感に浸っている。一方、聞き手の方は、話者の自己陶酔や優越感を察知し、その押しつけがましさに多かれ少なかれ反発を覚える。つまり、「ありのまま」の言葉は、語り手と聞き手の間に葛藤を生じさせ、「同意」に到達することはない。このような言語活動に伏在する困難を克服するために、古代の聖王は「倒語」や「比喩」といった表現技法を制作したと御杖は考える。

つまり、宣長は「自然」の文彩論を志向し（より徹底した「自然」の文彩論は香川景樹らが主張する）、御杖は「人為」の文彩論を展開したといえよう。従来の文学史理解では、表現の型に拘泥しない叙情を重視する議論を、〈近代〉へと繋がる進んだ段階にあるものとして高く評価していた。しかし、文彩の機能に関する「人為」の文彩論の思索の深さは、「自然」の文彩論に勝るとも劣らない。江戸期の文学論に関する発展史的な図式は破棄されるべきであろう。

「人為」の文彩論のより単純なものとして、相手に対する遠慮に、文彩の起源を求める議論もある（第六章の田中江南の説など）。御杖は、文彩の背後にある「真理」の発見と文彩の普及とが古代の聖王によって行われたと考えており、彼の議論は表現の制度化の視点を含んでいる。御杖の説にしたがえば、今日の日本語にもある曖昧表現は、均質性の高い共同体ゆえの馴れ合いなのではなく、往昔の偉大な統治者が定めた制度の残存なのである。ゆえに、かかる表現を徹底して洗練させ、制度化し、その背後にある心の働きに基づいた教えを再び世に浸透させるべきであるということになる。

徂徠は、聖人が統治者の言語活動の型を定めたと見ており、また、婉曲な表現で相手の自発的理解を求める点でも御杖と似ている。ただし、「ありのまま」の感情を吐露した民間の歌謡が、統治者の学ぶ「詩」に採用されている場合もある。(102)聖人は、議論の場において、人々の典型的な感情のあり方(「人情」)を「詩」の引用によって示すことに価値を認めていたからである。徂徠は、聖人が学ぶべき「詩」を編集し、統治者がそれらを引用するという関係に着目する。これによって、歌論に発する議論には見られない、共通の知識に基づいた表現の効用を生かす制度構想が可能になっている。このような「修辞」論は、前章まで見てきたような徂徠の詩文教養の再編に対する意欲とも結びついている。

初期の真淵は、「人為」の文彩論の磁場の中で、和歌の漢詩に対する優位の弁証に苦労している。徂徠学の真淵に対する影響の強さを見るべきであろう。

本章で取り上げた学者の議論はいずれも、「道理」を述べ、相手を説得すること自体に強い疑念を抱いていた。そして、「道理」の「直言」に代わり、詩歌を用いた交際を盛んにすることで、「接人」の領域にうるわしい秩序形成が可能になると考えていた。

しかし、寛政期以降、各地に学問所や私塾が増加し、「討論」が活発に行われるようになると、「直言」への不信は次第に後退していった。(103)やがて「公論」や「公議」が声高に叫ばれる時代が訪れる。だが、あの「直言」の困難は克服されたのであろうか。「横議」が暴力の横行をともなっていたことを思う時、答えは否定的にならざるを得ないであろう。

(1) 大田南畝「水懸論」(『寝惚先生文集』巻二、明和四年刊〔中野三敏・日野龍夫・揖斐高(編)『寝惚先生文集 狂歌才蔵

集　四方あか』、新日本古典文学大系第八十四巻、岩波書店、一九九三年)、四一頁。

(2) 大江玄圃『間合早学問』巻下、二十八ウ、明和三年刊、早稲田大学図書館蔵。

(3) 同右、二十九オ〜三十オ。

(4) 『徂來先生答問書』巻中、二十一オ。

(5) 『太平策』、四七三頁。

(6) 以下の徂徠の説『徂來先生答問書』巻中、二十一オ〜二十二オ参照。

(7) 『太平策』、四五五頁。

(8) 以下の議論は、「答屈景山」第一書(『徂徠集』巻二十七、二十ウ〜二十二ウ)参照。

(9) 「与藪慎庵」第一書(『徂徠集』巻二十三、四ウ)。

(10) 『辨名』理気人欲1、二四四頁。

(11) 『徂來先生答問書』巻中、二十一ウ。

(12) 同右、巻下、二十二ウ〜二十三オ。

(13) 同右、巻下、二十三ウ。

(14) 「答屈景山」第二書(『徂徠集』巻二十七、三十一オ)。

(15) 「与藪慎庵」第一書(『徂徠集』巻二十三、二ウ)。

(16) 『太平策』、四七三頁。

(17) 「与藪慎庵」第一書(『徂徠集』巻二十三、三オ)。

(18) 「与藪慎庵」第一書以外にも、前掲の「答屈景山」第一書・第二書、「与竹春庵」第一書・第二書(『徂徠集』巻二十七)、「与平子彬」第三書(同書、巻二十二)、「復谷大雅」(同書、巻二十五)にも、同様の説は見られる。

(19) 徂徠が「王公大人ナド当務多キ人」に対して、「聖人ノ道ヲ会得シタル人ニ習染テ、ヒタスラニ其人ヲタノム心ニナ」ることを求めるのも同一の発想からである(前掲『太平策』、四五〇頁)。

(20) 『辨名』義5、二二二頁。

(21) 同右、同頁。
(22) 『経子史要覧』巻上、十六オ。
(23) 『辨名』経権3、二五三頁。
(24) 荻生徂徠『明律国字解』享保七年頃成立(内田智雄・日原利國〔校訂〕『律令対照定本明律国字解』、創文社、一九六六年)、一一五頁。
(25) このような徂徠の論は、近世日本の「古例」・「古格」重視の法慣行と関係あるかもしれない。松田宏一郎「日本近世後期における秩序の正当化論理——「慣習」・「古例」と法源の意識」(『茶山学』第十三号、茶山文化財団、二〇〇八年)参照。
(26) 荻生徂徠『論語徵』壬、八ウ。
(27) 同右。
(28) 『辨名』22、二〇七頁。
(29) 『経子史要覧』巻上、十一ウ。
(30) 『論語徵』乙、十オ~十一ウ。
(31) 『論語徵』壬、九ウ。
(32) 荻生徂徠「長藩川子因県生請言」(『徂徠集』、巻十六、二十三ウ~二十四オ)。
(33) 第一章第四節**3**で取り上げた「張拱」・「佩玉」をめぐる議論と同じ発想である。
(34) 徂徠学派の「会読」での盛んな議論も、日常的な詩文の応酬による「吾党」意識に支えられていることは看過してはならないであろう。
(35) 宇佐美喜三八『近世歌論の研究——漢学との交渉』(研究叢書三十八、和泉書院、一九八七年)、一六八頁以下参照。ただし、徂徠の「観」・「興」論への言及はない。
(36) 賀茂真淵「再奉答金吾君書」延享元年成立(佐佐木信綱〔編〕『日本歌学大系』第七巻、風間書房、一九五七年)、一五四~一五五頁。
(37) 賀茂真淵『国歌論臆説』延享元年成立(前掲『日本歌学大系』第七巻所収)、一二八頁。

(38) 同右。
(39) 同右、一三〇頁。
(40) 同右、一二九～一三〇頁。
(41) 同右、一三五～一三六頁。
(42) 同右、一三〇頁。
(43) 湯浅常山『文会雑記』、寛延二年～宝暦三年成立（日本随筆大成編輯部〔編〕『日本随筆大成』第一期第十四巻、吉川弘文館、一九七五年）、一九七頁。南郭の説と真淵の「皇国意識」との関係については、渡辺浩「「泰平」と「皇国」」（同『東アジアの王権と思想』、東京大学出版会、一九九七年）、一六二頁以下参照。
(44) 賀茂真淵『国意考』、文化三年刊（久松潜一〔監修〕『賀茂真淵全集』第十九巻、続群書類従完成会、一九八〇年）、一五頁。
(45) 本居宣長『石上私淑言』、宝暦十三年成立（大久保正〔編〕『本居宣長全集』第二巻、筑摩書房、一九六八年）、一五一～一五二頁。
(46) 同右、一四九頁。
(47) 同右。
(48) 同右、一七〇頁。
(49) 同右、一七一頁。
(50) 同右、一六七頁。
(51) 同右、一八四頁。
(52) 本居宣長『源氏物語玉の小櫛』、寛政八年成立（大野晋〔編〕『本居宣長全集』第四巻、筑摩書房、一九六九年）、二二五頁。
(53) 本居宣長『本居宣長随筆』第二巻、宝暦二年～宝暦七年成立（大久保正〔編〕『本居宣長全集』第十三巻、筑摩書房、一九七一年）、八九～九〇頁。

(54) 前掲『石上私淑言』、一一〇頁。
(55) 同右、一一二～一一三頁。
(56) 本居宣長『古今集遠鏡』、寛政六年成立（大久保正〔編〕『本居宣長全集』第三巻、筑摩書房、一九六九年）、六頁。
(57) 同右、一四一頁。
(58) 前掲『石上私淑言』、一五四頁。
(59) 本書では歌論から浮かび上がる宣長の秩序像を検討した。言語論と古道論の関係を軸に宣長の秩序像を検討したものに次の論考がある。相原耕作「本居宣長の言語論と秩序像」（一）～（三）（『東京都立大学法学会雑誌』第三十九巻第一・二号、第四十巻第一号、東京都立大学法学部、一九九八～一九九九年）。
(60) 本居宣長『紫文要領』、宝暦十三年成立（前掲『本居宣長全集』第四巻所収）、五七頁。
(61) 本書では、御杖の最晩年の「倒語」説と「神典」解釈を取り上げる（御杖は文政六年に歿す）。基準となる著作は、文政二年の識語を持つ『神道大意』、文政五年成立の「万葉集燈おほむね」、同年成立の『神明憑語』である。古事記注釈では、『神道大意』の内容と一致する『古事記燈』加賀本を中心に分析する。文化年間以前の「神典」解釈に関しては、尼ヶ崎彬「言葉に宿る神――富士谷御杖」（同『花鳥の使』、歌の道の詩学（一）、勁草書房、一九九五年）、東より子「富士谷御杖の神典解釈――「欲望」の神学」（『季刊日本思想史』第六十四号、ぺりかん社、二〇〇三年）参照。
(62) 富士谷御杖『古事記燈』加賀本、成立年不明（三宅清〔編〕『新編富士谷御杖全集』第一巻、思文閣出版、一九九三年）、六一一～六一二頁。三宅清「解題」は、加賀本に関して「最も完熟の段階に近いものである事明かである」という。
(63) 富士谷御杖『歌道挙要』、文化十四年成立（三宅清〔編〕『新編富士谷御杖全集』第四巻、思文閣出版、一九八六年）、七六六頁。
(64) 同右。
(65) 以下の論は、富士谷御杖『万葉集燈』、文政六年刊（三宅清〔編〕『新編富士谷御杖全集』第二巻、思文閣出版、一九七九年）、八七～八八頁による。
(66) 同右、二〇五～二〇六頁。

(67) 同右、三八八頁。
(68) 以下の解釈は、同右、一七三〜一七五頁に見える。
(69) 同右、一七五頁。
(70) 富士谷御杖『神道大意』、文政二年成立（前掲『新編富士谷御杖全集』第一巻）、九〇七頁。以下の論は『神道大意』及び『古事記燈』加賀本による。
(71) 同右、九〇七頁。
(72) 前掲『古事記燈』加賀本、六二〇〜六二一頁。
(73) 同右、六二一頁。
(74) 前掲『神道大意』、九一三頁
(75) 同右。
(76) 前掲『古事記燈』加賀本、六三三頁。
(77) 同右、六三三〜六三四頁。
(78) 同右、六三五頁
(79) 同右。
(80) 同右、六三六頁。
(81) 前掲『神道大意』、九〇九頁。
(82) 前掲『古事記燈』加賀本、六三五頁。
(83) 前掲『万葉集燈』、八二一〜八三一頁。
(84) 同右、八八頁。
(85) 前掲『神道大意』、九一一〜九一二頁。
(86) 同右、九一二〜九一三頁。
(87) 同右、九一〇頁。

(88) 富士谷御杖『神明憑談』、文政五年成立（前掲『新編富士谷御杖全集』第四巻）、八〇〇頁。
(89) 前掲『神道大意』、九〇四頁。
(90) 富士谷御杖『古事記燈畧』巻之一、成立年不明（前掲『新編富士谷御杖全集』第一巻）、六四九頁。
(91) 以下の説は、富士谷御杖『伊勢両大神宮辨』、成立年不明（前掲『新編富士谷御杖全集』第一巻）による。御杖の齋宮説についての専論には、東より子「富士谷御杖の「斎宮」再興論」（『下関短期大学紀要』第十九・二十号、下関短期大学、二〇〇二年）がある。
(92) 前掲『伊勢両大神宮辨』、七一八頁。
(93) 同右。
(94) 富士谷御杖『止波受鵞多理』、文化十年成立（前掲『新編富士谷御杖全集』第一巻）、七六一頁。
(95) 前掲『伊勢両大神宮辨』及び富士谷御杖『北辺随筆』、文化二年刊（前掲『新編富士谷御杖全集』第二巻）、六四九〜六五一頁、『古事記燈』加賀本、六四〇頁。
(96) 以下の説は、前掲『伊勢両大神宮辨』、七〇四〜七〇七頁による。
(97) 前掲『北辺随筆』、五四八〜五四九頁。
(98) 前掲『止波受鵞多理』、七六二頁。
(99) 前掲『伊勢両大神宮辨』、七二三頁。
(100) 前掲『止波受鵞多理』、七六三頁。
(101) 同右。
(102) 「古の人のうきにつけうれしきにつけうめき出したる言の葉に候を、其中にて人情によく叶ひ言葉もよく、又其時その国の風俗をしらるべきを、聖人の集め置き人に教へ給ふにて候」（『徂徠先生答問書』巻中、二十七オ〜二十七ウ）。
(103) 前田勉の一連の会読研究を参照。前田勉『江戸の読書会――会読の思想史』、平凡社、二〇一二年。

終　章

本書が分析した学者たちは、万人の心に同一で完全な道徳規範が具わると考えなかった。宋学の根源的同一性の教説は、人々に傲岸な自負を与え、人間の多様性への感覚を鈍麻させる。そう信じた彼らは個人の内面ではなく、人間関係へ目を向けた。

だが、彼らは、伊藤仁斎と異なり、誠実で思いやりのある人間であれ――と人づきあいの心構えを説き諭すといった方策にも満足しなかった。天下の安寧を実現するためには、「接人」――人に接《まじ》はる――の領域に人為的な制度や機構を設ける必要があると彼らは説いた。

様々な技法が発見され、提言された。美しい儀礼と音楽による習俗・習慣の形成、人間関係の固定化による他者に対する配慮の涵養、心の内奥を映し出す道具による相互監視の機構、趣味と社交を洗練させる施設の建造、国制の起源の再演。これらは、いずれも「礼楽」論の領域において見出された。

荻生徂徠に始まる一連の学問の流れでは、「礼楽」は、従来知られている以上に融通無碍に、様々な対象に当てはめられた(1)。京都の禁裏に、「唐風」あるいは、神代以来の「礼楽」が保存されている――このような見解は、「礼楽」発見の選択肢の一部に過ぎない。野卑に見える徳川公儀の統治体制こそが、むしろ「泰平」を実現する真の「礼」である。仏教や「回々教」、「天主教」の始祖も、堯舜のような統治術の設計者（「聖人」）で、彼らの教えにも「礼楽」（に類するもの）はあるのではないか——あらゆる安定した統治の基盤には、「礼楽」の存在が想定された。あの悪名高き（?）會澤正志斎の「国体」論も、遡れば、このような見立て「礼楽」図の一齣であった。もっとも、ただの見立てに終わらず、彼らは「礼楽」の諸機能をめぐる興味深い議論を展開した。

一方、文学の領域では、古代中国の「君子」や万葉人の言語表現が注目された。春秋時代の教養人たちは、「古言」を踏まえた「修辞」を用いて議論を行う。また、『万葉集』の歌には一見無内容なものもあれば、奇妙な比喩もある。荻生徂徠と富士谷御杖は、古代人の「修辞」や文彩は人為的に設けられた表現の型であり、それらには交際の円滑化、ひいては天下の平治を実現する機能があると考えた。感情の流露を重んじる文学論とは正反対の方向への思索が深められた。

このような「接人」の制度構想を現実化する試みもなされた。有力者に意見書を提出するだけではない。徂徠は、詩文の教養体系を再編することで、文学の制度の「作者」たらんとした。田中江南のように、「礼楽」を遊芸化し、普及を目論んだ人物もいた（もっとも、どちらも成功したとは言い難いが）。

人間関係の型（「五倫」）自体は「作為」ではなく、「自然」に存在するという見方は確かに強かった。だが、それらの型を賦活するために「接人」の領域へ操作的に介入することを、近世日本の少なからぬ学者が熱心に主張したのである。

徂徠学の退潮にともないこのような議論は傍系化していく。徂徠学が最も盛んに行われたのは十八世紀半ばで、天保年間になると衰退を極めている。(2) 江戸末期の学問世界の概況は次のようなものである。

一、都下ノ学者ハ務メテ新奇ヲ要ス。其経ヲ解クニモ多ク清儒ノ説ヲ講究ス。好テ溱淮風月ノ細事ヲ談シ、専ハラ呉越歈唱ノ卑調ニ傚フ。又西廂記金屏（ママ）梅ナドノ書ヲ以テ易春秋ヨリモ貴シトス。詩モ唐宋ノ近体ヲ陳腐ナリトシテ詩餘ヲ好ミ、或ハ香奩竹枝ノ風ヲ以テ大雅ノ音ニ比ス。詩書三礼ナドノ事ハ田舎儒者ノ事トシテ之ヲ卑シム。一、又鄙土僻郷ノ儒者ハ、漢以上ノ事ノミニ通シテ岨（ママ）徠家ノ餘涎ヲ嘗ム。然ラサレハ濂洛ノ説ノミヲ唱ヘテ群書ニ渉ルコトヲ知ラス。詩ヲ賦スルニモ白雲明月関山万里等ノ陳腐ヲ貴フ。都下ノ人之ヲ指テ村学究郷先生ナト称シテ、大邦ノ軽侮ヲ免ルコト能ハス。[3]

「白雲明月関山万里」は古文辞派の好む語である。徂徠学は辺境に残る一昔前の流行になっていた。

「礼楽」は、「清儒」風の考拠の対象になることはあっても、かつてほど学者を魅了しなくなっていった。頼山陽は、「周官」・「井田」・「礼楽」・「学校」は「実効」なきものであるといって憚らない。[4] 山陽だけならば流行文人のたわごとと片づけられるかもしれない。しかし、聖堂の御儒者である古賀侗庵も「礼楽」を冷めた眼で見ていた。たとえば、経書に見える天子の食事中の奏楽について、侗庵は「王者日四食、而毎食必命楽工挙楽。何其自奉之奢泰也（王者 日に四食にして、毎食必ず楽工に命じて楽を挙ぐ。何ぞ其れ自ら奉ずるの奢泰なるや）[5]」という。これに限らず、周代の統治には「遺憾」が多いというのが侗庵の見解である。

三代中、夏周之治、尤多遺憾《中略》周室設官之太夥、婬娣嬪妾之猥濫、殊失政体。

三代の中、夏周の治、尤も遺憾多し《中略》周室の官を設くるの太《はなは》だ夥《おびただ》しく、婬娣嬪妾の猥濫たる、殊に政体を失ふ。[6]

侗庵は煩雑や奢侈の基準を考究せず、自己の常識に照らして古代の「礼楽」を論評する。不可解な「礼楽」についてもまずはその価値を信じ、「聖人」の深遠な設計意図を探るといった態度は彼には見られない。

侗庵は、徂徠学の影響下にある学者と異なり、統治機構の設計に対して強い関心を抱かない。「封建」と「郡県」について次のように説く。

由是観之、行於本邦則封建郡県倶無失。行於齊州則封建郡県両有弊。《中略》蓋郡県、令簡而易遵、事省而易知。故薄俗澆風可以一切為治。封建、其法密其礼縟、施之邪悪之俗、易生咈擾。秦漢而降不復行封建、誠以其風澆俗漓難得而制也。本邦開国以来、聖子神孫、継々承々代天理物、烈祖英武、智略不譲漢祖唐宗無待言。而其所以郡県封建両倶無失者、亦民風淳正使然也(7)。

是に由りて之を観れば、本邦に行へば則ち封建郡県 倶に失無し。齊州（中国を指す——引用者注）に行へば則ち封建郡県 両《ふた》つながら弊有り《中略》蓋し郡県、令 簡にして遵ひ易し、事 省きて知り易し。故に薄俗澆風 以て一切治を為す可し。封建は、其の法 密にして其の礼 縟たり。之を邪悪の俗に施せば、咈擾を生じ易し。秦漢より降りて復た封建を行はず、誠に其の風 澆《うす》く俗 漓《うす》くして得て制し難きを以てなり。本邦開国以来、聖子神孫、継々承々天に代はりて物を理《をさ》め、烈祖 英武にして、智略 漢祖唐宗に譲らざること言を待つこと無し。而して其の郡県封建 両つながら倶に失無き所以の者、亦た民風淳正 然らしむるなり。

「封建」も「郡県」も日本で行えば問題はなく、中国で行えば弊害がある。なぜなら、中国の風俗は悪く、日本の風俗は「淳正」だからである。このように侗庵は、日本の中国に対する優越を統治機構ではなく、国柄に根拠づけて語り、日本の「民風」が中国に勝ることを自明視している[8]。

後期水戸学の中でも、正志斎とは対照的に、藤田東湖は「礼楽」への関心が稀薄である。「国体」の「尊厳」について彼は次のように述べる。

夫日出之郷、陽気所発、地霊人傑、食饒兵足、上之人以好生愛民為徳、下之人以一意奉上為心。至於其勇武、則皆根諸天性。此国体之所以尊厳也[9]。

夫れ日 出づるの郷、陽気の発する所、地は霊に人は傑にして、食は饒《ゆた》かにして兵は足り、上の人 生を好み民を愛するを以て徳と為し、下の人 一意上に奉ずるを以て心と為す。其の勇武に至りては、則ち皆これを天性に根ざす。此れ国体の尊厳なる所以なり。

東湖は、「陽気」に満ちた風土と「天性」とで「国体」の卓越性を説明する。この点で彼の論は、日本の「民風」の善良さを説く古賀侗庵の論と似ている。東湖は風土や「天性」の次元で自国の優越を説明するだけで、優れた制度設計者の「礼楽」創設には言及しない。「礼楽」以前に、そもそも東湖は、儒学の経書解釈に意を注がない。

近代の「水戸学者」たちの多くは、東湖の路線を進んでいった。内藤耻叟や栗田寛ら正志斎に直接学んだ人々も、「国体」を語る際に経書の文言や儒者の議論を引証することはほとんどない[10]。栗田寛に師事した経験を持つ大内地山の『水戸学講義案』は、藤田幽谷の「天」をめぐる議論について、「日本の神様は天と一なるわけはないのである」と述べ、その「見当違ひ」を「儒教かぶれ」と非難する[11]。「国体」概念が、「無限定的な抱擁性[12]」を持つようになった一因は、このような儒学離れ、「礼楽」離れにあろう[13]。

もっとも、神秘的権威を統治の手段と見る徂徠学的な発想は、「御一新」以後の論者にも見られた[14]。だが、明治の制度設計者たちは、当初、「礼」にさしたる関心を払っていなかったようである（岩倉遣欧使節団は明治天皇の大嘗祭に参加せず、日本を離れている）。また、皇室儀礼の制定はなかなか進まず、一九二六年（大正十五年）に至ってようやく終結した[15]。礼典整備の過程に関して注目すべきことは、「古礼」の人心統合上の有効性が、海外王室の「古礼」保護の見聞を契機に再発見されることである[16]。「御真影」の拝礼といった学校儀礼についても、それを構想した森有礼は、キリスト教の儀式から示唆を得た可能性が指摘されている[17]。徂徠から正志齋に至る「礼楽」論の蓄積に立脚するのではなく、西洋の儀礼を手がかりに、明治政府の当路者は「礼」の制定に取り組んだようである。

また、「国体」を宣揚する儀礼が強い効果を発揮するためには、科学技術の発展が欠かせなかった。徂徠や正志齋は、民が儀礼を「観」ることを重視する[18]。しかし、儀式を観覧できる人数には物理的な制約がある。大正天皇の大喪から昭和天皇の即位礼・大嘗祭に至る一連の式典は、新聞の写真やラジオを通じて、擬似的ではあれ、広範囲の人々に、儀式に参加している感覚をもたらした（ラジオの全国中継は昭和大礼に向けて整備された[19]）。「御真影」についても、当初は「奉護」施設の不備を理由に「拝戴」を拒否する学校が少なからず存在しており、また下賜されても管理の不徹底により「御真影」が汚損する例も見られた。一九三〇年代に、神殿型鉄筋コンクリート造奉安殿を用いた管理法が確立することで「御真影」の下付は進んだ[20]。

昭和期の「国体」の荘厳化から遡上すると、その起源にはあたかも『新論』の祭祀論があるように見える。しかし、その間には多くの紆余曲折があった。

「修辞」のその後についていえば、古文辞派の「修辞」は、十八世紀後半に入ると、その陳腐さが厭われるようになる。古文辞派に代わり、日常生活の描写や「真情」の発露を重んじる性霊派の詩風が人気を集めた。また、唐詩・明詩ではなく、宋詩・元詩が模範とされるようになった。だが、このような変化は徂徠学派からすれば予想されていた詩風の頽落であった。服部南郭の孫弟子である三縄桂林の『詩学解蔽』には次のようにある。

物子曰、此方之人、以和訓読書。雖中華書、必顛倒其上下、以従和語。故唯得其意、不得其語。其於唐詩也、茫不見趣。於宋詩也、愈覚有味。斯言実中於今世詩人膏肓矣。故意之巧者、俗士所喜也。語之巧者、作者所難也。舎己所難、而為人所喜。宜乎其徒之多也。凡其走奇流僻、入俳陥俚、職此之由。(21)

物子曰く、「此方の人、和訓を以て書を読む。中華の書と雖も、必ず其の上下を顛倒し、以て和語に従ふ。故に唯だ其の意を得て、其の語を得ず。其の唐詩に於けるや、茫として趣を見ず。宋詩に於けるや、愈々味ひ有るを覚ゆ」と。斯の言 実に今世の詩人の膏肓に中たる。故に意の巧みなる者は、俗士の喜ぶ所なり。語の巧みなる者は、作者の難《かた》んずる所なり。己の難んずる所を舎き、而して人の喜ぶ所を為す。宜なるかな其の徒の多きや。凡そ其の奇に走り僻に流れ、俳に入り俚に陥る、職として此に之由る。

宋詩愛好は日本人の悪癖であると徂徠はかねてから説いていた。その危惧されていた方向に流行が移ったのである。江戸末期になると、繊細平明な宋詩風の弊害が説かれるようになり、語の持つ形象《イメージ》や表現の型が重視されるようになる。そして、一八八七年（明治二十年）前後になると、徂徠学派の詩への再評価も見られるようになった。(22)詩風の変遷が一巡したのである。しかし、この時期から漢詩の創作は衰退していった。

文章に関しては、初学者は尺牘に代わり、史論を熱心に執筆するようになった。各地の学問所の書生たちは、史論を書きながら歴史上の人物を自己に重ね合わせて、切歯扼腕した。(23)統治機構の優劣から、特定の歴史状況での戦略や決断の当否に関心が移った。頼山陽とその模倣者たちの時代である。民権運動にも流れ込むような、「志士仁人」的な漢学教養のあり方はこの史論流行を淵源としていよう[24]。

このように、本書で取り上げた議論の後代への影響は、限定的である。「近代」の萌芽も「国民国家」の起源も、この後に続くものにまずは求められるべきであろう。いうなれば、一連の「接人」の制度構想は、思想・文化史上の絶滅した生物群である。

しかし、それでもなお彼らの思想は、珍奇な古物以上に、顧みるべき価値がおそらくはある。

共通の知識に基づいた表現の機能は、文学と政治の関係を考える上で看過できない。東アジアの文学の一つの原郷が「仲間社会」的とも称される後漢末期の知識層の交流や、そこから発生する「貴族社会」にあるならば[25]、表現が喚起する仲間意識の問題は、東アジアの文学の根幹に触れているのではなかろうか[26]。道徳・政治上の理念に加え、表現の型を共有する教養人政治家の再生産は、広大な帝国の維持に貢献したはずである。もっとも、「修辞」は東アジアに限った問題ではないかもしれない。なぜなら現在でも、世界有数の大国の元首が演説の中で聖書の一節を「断章取義」しているのだから。

「直言」の抑圧性の問題は、今なお未解決であろう。徹底的な議論が必要だといって、言葉で他者を痛めつけることに（無自覚の内に）悦びを見出している者は跡を絶たない。「道理」にしたがって相手を説得しようとする時に自己の中に渦巻く欲望を、何らかの装置によって意識化すべきなのではなかろうか。

また、儀礼による人心統合が、むしろ二十世紀に入り、マスメディアの発達にともない効果を発揮したことを考えれば、空想めいた「礼楽」論も、今後、技術の発展とともに現実味を帯びてくることもあり得よう。

本書が取り上げた学者たちの一見奇妙な思想と行動の矢は、過去――もしかすると未来をも――遠く貫いているのかもしれない。

（1）渡辺浩は、統治術として「教」を捉える徂徠に始まる解釈が、仏教やキリスト教に当てはめられたことを既に論じている（渡辺浩「「教」と陰謀——「国体」の一起源」（渡辺浩・朴忠錫（編）『韓国・日本・「西洋」——その交錯と思想変容』、日韓共同研究叢書第十一巻、慶應義塾大学出版会、二〇〇五年））。本書は、一連の議論が「礼楽」論の枠組の中で展開したことに注目し、また、公儀にも統治術としての「礼」が存在するという見方があったことを明らかにした。

（2）渡辺浩『近世日本社会と宋学』（東京大学出版会、一九八五年）、一八六頁参照。大坂の徂徠学者である藤澤東畡は天保年間、徂徠学の不人気を嘆いている。陶徳民「「時流に乗らない」という泊園精神——幕末・明治における徂徠学者の動向」（『東アジア文化交渉研究別冊』第二号、関西大学、二〇〇八年）。

（3）福地苟庵『続闡記』、嘉永年間成立、東北大学附属図書館蔵。

（4）頼山陽『通議』巻二、論民政上、八オ〜九ウ、弘化四年刊、早稲田大学図書館蔵。

（5）古賀侗庵「新論」第四、天保十三年成立（同『侗庵六集』、天保十一年〜弘化三年成立、西尾市岩瀬文庫蔵。同「周論」、文政八年成立（『侗庵三集』、文政六年〜文政十年成立、西尾市岩瀬文庫蔵）においても同様の議論が展開されている。

（6）同「続新論」第九、天保元年成立（同『侗庵四集』、文政十一年〜天保四年、西尾市岩瀬文庫蔵）。

（7）同「封建論」、文化七年成立（同『侗庵初集』、文化五年〜文化十一年、西尾市岩瀬文庫蔵）

（8）同「殷鑒論」、文化十年（前掲『侗庵初集』）。

（9）藤田東湖『弘道館記述義』、弘化四年（一八四七）頃成立（今井宇三郎・瀬谷義彦・尾藤正英〔校注〕『水戸学』、日本思想大系第五十三巻、岩波書店、一九七三年）、四二六頁。

（10）内藤耻叟『国体発揮』、博文館、一八八九年、栗田寛『天朝正学』、国光社、一八九六年。

（11）大内地山『水戸学講義案』、水戸学研究会、一九四一年、七〇〜七二頁。菊池謙二郎にも同様の傾向が見られる。吉田俊純「近代の水戸学理解——菊池謙二郎の事例を通して」（同『後期水戸学研究序説——明治維新史の再検討』、本邦書籍、一九八六年）参照。

（12）丸山眞男「日本の思想」（同『丸山眞男集』第七巻、岩波書店、一九九六年）、二一七頁。

（13）『教育勅語』の起草者たちの考える「国体」概念が正志齋らの「国体」概念と異なることについては、苅部直「日本思想史の名著を読む9　『教育勅語』」（『ちくま』第五三四号、筑摩書房、二〇一五年）参照。

(14) 前掲「「教」と陰謀」。

(15) 小倉慈司・山口輝臣『天皇と宗教』、天皇の歴史第九巻、講談社、二〇一一年、二〇四、二五〇頁。

(16) 高木博志「一八八〇年代の天皇就任儀礼と「旧慣」保存」（同『近代天皇制の文化史的研究――天皇就任儀礼・年中行事・文化財』、校倉書房、一九九七年）。

(17) 佐藤秀夫「解説」（佐藤秀夫〔編〕『続・現代史資料8　教育　御真影と教育勅語Ⅰ』、みすず書房、一九九四年）参照。

(18) 第四章及び會澤正志齋『新論』、文政八年成立（前掲『水戸学』）、三八四頁。

(19) 中島三千男『天皇の代替りと国民』（青木書店、一九九〇年）、原武史『可視化された帝国――近代日本の行幸啓〔増補版〕』（みすず書房、二〇一一年）参照。

(20) 小野雅章『御真影と学校――「奉護」の変容』（東京大学出版会、二〇一四年）。教育勅語や御真影が教育現場で重要な意味を持つようになるのは、昭和期に入ってからであることについては、苅部直『光の領国　和辻哲郎』（岩波書店、二〇一〇年、一二〇、二八一頁）参照。

(21) 三縄桂林『詩学解蔽』、十一オ、文化二年刊、国立国会図書館蔵。

(22) 江戸後期以降の詩風変遷については合山林太郎『幕末・明治期における日本漢詩文の研究』（和泉書院、二〇一四年）参照。

(23) 史論に関しては、合山林太郎「漢文による歴史人物批評――幕末昌平黌関係者の作品を中心に」（前掲『幕末・明治期における日本漢詩文の研究』）、島田英明「経世の夢、文士の遊戯――頼山陽における政治思想と史学」（『国家学会雑誌』、第一二七巻七・八号、東京大学大学院法学政治学研究科、二〇一四年）参照。

(24) 「史論」流行起源の漢学像を考える上で、横山健堂『現代人物管見』（易風社、一九一〇年）の「漢学書生」像は興味深い。「●彼（犬飼毅――引用者注）の素養は、漢学に在り。彼の機略術数は、漢学生の雄なるものたる也。●好んで術数を弄するは、漢学的政事家の趣味也」。「漢学生」は道学先生ではなく、陰謀家として認識されているのである。

(25) 渡邉義浩「所有と文化」（同『三国政権の構造と「名士」』、汲古書院、二〇〇四年）。

(26) 福井佳夫『六朝美文学序説』(汲古書院、一九九八年、一一三頁)は、「六朝文人」の典故観について、「彼らはそうした(典故技法の——引用者)複雑な読解プロセスに、より高雅な知的興趣を享受できるという、貴族らしいよろこびを感じたのである。また、これによって、詩文の奥にひそむ真意をしりあった者どうしという、作者とのふかい一体感が感じられるし、いっぽう、典故に気づかぬ者への優越感も、また心地よいものであったことだろう」と述べる。

あとがき

本書は、二〇一三年に東京大学大学院人文社会系研究科に提出した学位論文「近世日本の「礼楽」と「修辞」――荻生徂徠以後の「接人」の制度構想」に大幅な加筆修正を施したものである。第五回東京大学南原繁記念出版賞という栄誉ある賞を賜り、刊行されることになった。思想史研究者にとって、「南原繁」の名は重い。賞の名にふさわしい本に仕上げることができたか恐懼するばかりである。

多くの方の学恩と厚情によって、本書は完成に至った。この場を借りて、御礼申し上げたい。

学術論文の「あとがき」に出身中学・高校のことを記すのにはためらいを覚えるが、今に到るまで自分の研究を支えてきたのは、やはり私立巣鴨中学校・高等学校の教育である。まず巣鴨学園に感謝したい。

巣鴨学園の独特の気風は、「質実剛健」「文武両道」といった標語だけでは到底尽くし得ない。現在でもしばしば、堀内政三前学校長の印象的な訓示を思い出す。国旗国歌をめぐる議論が盛んであった頃、先生は次のような主旨のことを説かれた（先生の口吻を再現できないことが残念である）。

巣鴨学園では、式典の日には校門に日の丸を掲揚する。しかし、これは日本国の領域が校門までであることを示すためでもある。ギムナシオン（体育館の名称）に大きく掲げられているのは巣鴨学園の校旗である。校門の内に一歩入れば、そこは巣鴨国なのである。しかし、巣鴨国と日本国は相対立するものではない。共存共栄、互いに高め合う関係である。

巣鴨学園では、昭和天皇崩御に際して弔意を表するために校旗を半旗で掲揚し、「日本晴れ」と称されるような好天を「巣園晴れ」としばしば呼んだ。

このような気風の学校の中で、小林五佐美先生の名調子で『論語』の素読を授かり、生意気盛りの生徒を受け入れ、引き立てる梅津真人先生や小原広行先生に和漢の古典を教わったのは本当に幸運であった。

巣鴨学園こそが私の「母校」であり、研究の出発点である。

渡邉義浩先生には、高校の頃から御世話になっている。先生と『後漢書』を共訳することを通じて、自分なりの漢文訓読の方式を固めていった。先生は今でも、高校時代と変らぬ態度で自分に接してくれる。そのことがとても嬉しい。

東京大学入学後は、駒場の教養学部・修士課程で、ロバート・キャンベル先生の指導を受けた。先生は「青臭い」議論ではない、「地に足の着いた」江戸文学研究を説かれた。思想家・文学者と社会の関係について深く考えるきっかけとなった。また、黒住真先生の『徂徠集』の読書会に参加させて頂き、キリ・パルモアさんや藍弘岳さんらとともに徂徠の文章を精読した。思わず「快哉」を叫びたくなるような徂徠の議論の面白さに、この読書会で目覚めた。キャンベル先生と黒住先生の導きなくして、近世日本を研究対象に選ぶことはなかったと思う。御礼申し上げたい。

博士課程からは、本郷に移り、中国思想文化学研究室に所属した。指導教員の小島毅先生は、思想と文学を気の向くままに行き来する自分の研究を温かく見守って下さった。おそらく、先生自身が「他流試合」で腕を磨き、複数の領域に渉る仕事をなさってきたからであろう。先生の演習では『宋史』の礼志を読んだ。儀礼の細部を検討するために、絵や図を描くこともあった。理論だけでなく、具体的な儀節を視野に入れながら「礼」を立体的に理解する姿勢をこの演習で教わった。「礼学」の分厚い知識を有する新田元規さんらと議論しながら、日本の「礼楽」思想の特質について考えた。小島先生を中心に形成された「礼」研究の蓄積に本書は連なっている。また、漢代の五行思想が専門の平澤歩さんと『続漢書』五行志を翻訳したことも、とても勉強になった。中国思想文化学研究室の諸先生と友人に感謝申し上げたい。

良き放任体制の下、積極的に他学部の授業や研究会に参加した。とりわけ、渡辺浩先生・苅部直先生の日本政治思想史の演習は思い出深い。この金曜二限の演習からは、研究内容だけでなく、学問・教育の「型」に関しても多くの影響を受けた。様々な学部学科の院生・研究者が演習に参加していた。李セボンさん、熊谷英人さん、河野有理さん、朱琳さん、趙星銀さん、三ツ松誠さん、ダビデ・メルヴァルトさん、アンドレ・リネぺさんといった――挙げ始めると本当に際限がない――たくさんの知友をこの演習で得た。金曜二限の授業の御蔭で、学問の悦びや楽しみを忘れることなく、研究を続けることができた。

苅部先生には、日本学術振興会特別研究員（ＰＤ）の受入教員を務めて頂いた。先生は研究を支える生活面についても色々と御気づかい下さり、推薦状の執筆をいつも二つ返事で引き受けて下さった。学振の研究員の任期が終わった後のとかく気の塞ぎがちな時期に、先生の厚情は本当に有難かった。

諸学問の「入会地」的性格を持つ日本思想史研究において、研究会の担う役割は大きい。荻生徂徠研究会（通称、徂徠研）に、黒住先生の紹介で参加するようになって、十五年が経つ（研究会自体は、私が生まれた一九八一年に始まる）。澤井啓一先生、末木恭彦先生、田尻祐一郎先生、ケイト・Ｗ・ナカイ先生、丸谷晃一先生と初めてお会いしたのは徂徠研であった。本書の重要な着想のいくつかは、徂徠研の報告準備と議論の中で得られた。本書は徂徠研に多くを負っている。

徂徠研のメンバーである松田宏一郎先生、菅原光さん、相原耕作さんとは、研究会以外でも「美酒佳肴」を囲んで（松田先生と菅原さんは時に「佳肴」を自作なさった）、楽しい時間を過ごした。御三方は、それぞれ方向性が違うが、自分にとって「良き年長者」の手本である。

今年度から駒澤大学文学部国文学科に奉職することになった。国文学科の先生方の御配慮のお蔭で、新たな環境にもすんなりと溶け込むことができ、充分な時間をかけて本書の推敲に取り組むことができた。昔から国文学の世界に強く憧れながら、学生時代、国文系の学科に所属することがなかったので、国文学科の教員になることが決まった時、非常に感慨深かった。

編集担当の斉藤美潮さんには、色々とご迷惑をおかけした。斉藤さんという優れた伴走者に恵まれたことで、本書は順調に終着点に辿り着くことができた。

父と母は、自分たちと縁の無い世界に飛び込んでいった息子を、ずっと後押ししてくれた。子供に対する生半な「理解」より、「信頼」を重んじた両親には本当に感謝している。

研究者である妻は、学恩への謝辞を簡潔に記した「あとがき」が好みのようで、言及を望んでいないようである。ただ当人が思っている以上に、妻からは学恩も受けたことを書き添え、絮絮たる「あとがき」を閉じることにしたい。

徂徠生誕三五〇年の年の一月十九日に

高山　大毅

参考文献

【史料】　＊所蔵を記していないものは架蔵本を用いた。

『後撰和歌集』、成立年不明（『新編国歌大観』編集委員会〔編〕『新編国歌大観』第一巻、角川書店、一九八三年）。

大江匡衡『江吏部集』、寛弘年間（一〇〇四～一〇一一）成立（塙保己一〔編〕『群書類従』第九輯〔訂正第三版〕、続群書類従完成会、一九六〇年）。

藤原道憲『本朝世紀』、久安六年～平治元年（一一五〇～一一五九）成立（黒板勝美〔編〕『新訂増補国史大系』第九巻、吉川弘文館、一九三三年）。

王宇（撰）・陳瑞錫（注）『翰墨全書』、寛永二十年（一六四三）刊、国文学研究資料館蔵。

熊寅幾（編）『尺牘双魚』、承応三年（一六五四）刊。

鈴木正三『万民徳用』、寛文元年（一六六一）刊（鈴木鉄心『鈴木正三（石平）道人全集』、山喜房仏書林、一九六二年）。

加藤磐齋『新古今増抄』、寛文二年（一六六二）刊（新古今集古注集成の会〔編〕『新古今集古注集成』近世旧注編二、笠間書院、一九九九年）。

胡広（等撰）・鵜飼石齋（付訓）『論語大全』、刊年不明、東京大学総合図書館蔵。

山鹿素行『山鹿語類』、寛文六年（一六六六）序（田原嗣郎・守本順一郎〔校注〕『山鹿素行』、日本思想大系第三十二巻、岩波書店、一九七〇年）。

熊澤蕃山『集義和書』、寛文十二年（一六七二）刊（後藤陽一・友枝龍太郎〔校注〕『熊沢蕃山』、日本思想大系第三十巻、岩波書店、一九七一年）。

寒河正親『子孫鑑』、寛文十三年（一六七三）刊（中村幸彦〔校注〕『近世町人思想』、日本思想大系第五十九巻、岩波書店、一九七五年）。

著者不明『尺牘諺解』、延宝八年（一六八〇）刊、早稲田大学図書館蔵。

著者不明『名公翰墨便蒙書』、延宝九年（一六八一）刊、金沢市立図書館蔵。

孤松子（撰）『京羽二重』、貞享二年（一六八五）刊（井出時秀〔編〕『増補　京都叢書』第六巻、増補京都叢書刊行会、一九三四年）。

著者不明『翰墨蒙訓』、貞享五年（一六八八）刊、弘前市立弘前図書館蔵。

三木之幹・宮田清貞・牧野和高『桃源遺事』、元禄十四年（一七〇一）頃成立（国書刊行会〔編〕『続々群書類従』第三巻、国書刊行会、一九〇七年）。

平間長雅『新古今七十二首秘歌口訣』、元禄十六年（一七〇三）跋（新古今集古注集成の会〔編〕『新古今集古注集成』近世旧注編四、笠間書院、二〇〇一年）。

伊藤仁齋『語孟字義』（仁齋生前最終稿本）、元禄十二年～宝永二年（一六九九～一七〇五）成立、天理大学附属天理図書館蔵。

伊藤仁齋『論語古義』（仁齋生前最終稿本）、元禄十六年～宝永二年（一七〇三～一七〇五）成立、天理大学附属天理図書館蔵。

伊藤仁齋『仁齋先生文集』、成立年不明、天理大学附属天理図書館蔵。

伊藤仁齋『語孟字義』、宝永二年（一七〇五）刊（吉川幸次郎・清水茂〔校注〕『伊藤仁斎　伊藤東涯』、日本思想大系第三十三巻、岩波書店、一九七一年）。

浅見絅齋『箚録』、宝永三年（一七〇六）序（西順蔵・阿部隆一・丸山眞男〔校注〕『山崎闇斎学派』、日本思想大系第三十一巻、岩波書店、一九八〇年）。

伊藤仁齋『童子問』、宝永四年（一七〇七）刊（家永三郎・清水茂・大久保正・小高敏郎・石濱純太郎・尾藤正英〔校注〕『近世思想家文集』、日本古典文学大系第九十七巻、岩波書店、一九六六年）。

貝原益軒『大和俗訓』、宝永五年（一七〇八）成立（益軒会〔編〕『益軒全集』第三巻、益軒全集刊行部、一九一一年）。

浅見絅齋『論語師説』、成立年不明（木南卓一『論語集註私新抄』、明徳出版、二〇〇一年）。

貝原益軒『大疑録』（初稿）、正徳四年（一七一四）成立（井上忠〔編〕『貝原益軒資料集』下、近世儒家資料集成第六巻、ぺりかん社、一九八九年）。

荻生徂徠『訳文筌蹄』、正徳四年（一七一四）刊（戸川芳郎・神田信夫〔編〕『荻生徂徠全集』第二巻、みすず書房、一九七四年）。

荻生徂徠『蘐園随筆』、正徳四年（一七一四）刊（西田太一郎〔編〕『荻生徂徠全集』第十七巻、みすず書房、一九七六年）。

荻生徂徠『蘐園十筆』（写本）、享保元年（一七一六）頃成立、早稲田大学図書館蔵。

荻生徂徠『蘐園十筆』、享保元年（一七一六）頃成立（西田太一郎〔編〕『荻生徂徠全集』第十七巻、みすず書房、一九七六年）。

荻生徂徠『辨道』、享保二年（一七一七）頃成立（吉川幸次郎・丸山眞男・西田太一郎・辻達也〔校注〕『荻生徂徠』、日本思想大系第三十六巻、岩波書店、一九七三年）。

荻生徂徠『辨名』、享保二年（一七一七）頃成立（同右）。

荻生徂徠『徂徠先生手沢九大家詩選抄』、享保三年（一七一八年）成立、荻生家資料（写真複製版）、東京女子大学図書館丸山文庫蔵。

伊藤仁齋『孟子古義』、享保五年（一七二〇）刊（関儀一郎〔編〕『日本名家四書註釈全書』、東洋図書刊行会、一九二四年）。

荻生徂徠『唐後詩』、享保五年（一七二〇）頃刊。

荻生徂徠『孟子識』、享保五年（一七二〇）頃成立（今中寛司・奈良本辰也〔編〕『荻生徂徠全集』第二巻、河出書房新社、一九七八年）。

荻生徂徠『太平策』、享保六年（一七二一）頃成立（吉川幸次郎・丸山眞男・西田太一郎・辻達也〔校注〕『荻生徂徠』、日本思想大系第三十六巻、岩波書店、一九七三年）。

荻生徂徠『明律国字解』、享保七年（一七二二）頃成立（内田智雄・日原利國〔校訂〕『律令対照定本明律国字解』、創文社、一九六六年）。

鷹見鳩爽『詩筌』、享保七年（一七二二）刊。

荻生徂徠『韻概』享保九年（一七二四）成立（戸川芳郎・神田信夫〔編〕『荻生徂徠全集』第二巻、みすず書房、一九七四年）。

荻生徂徠『政談』、享保十一年（一七二六）頃成立（平石直昭〔校注〕『政談――服部本』、平凡社、東洋文庫、二〇一一年）。

荻生徂徠『徂來先生答問書』、享保十二年（一七二七）刊（島田虔次〔編〕『荻生徂徠全集』第一巻、みすず書房、一九七三年）。

荻生徂徠『鈐録』、享保十二年（一七二七）頃成立、安政二年（一八五五）刊（今中寛司・奈良本辰也〔編〕『荻生徂徠全集』第六巻、河出書房新社、一九七三年）。

荻生徂徠『鈐録外書』、享保十二年（一七二七）頃成立（今中寛司・奈良本辰也〔編〕『荻生徂徠全集』第六巻、河出書房新社、一九七三年）。

服部南郭『南郭先生文集』初編、享保十二年（一七二七）刊（日野龍夫〔編集・解説〕『南郭先生文集』、近世儒家文集集成第七巻、ぺりかん社、一九八五年）。

荻生徂徠『五言絶句百首解』・『滄溟七絶百首解』、成立年不明、荻生家資料（写真複製版）、東京女子大学図書館丸山文庫蔵。

荻生徂徠『徂徠漫筆』、成立年不明、茨城県立歴史館蔵。

荻生徂徠『徂來漫筆』、成立年不明、公益財団法人徳川ミュージアム蔵。

荻生徂徠『忍尊帖』、成立年不明、甘雨亭叢書、早稲田大学図書館蔵。

荻生徂徠『忍尊帖』、成立年不明（日野龍夫〔編〕『荻生徂徠全集』第十八巻、みすず書房、一九八三年）。

荻生徂徠『徂徠集拾遺』、成立年不明（平石直昭〔編集・解説〕『徂徠集　徂徠集拾遺』、近世儒家文集集成第三巻、ぺりかん社、一九八五年）。

平野金華『金華稿刪』、享保十三年（一七二八）序、東京大学総合図書館蔵。

岩田彦助『従好談』、享保十四年（一七二九）刊（川平敏文・村上義明「『従好談』――翻刻と解題（一）」、『文献探求』第五十二号、文献探求の会、二〇一四年）。

太宰春臺『経済録』、享保十四年（一七二九）成立（滝本誠一〔編〕『日本経済叢書』第六巻、一九一四年）。

李攀龍（著）・陳敬所（編）・田中蘭陵（考訂）『滄溟先生尺牘』、享保十五年（一七三〇年）。

水足博泉『太平策』、享保十五年（一七三〇）成立、永青文庫蔵。

水足博泉『太平策』、享保十五年（一七三〇）成立（武藤厳男・宇野東風・古城貞吉〔編〕『肥後文献叢書』第二巻、隆文館、一九〇九年）。

西川如見『百姓嚢』、享保十六年（一七三一）刊（西川如見〔著〕・飯島忠夫・西川忠幸〔校訂〕『町人嚢・百姓嚢・長崎夜話草』、岩波文庫、岩波書店、一九四二年)。

水足博泉『南留別志』、享保十六年(一七三一)頃成立(西田耕三「水足博泉著『南留別志』(翻刻と解題)」、『熊本大学教養学部紀要　人文・社会科学』第二十八号、熊本大学教養部、一九九三年)。

荻生徂徠『絶句解』、享保十七年(一七三二)刊。

水足博泉『博泉文集』、成立年不明、熊本県立図書館蔵。

大枝流芳『香道秋の光』、享保十八年(一七三三)刊、東京大学総合図書館蔵。

荻生徂徠『絶句解拾遺』、享保十八年(一七三三)刊。

高棅(編)・服部南郭(考訂)『唐詩品彙』、享保十八年(一七三三)刊。

荻生徂徠『度量衡考』、享保十九年(一七三四)刊(川原秀城・池田末利〔編〕『荻生徂徠全集』第十三巻、みすず書房、一九八七年)。

服部南郭『南郭先生燈下書』、享保十九年(一七三四)刊、国文学研究資料館蔵。

王穉登(撰)・田中蘭陵(删定)『謀野集删』、享保二十年(一七三五)刊。

伊藤東涯『読詩要領』、成立年不明(清水茂・揖斐高・大谷雅夫〔校注〕『日本詩史　五山堂詩話』、新日本古典文学大系第六十五巻、岩波書店、一九九一年)。

太宰春臺『聖学問答』、享保二十一年(一七三六)刊(頼惟勤〔校注〕『徂徠学派』、日本思想大系第三十七巻、岩波書店、一九七二年)。

成島錦江『題苑』、元文元年(一七三六)刊、早稲田大学図書館蔵。

伊藤東涯『学問関鍵』、元文二年(一七三七)刊(井上哲次郎・蟹江義丸〔共編〕『日本倫理彙編』巻五巻、復刻版、臨川書店、一九七〇年)。

伊藤東涯『経史博論』、元文二年(一七三七)刊(関儀一郎〔編〕『続日本儒林叢書』第二冊、東洋図書刊行会、一九三一年)。

服部南郭『南郭先生文集』二編、元文二年(一七三七)刊(日野龍夫〔編集・解説〕『南郭先生文集』、近世儒家文集集成第七巻、一九八五年)。

大潮元皓〔編〕『四大家文抄』、元文三年（一七三八）刊。

荻生徂徠『学則』（『徂徠集』巻十七所収、元文五年（一七四〇）刊、吉川幸次郎・丸山眞男・西田太一郎・辻達也〔校注〕『荻生徂徠』、日本思想大系第三十六巻、岩波書店、一九七三年）。

荻生徂徠『徂徠集』、元文五年（一七四〇）刊（平石直昭〔編集・解説〕『徂徠集　徂徠集拾遺』、近世儒家文集集成第三巻、ぺりかん社、一九八五年）。

荻生徂徠『論語徴』、元文五年（一七四〇）刊（小川環樹〔編〕『荻生徂徠全集』第三巻、みすず書房、一九七七年、小川環樹〔編〕『荻生徂徠全集』第四巻、みすず書房、一九七八年）。

河田正矩『家業道徳論』、元文五年（一七四〇）刊（日本経済叢書刊行会〔編〕『通俗経済文庫』巻九、日本経済叢書刊行会、一九一七年）。

焦竑〔編〕・大内熊耳〔点〕『四先生文範』、寛保元年（一七四一）刊（長澤規矩也〔編〕『和刻本漢籍文集』第十五輯、汲古書院、一九七八年）。

王世貞『弇州先生尺牘選』、寛保二年（一七四二）刊。

王世貞〔著〕・玉宣〔選定〕『弇州摘芳』、寛保二年（一七四二）刊。

王世貞〔著〕『王元美尺牘』、寛保二年（一七四二）刊。

堀景山『不尽言』、寛保二年（一七四二）頃成立（植谷元・水田紀久・日野龍夫〔校注〕『仁斎日札　たはれ草　不尽言　無可有郷』、新日本古典文学大系第九十九巻、岩波書店、二〇〇〇年）。

良野華陰『過雁裁』、寛保三年（一七四三）刊、国文学研究資料館蔵。

賀茂真淵『国歌論臆説』、延享元年（一七四四）成立（佐佐木信綱『日本歌学大系』第七巻、風間書房、一九五七年）。

賀茂真淵「再奉答金吾君書」、延享元年（一七四四）成立（同右）。

宋光廷〔校閲〕・宋祖駿・宋祖驊〔補注〕・山田蘿谷〔点〕『補注李滄溟先生文選』、延享元年（一七四四）刊、東京大学東洋文化研究所蔵。

太宰春臺『六経略説』、延享二年（一七四五）序（井上哲次郎・蟹江義丸〔編〕『日本倫理彙編』第六巻、育成会、一九〇二年）。

荻生徂徠『絶句解』、延享三年（一七四六）刊。

服部南郭『南郭先生文集』三編、延享三年（一七四六）刊（日野龍夫〔編集・解説〕『南郭先生文集』、近世儒家文集集成第七巻、ぺりかん社、一九八五年）。

顧起元（彙選）・李之藻（校釈）・三浦瓶山（考訂）『盛明七子尺牘註解』、延享四年（一七四七）刊（長澤規矩也〔編〕『和刻本漢籍文集』第二十輯、汲古書院、一九八四年）。

沈一貫（編）・芥川丹丘（校）『弇州山人四部稿選』、延享五年（一七四八）刊（長澤規矩也〔編〕『和刻本漢籍文集』第十九輯、汲古書院、一九七九年）。

李攀龍（著）・関南瀬（校訂）『滄溟先生集』、延享五年（一七四八）刊、一橋大学附属図書館。

李夢陽『李空同尺牘』、延享五年（一七四八）刊（長澤規矩也〔編〕『和刻本漢籍文集』第十四輯、汲古書院、一九七八年）。

成島錦江（述授）「処世訓示蒙」、寛延元年（一七四八）成立（同『芙蓉楼玉屑』〔宝暦六年序〕所収、久保田啓一「川越市立図書館蔵『芙蓉玉屑』（上）――翻刻と解題」、『日本文学研究』第二十六号、梅光学院大学、一九九〇年）。

安藤東野『東野遺稿』、寛延二年（一七四九）刊、東京大学総合図書館蔵。

上柳四明『尺牘活套』、寛延二年（一七四九）刊。

湯浅常山『文会雑記』、寛延二年〜宝暦三年（一七四九〜一七五三）成立（日本随筆大成編輯部〔編〕『日本随筆大成』第一期第十四巻、吉川弘文館、一九七五年）。

荻生徂徠『孫子国字解』、寛延三年（一七五〇）序。

室鳩巣『駿台雑話』、寛延三年（一七五〇）刊（森銑三〔校注〕、岩波文庫、岩波書店、一九三六年）。

王世貞（編）・王世懋（校）・林東溟（校訂）『尺牘清裁』、寛延四年（一七五一）刊、東京大学総合図書館蔵。

三浦瓶山『瓶山先生原学篇』、寛延四年（一七五一）刊（関儀一郎〔編〕『儒林雑纂』、東洋図書刊行会、一九三八年）。

皆川淇園『淇園文訣』、寛延四年（一七五一）刊、国立国会図書館蔵。

無隠道費『心学典論』、寛延四年（一七五一）刊、東京大学史料編纂所蔵。

武田梅龍『李滄溟尺牘便覧』、宝暦二年（一七五二）刊、早稲田大学図書館蔵。

太宰春臺『春臺先生紫芝園稿』、宝暦二年（一七五二）刊（小島康敬〔編集・解説〕『春臺先生紫芝園稿』、近世儒家文集集成第六巻、ぺりかん社、一九八六年）。

無相文雄『三音正譌』、宝暦二年（一七五二）刊、東京大学総合図書館蔵。

宇佐美灊水『絶句解考証』、宝暦三年（一七五三）序、東京大学総合図書館蔵。

荻生徂徠『大学解』、宝暦三年（一七五三）刊（今中寛司・奈良本辰也〔編〕『荻生徂徠全集』第二巻、河出書房新社、一九七八年）。

荻生徂徠『中庸解』、宝暦三年（一七五三）刊（今中寛司・奈良本辰也〔編〕『荻生徂徠全集』第二巻、河出書房新社、一九七八年）。

汪道昆（著）・皆川淇園（輯注）『汪南溟尺牘』、宝暦四年（一七五四年）、早稲田大学図書館蔵。

無隠道費『金龍尺牘集』、宝暦四年（一七五四）刊、国立国会図書館蔵。

小宮山昌世『発蒙書柬式』、宝暦五年（一七五五）刊。

田中道齋『尺牘称謂辨』、宝暦五年（一七五五）刊、都立中央図書館蔵。

田中道齋『道齋先生尺牘』、宝暦六年（一七五六）刊、龍谷大学図書館蔵。

宮瀬龍門『龍門先生文集』初編、宝暦六年（一七五六）刊、東京大学総合図書館蔵。

田中道齋『道齋先生承諭篇』、宝暦七年（一七五七）刊、龍谷大学図書館蔵。

本居宣長『本居宣長随筆』第二巻、宝暦二年～宝暦七年（一七五二～一七五七）（大久保正〔編〕『本居宣長全集』第十三巻、筑摩書房、一九七一年）。

梁田蛻巖『答問書』、成立年不明（池田四郎次郎・浜野知三郎・三村清三郎〔編〕『日本芸林叢書』第二巻、鳳出版、一九七二年復刊）。

石島筑波『芰荷園文集』初稿補遺（自筆本）、成立年不明、早稲田大学図書館蔵。

服部南郭『南郭先生文集』四編、宝暦八年（一七五八）刊（日野龍夫〔編集・解説〕『南郭先生文集』、近世儒家文集集成第七巻、一九八五年）。

伊藤東涯『訓幼字義』、宝暦九年（一七五九）刊（井上哲次郎・蟹江義丸〔編〕『日本倫理彙編』巻五、復刻版、臨川書店、一九七〇年）。

玩世教主（井上蘭臺）『唐詩笑』、宝暦九年（一七五九）刊（浜田啓介・中野三敏〔校注〕『異素六帖　古今俄選　粋宇瑠璃　田舎芝居』、新日本古典文学大系第八十二巻、岩波書店、一九九八年）。

宇佐美灊水「輔儲箚記」、宝暦十年（一七六〇）成立（澤井啓一〔編集・解説〕『灊水叢書』、近世儒家文集集成第十四巻、ぺりかん社、一九九五年）。

藪愼庵『愼庵遺稿』、宝暦十年（一七六〇）刊、熊本大学附属図書館蔵。

山県周南『周南先生為学初問』、宝暦十年（一七六〇）刊（井上哲次郎・蟹江義丸〔編〕『日本倫理彙編』第六巻、育成会、一九〇八年）。

成島錦江（述授）「道解」、成立年不明（同『芙蓉楼玉屑』〔宝暦六年序〕所収、久保田啓一「川越市立図書館蔵『芙蓉楼玉屑』（下）——翻刻と解題」『日本文学研究』第二十八号、梅光女学院大学、一九九一年）。

大潮元皓『西溟大潮禅師魯寮尺牘』、宝暦十一年（一七六一）刊、国立国会図書館蔵。

室鳩巣『鳩巣先生文集』前篇、宝暦十一年（一七六一）刊、東京大学総合図書館蔵。

大枝流芳『雅遊漫録』、宝暦十三年（一七六三）刊（日本随筆大成編輯部〔編〕『日本随筆大成』第二期第二十三巻、吉川弘文館、一九七四年）。

荻生徂徠『絶句解』、宝暦十三（一七六三）刊。

本居宣長『石上私淑言』、宝暦十三年（一七六三）成立（大久保正〔編〕『本居宣長全集』第二巻、筑摩書房、一九六八年）。

本居宣長『紫文要領』、宝暦十三年（一七六三）成立（大野晋〔編〕『本居宣長全集』第四巻、筑摩書房、一九六九年）。

祇園南海『詩学逢原』、宝暦十三年（一七六三）刊（中村幸彦〔校注〕『近世文学論集』、日本古典文学大系第九十四巻、岩波書店、一九六六年）。

井上金峨『経義折衷』、宝暦十四年（一七六四年）序（井上哲次郎・蟹江義丸〔編〕『日本倫理彙編』第九巻、金尾文淵堂、一九一三年）。

村井中漸（閲）・有馬玄蔵（著）『李滄溟尺牘国字解』、明和二年（一七六五）刊。

大江玄圃『間合早学問』、明和三年（一七六六）刊、早稲田大学図書館蔵。

大田南畝『寝惚先生文集』、明和四年（一七六七）刊（中野三敏・日野龍夫・揖斐高〔校注〕『寝惚先生文集　狂歌才蔵集　四方のあか』、新日本古典文学大系第八十四巻、岩波書店、一九九三年）。

北越山人『滄溟尺牘諺解』、明和四年（一七六七）刊（波多野太郎〔編・解題〕『中国語学資料叢刊』尺牘・方言研究篇第一巻、不二出版、一九八六年）。

清田儋叟『藝苑談』、明和五年（一七六八）刊（池田四郎次郎〔編〕『日本詩話叢書』巻九、文会堂書房、一九二一年）。

塚田旭嶺『桜邑間語』、成立年不明（長澤規矩也〔編〕『影印日本随筆集成』第四輯、汲古書院、一九七八年）。

高橋道齋『滄溟先生尺牘考』、明和五年（一七六八）刊、東北大学附属図書館狩野文庫蔵。

田中江南『投壺説』、明和五年（一七六八）頃成立、京都大学附属図書館蔵。

中井竹山『柬稽』、明和五年（一七六八）成立か、国文学研究資料館蔵。

福奚処（望駒山人）『絶句解評釈』、明和五年（一七六八）刊、東洋大学附属図書館蔵。

新井白蛾『滄溟尺牘児訓』、明和六年（一七六九）刊、東京大学総合図書館蔵。

荻生徂徠『素書国字解』、明和六年（一七六九）刊。

大典顕常『尺牘式』、明和六年（一七六九）刊。

司馬光（更定）・田中江南（補正）『投壺新格』、明和六年（一七六九）刊、国立国会図書館蔵。

都賀大陸『投壺今格』、明和六年（一七六九）刊、園部町教育委員会（小出文庫）蔵。

著者不明『優游社漫筆』、明和四年〜六年（一七六七〜一七六九）の間に成立か、国立公文書館蔵。

中川南峰『絶句解辨書』、明和六年（一七六九）刊、臼井市立臼井図書館蔵。

穂積以貫『滄溟尺牘国字解』、成立年不明、無窮会図書館蔵。

望月三英『鹿門随筆』、成立年不明、国立国会図書館蔵。

宇佐美灊水『絶句解拾遺考証』、明和七年（一七七〇）刊、臼井市立臼井図書館蔵。

高葛陂『弇州尺牘国字解』、明和七年（一七七〇）刊、京都大学附属図書館蔵。

田中菊輔『投壺指南』、明和七年（一七七〇）刊、国立国会図書館蔵。

田中江南『江南陳言』、明和七〜八年（一七七〇〜一七七一）成立、神宮文庫蔵。

田中江南『御文庫興隆愚案』、明和七年〜八年（一七七〇〜一七七一）成立（掛本勲夫「田中江南の林崎文庫改革意見書・「御文庫興隆愚案」」、『皇學館論叢』第二十六巻第一号、皇學館大学人文学会、一九九三年）。

南川金谿『閑散餘録』、明和七年（一七七〇）頃成立。

江村北海『日本詩史』、明和八年（一七七一）刊（清水茂・揖斐高・大谷雅夫〔校注〕『日本詩史　五山堂詩話』、新日本古典文学大系第六十五巻、岩波書店、一九九一年）。

鈴木澶洲『撈海一得』、明和八年（一七七一）刊（長澤規矩也〔編〕『影印日本随筆集成』第四輯、汲古書院、一九七八年）。

『禁書目録』、明和八年（一七七一）刊（長澤規矩也・阿部隆一〔編〕『日本書目大成』第四巻、汲古書院、一九七九年）。

岩垣光定『商人生業鑑』、明和九年（一七七二）刊、国文学研究資料館蔵。

松崎観海『観海集』、明和九年（一七七二）序、天理大学附属天理図書館蔵。

著者不明『儒医評林』、明和九年（一七七二）刊（中野三敏『江戸名物評判記集成』、岩波書店、一九八七年）。

『書籍目録』、明和九年（一七七二）刊（慶應義塾大学附属研究所斯道文庫〔編〕『江戸時代書林出版書籍目録集成（三）』、斯道文庫書誌叢刊之一、井上書房、一九六三年）。

著者不明『大通伝』、安永年間刊（江戸吉原叢刊刊行会〔編〕『江戸吉原叢刊』第六巻、八木書店、二〇一一年）。

宇野明霞（纂）『唐詩集註』、安永三年（一七七四）刊。

田中江南『六朝詩選俗訓』、安永三年（一七七四）刊（都留春雄・釜谷武志〔校注〕、東洋文庫、平凡社、二〇〇〇年）。

三浦瓶山『閑窓自適』、安永五年（一七七六）刊（関義一郎〔編〕『日本儒林叢書』第一冊、東洋図書刊行会、一九二七年）。

三浦瓶山『閑窓自適』、安永五年（一七七六）刊（長澤規矩也〔編〕『影印日本随筆集成』第五輯、汲古書院、一九七八年）。

陸九如（纂輯）・田中江南（訳）『新刻簡要達衷時俗通用書柬』、安永五年（一七七六）刊、（波多野太郎〔編・解題〕『中国語学資料叢刊』尺牘篇第一巻、不二出版、一九八六年）。

荻生徂徠（編）『四家雋』、安永六年（一七七七）刊、東京大学総合図書館蔵。

大典顕常『小雲棲手簡』初編、安永六年（一七七七）刊、国立国会図書館蔵。

田中江南『唐後詩絶句解国字解』、安永六年（一七七七）刊。

千葉芸閣『芸閣先生文集』、安永六年（一七七七）刊（佐野正巳〔編〕『詩集日本漢詩』第十五巻、汲古書院、一九八九年）。

蟹養齋『辯復古』、安永七年（一七七八）刊（関義一郎〔編〕『続日本儒林叢書』第一冊、東洋図書刊行会、一九二七年）。

瀧鶴臺『鶴臺先生遺稿』、安永七年（一七七八）刊、慶應義塾大学図書館蔵。

趙陶齋『陶齋先生日記』、安永八年（一七七八）成立（森銑三・野間光辰・中村幸彦・朝倉治彦〔編〕『随筆百花苑』第五巻、中央公論社、一九八二年）。

平賀中南『日新堂学範』、安永八年（一七七九）刊（長澤規矩也〔編〕『江戸時代支那学入門書解題集成』第三集、汲古書院、一九七五年）。

茂庵老人『町人常の道』、安永八年（一七七九）刊（日本経済叢書刊行会〔編〕『通俗経済文庫』巻一、日本経済叢書刊行会、一九一六年）。

岡崎盧門『尺牘道標』、安永九年（一七八〇）刊、東北大学附属図書館蔵。

田中江南『書簡啓発』、安永九年（一七八〇）刊。

宮川崑山・鳥居九江（編）・山本北皐（校）『袁中郎先生尺牘』、安永十年（一七八一）刊（長澤規矩也〔編〕『和刻本漢籍文集』第十五輯、汲古書院、一九七八年）。

井上金峨『金峨山人考槃堂漫録』、天明二年（一七八二）序（長澤規矩也〔編〕『日本随筆集成』第五輯、汲古書院、一九七八年）。

鈴木澶洲『尺牘筌』、天明二年（一七八二）刊（波多野太郎〔編・解題〕『中国語学資料叢刊』尺牘篇第一巻、不二出版、一九八六年）。

大槻玄澤『蘭学階梯』、天明三年（一七八三）序、早稲田大学図書館蔵。

井上金峨『金峨山人考槃堂漫録』、成立年不明、国立公文書館蔵。

井上金峨『病間長語』、成立年不明（岸上操〔編〕『近古文芸温知叢書』、博文館、一八九一年）。

岡崎盧門（閲）・岡崎元軌（輯）『尺牘断錦』、天明四年（一七八四）刊、龍谷大学図書館蔵。

尾崎鳩居『鳩居語』、天明四年（一七八四）成立（関義一郎〔編〕『続続日本儒林叢書』、東洋図書刊行会、一九三六年）。

大典顕常『尺牘式補遺』、天明四年（一七八四）刊。

井上金峨『金峨先生焦餘稿』、天明五年（一七八五）序（関儀一郎〔編〕『続続日本儒林叢書』第三冊、東洋図書刊行会、一九三七年）。

岡鳳鳴（閲）・山呉練（輯）『和漢尺牘解環』、天明七年（一七八七）刊、東北大学附属図書館蔵。

尾藤二洲『正学指掌』、天明七年（一七八七）刊（頼惟勤〔校注〕『徂徠学派』、日本思想大系第三十七巻、岩波書店、一九七二年）。

村瀬櫟岡（校）『明徐天目尺牘』、天明七年（一七八七）刊（長澤規矩也〔編〕『和刻本漢籍文集』第十五輯、汲古書院、一九七八年）。

稲葉黙齋（講）・篠原惟秀等（筆録）『小学筆記』、天明九年（一七八九）筆録、東京大学総合図書館蔵。

荻生徂徠『射書類聚国字解』、寛政元年（一七八九）刊、慶應義塾大学図書館蔵。

戸崎淡園『尺牘彙材』、寛政元年（一七八九）刊。

大典顕常『北禅文草』、寛政四年（一七九二）刊、東京大学総合図書館蔵。

藤田幽谷『二連異称』、寛政五年（一七九三）跋（菊池謙二郎〔編〕『幽谷全集』、吉田彌平、一九三五年）。

渋井太室『読書会意』、寛政六年（一七九四）刊（長澤規矩也〔編〕『影印日本随筆集成』第五輯、汲古書院、一九七八年）。

本居宣長『古今集遠鏡』、寛政六年（一七九四）成立（大久保正〔編〕『本居宣長全集』第三巻、筑摩書房、一九六九年）。

市川鶴鳴『末賀能比連』、刊年不明。

村瀬櫟岡『南郭先生尺牘標注』、寛政七年（一七九五）刊、早稲田大学図書館蔵。

本居宣長『源氏物語玉の小櫛』、寛政八年（一七九六）成立（大野晋〔編〕『本居宣長全集』第四巻、筑摩書房、一九六九年）。

広瀬臺山『文武雅俗涇渭辨』、寛政九年（一七九七）刊（栗原直〔校注〕『文武雅俗涇渭弁』、三樹書房、一九九三年）。

那波魯堂『学問源流』、寛政十一年（一七九九）刊、慶應義塾大学図書館蔵。

伊藤東涯『東涯漫筆』、寛政十二年（一八〇〇）序、甘雨亭叢書、早稲田大学図書館蔵。

荻生徂徠『経子史要覧』、文化元年（一八〇四）刊（島田虔次〔編〕『荻生徂徠全集』第一巻、みすず書房、一九七三年）。

富士谷御杖『北辺随筆』、文化二年（一八〇五）刊（三宅清〔編〕『新編富士谷御杖全集』第二巻、思文閣出版、一九七九年）。

三縄桂林『詩学解蔽』、文化二年（一八〇五）刊、国立国会図書館蔵。

賀茂真淵『国意考』、文化三年（一八〇六）刊（久松潜一〔監修〕『賀茂真淵全集』第十九巻、続群書類従完成会、一九八〇年）。

橋本稲彦『辨読国意考』、成立年不明（賀茂真淵『国意考』、文化四年〔一八〇七〕刊、早稲田大学図書館蔵）。

富士谷御杖『止波受鶩多理』、文化十年（一八一三）成立（三宅清〔編〕『新編富士谷御杖全集』第一巻、思文閣出版、一九九三年）。

古賀侗庵『侗庵初集』、文化五年〜文化十一年（一八〇八〜一八一四）成立、西尾市岩瀬文庫蔵。

『割印帳』、享保十二年〜文化十二年（一七二七〜一八一五）成立（樋口秀雄・朝倉治彦〔校訂〕『享保以後　江戸出版書目』（未刊国文資料別巻一、未刊国文資料刊行会、一九六二年）。

富士谷御杖『歌道挙要』、文化十四年（一八一七）成立（三宅清〔編〕『新編富士谷御杖全集』第四巻、思文閣出版、一九八六年）。

『翰墨蒙訓尺牘筌』、文政元年（一八一八年）、酒田市立図書館蔵。

中島棕隠『太平新曲』、文政二年（一八一九）序（日野龍夫・高橋圭一〔編〕『太平楽府他――江戸狂詩の世界』、東洋文庫五三八、平凡社、一九九一年）。

富士谷御杖『神道大意』、文政二年（一八一九）成立（三宅清〔編〕『新編富士谷御杖全集』第一巻、思文閣出版、一九九三年）。

岡野逢原『逢原記聞』、成立年不明（多治比郁夫・中野三敏〔校注〕『当代江戸百化物　在津紀事　仮名世説』、新日本古典文学大系第九十七巻、岩波書店、二〇〇〇年）。

富士谷御杖『神明憑談』、文政五年（一八二二）成立（三宅清〔編〕『新編富士谷御杖全集』第四巻、思文閣出版、一九八六年）。

古賀侗庵『侗庵三集』、文政六年〜文政十年（一八二三〜一八二七）成立、西尾市岩瀬文庫蔵。

立原翠軒『此君堂文集』、成立年不明、国会図書館蔵。

富士谷御杖『万葉集燈』、文政六年（一八二三）刊（三宅清〔編〕『新編富士谷御杖全集』第二巻、思文閣出版、一九七九年）。

市原青霞『消息文鑑尺牘楷梯』、文政七年（一八二四）刊。

富士谷御杖『伊勢両大神宮辨』、成立年不明（三宅清〔編〕『新編富士谷御杖全集』第一巻、思文閣出版、一九九三年）。

富士谷御杖『古事記燈畧』、成立年不明（同右）。

富士谷御杖『古事記燈』加賀本、成立年不明（同右）。

會澤正志齋『新論』、文政八年（一八二五）成立、安政四年（一八五七）刊（今井宇三郎・瀬谷義彦・尾藤正英〔校注〕『水戸学』日本思想大系第五十三巻、岩波書店、一九七三年）。

大田南畝『仮名世説』、文政八年（一八二五）刊（多治比郁夫・中野三敏〔校注〕『当代江戸百化物　在津紀事　仮名世説』、新日本古典文学大系第九十七巻、岩波書店、二〇〇〇年）。

古賀侗庵『侗庵四集』、文政十一年～天保四年（一八二八～一八三三）成立、西尾市岩瀬文庫蔵。

會澤正志齋『豈好辯』、文政十一年（一八二八）跋（関儀一郎〔編〕『日本儒林叢書』第四冊、東洋図書刊行会、一九二九年）。

會澤正志齋『学制略説』、天保元年（一八三〇）頃成立、無窮会図書館蔵。

野崎藤橋（閲）・安達文龍（編）『手簡裁制』、天保五年（一八三四）刊。

富永滄浪『古学辨疑』、天保五年（一八三四）刊。

悟免庵主人『当世名家評判記』、天保六年（一八三五）序、慶應義塾大学図書館蔵。

亀井昭陽（等）『蕿文談広疏』、成立年不明（亀井南冥・昭陽全集刊行会〔編〕『亀井南冥・昭陽全集』第六巻、葦書房、一九七九年）。

広瀬淡窓『儒林評』、天保七年（一八三六）成立（関義一郎〔編〕『日本儒林叢書』第三冊、東洋図書刊行会、一九二七年）。

會澤正志齋『対問三策』、天保八年（一八三七）成立（福田耕二郎〔校注〕『神道大系』論説編十五、神道大系編纂会、一九八六年）。

會澤正志齋『中庸釈義』、天保十年（一八三九）序、無窮会図書館蔵。

會澤正志齋『典謨述義』、天保十一年（一八四〇）序、無窮会図書館蔵。

古賀侗庵『侗庵六集』、天保十一年～弘化三年（一八四〇～一八四六）成立、西尾市岩瀬文庫蔵。

會澤正志齋『退食間話』、天保十三年（一八四二）序（今井宇三郎・瀬谷義彦・尾藤正英〔校注〕『水戸学』、日本思想大系第五十三巻、岩波書店、一九七三年)。

野崎藤橋(閲)・安達文龍(編)『手簡裁制』、天保五年(一八四四)刊。

會澤正志齋『読論日札』、弘化四年(一八四七)成立、無窮会図書館蔵。

藤田東湖『弘道館記述義』、弘化四年(一八四七)頃成立(今井宇三郎・瀬谷義彦・尾藤正英〔校注〕『水戸学』、日本思想大系第五十三巻、岩波書店、一九七三年)。

頼山陽『通議』、弘化四年刊(一八四七)、早稲田大学図書館蔵。

會澤正志齋『江湖負暄』、嘉永元年(一八四八)成立(福田耕二郎〔校注〕『神道体系』論説編十五、神道大系編纂会、一九八六年)。

福地苟庵『続闢記』、嘉永年間成立、東北大学附属図書館蔵。

横井小楠「学校問答書」、嘉永五年(一八五二)成立(佐藤昌介・植手通有・山口宗之〔校注〕『渡辺崋山　高野長英　佐久間象山　横井小楠　橋本左内』、日本思想大系第五十五巻、岩波書店、一九七一年)。

會澤正志齋『読周官』、安政元年(一八五四)成立、無窮会図書館蔵。

青山延于『文苑遺談』、安政三年(一八五六)頃成立(関義一郎〔編〕『日本儒林叢書』第三冊、東洋図書刊行会、一九二八年)。

吉田松陰『丙辰幽室文稿』、安政三年(一八五六)成立(山口県教育会〔編〕『吉田松陰全集』第三巻、岩波書店、一九三五年)。

木村黙老『続聞まゝの記』、成立年不明、天理大学附属天理図書館蔵。

會澤正志齋『及門遺範』、文久元年(一八六一)刊、東京大学総合図書館蔵。

會澤正志齋「人臣去就説」、成立年不明(今井宇三郎・瀬谷義彦・尾藤正英〔校注〕『水戸学』、日本思想大系第五十三巻、岩波書店、一九七三年)。

塩谷宕陰『視志緒言』、慶応二年(一八六六)刊、早稲田大学図書館蔵。

紅星子(編)『雑花錦語集』、成立年不明、熊本県立図書館蔵。

内藤耻叟『国体発揮』、博文館、一八八九年。

會澤正志齋(著)・名越時正(編)『會澤正志齋文稿』、一八九一年序(国書刊行会、二〇〇二年)。

會澤正志齋『下学邇言』、一八九二年刊、東京大学総合図書館蔵。

栗田寛『天朝正学』、国光社、一八九六年。

菅政友『菅政友全集』、国書刊行会、一九〇七年。

夏目漱石『それから』、一九〇九年成立、（夏目金之助『漱石全集』第六巻、岩波書店、一九九四年）。

横山健堂『現代人物管見』、易風社、一九一〇年。

重野成齋『成齋文集』二集、冨山房、一九一一年。

申維翰（著）・青柳綱太郎（訳）『原文和訳対照　海游録』、朝鮮研究会、一九一五年。

田口卯吉（著）・鼎軒田口卯吉全集刊行会（編）『鼎軒田口卯吉全集』、吉川弘文館、一九二九年。

大内地山『水戸学講義案』、水戸学研究会、一九四一年。

本居宣長・大野晋（編）『本居宣長全集』別巻三、筑摩書房、一九九三年。

丸山眞男「忠誠と反逆」（同『丸山眞男集』第八巻、岩波書店、一九九六年）。

丸山眞男『自己内対話——３冊のノートから』、みすず書房、一九九八年。

水戸市教育委員会（編）『東湖先生之反面』、復刻版、国書刊行会、一九九八年。

丸山眞男『丸山眞男講義録第五冊　日本政治思想史１９６５』、東京大学出版会、一九九九年。

著者不明『蘐園雑話』成立年不明（森銑三・北川博邦（編）『続日本随筆大成』第四巻、吉川弘文館、一九七九年）。

高島升栄『江島辨才天女霊験一代行状略記』、成立年不明、国立国会図書館蔵。

三升屋二三治『十八大通』、成立年不明（森銑三・野間光辰・朝倉治彦（監修）『続燕石十種』第二巻、一九八〇年、中央公論社）。

『京都書林仲間上組済帳標目』（彌吉光長『未刊史料による日本出版文化』第一巻、ゆまに書房、一九八八年）。

劉義慶（撰）・王世貞（刪定）『世説新語補』、万暦十四年序、早稲田大学図書館服部文庫蔵。

胡広（等撰）・葉向高（参補）『古今大方詩経大全』、万暦三十三年刊、東京大学総合図書館蔵。

胡広（等撰）『性理大全』、万暦年間刊、東京大学総合図書館蔵。

欧陽詢（撰）・汪紹楹（校）『藝文類聚』、上海古籍出版社出版、新版一九八二年。

王世貞『弇州山人四部稿』、明代論著叢刊、偉文図書出版社有限公司、一九七六年。

黎靖徳（編）・王星賢（校点）『朱子語類』、理学叢書、中華書局、一九九四年。

文淵閣『四庫全書』電子版、上海人民出版社・迪志出版有限公司、一九九九年。

朱熹（著）・徐徳明（校点）『四書章句集注』、上海古籍出版社・安徽教育出版社、二〇〇一年。

朱熹『晦庵先生朱文公集』（朱傑人・嚴佐之・劉永翔〔主編〕『朱子全書』第二十三冊、上海古籍出版社・安徽教育出版社、二〇〇二年）。

程顥・程頤『河南程氏外書』（程顥・程頤〔著〕・王孝魚〔点校〕『二程集』、中華書局、二〇〇四年）。

トクヴィル（著）・松本礼二（訳）『アメリカのデモクラシー』第一巻（上）、岩波書店、二〇〇五年。

高橋源一郎「死者と生きる未来」、ポリタス、二〇一五年八月一八日、http://politas.jp/features/8/article/452 二〇一五年八月一八日閲覧。

【研究文献】

（単行本）


有木大輔『唐詩選版本研究』（好文出版、二〇一三年）。

石田一良『伊藤仁斎』（人物叢書、吉川弘文館、一九六〇年、新装第二版、一九九八年）。

磯田道史『近世大名家臣団の社会構造』（東京大学出版会、二〇〇三年）。

市川三陽『高橋道齋』（楽墨会、一九一八年）。

市古貞次・野間光辰（監修）『日本古典文学大辞典』第三巻（岩波書店、一九八四年）。

茨城県立歴史館（編）『東京都多摩市高橋清賀子家文書目録——豊田天功・小太郎関係文書』（茨城県立歴史館、一九九五年）。

揖斐高『江戸詩歌論』（汲古書院、一九九八年）。

今田洋三『江戸の本屋さん——近世文化史の側面』（ＮＨＫブックス299、日本放送出版協会、一九七七年）。

植原亮ほか『エンハンスメント・社会・人間性』（UTCP Booklet8、UTCP、二〇〇九年）。

宇佐美喜三八『近世歌論の研究――漢学との交渉』（研究叢書三十八、和泉書院、一九八七年）。

小笠原春夫『国儒論争の研究――直毘霊を起点として』（ぺりかん社、一九八八年）。

小倉慈司・山口輝臣『天皇と宗教』（天皇の歴史第九巻、講談社、二〇一一年）。

小野雅章『御真影と学校――「奉護」の変容』（東京大学出版会、二〇一四年）。

苅部直『丸山眞男――リベラリストの肖像』（岩波書店、二〇〇六年）。

苅部直『光の領国　和辻哲郎』（岩波現代文庫、岩波書店、二〇一〇年〔創文社、一九九五年〕）。

笠谷和比古『主君「押込」の構造――近世大名と家臣団』（平凡社選書、平凡社、一九八八年）。

河野有理『明六雑誌の政治思想――阪谷素と「道理」の挑戦』（東京大学出版会、二〇一一年）。

河野有理『田口卯吉の夢』（慶應義塾大学出版会、二〇一三年）。

合山林太郎『幕末・明治期における日本漢詩文の研究』（和泉書院、二〇一四年）。

小島毅『中国近世における礼の言説』（東京大学出版会、一九九六年）。

子安宣邦『国家と祭祀――国家神道の現在』（青土社、二〇〇四年）。

子安宣邦『徂徠学講義――『弁名』を読む』（岩波書店、二〇〇八年）。

相良亨『近世日本における儒教運動の系譜』（哲学全書3、理想社、一九六五年）。

彰考館文庫（編）『彰考館図書目録』（彰考館文庫、一九一八年）。

関口すみ子『御一新とジェンダー――荻生徂徠から教育勅語まで』（東京大学出版会、二〇〇五年）。

竹治貞夫『近世阿波漢学史の研究　続編』（風間書房、一九九七年）。

田原嗣郎『徂徠学の世界』（東京大学出版会、一九九一年）。

玉井哲雄『江戸　失われた都市空間を読む』（イメージ・リーディング叢書、平凡社、一九八七年）。

玉井哲雄『江戸町人地に関する研究』（近世風俗研究会、一九七七年）。

張翔・園田英弘（共編）『「封建」・「郡県」再考――東アジア社会体制論の深層』（思文閣出版、二〇〇六年）。

田世民『近世日本における儒礼受容の研究』（ぺりかん社、二〇一二年）。

中尾友香梨『江戸文人と明清楽』(汲古書院、二〇一〇年)。

中島三千男『天皇の代替りと国民』(青木書店、一九九〇年)。

中野卓『商家同族団の研究　第二版』上(未來社、一九七八年)。

中野三敏『十八世紀の江戸文芸――雅と俗の成熟』(岩波書店、一九九九年)。

中野三敏『近世新畸人伝』(岩波現代文庫、岩波書店、二〇〇四年〔毎日新聞社、一九七七年〕)。

中村幸彦『近世的表現』(中村幸彦著述集第二巻、中央公論社、一九八二年)。

長澤規矩也・阿部隆一(編)『日本書目集成』第四巻(汲古書院、一九七九年)。

西山松之助『家元の研究』(西山松之助著作集第一巻、吉川弘文館、一九八二年)。

野田寛・山本十郎『肥後文教と其城府と教育』(熊本市教育委員会、一九五六年)。

服藤弘司『大名留守居役の研究　幕藩体制の法と権力Ⅲ』(創文社、一九八四年)。

原武史『可視化された帝国――近代日本の行幸啓〔増補版〕』(みすず書房、二〇一一年)。

日野龍夫『江戸の儒学』(日野龍夫著作集第一巻、ぺりかん社、二〇〇五年)。

日野龍夫『服部南郭伝攷』(ぺりかん社、一九九九年)。

平石直昭『荻生徂徠年譜考』(平凡社、一九八四年)。

福井佳夫『六朝美文学序説』(汲古書院、一九九八年)。

裴宗鎬(著)・川原秀城(監訳)『朝鮮儒学史』、知泉書館、二〇〇七年。

前田勉『近世日本の儒学と兵学』(ぺりかん社、一九九六年)。

前田勉『江戸の読書会――会読の思想史』(平凡社、二〇一二年)。

丸山眞男『日本政治思想史研究』(東京大学出版会、一九五二年、新装版、一九八三年)。

水戸市史編さん委員会『水戸市史』中巻(三)(水戸市役所、一九七六年)。

宮崎修多『江戸漢詩史再考――格調詩に盛り込みうるもの』(教育研究プロジェクト特別講義第十八号、総合研究大学院大学文化科学研究科、二〇〇九年)。

武藤厳男（編）『肥後先哲遺偉蹟』（隆文館、一九一一年）。

村上哲見『中国文学と日本　十二講』（中国学芸叢書、創文社、二〇一四年）。

守屋毅『元禄文化――遊芸・悪所・芝居』（講談社学術文庫、講談社、二〇一一年〔弘文堂、一九八七年〕）。

横田冬彦『天下泰平』（日本の歴史第十六巻、講談社、二〇〇二年）。

吉田伸之『近世都市社会の身分構造』（東京大学出版会、一九九八年）。

吉田一徳『大日本史紀伝志表撰者考』（風間書房、一九六〇年）。

米田雄介『奇蹟の正倉院宝物――シルクロードの終着駅』（角川選書478、角川学芸出版、二〇一〇年）。

渡辺浩『近世日本社会と宋学』（東京大学出版会、一九八五年）。

渡辺浩『日本政治思想史――十七～十九世紀』（東京大学出版会、二〇一〇年）。


（単行本・雑誌等所収論文）


相原耕作「本居宣長の言語論と秩序像」（一）～（三）（『東京都立大学法学会雑誌』第三十九巻第一・二号、第四十巻第一号、東京都立大学法学部、一九九八～一九九九年）。

相原耕作「古文辞学と徂徠学――荻生徂徠『弁道』『弁名』の古文辞学的概念構成（六・完）」（『法学会雑誌』第五十一巻第二号、首都大学東京都市教養学部法学系、二〇一一年）。

東より子「富士谷御杖の「斎宮」再興論」（『下関短期大学紀要』第一九・二〇号、下関短期大学、二〇〇二年）。

東より子「富士谷御杖の神典解釈――「欲望」の神学」（『季刊日本思想史』第六十四号、ぺりかん社、二〇〇三年）。

尼ヶ崎彬「言葉に宿る神――富士谷御杖」（同『花鳥の使』、歌の道の詩学（一）、勁草書房、一九九五年）。

荒木見悟「朱子学の哲学的性格――日本儒学解明のための視点設定」（荒木見悟・井上忠〔校注〕『貝原益軒　室鳩巣』、日本思想大系第三十四巻、岩波書店、一九七〇年）。

新田元規「唐宋より清初に至る禘祫解釈史」（『中国哲学研究』第二十号、東京大学中国哲学研究会、二〇〇四年）。

有木大輔「江戸・嵩山房小林新兵衛による『唐詩訓解』排斥」（同『唐詩選版本研究』、好文出版、二〇一三年）。

飯田剛彦「投壺／投壺矢」（米田雄介・杉本一樹〔編著〕『正倉院美術館――ザ・ベストコレクション』、講談社、二〇〇九年）。

池澤一郎「漢詩と狂詩――大田南畝における雅俗意識」（同『江戸文人論』、汲古書院、二〇〇〇年）。

池澤一郎「大田南畝の漢詩と『蒙求』――近世漢詩における『蒙求』」（同『江戸文人論――大田南畝を中心に』、汲古書院、二〇〇〇年）。

池澤一郎「蘐園漢詩における「陽春白雪」詠の展開」（同右）。

石井紫郎「「封建」制と幕藩体制」（同『日本人の国家生活』日本国制史研究Ⅱ、東京大学出版会、一九八六年）。

市古夏生「近世における重板・類板の諸問題」（『江戸文学』第十六号、ぺりかん社、一九九六年）。

伊東貴之「中国近世思想史における同一性と差異性――「主体」「自由」「欲望」とその統御」（溝口雄三・伊東貴之・村田雄二郎『中国という視座』これからの世界史4、平凡社、一九九五年）。

井上厚史「荻生徂徠の「物」をめぐる言説」（『島根県立国際短期大学紀要』第五号、島根県立国際短期大学、一九九八年）。

揖斐高「風雅論――江戸期朱子学における古典主義詩歌論の成立」（『江戸詩歌論』汲古書院、一九九八年）。

揖斐高「擬古論――徂徠・春台・南郭における摸擬と変化」（『日本漢文学研究』第四号、二松学舎大学21世紀ＣＯＥプログラム、二〇〇九年）。

今井宇三郎「水戸学における儒教の受容――藤田幽谷・会沢正志斎を主として」（今井宇三郎・瀬谷義彦・尾藤正英〔校注〕『水戸学』、日本思想大系第五十三巻、岩波書店、一九七三年）。

今井宇三郎「会沢正志斎における儒教経伝の研究」（山岸徳平〔編〕『日本漢文学史論考』、岩波書店、一九七四年）。

岩田浩太郎「都市経済の転換」（吉田伸之〔編〕『都市の時代』、日本の近世第九巻、中央公論社、一九九二年）。

宇野田尚哉「古文辞とその周辺――『徂徠先生学則』附録書簡の成立事情を中心に」（『甲南国文』第四十七号、甲南女子大学国文学会、二〇〇〇年）。

大川真「後期水戸学における思想的転回――会沢正志斎の思想を中心に」（『日本思想史学』第三十九号、日本思想史学会、二〇〇七年）。

大谷雅夫「恕とおもいやりとの間――伊藤仁斎の学問、その一端」（『国語国文』第四十八巻第三号、京都大学文学部国語学国文学研究室、一九七九年)。

大谷雅夫「人心不同如面——成語をめぐる和漢比較論考」(和漢比較文学会〔編〕『和漢比較文学叢書』第七巻、汲古書院、一九八八年)。

大谷雅夫「近世前期の学問——契沖・仁斎」(久保田淳・栗坪良樹・野山嘉正・日野龍夫・藤井貞和〔編〕『岩波講座 日本文学史 第八巻 十七・十八世紀の文学』、岩波書店、二〇〇〇年)。

大谷雅夫「歌人は居ながら名所を知る」(『古典学の再構築』第十三号、平成十年度~十四年度文部科学省科学研究費特定領域研究「古典学の再構築」ニューズレター、二〇〇三年)。

岡澤慶三郎「田中江南の墓碑発見と其事蹟に就て」(『掃苔』第九巻第四号、東京名墓顕彰会、一九四〇年)。

小川霊道「無隠道費傳の一考察」(『駒澤史学』第四巻、駒澤大学史学会、一九五四年)。

奥野新太郎「劉辰翁の評点活動と元朝初期の文学」(『中国文学論集』第三十七号、九州大学中国文学会、二〇〇八年)。

奥野新太郎「劉辰翁の評點と「情」」(『日本中國學會報』第六十二号、日本中國學會、二〇一〇年)。

掛本勲夫「田中江南の林崎文庫改革意見書・「御文庫興隆愚案」」(『皇學館論叢』第二十六巻第一号、皇學館大學人文学会、一九九三年)。

梶田明宏「西南戦争以前の言説状況——士族民権論をめぐる「気」の問題について」(『書陵部紀要』第四十三号、宮内庁書陵部、一九九一年)。

柏崎順子「江戸出版業界の利権をめぐる争い——類板規制の是非」(『インテリジェンス』第三号、二〇世紀メディア研究所、二〇〇三年)。

片岡龍「荻生徂徠の初期兵学書について」(『東洋の思想と宗教』第十五号、早稲田大学東洋哲学会、一九九八年)。

片岡龍「伊藤仁齋の異端批判の形成」(『東洋の思想と宗教』第十七号、早稲田大学東洋哲学会、二〇〇〇年)。

狩野直喜「山井鼎と七経孟子考文」(同『支那学文藪』、弘文堂書店、一九二八年)。

苅部直「日本思想史の名著を読む9 『教育勅語』」(『ちくま』第五三四号、筑摩書房、二〇一五年)。

神田喜一郎「遊戯具「投壺」について」(東方学術協会『正倉院文化』、大八洲出版株式会社、一九四八年)。

衣笠安喜「折衷学派の歴史的性格」（同『近世儒学思想史の研究』、法政大学出版局、一九七六年）。

金光来「星湖心学における「聖賢之七情」の解釈とその意義」（『中国哲学研究』第二十六号、東京大学中国哲学研究会、二〇一二年）。

黒住真「初期徂徠の位相――出自・流謫・志向」（同『近世日本社会と儒教』、ぺりかん社、二〇〇三年）。

小島康敬「荻生徂徠『呉子国字解』翻刻（二）」（『季刊日本思想史』第三十三号、ぺりかん社、一九八九年）。

小島康敬「荻生徂徠の「学」」（同『徂徠学と反徂徠』増補版、ぺりかん社、一九九四年）。

胡正怡「地名表記から見る漢詩の作り方――古文辞派を中心に」（『国語国文』第八十二巻第十一号、京都大学文学部国語学国文学研究室、二〇一三年）。

小林勇「武士と通人」（『国語国文』第五十九巻第八号、京都大学文学部国語学国文学研究室、一九九〇年）。

子安宣邦「近世における人間の自覚と中国思想（1）――伊藤仁斎における儒教の位相」（三枝充悳・今井淳〔編著〕『東洋文化と日本』、ぺりかん社、一九七五年）。

子安宣邦「伊藤仁斎研究」（『大阪大学文学部紀要』第二十六巻、大阪大学文学部、一九八六年）。

坂田進一「魏氏明楽――江戸文人音楽の中の中国」（東アジア地域間交流研究会〔編〕『から船往来――日本を育てたひと・ふね・こころ』、中国書店、二〇〇九年）。

相良亨「日本における道徳理論」（滝沢克己・小倉志祥〔編〕『岩波講座哲学』第十五巻、岩波書店、一九六八年）。

相良亨「私の仁齋理解」（吉川幸次郎・清水茂〔校注〕『伊藤仁齋　伊藤東涯』、日本思想大系第三十三巻、岩波書店、月報十七、一九七一年）。

相良亨「著者付記」（同『日本の儒教Ⅱ　相良亨著作集2』、ぺりかん社、一九九六年）。

佐藤秀夫「解説」（佐藤秀夫〔編〕『続・現代史資料8　教育　御真影と教育勅語Ⅰ』、みすず書房、一九九四年）。

島田虔次「解題・凡例」（同〔編〕『荻生徂徠全集』第一巻、みすず書房、一九七三年）。

島田英明「経世の夢、文士の遊戯――頼山陽における政治思想と史学」（『国家学会雑誌』、第一二七巻七・八号、東京大学大学院法学政治学研究科、二〇一四年）。

清水徹「伊藤仁斎における『詩経』観」（『東洋文化』復刊第百号、財団法人無窮会、二〇〇八年）。

清水靖久「銀杏並木の向こうのジャングル」（『現代思想』第四十二巻第十一号、青土社、二〇一四年）。

白石良夫「水足屏山・博泉と肥後学芸史」（同『江戸時代学芸史論考』、三弥井書店、二〇〇〇年）。

鈴木淳「続小宮山木工進昌世年譜稿」（『国文学研究資料館紀要』第二十一号、国文学研究資料館、一九九五年）。

高木博志「一八八〇年代の天皇就任儀礼と「旧慣」保存」（同『近代天皇制の文化史的研究――天皇就任儀礼・年中行事・文化財』、校倉書房、一九九七年）。

高山大毅「封建の世の『家礼』――朱舜水・安積澹泊・荻生徂徠の祖先祭祀論」（『季刊日本思想史』第八十一号、ぺりかん社、二〇一四年）。

高山大毅「「物のあはれを知る」説と「通」談義――初期宣長の位置」（『国語国文』第八十四巻第十一号、京都大学文学部国語学国文学研究室、二〇一五年）。

田尻祐一郎「会沢正志斎に於ける礼の構想」（『日本思想史学』第十五号、日本思想史学会、一九八三年）。

田尻祐一郎「「四端」と「孝悌」――仁斎試論」（『日本漢文学研究』創刊号、二松学舎大学21世紀COEプログラム、二〇〇六年）。

田尻祐一郎「「民の父母」小考――仁斎・徂徠論のために」（張翔・園田英弘〔共編〕『「封建」・「郡県」再考――東アジア社会体制論の深層』、思文閣出版、二〇〇六年）。

田尻祐一郎「〈訓読〉問題と古文辞学――荻生徂徠をめぐって」（中村春作・市來津由彦・田尻祐一郎・前田勉〔共編〕『「訓読」論――東アジア漢文世界と日本語』、勉誠社、二〇〇八年）。

田中道雄「〝思いやる心〟（想像）の発達――二元的な主客の合一」（同『蕉風復興運動と蕪村』、岩波書店、二〇〇〇年）。

谷口功一「議会における立法者、その人間学的基礎」（『ジュリスト』No.1369、有斐閣、二〇〇八年）。

玉井哲雄「近世都市空間の特質」（吉田伸之〔編〕『都市の時代』、日本の近世第九巻、中央公論社、一九九二年）。

張永・鄧麗星「中国古代投壺発展盛衰校証」（『王林師範学院学報（自然科学）』第二十八巻第五期、王林師範学院、二〇〇七年）。

陳鴻麒「晩明尺牘文學與尺牘小品」（國立暨南國際大學中國語文學系碩士論文、二〇〇六年）。

辻達也「解説」（荻生徂徠〔著〕辻達也〔校注〕『政談』、岩波文庫、岩波書店、一九八七年）。

辻本雅史「「学術」の成立――益軒の道徳論と学問論」（横山俊夫〔編〕『貝原益軒――天地和楽の文明学』、平凡社、一九九五年）。

田世民「『朱氏舜水談綺』所収朱舜水「書柬式」と中井竹山『柬稽』」（『季刊日本思想史』第八十一号、ぺりかん社、二〇一四年）。

陶徳民「「時流に乗らない」という泊園精神――幕末・明治における徂徠学者の動向」（『東アジア文化交渉研究別冊』第二号、関西大学、二〇〇八年）。

中尾友香梨「日本における明楽の受容」（小島康敬〔編〕『「礼楽」文化――東アジアの教養』、ぺりかん社、二〇一三年）。

中野三敏「沢田東江初稿」（一）～（三）（（一）は、暉峻康隆『近世文芸論叢』〔中央公論社、一九七八年〕、（二）は『近世文芸研究と評論』〔第十四号、早大文学部神保研究室、一九七八年〕、（三）は『江戸時代文学誌』〔第八号、柳門舎、一九九一年〕所収）。

中野三敏・亀井秀雄・興膳宏・佐佐木幸綱・ロバート・キャンベル「《座談会》雅俗文芸の解体」（岩波書店文学編集部〔編〕『「文学」増刊　明治文学の雅と俗』、岩波書店、二〇〇一年）。

中村幸彦「文人服部南郭論」（同『中村幸彦著述集』第一巻、中央公論社、一九八二年）。

中村幸彦「風雅論的文学観」（同右）。

中村春作「徂徠における「物」について」（『待兼山論叢』第十五号、大阪大学大学院文学研究科、一九八一年）。

Kate Wildman Nakai, "Tokugawa Approaches to the Rituals of Zhou: the Late Mito School and "Feudalism"," Benjamin A. Elman and Martin Kern, eds., *Statecraft and Classical Learning: the Rituals of Zhouin East Asian History*, Leiden: Brill, 2010.

西田耕三「水足博泉と文章――文章入門から古文辞へ」（高田衛〔編〕『見えない世界の文学誌――江戸文学考究』、ぺりかん社、一九九四年）。

尾藤正英「伊藤仁斎における学問と実践」（『思想』第五二四号、岩波書店、一九六八年）。

尾藤正英「太宰春臺の人と思想」（頼惟勤〔校注〕『徂徠学派』、日本思想大系第三十七巻、岩波書店、一九七二年）。

尾藤正英「水戸学の特質」（今井宇三郎・瀬谷義彦・尾藤正英〔校注〕『水戸学』、日本思想大系第五十三巻、岩波書店、一九七三年）。

尾藤正英「江戸時代の社会と政治思想の特質」（同『江戸時代とはなにか――日本史上の近世と近代』、岩波現代文庫、岩波書店、二〇〇六年（岩波書店、一九九二年）。

日野龍夫「儒学から文学へ――徂徠学の位置」（同『江戸の儒学』、日野龍夫著作集第一巻、ぺりかん社、二〇〇八年）。

日野龍夫「擬古主義とナルシシズム――服部南郭の創作意識」（同右）。

日野龍夫「文人の交遊――事実からの解放」（同右）。

日野龍夫「徂徠学派の役割」（同右）。

日野龍夫「江戸時代の漢詩和訳書」（同右）。

平石直昭「戦中・戦後徂徠論批判――初期丸山・吉川両学説の検討を中心に」（『社会科学研究』第三十九巻一号、東京大学社会科学研究所、一九八七年）。

平石直昭「徂徠学の再構成」（『思想』第七六六号、岩波書店、一九八八年）。

福原啓郎「王羲之の『十七帖』について」（『書論』第二十八号、書論研究会、一九九二年）。

マーク・ボーラー「山本北山年譜稿」（『成蹊国文』第三十号、成蹊大学文学部日本文学科、一九九七年）。

ジョン・G・A・ポーコック（著）・田中秀夫（訳）「権威と所有――自由主義の起源の問題」（同『徳・商業・歴史』、みすず書房、一九九三年）。

松田宏一郎「日本近世後期における秩序の正当化論理――「慣習」・「古例」と法源の意識」（『茶山学』第十三号、茶山文化財団、二〇〇八年）。

松田宏一郎「「封建」と「自治」、そして「公共心」というイデオロギー」（同『江戸の知識から明治の政治へ』、ぺりかん社、二〇〇八年）。

松村宏「徂徠「蘐園十筆」初考と精写本翻刻（一）」（『慶應義塾大学日吉紀要社会科学思想史篇』第二号、慶應義塾大学日吉紀要刊行委員会、一九九一年）。

松本節子「高葛陂著『漱石斎小艸録』」（『あけぼの』第三十巻六号、あけぼの社、一九九七年）。

丸山眞男「肉体文学から肉体政治まで」（同『丸山眞男集』第四巻、岩波書店、一九九五年）。

丸山眞男「日本の思想」（同『丸山眞男集』第七巻、岩波書店、一九九六年）。

三浦國男「総説 間断のない思想」(同『朱子と気と身体』、平凡社、一九九七年)。

三谷博「「新論」覚え書き――〈「忠孝」の多重平行四辺形〉を中心に」(『歴史学研究報告』第二十二号、東京大学教養学部歴史学研究室、一九九四年)。

三ツ松誠「「みよさし」論の再検討」(藤田覚〔編〕『史学会シンポジウム叢書 十八世紀日本の政治と外交』、山川出版社、二〇一〇年)。

翠川文子「大枝流芳(岩田信安)小考」(『川村学園女子大学研究紀要』第十五巻二号、川村学園女子大学、二〇〇四年)。

三村清三郎「葛陂山人」(『三村竹清集』第六巻、日本書誌学大系二十三(六)、青裳堂書店、一九八四年)。

宮崎修多「江戸中期における擬古主義の流行に関する臆見」(笠谷和比古〔編〕『一八世紀日本の文化状況と国際環境』、思文閣出版、二〇一一年)。

村上哲見「江戸の本屋・京の本屋」(『東方』第二一二号、東方書店、一九九八年)。

村上哲見「『唐詩選』と嵩山房――江戸時代漢籍出版の一側面」(日本中国学会創立五十年記念論文集編集小委員会〔編〕『日本中国学会創立五十年記念論文集』、汲古書院、一九九八年)。

守屋毅「家元制度――その形成をめぐって」(『国立民族学博物館研究報告』四、国立民族学博物館、一九八〇年)。

湯沢質幸「文雄における韻鏡と唐音」(『筑波学院大学紀要』第五集、筑波学院大学、二〇一〇年)。

吉田俊純「近代の水戸学理解――菊池謙二郎の事例を通して」(同『後期水戸学研究序説――明治維新史の再検討』、本邦書籍、一九八六年)。

吉田俊純「尊王攘夷思想の成立――「弘道館記述義」の成立とその思想的環境」(同右)。

吉田俊純「水戸学と伊藤仁斎」(同『寛政期水戸学の研究――翠軒から幽谷へ』、吉川弘文館、二〇一一年)。

吉田伸之「振売」(同『巨大城下町江戸の分節構造』、山川出版社、一九九九年)。

藍弘岳「荻生徂徠の詩文論と儒学――「武国」における「文」の探求と創出」(東京大学大学院総合文化研究科学位論文、二〇〇八年)。

渡辺一郎「兵法伝書形成についての一試論」(西山松之助・渡辺一郎・郡司正勝〔校注〕『近世藝道論』、日本思想史大系第六十一巻、岩波書店、一九七二年）。

渡辺浩「伊藤仁斎・東涯――宋学批判と「古義学」」（同『近世日本社会と宋学』、東京大学出版会、一九八五年）。

渡辺浩「「泰平」と「皇国」」（同『東アジアの王権と思想』、東京大学出版会、一九九七年）。

渡辺浩「儒学史の異同の一解釈――「朱子学」以降の中国と日本」（同右）。

渡辺浩「儒者・読書人・両班――儒学的「教養人」の存在形態」（同右）。

渡辺浩「徳川日本における「性」と権力」（『政治思想研究』第一号、政治思想学会、二〇〇一年）。

渡辺浩「「教」と陰謀――「国体」の一起源」（渡辺浩・朴忠錫〔編〕『韓国・日本・「西洋」――その交錯と思想変容』、日韓共同研究叢書第十一巻、慶應義塾大学出版会、二〇〇五年）。

渡辺浩「「家職国家」と「立身出世」」（同『日本政治思想史――十七〜十九世紀』、東京大学出版会、二〇一〇年）。

渡邉義浩「所有と文化」（同『三国政権の構造と「名士」』、汲古書院、二〇〇四年）。

人 名 索 引

や　行

ら　行

わ　行

著者略歴
1981 年生れ.
2004 年 3 月　東京大学教養学部卒業.
2007 年 3 月　東京大学大学院総合文化研究科修士課程修了.
2013 年 9 月　東京大学大学院人文社会系研究科博士課程修了,
博士（文学).
駒沢大学文学部講師を経て,
現　　在　東京大学大学院総合文化研究科准教授.

専攻
近世日本漢文学，近世日本思想史

主要著書
『全譯後漢書』第十四冊（共編，汲古書院，2005 年）
『全譯後漢書』第七冊（共編，汲古書院，2012 年）
『近代日本政治思想史』（共著，ナカニシヤ出版，2014 年）
『徂徠集 序類』1（共訳注，平凡社，2016 年）
『徂徠集 序類』2（共訳注，平凡社，2017 年）

近世日本の「礼楽」と「修辞」
荻生徂徠以後の「接人」の制度構想

2016 年 2 月 25 日　初　版
2024 年 2 月 15 日　第 2 刷

［検印廃止］

著　者　高山大毅《たかやまだいき》

発行所　一般財団法人　東京大学出版会

代表者　吉見俊哉

153-0041 東京都目黒区駒場 4-5-29
https://www.utp.or.jp/
電話 03-6407-1069　Fax 03-6407-1991
振替 00160-6-59964

組　版　　株式会社三陽社
印刷・製本　大日本印刷株式会社

ISBN 978-4-13-036258-0　Printed in Japan